高职高专教育“十三五”规划教材

计算机文化基础

（第2版）

主　编　杨　辉　高晓黎
副主编　董昌艳　王　妍
主　审　齐现伟　张　鹏

黄河水利出版社
·郑州·

内 容 提 要

本书主要以 Windows 7 操作系统的各种应用为基础，全面系统地阐述了计算机基础知识、中文操作系统、字处理系统 Word 2010、电子表格软件 Excel 2010、演示文稿软件 PowerPoint 2010、数据库应用与 Access 2010、计算机网络与安全、网页制作、计算机多媒体应用等基础知识。目的是帮助学生在全面了解计算机基础知识的基础上，掌握 Windwos 平台上各种应用软件的操作技能，增强学生的 IT 素养。

本书适合作为高职高专院校本科、专科计算机专业与非计算机专业的教材，也可作为学习使用计算机的培训教材或自学用书。

图书在版编目(CIP)数据

计算机文化基础/杨辉，高晓黎主编. —2 版. —郑州：黄河水利出版社，2015.9

高职高专教育"十三五"规划教材

ISBN 978 - 7 - 5509 - 1226 - 7

Ⅰ.①计… Ⅱ.①杨… ②高… Ⅲ.①电子计算机 - 高等职业教育 - 教材 Ⅳ.①TP3

中国版本图书馆 CIP 数据核字(2015)第 209912 号

组稿编辑：王路平　电话：0371 - 66022212　E-mail：hhslwlp@163.com

出 版 社：黄河水利出版社

地址：河南省郑州市顺河路黄委会综合楼 14 层　邮政编码：450003

发行单位：黄河水利出版社

发行部电话：0371 - 66026940、66020550、66028024、66022620(传真)

E-mail：hhslcbs@126.com

承印单位：河南承创印务有限公司

开本：787 mm × 1 092 mm　1/16

印张：20.25

字数：470 千字　　印数：1—5 500

版次：2015 年 9 月第 2 版　　印次：2015 年 9 月第 1 次印刷

定价：43.00 元

再版前言

随着计算机科学技术、网络技术和多媒体技术的飞速发展，计算机在各行各业的应用日益普及，地位越来越重要，已逐渐成为人们提高工作质量和工作效率的必要工具，成为各学科发展的基石之一。计算机、网络及多媒体等技术，正深刻地影响着人们的日常工作、学习、交往、娱乐等各种活动，在很大程度上改变着人们的生活、学习和工作方式。

社会各行业都需要掌握计算机基本技能的人才，越来越多的有识之士，已经认识到掌握计算机基础知识和操作技能的重要性；与此同时，逐步加深对信息化社会中计算机在人类生活、工作、思维方式乃至思想观念等方面所带来的影响的理解，对计算机在国民经济各个领域中的应用有所领悟，从而激发出学习计算机知识的极大热情与自觉性，以便将来更好地适应现代社会发展的需要。

多年以来，计算机文化基础这门课程，一直作为高等院校与职业院校非计算机专业的一门重要的公共课来开设。由于目前的计算机教育越来越早，有的地区在中学，甚至小学就开设了有关计算机的一些基本操作课程，加之家庭计算机也比较普及，大学生对计算机的熟悉程度已经比过去提高了许多，所以大学阶段的计算机文化基础教育也需要与时俱进，积极改革，增加新的教学内容。为了使计算机文化基础教育上一个新的台阶，我们结合教育部高等学校计算机文化基础课程的教学大纲，多方参考其他优秀教材的优点与精髓，对原来版本的教学内容进行了修改，增加了许多新的内容，如新增了网络安全、多媒体、数据库使用和网页制作等内容，从而进一步提高了大学计算机文化基础教学的深度和广度。

本书由从事了多年计算机文化基础课程教学、具有丰富教学实践经验的一线任课教师，总结多年的教学经验，根据新的教学要求编写而成。另外，本书从实际出发，以应用为目的，注重易学性和实用性，符合职业教育培养应用型人才的要求，注重操作技能的训练，力求内容新颖全面，技术先进实用，讲解深入透彻，论述通俗易懂，注重基础知识与操作技能的有机融合。

本书由山东水利职业学院承担编写工作，编写人员及编写分工如下：杨辉编写第 1 章，杨辉与黄萌编写第 2 章，高晓黎编写第 3 章、第 6 章，王妍编写第 4 章，董昌艳编写第 5 章，刘春燕与杨辉编写第 7 章和第 8 章，郭芹与杨辉编写第 9 章。全书由杨辉和高晓黎担任主编，由杨辉对全书进行统稿；由董昌艳和王妍担任副主编；由齐现伟和张鹏担任主审。

本书在编写过程中主要参考了中国石油大学出版社2014年出版的《计算机文化基础》(解福主编)和高等教育出版社2014年出版的《计算机文化基础》(龙天才主编)等教材,还得到了山东水利职业学院信息工程系广大计算机教师的关心和支持,在此一并表示深深的感谢！同时还要感谢黄河水利出版社对本书出版的大力支持。

由于编者水平有限,书中难免会有疏漏与谬误之处,恳请广大师生与同行不吝指正。

编　者

2015年6月

目 录

第 1 章　计算机基础知识

1.1　信息技术

1.1.1　信息与数据

人们到处在谈论信息,我们越来越多地听到信息这个词汇。

人们经常这样说:现在进入了一个信息化社会,我们正在迈向信息高速公路,我们将要迎接一个信息爆炸的新时代。

那么什么是信息? 一般地说,信息就是消息,一切存在都有信息。对人类而言,人的五官生来就是为了感受信息的,它们是信息的接收器,它们所感受到的一切,都是信息。然而,大量的信息是我们的五官不能直接感受的,人类正通过各种手段,发明各种仪器来感知它们,发现它们。

在信息科学中,信息可以这样定义:以适合于通信、存储或处理的形式来表示的知识或消息。

在计算机系统中,数据是指各种字母、数字符号的组合、语音、图形、图像等。数据经过加工后就成为信息。数据还可以指所有能输入到计算机并被计算机程序处理的符号的总称,是用于输入电子计算机进行处理,具有一定意义的数字、字母、符号和模拟量等的统称。数据是组成地理信息系统最基本的要素,种类很多。

1.1.2　信息技术

人们对信息技术的定义,因其使用的目的、范围、层次不同而有不同的表述:

广义而言,信息技术是指能充分利用与扩展人类信息器官功能的各种方法、工具与技能的总和。该定义强调的是从哲学上阐述信息技术与人的本质关系。

狭义而言,信息技术是指利用计算机、网络、广播电视等各种硬件设备及软件工具与科学方法,对文图声像等各种信息进行获取、加工、存储、传输与使用的技术之和。该定义强调的是信息技术的现代化与高科技含量。

日常用法中,有人按使用的信息设备不同,把信息技术分为电话技术、电报技术、广播技术、电视技术、复印技术、缩微技术、卫星技术、计算机技术、网络技术等。

按技术的功能层次不同,可将信息技术体系分为基础层次的信息技术(如新材料技术、新能源技术),支撑层次的信息技术(如机械技术、电子技术、激光技术、生物技术、空间技术等),主体层次的信息技术(如感测技术、通信技术、计算机技术、控制技术),应用层次的信息技术(如文化教育、商业贸易、工农业生产、社会管理中用以提高效率和效益的各种自动化、智能化、信息化应用软件与设备)。

信息技术推广应用的显著成效,促使世界各国致力于信息化,而信息化的巨大需求又驱使信息技术高速发展。当前信息技术发展的总趋势是以互联网技术的发展和应用为中心,从典型的技术驱动发展模式向技术驱动与应用驱动相结合的模式转变。

信息技术的发展打破了原有的行业界限,将引起产业的重组与政策的调整。随着互联网上数据流量的迅猛增加,特别是多媒体信息的增加,对网络带宽的要求日益提高。增大带宽,是相当长时期内网络技术发展的主题。在广域网和城域网上,以密集波分复用技术(DWDM)为代表的全光网络技术引人注目,带动了光信息技术的发展。宽带接入网技术多种方案展开了激烈的竞争,鹿死谁手尚难见分晓。无线宽带接入技术和建立在第三代移动通信技术之上的移动互联网技术,正向信息个人化的目标前进。

互联网的应用开发也是一个持续的热点。一方面,电视机、手机、个人数字助理(PDA)等家用电器和个人信息设备都向网络终端设备的方向发展,形成了网络终端设备的多样性和个性化,打破了计算机上网一统天下的局面;另一方面,电子商务、电子政务、远程教育、电子媒体、网上娱乐技术日趋成熟,不断降低对使用者的专业知识要求和经济投入要求;互联网数据中心(IDC)、网络服务等技术的提出和服务体系的形成,构成了对使用互联网日益完善的社会化服务体系,使信息技术日益广泛地进入社会生产、生活各个领域,从而促进了网络经济的形成。

1.1.3　信息社会

目前,人类社会已经迈入了信息社会,计算机和互联网已经与老百姓的日常工作、学习和生活息息相关;人类社会又处于一个历史飞跃时期,正由高度的工业化时代迈向初步的计算机网络时代。在计算机技术、网络通信技术高速发展的今天,计算机和网络正在以惊人的速度进入人类社会的各个角落。

人类社会经历了好几次技术革命,而计算机网络时代的到来,宣告了一场新的科技革命的到来。计算机和网络时代的主要元素就是信息,通过计算机和互联网,信息技术的发展将会空前加快,人们了解信息、传递信息的渠道将增多,速度将变快,信息的及时性和有效性也将会变得更强。同时,信息技术的发展也将会推动信息相关产业的进步与发展,如生物技术和电子技术等。而一些新材料、新能源的开发和利用技术也都将在这一过程中获得巨大发展,从而促使科技作为人类社会第一生产力的地位显得更为突出,甚至可能会让科学技术逐渐上升为一种独立的力量进入物质生产过程,并成为决定生产力大小的决定性要素。

在信息社会,信息将会变成一个重要的社会资源,将会成为社会发展所依赖的综合性要素,而借助于网络,信息资源的开发和利用将会变得更为简单。我们可以通过建立专门的社会、行业、企业和个人的信息网络及信息数据库,使社会经济的各个部门都能够把企业生产和经营决策建立在及时、准确和科学的信息基础上,从而推动整个国民经济的水平得到大幅度提高。近些年来,许多经济发达国家都陷入了一个经济增长率低、甚至经济衰退的怪圈,长时期内在经济低增长、零增长甚至是负增长上徘徊,导致了这些国家经济动荡和社会秩序混乱情况的出现,社会公众对经济复苏的要求也变得十分强烈。在计算机和网络日益普及的今天,这些国家把推动经济再增长的希望压到了建设信息高速公路上,他们把大量的资金和人力投入发展信息技术和开发计算机软件的行业,希望通过信息产业建设来挽救经济发展不力的局面。事实是他们的努力获得了巨大的回报,带来了国家经济的新一轮发展。目前,无论是在经济发达国家还是发展中国家,通过网络延伸的产品已经在各行业中占据了重要地位,成为了一些国家调整社会产业结构、推动经济发展的主要力量。他们已经越来越强烈地意识到在今后的经济竞争中,对信息的了解和利用的能力高低将会对竞争的结果产生直接的影响。只有建立起一个高效的社会信息网络,才能为经济振兴获取新起点和有效保证。对于一个国家如此,对于一个企业也是如此。今后,企业参与市场竞争能力的大小将会在很大程度上受制于企业对行业信息的了解能力,企业只有在及时了解市场信息的基础上,才能有效地组织自身的生产经营活动;另外,在企业管理、生产销售和财务会计工作中,利用计算机和网络通信技术,也可以极大地提高企业的生产管理能力和各部门的工作效率。

随着人类社会的进步,科学技术的不断发展,人类的生产方式和生产能力也得到了极大的发展。随着信息社会的到来,这一改变将会变得更为明显。我们可以预计到在不久的将来,通过计算机网络的连接,人们可以足不出户地完成工作和学习任务,可以节约出更多的时间去处理一些其他的事情,使人们在行动上甚至是思想上都得到解放。另外,我们可以借助计算机网络把我们的工作思维和方法输入到机器里面,完成本来我们必须亲手完成的任务。在企业的生产中,我们不仅可以通过计算机来对产品的外形、包装和性能做一个全新的设计,还可以通过计算机对产品的生产、包装和发配过程做一个全程的控制,节省大量的人力和财力;而且我们可以把企业和公司里的计算机组合成为一个网络体系,由一台主机对分机进行控制,从而形成一个有效的连接网络,保证整个生产流程协调进行。通过网络进入生产过程,我们可以把原先大量的由人力支配的生产环节节约出来,让他们去从事更为灵活的生产活动,这也可以说是人类生产发展史上的一个飞跃。

1.2 计算机的发展与应用

1.2.1 计算机的产生

计算机是电子计算机(Electronic Computer)的简称,俗称电脑,是一种能够根据一系列指令对各种数据和信息进行自动加工与处理的电子设备。

计算机原来的意思是“计算器”,也就是说,人类发明计算机,最初的目的是用它处理复杂的数字运算。计算是人类同自然作斗争的一项重要活动。最早的计算工具诞生在我国,叫做筹策,又称算筹。直到今天仍在使用的珠算盘,是我国古代计算工具领域中的另一项发明,明代的珠算盘已经与现代的珠算盘几乎相同。

20世纪初,电子管的诞生开通了电子技术与计算技术相结合的道路。1946年,美国一批年轻的科学家为了解决导弹弹道计算问题,发明了世界上第一台计算机,取名为ENIAC。这是一个庞然大物,重30 t,用了18800个电子管,消耗功率150 kW/h,占地170 m^2,每秒可进行5000次加减法运算,如图1-1所示。

ENIAC奠定了电子计算机的发展基础,在计算机发展史上具有划时代的意义,它的问世标志着电子计算机时代的到来。

图1-1　第一台计算机 ENIAC

ENIAC 诞生后,数学家冯·诺依曼提出了重大的改进理论,主要有两点:第一点是电子计算机应该以二进制为运算基础,第二点是电子计算机应采用"存储程序"方式工作。并且他进一步明确地指出了整个计算机的结构应由五个部分组成:运算器、控制器、存储器、输入装置和输出装置。冯·诺依曼的这些理论的提出,解决了计算机的运算自动化问题和速度配合问题,对计算机的发展起到了决定性的作用。直至今日,绝大部分的计算机还是采用冯·诺依曼方式进行工作的。

1.2.2　计算机的发展过程

ENIAC 诞生后短短的几十年间,计算机的发展突飞猛进。主要电子器件相继使用了真空电子管、晶体管,中、小规模集成电路和大规模以及超大规模集成电路,引起计算机的几次更新换代。每一次更新换代使计算机的体积和耗电量大大减小,功能大大增强,应用领域进一步拓宽。特别是体积小、价格低、功能强的微型计算机的出现,使得计算机迅速普及,进入了办公室和家庭,在办公自动化和多媒体应用方面发挥了巨大的作用。目前,计算机的应用已扩展到社会的各个领域。计算机的发展过程可分为以下几个阶段。

1.2.2.1　第一代计算机(1946~1958 年)

它的主要特征是采用电子管作为基本逻辑部件,体积大,耗电量大,寿命短,可靠性差,成本高;运算速度每秒只有几千次至几万次;存储部件采用电子射线管,容量很小,后来外存储器(简称外存)使用了磁鼓存储信息,扩充了容量;输入/输出装置落后,主要使用穿孔卡片,速度慢,使用十分不便;没有系统软件,只能用机器语言和汇编语言编程。

1.2.2.2　第二代计算机(1958~1964 年)

它的主要特征是采用晶体管作为基本逻辑部件,较第一代计算机体积减小,质量减轻,能耗降低,成本下降,计算机的可靠性和运算速度均得到提高;运算速度提高到每秒几万次至几十万次;采用磁芯和磁鼓作为外存储器;开始有了系统软件(监控程序),提出了操作系统的概念,出现了高级语言,如 FORTRAN 语言等。

1.2.2.3　第三代计算机(1964~1971 年)

它的主要特征是采用中、小规模集成电路制作各种逻辑部件,从而使计算机体积更小,质量更轻,耗电更省,寿命更长,成本更低;运算速度有了更大的提高,达到每秒几十万次至几百万次;采用半导体存储器作为主存(即内存储器,也称内存),取代了原来的磁芯存储器,使存储器容量和存取速度有了大幅度的提高,增加了系统的处理能力;系统软件有了很大发展,出现了分时操作系统,多个用户可以共享计算机软硬件资源;在程序设计方面采用了结构化程序设计,为研制更加复杂的软件提供了技术上的保证。

1.2.2.4　第四代计算机(1971 年至今)

它的主要特征是基本逻辑部件采用大规模、超大规模集成电路,使计算机体积、质量、成本均大幅度降低,出现了微型机;运算速度提高到每秒几百万次至上亿次;作为主存的半导体存储器,其集成度越来越高,容量越来越大。外存储器除广泛使用软、硬磁盘外,还开始采用光盘、U 盘等；各种使用方便的输入/输出设备相继出现；软件产业高度发达，各种实用软件层出不穷，极大地方便了用户；计算机技术与通信技术相结合，计算机网络的出现将世界紧密地联系在一起；多媒体技术崛起，计算机集图像、图形、声音、文字、处理于一体，在信息处理领域掀起了一场革命。

计算机各发展阶段的特征对照见表 1-1。

表 1-1　计算机各发展阶段的特征对照

代别	起讫年份	逻辑部件	内存	外存	运算速度（每秒）	软件	应用领域
第一代	1946 ~ 1958 年	电子管	电子射线管	磁鼓	几千次至几万次	机器语言、汇编语言	科学计算
第二代	1958 ~ 1964 年	晶体管	普遍采用磁芯	磁芯、磁鼓	几万次至几十万次	高级语言、管理程序、监控程序、简单的操作系统	科学计算、数据处理、事务管理
第三代	1964 ~ 1971 年	集成电路	半导体	普遍采用磁带、磁盘	几十万次至几百万次	多种功能较强的操作系统、会话式语言	实现标准化、系列化，应用于各个领域
第四代	1971 年至今	超大规模集成电路	半导体	各种专用外设、大容量磁盘和光盘等普遍使用	几百万次至上亿次	可视化操作系统、数据库、多媒体、网络软件	广泛应用于所有领域

20 世纪 80 年代初，人们开始研究第五代电子计算机。它是超大规模集成电路、人工智能、软件工程、新型计算机系统等的综合产物。其显著特点是计算机具有人的部分智能，能识别和处理声音、图像，具有学习和推理功能。人们可以不必编制程序，只要发出命令，或写出某一方程，或提出某一要求，计算机就会自动完成所需程序，提供结果。新一代计算机系统是为适应未来社会信息化的要求而提出的，与前四代计算机有着质的区别。可以认为，它是计算机发展史上的一次重大变革，将广泛应用于未来社会生活的各个方面。

我国从 1957 年开始研制通用数字电子计算机，华罗庚教授是我国计算技术的奠基人和最主要的开拓者之一。1958 年 8 月 1 日我国研制出了第一台电子计算机，属于第一代电子管计算机，为纪念这个日子，该机定名为八一型数字电子计算机，后改名为 103 型计算机。1965 年中国科学院计算所研制成功我国第一台大型晶体管计算机 109 乙机，之后推出 109 丙机；1974 年研制出采用集成电路的 DJS－130 小型计算机；1985 年 6 月中国第一台 IBM PC 兼容微型计算机——长城 0520CH 研制成功，随后长城、联想、方正等公司纷纷推出国产微机。

1983 年我国成功研制了银河－Ⅰ巨型计算机，运行速度达每秒 1 亿次。1992 年国防科技大学研制出银河－Ⅱ巨型计算机，该机运行速度为每秒 10 亿次。后来又研制成功了银河-Ⅲ巨型计算机,运行速度已达到每秒130亿次。2000年9月巨型计算机神威-Ⅰ投入运行,峰值运行速度为每秒3840亿次,在当时世界上已投入商业运行的前500名高性能计算机中排第48位,其主要技术指标和性能均达到了国际先进水平,它标志着我国成为继美国、日本后,世界上第三个具备研制高性能计算机能力的国家。2004年,上海超级计算中心的曙光4000A采用2000多个64位AMD Opteron处理器,运算速度达到每秒10万亿次,在世界前500名高性能计算机中排第10位。

2008年问世的超级计算机曙光5000,运算速度达到每秒230万亿次。1秒内,它可以实时完成10000个5000万W以上的并网发电机组和22万V变电站构成的全国电网的电力安全评估;30秒内,它可以完成上海证券交易所10年的1000多支股票交易信息的200种证券指数的计算;6分钟内,它可以同时完成20次对上海黄浦江过江隧道三维结构的地震数值分析的计算。除了超强计算能力,它还拥有全自主、超高密度、超高性价比、超低功耗以及超广泛应用等特点。百万亿次计算机所面临的技术瓶颈要比十万亿次计算机更多、更难解决,绝对不是简单的数字叠加;曙光5000的问世使我国成为继美国之后第二个能制造和应用超百万亿次商用高性能计算机的国家,也表明我国生产、应用、维护高性能计算机的能力达到世界先进水平。

1.2.3　计算机的分类与发展

1.2.3.1　分类

计算机的种类很多,通常按照不同的标准有不同的分类。

电子计算机从原理上可分为三类:模拟式电子计算机、数字式电子计算机和混合式电子计算机。

模拟式电子计算机的主要特点是:参与运算的数值由不间断的连续量表示,其运算过程是连续的。模拟式电子计算机由于受元器件质量影响,其计算精度较低,应用范围较窄,目前已很少生产。

数字式电子计算机的主要特点是:参与运算的数值用断续的数字量表示,其运算过程按数字位进行计算。

混合式电子计算机是同时具备模拟技术和数字技术两种功能的计算机。

人们通常所说的计算机是指数字式电子计算机。按照计算机的用途分类,可以将数字式电子计算机分为专用计算机和通用计算机。

专用计算机功能单一、适应性差,但是在特定用途下最有效、最经济、最快速。通用计算机功能齐全、适应性强,通常所说的计算机都是指通用计算机。

另外,根据计算机的运算速度、输入/输出能力、数据存储能力、指令系统的规模和机器价格等因素,可以将通用计算机划分为巨型机、大中型机、小型机、微型机和工作站五种类型。

(1)巨型机:又称为超级计算机,具有计算速度快、内存容量巨大等特点,应用于国防尖端技术和现代科学计算中。巨型机的运算速度可达每秒百万亿次,能否研制巨型机是衡量一个国家经济实力和科学水平的重要标志。

(2)大中型机:其特点是通用性好,有很强的综合处理能力。其主机与附属设备通常由若干个机柜或工作台组成，主要用于公司、银行、政府机关和大型制造厂家等部门。其具有较高的运算速度，每秒可以执行几千万条指令，而且具有较大的存储空间，往往用于科学计算、数据处理或作为网络服务器使用。

(3)小型机：具有规模小，结构简单，硬件成本低和软件易开发等特点，主要用于企业管理、大学及科研机关的科学计算、工业控制中的数据采集与分析等。小型机在用做巨型计算机系统的辅助机方面也起着重要的作用。

(4)微型机：又称为个人计算机，主要包括台式机和便携式微机。由于其具有体积小、价格低、功能全、可靠性高等特点，广泛用于商业、服务业、工厂的自动控制、办公自动化以及大众化的信息处理。

(5)工作站：是以个人计算环境和分布式网络环境为前提的高性能计算机。工作站不单纯是进行数值计算和数据处理的工具，而且是支持人工智能的作业机。通过网络连接包含工作站在内的各种计算机，可以互相进行信息的传送，资源、信息的共享，负载的分配。

1.2.3.2 发展趋势

60多年的时间里，计算机的性能有了惊人的提高，价格不断地大幅度下降，为计算机的普及创造了极为有利的条件。今后计算机还将不断地向前发展，大致可归纳为以下几种趋势：

(1)巨型化。这是指高速、大存储容量和超强功能的超大型计算机。现在其运算速度高达每秒万亿次，美国正在开发每秒1000万亿次运算的超级计算机。

(2)微型化。其标志是运算器和控制器集成在一起，主要是对存储器、通道处理机、高速运算部件、图形卡、声卡等的集成，进而将系统软件固化，达到整个微机系统的集成。

(3)多媒体化。这是“以数字技术为核心的图像、声音与计算机、通信等融为一体的信息环境”的总称。实质是使用户与计算机以更接近自然的方式交换信息。

(4)智能化。这是让计算机模拟人的感觉、行为、思维过程的机理，使它具备视觉、听觉、语言、行为、思维、学习、证明等能力，形成智能型计算机，可以更多地代替或超越人类某些方面的脑力劳动。

(5)网络化。从单机到联网是计算机应用发展的必然结果。网络是现代通信技术与计算机技术结合的产物，使得人类社会的方方面面都发生了更加广泛而深刻的变化。

1.2.4 计算机的特点及应用

1.2.4.1 特点

计算机是一种能自动、高速进行科学计算和信息处理的电子设备，主要特点包括以下几个方面：

(1)运算速度快。计算机能以极快的速度进行运算和逻辑判断，现在高性能计算机每秒能进行上万亿次加减运算。由于计算机运算速度快，许多过去无法处理的问题都能得以及时解决。

(2)计算精度高。计算机具有以往计算工具无法比拟的计算精度，一般可达十几位，甚至几十位、几百位有效数字的精度。这样的计算精度能满足一般实际问题的需要。

(3)记忆能力强。计算机的存储系统具有存储和“记忆”大量信息的能力,能存储大量的数据和计算机程序。

(4)有逻辑判断能力。计算机可以进行各种逻辑判断。如对两个信息进行比较,根据比较结果,自动确定下一步该做什么。

(5)能在程序控制下自动进行工作,可靠性高,通用性强。计算机内部操作运算都是按照事先编制的程序自动进行的,而不需要人工进行干涉,这正是计算机与计算器本质上的区别所在。

1.2.4.2 应用范围

计算机应用范围非常广泛,并且在不断向各行各业渗透扩展,概括起来主要有以下八个方面。

1. 科学计算

科学计算又称数值计算,它是计算机最早的应用领域,是指计算机用于完成科学研究和工程技术中所提出的数学问题的计算。这也是研制电子计算机的最初目的。今天,科学计算在计算机应用中所占的比重虽然不断下降,但在天文、地质、生物、数学等基础科学,以及空间技术、新材料、原子能等高新技术领域的研究中,仍占重要地位。

2. 数据处理

数据处理又称信息加工,是现代化管理的基础,包括对数据的记录、整理、加工、合并和分类统计等。数据处理一般不涉及复杂的数学问题,但数据量大,存取频繁。计算机具有高速运算、海量存储和逻辑判断的能力,使得它成为数据处理的强有力工具,并广泛运用于办公自动化、企业管理、事务管理和情报检索等方面。目前,数据处理已成为计算机应用的一个最主要方面。

3. 过程控制

过程控制又称实时控制,是指用计算机及时采集检测数据,按最佳值迅速对控制对象进行自动调节控制。从20世纪60年代起,实时控制就开始应用于冶金、机械、电力、石油化工等部门。例如高炉炼铁,计算机用于控制投料、出铁出渣,以及对原料和生铁成分的管理与控制,通过对数据的采集和处理,实现对各种操作的指导。利用计算机进行过程控制不仅提高了控制的自动化水平,而且有利于提高控制的及时性和准确性,从而改善劳动条件,提高产品质量、节约能源和降低成本。

4. 计算机辅助系统

计算机辅助系统包括计算机辅助设计与制造和计算机辅助教育等。

计算机辅助设计(Computer Aided Design,CAD)是指利用用计算机来帮助设计人员进行设计工作,使用辅助设计软件对产品进行设计,如飞机、汽车、船舶、机械、电子、土木建筑,以及大规模集成电路、机械、电子类产品的设计。计算机辅助设计系统除配有必要的CAD软件外,还配备了图形输入设备(如数字化仪)和图形输出设备(如绘图仪)等。设计人员可借助这些专用的软件和输入/输出设备将设计要求或方案输入计算机,计算机处理后将结果显示出来。

计算机辅助制造(Computer Aided Manufacturing,CAM)是指利用用计算机进行生产设备的管理、控制与操作,从而提高产品质量,降低成本,缩短生产周期,并且能大大改善制造人员的工作条件。

计算机辅助教育(Computer Based Education,CBE)包括计算机辅助教学(Computer Aided Instruction,CAI)和计算机管理教学(Computer Managed Instruction,CMI)。计算机辅助教育是一种利用计算机网络技术和多媒体技术产生的一种教育形式。它能减少教育的投入,提高教学的质量,扩大受教育的范围。目前,多媒体教学、辅助教学软件、联机考试、网上学校和远程教学等计算机辅助教育形式正在蓬勃发展。

5. 人工智能

人工智能(Artificial Intelligence,AI)是研究解释和模拟人类智能、智能行为及其规律的一门学科,其主要任务是建立智能信息处理理论,进而设计可以展现某些近似于人类智能行为的计算系统。人工智能学科包括知识工程、机器学习、模式识别、自然语言处理、智能机器人和神经计算等多方面的研究。

6. 虚拟现实

虚拟现实(Virtual Reality)技术是20世纪末才兴起的一门崭新的综合性信息技术,在最近几年发展迅速,其应用领域涉及教育、军事、娱乐和医学等许多行业。虚拟现实技术是一项综合集成技术,它的出现是计算机图形学、人机交互技术、传感器技术、人机接口技术及人工智能技术等交叉与综合的结果。它利用计算机生成逼真的三维视觉、听觉、嗅觉等各种感觉,使用户通过适当装置,自然地对虚拟现实世界进行体验和交互沟通。简单地说,虚拟现实技术就是用计算机创造现实世界。

7. 多媒体技术

多媒体(Multimedia)技术是指将数字、文字、声音、图形、图像和动画等多种媒体有机组合,利用计算机、通信和广播电视技术,使它们建立起逻辑联系,并能进行加工处理(包括对这些媒体的录入、压缩和解压、存储、显示和传输等)的技术。目前,多媒体计算机技术的应用领域正在不断扩展,除知识学习、电子图书、商业及家庭应用外,在远程医疗、视频会议中都得到了极大的推广。

8. 网络应用

计算机网络是利用通信设备和线路将地理位置不同且功能独立的多个计算机系统互联,通过网络软件实现资源共享和信息传递的系统。网络是计算机技术与通信技术相互结合的产物,由硬件系统和软件系统两部分构成。硬件系统包括计算机的硬件设备和通信设备,软件系统包括网络通信协议、信息交换方式、网络操作系统等。

网络的出现为计算机应用开辟了空前广阔的前景,对人类社会产生了巨大的影响,给人们的生活、工作、学习带来了巨大的变化。人们可以在网上接受教育、浏览信息,实现网上通信、网上医疗、网上银行、网上娱乐和网上购物等。计算机的应用将推动信息社会更快地向前发展。

1.3　计算机中信息的表示

计算机主要用于信息处理,对计算机处理的各种信息进行抽象后,可以将其分为数字、字符、图形、图像和声音等几种主要的类型。

1.3.1 各种进位计数制

要表示一个数,首先要选择适当的数学符号并规定其组合规律,也就是确定所选用的进位计数制。所谓进位计数制,顾名思义,就是一种按进位方式实现计数的制度,简称进位制。日常生活中,经常采用的进位制很多,例如,一打等于十二个(十二进制)、一小时等于六十分钟(六十进制)、一米等于十分米(十进制),等等。通常的进位制有十进制、二进制、八进制、十六进制等。

在十进制中,任何数都是用十个数字符号(0,1,2,3,4,5,6,7,8,9)按逢十进一的规则组成的;在二进制中,任何数都是用两个数字符号(0,1)按逢二进一的规则组成的;在八进制中,任何数都是用八个数字符号(0,1,2,3,4,5,6,7)按逢八进一的规则组成的;在十六进制中,任何数都是用十六个数字符号(0,1,2,3,4,5,6,7,8,9,A,B,C,D,E,F)按逢十六进一的规则组成的。

尽管这些进位制所采用的数字符号及其进位规则不同,但它们都有一个基本特征数,被称为进位制的"基数",基数表明了进位制所具有的数字符号的个数及进位的规则。显然,十进制的基数为"十",二进制的基数为"二",R 进制的基数为"R",它们在各自的进位制中都表示为"10",读作"壹零"。数的十进制、二进制、八进制和十六进制表示对照见表 1-2。

表 1-2 数的十进制、二进制、八进制和十六进制表示对照

十进制	二进制	八进制	十六进制	十进制	二进制	八进制	十六进制
0	0	0	0	9	1001	11	9
1	1	1	1	10	1010	12	A
2	10	2	2	11	1011	13	B
3	11	3	3	12	1100	14	C
4	100	4	4	13	1101	15	D
5	101	5	5	14	1110	16	E
6	110	6	6	15	1111	17	F
7	111	7	7	16	10000	20	10
8	1000	10	8	17	10001	21	11

在同一进位制中,不同位置上的同一个数字符号所代表的值是不同的。例如:

	1	1	1	1	·	1	1
	↓	↓	↓	↓	·	↓	↓
二进制中	2^3	2^2	2^1	2^0	·	2^{-1}	2^{-2}
八进制中	8^3	8^2	8^1	8^0	·	8^{-1}	8^{-2}
十进制中	10^3	10^2	10^1	10^0	·	10^{-1}	10^{-2}
十六进制中	16^3	16^2	16^1	16^0	·	16^{-1}	16^{-2}

为了描述进位制数的这一性质，定义某一进位制数中各位“1”所表示的值为该位的“位权”。基数和位权是进位制的两个基本要素，正确理解它们的含义，便可掌握进位制的全部内容。任何十进位制数 X 都可以表示为

$$(X)_{10}=d_{n-1}\times 10^{n-1}+d_{n-2}\times 10^{n-2}+\cdots+d_1\times 10^1+d_0\times 10^0+d_{-1}\times 10^{-1}+d_{-2}\times 10^{-2}+\cdots+d_{-m}\times 10^{-m}$$

例如，一个十进制数$(222.26)_{10}$可以表示为

$$(222.26)_{10}=2\times 10^2+2\times 10^1+2\times 10^0+2\times 10^{-1}+6\times 10^{-2}$$

同样地，对于 R 进制数 X，按位权展开式为

$$(X)_R=d_{n-1}\times R^{n-1}+d_{n-2}\times R^{n-2}+\cdots+d_1\times R^1+d_0\times R^0+d_{-1}\times R^{-1}+d_{-2}\times R^{-2}+\cdots+d_{-m}\times R^{-m}$$

其中，$d_i(i=n-1,\cdots,-m)$表示 X 的各位数字，大小范围为 $0\sim R-1$；m 表示 X 所包含的小数位数；n 表示 X 所包含的整数位数。

根据 R 进制数的按位权展开式可以得出，任意进位制数的各位在十进制中按位权展开相加，得到对应的十进制数，见表 1-3。

表 1-3　任意进位制数按位权展开相加得到对应的十进制数

进制	原始数	在十进制中按位权展开	对应十进制数
十进制	923.45	$9\times10^2+2\times10^1+3\times10^0+4\times10^{-1}+5\times10^{-2}$	923.45
二进制	1101.1	$1\times2^3+1\times2^2+0\times2^1+1\times2^0+1\times2^{-1}$	13.5
八进制	572.4	$5\times8^2+7\times8^1+2\times8^0+4\times8^{-1}$	378.5
十六进制	3B4.4	$3\times16^2+11\times16^1+4\times16^0+4\times16^{-1}$	948.25

1.3.2　计算机中的进位制

尽管计算机可以处理各种数据和信息，但是计算机内部使用的是二进制数。二进制并不符合人们的习惯，计算机中采用二进制的主要原因如下：

(1)物理实现简单。计算机采用物理元件的状态来表示计数制中各位的值和位权，绝大多数物理元件都只有两种状态，如果计算机中采用十进制，势必要求计算机有能够识别 0~9 共 10 种状态的装置。在实际工作中，是很难找到能表示 10 种不同稳定状态的电子器件的。虽然可以用电子线路的组合来表示，但是线路非常复杂，所需的设备量大，而且十分不可靠。而二进制中只有 0 和 1 两个数字符号，可以用电子器件的两种不同状态来表示一位二进制数。例如，可以用晶体管的导通和截止表示 1 和 0，或者用电平的高和低表示 1 和 0 等。所以，在数字系统中普遍采用二进制。

(2)运算规则简单。二进制数只有 0 和 1 两个数字符号，因此运算规则比十进制简单得多。二进制的加减乘除运算规则见表 1-4。

表1-4 二进制的加减乘除运算规则

加法	0+0=0	0+1=1	1+0=1	1+1=10(进位)
减法	0-0=0	0-1=1(借位)	1-0=1	1-1=0
乘法	0×0=0	0×1=0	1×0=0	1×1=1
除法	0÷0=0(无意义)	0÷1=0	1÷0=0(无意义)	1÷1=1

(3)适合逻辑运算。逻辑是指条件与结论之间的关系。因此,逻辑运算是指对因果关系进行分析的一种运算,运算结果并不表示数值大小,而是表示逻辑概念,即成立还是不成立。计算机的逻辑关系是一种二值逻辑,二值逻辑可以用二进制的1或0来表示,例如:1表示“成立”、“是”或“真”,0表示“不成立”、“否”或“假”等。对两个逻辑数据进行运算时,每位之间相互独立,运算是按位进行的,不存在算术运算中的进位和借位,运算结果仍是逻辑数据。

二进制的主要缺点是数位太长,不便阅读和书写,人们也不习惯,为此常用八进制和十六进制作为二进制的缩写方式。另外,为了适应人们的习惯,通常在计算机内都采用二进制数,输入和输出采用十进制数,由计算机自己完成二进制与十进制之间的相互转换。

机器内部设备一次能表示的二进制位数叫机器的字长,一台机器的字长是固定的。8位长度的二进制数称为一个字节(Byte,简写为B),机器字长一般都是字节的整数倍,如字长8位、16位、32位、64位。

我们要处理的信息在计算机中称为数据。数据是可以由人工或自动化手段加以处理的事实、概念、场景和指示的表示形式,包括字符、符号、表格、声音和图形等。数据可在物理介质上记录或传输,并通过外围设备被计算机接收,经过处理而得到结果,计算机对数据进行解释并赋予一定的意义后,便成为人们所能接受的信息。计算机中数据的常用单位有位、字节和字。

计算机存储信息的最小单位是二进制的一个数位,简称为位(bit,简写为b),音译比特,二进制的一个“0”或一个“1”叫一位。一个二进制位可以表示两种状态(0或1),两个二进制位可以表示4种状态(00、01、10、11)。显然,位越多,所表示的状态就越多。

计算机存储容量的基本单位是字节(Byte),音译为拜特,8个二进制位组成1个字节(1 Byte=8 bit)。计算机存储容量大小以字节数来度量。例如,计算机内存的存储容量、磁盘的存储容量等都是以字节为单位表示的。

除以字节为单位表示存储容量外,还可以用千字节(KB)、兆字节(MB)及吉字节(GB)、太字节(TB)等表示存储容量。它们之间存在下列换算关系:

$$1\ \text{KB} = 2^{10}\text{B} = 1024\ \text{B}$$

$$1\ \text{MB} = 2^{10}\ \text{KB} = 2^{20}\text{B} = 1048576\ \text{B}$$

$$1\ \text{GB} = 2^{10}\ \text{MB} = 2^{30}\text{B} = 1073741824\ \text{B}$$

一个标准英文字母占1个字节位置,一个标准汉字占2个字节位置。

字和计算机中字长的概念有关。字长是指计算机在进行处理时一次作为一个整体进行处理的二进制数的位数,具有这一长度的二进制数则称为该计算机中的一个字。字通常取字节的整数倍,是计算机进行数据存储和处理的运算单位。

计算机按照字长进行分类,可以分为 8 位机、16 位机、32 位机和 64 位机等。字长越长,那么计算机所表示数的范围就越大,处理能力也越强,运算精度也就越高。在不同字长的计算机中,字的长度也不相同。例如,在 8 位机中,一个字含有 8 个二进制位,而在 64 位机中,一个字则含有 64 个二进制位。

1.3.3　不同进制之间的转换

人们最常用的数是十进制数。用计算机处理十进制数,必须将它转换为二进制数才能被计算机接收。同理,计算机的运算结果则应将二进制数转换成人们习惯使用的十进制数。计算机中采用的是二进制数,为了书写和阅读的方便,还采用了八进制和十六进制。这就产生了不同进制数之间的转换问题。

1.3.3.1　*R* 进制数转换为十进制数

从数的按位权展开式中可以看出,*R* 进制数转换为十进制数,只需要将 *R* 进制数的各位在十进制中按位权展开相加即可,见表 1-3。

1.3.3.2　十进制数转换为 *R* 进制数

任何一个十进制数,都可以表示为整数部分和小数部分的和,因此十进制数转换为 *R* 进制数时,可以分别从整数部分和小数部分进行转换。

1. 整数部分的转换

设 N 为十进制数的整数部分,在对应的 R 进制中的按位权展开式为

$$d_{n-1} \times R^{n-1} + d_{n-2} \times R^{n-2} + \cdots + d_1 \times R^1 + d_0 \times R^0$$

即
$$(N)_{10} = d_{n-1} \times R^{n-1} + d_{n-2} \times R^{n-2} + \cdots + d_1 \times R^1 + d_0 \times R^0$$

由按位权展开式可以发现,整数部分 N 除以 R,得到的余数为 d_0,而商为 $d_{n-1} \times R^{n-2} + d_{n-2} \times R^{n-3} + \cdots + d_1 \times R^0$。同理,将商再除以 R,此时得到的余数为 d_1,依次类推,就可以得到其他整数部分各位数值。将各位求得的余数以先后次序从低位向高位排列,便可求得转换后的 R 进制值。这样十进制整数转换成 R 进制数的方法即为"除以 R 取余法"。

2. 小数部分的转换

设 M 为十进制数的小数部分,在对应的 R 进制中按照位权展开形式为 $d_{-1} \times R^{-1} + d_{-2} \times R^{-2} + \cdots + d_{-m} \times R^{-m}$,那么小数部分 M 乘以 R,即可以得到数值为 $d_{-1} + d_{-2} \times R^{-1} + \cdots + d_{-m} \times R^{-m+1}$。由该数值可以看出,$d_{-1}$ 为该数的整数部分,将整数部分去掉之后,对得到的小数部分的结果再次乘以 R,同样得到的结果的整数部分为 d_{-2},依次类推,就可以得到其他小数部分的各位数值。将各位求得的整数部分以先后次序从高位向低位排列,便可求得转换后的 R 进制值。这样十进制小数转换成 R 进制小数的方法即为"乘以 R 取整法"。

在转换过程中,遇到乘不尽的情况,可能会无限进行下去,此时可根据需要取近似值。

在掌握了十进制与 R 进制之间的转换方法之后,再具体进行十进制转换成二进制、八进制或十六进制就非常容易了。

十进制整数转换成二进制整数的方法即为“除以 2 取余法”,十进制小数转换成二进制小数的方法即为“乘以 2 取整法”;十进制整数转换成八进制整数的方法即为“除以 8 取余法”,十进制小数转换成八进制小数的方法即为“乘以 8 取整法”;十进制整数转换成十六进制整数的方法即为“除以 16 取余法”,十进制小数转换成十六进制小数的方法即为“乘以 16 取整法”。下面以具体实例加以说明。

(1)十进制整数转换成二进制整数。“除以 2 取余法”,即将被转换的十进制整数反复地除以 2,直到商为 0,所得的余数(从高位读起)就是该数的二进制表示。

例如:将十进制整数 123 转换成二进制整数,过程如下:

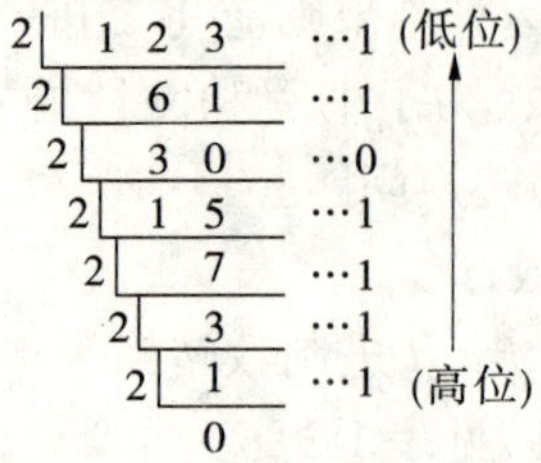

所以,$(123)_{10} = (1111011)_2$。

(2)十进制小数转换成二进制小数。“乘以 2 取整法”,即将十进制小数连续乘以 2,选取进位整数,直到满足精度要求为止。

例如:求$(0.625)_{10} = (?)_2$。

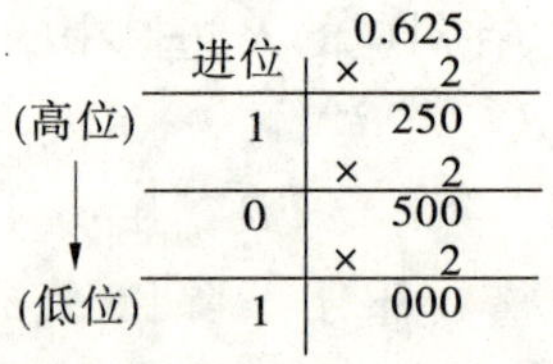

所以,$(0.625)_{10} = (0.101)_2$。

1.3.3.3　二进制与八进制的相互转换

由于 $8 = 2^3$,即 3 位二进制数可以表示从 000 到 111 这 8 个数,正好对应八进制数的 8 个数字符号 0 ~ 7,因此 3 位二进制数对应于 1 位八进制数,所以二进制与八进制之间的转换比较简单。

二进制数转换成八进制数,具体转换方法是:将二进制数从小数点开始,整数部分从右向左 3 位一组,不足 3 位的左方补 0,这样得到整数部分的八进制数;小数部分从左向右 3 位一组,不足 3 位的右方用 0 补足,得到小数部分的八进制数。然后,将整数部分和小数部分合起来写成对应的八进制数即可。

例如:求$(1111011.1011)_2 = (?)_8$。

001	111	011	·	101	100	二进制
↓	↓	↓	·	↓	↓	
1	7	3	·	5	4	八进制

所以,$(1111011.1011)_2 = (173.54)_8$。

八进制数转换成二进制数，具体转换方法是：以小数点为界，向左或向右将八进制的每一位用相应的 3 位二进制数取代，然后将其连在一起。

例如：求 $(173.54)_8=(?)_2$。

1	7	3	·	5	4	八进制
↓	↓	↓	·	↓	↓	
001	111	011	·	101	100	二进制

所以，$(173.54)_8=(1111011.1011)_2$。

1.3.3.4 二进制与十六进制的相互转换

由于 $16=2^4$，即 4 位二进制数可以表示从 0000 到 1111 这 16 个数，正好对应于十六进制数的 16 个基本数字符号 0 ~ F，因此 4 位二进制数对应于 1 位十六进制数，二进制与十六进制之间的转换也比较简单。

二进制数转换成十六进制数，具体转换方法是：将二进制数从小数点位开始，整数部分从右向左 4 位一组，不足 4 位的左方补 0，这样得到整数部分的十六进制数；小数部分从左向右 4 位一组，不足 4 位的右方用 0 补足，得到小数部分的十六进制数。然后，将整数部分和小数部分合起来写成对应的十六进制数即可。

例如：求 $(1011111011.0011001)_2=(?)_{16}$。

0010	1111	1011	·	0011	0010	二进制
↓	↓	↓	·	↓	↓	
2	F	B	·	3	2	十六进制

所以，$(1011111011.0011001)_2=(2FB.32)_{16}$。

十六进制数转换成二进制数，具体转换方法是：以小数点为界，向左或向右将十六进制的每一位用相应的 4 位二进制数取代，然后将其连在一起。

例如：求 $(2FB.32)_{16}=(?)_2$。

2	F	B	·	3	2	十六进制
↓	↓	↓	·	↓	↓	
0010	1111	1011	·	0011	0010	二进制

所以，$(2FB.32)_{16}=(1011111011.0011001)_2$。

1.3.4 计算机中信息的编码

编码的概念，在邮电通信系统中使用得较早。电报的明码就是一种编码。例如，"北"、"京"这两个字，电报明码就是"0554"、"0079"，这种编码都是由十进制数组合而成的。在计算机中，编码是由二进制代码组成的，用不同的二进制编码表示数字、字母、图像、声音等信息。究竟用几位二进制代码来表示各种不同事物比较恰当呢？这与要表示的各类不同事物的个数有关。例如，要表示 26 个英文字母，至少需要 5 位二进制代码。

1.3.4.1 字符的编码

在计算机中除数值之外，还有一类非常重要的数据，那就是字符，如英文的大小写字母(A,B,C,…,a,b,c,…),数字符号(0,1,2,…,9),以及其他常用符号(如?、=、%、+等)。在计算机中,这些符号都是用二进制编码的形式表示的。

目前,国际上通用的是ASCII码(American Standard Code for Information Interchange),即美国标准信息交换码。ASCII码由7位二进制数组成,由于$2^7=128$,所以能够表示128个字符:10个阿拉伯数字0~9(ASCII码为48~57)、52个大小写英文字母(A~Z为65~90,a~z为97~122)、32个标点符号和运算符以及34个控制符,见表1-5。

表1-5　ASCII码

低四位	高四位							
	0000	0001	0010	0011	0100	0101	0110	0111
0000	NUL	DLE	SP(空格)	0	@	P	`	p
0001	SOH	DC1	!	1	A	Q	a	q
0010	STX	DC2	"	2	B	R	b	r
0011	ETX	DC3	#	3	C	S	c	s
0100	EOT	DC4	$	4	D	T	d	t
0101	ENQ	NAK	%	5	E	U	e	u
0110	ACK	SYN	&	6	F	V	f	v
0111	BEL	ETB	'	7	G	W	g	w
1000	BS	CAN	(	8	H	X	h	x
1001	HT	EM	)	9	I	Y	i	y
1010	LF	SUB	*	:	J	Z	j	z
1011	VT	ESC	+	;	K	[	k	{
1100	FF	FS	,	<	L	\	l	|
1101	CR	GS	-	=	M	]	m	}
1110	SO	RS	.	>	N	^	n	~
1111	SI	US	/	?	O	_	o	DEL

从表1-5中可以看出,ASCII码具有以下特点:

(1)表中前32个字符和最后一个字符为控制字符,在通信中起控制作用。

(2)10个数字字符和26个英文字母由小到大排列,且数字在前,大写字母次之,小写字母在最后,这一特点可用于字符数据的大小比较。

(3)数字0~9由小到大排列,ASCII码分别为48~57,ASCII码与数值恰好相差48。

(4)在英文字母中,A的ASCII码值为65,a的ASCII码值为97,且其他英文字母的ASCII码值由小到大依次排列。因此,只要知道了A和a的ASCII码,也就知道了其他字母的ASCII码。

虽然标准ASCII码是7位编码,但由于计算机基本处理单位为字节(1Byte=8 bit),

所以一般仍以一个字节来存放一个 ASCII 字符。每一个字节中多余出来的一位(最高位)在计算机内部通常保持为 0(在数据传输时可用做奇偶校验位)。由于标准 ASCII 字符集字符数目有限,在实际应用中往往无法满足要求。为此,国际标准化组织又制定了 ISO 2022 标准,它规定了在保持与 ISO 646 兼容的前提下将 ASCII 字符集扩充为 8 位代码的统一方法。ISO 陆续制定了一批适用于不同地区的扩充 ASCII 字符集,每种扩充 ASCII 字符集分别可以扩充 128 个字符,这些扩充字符的编码均为高位为 1 的 8 位代码(即十进制数 128 ~ 255),称为扩展 ASCII 码。

1.3.4.2　汉字的编码

我国主要的语言文字是汉字。由于汉字是象形文字,不同于英文、法文等拼音文字,因此用计算机进行汉字信息处理,远比西文信息处理复杂。这里必须要解决汉字在计算机内部的编码,以及汉字的输入/输出问题,即汉字的内码、外码和字形码的问题。

1. 汉字内码

汉字信息在计算机内部也是以二进制方式存放的。由于汉字数量大,用一个字节的 128 种状态不能全部表示出来,因此 1980 年我国颁布了《信息交换用汉字编码字符集——基本集》,即国家标准 GB 2312—80,也称汉字交换码,或简称国标码。

类似 ASCII 码表,汉字也有一张国标码表。如果用两个字节(16 位二进制)表示一个汉字,每个字节都只使用低 7 位(与 ASCII 码相同),即有 $128 \times 128 = 16384$ 种状态。由于 ASCII 码的 34 个控制代码在汉字系统中也要使用,为不致发生冲突,不能作为汉字编码,128 除去 34 只剩 94 种,所以汉字编码表的大小是 $94 \times 94 = 8836$,用以表示国标码规定的 7445 个汉字和图形符号。

为了与原来的西文 ASCII 码字符相区别,以及方便计算机内部处理和存储汉字,将汉字国标码的两个字节二进制代码最高位置为 1,这样就形成了在计算机内部用来进行汉字的存储、运算的编码,称为机内码(或汉字内码、内码)。如汉字“中”的机内码是 11010110B、11010000B(即 D6H、D0H)。

机内码是最基本的编码,不管是何种汉字系统和汉字输入方法,输入的汉字外码到机器内部都要转换成机内码,才能被存储并进行各种处理。机内码应该是统一的,而实际上日本、韩国和东南亚地区的汉字系统都各不相同,甚至我国大陆与港台地区的汉字系统的内码也不完全相同。要给出一个统一的标准化的汉字内码,尚需相当长的时间。

其他的内码规范包括 BIG5、CJK、GBK 等。其中,BIG5 是针对繁体汉字的编码,在我国台湾、香港地区的计算机系统中得到普遍应用。CJK(Chinese Japanese Korean)是中、日、韩统一编码汉字的简称,其中包括了 20902 个来自中国、日本和韩国的汉字。

GBK 是汉字内码扩展规范。GBK 的目的是解决汉字收字不足、简繁同平面共存、简化代码体系间转换等汉字信息交换的瓶颈问题,在保持 GB 2312 原貌的基础上,将其字汇扩充与 ISO 10646 中的 CJK 等量,同时包容了我国台湾地区的工业标准 BIG5 码汉字。此外,还为用户保留了 1894 个码位的自定义区。

2. 汉字外码

无论是机内码或国标码都不利于输入汉字,为方便汉字的输入而制定的汉字编码,称为汉字输入码。汉字输入码属于外码。不同的输入方法,形成了不同的汉字外码。常见的输入法有以下几类：

按汉字的排列顺序形成的编码(流水码)，如区位码；

按汉字的读音形成的编码(音码)，如全拼、简拼、双拼等；

按汉字的字形形成的编码(形码)，如五笔字型、郑码等；

按汉字的音、形结合形成的编码(音形码)，如自然码、智能ABC。

输入码在计算机中必须转换成机内码，才能进行存储和处理。

3. 汉字字形码

汉字字形码用于汉字的显示和打印，又称输出码。为了将汉字在显示器或打印机上输出，将汉字按图形符号设计成点阵图，就得到了相应的点阵代码(字形码)。

全部汉字字形码的集合称为汉字字库。汉字字库可分为软字库和硬字库。软字库以文件的形式存放在硬盘上，现多用这种方式；硬字库则将字库固化在一个单独的存储芯片中，再和其他必要的器件组成接口卡，插接在计算机上，通常称为汉卡。

为在计算机内表示汉字而形成的汉字编码称为内码(如国标码)，内码是唯一的。为方便汉字输入而形成的汉字编码称为输入码，属于汉字的外码，输入码因编码方式的不同而不同，是多种多样的。为显示和打印输出汉字而形成的汉字编码称为字形码，计算机通过汉字内码在字模库中找出汉字的字形码，实现其转换。

使用计算机时常会出现乱码现象。造成乱码的原因是：内码对于字库来说，只是查找字形的索引，而不同系统的汉字内码和汉字字形码没有固定的一一对应关系，即写入方的码本和读出方的码本不一致，同一个字符串就会呈现不同的字形，也就是乱码。在使用浏览器的过程中出现乱码时，通过“查看”→“编码”选择合适的编码标准，就可解决乱码问题。

1.3.5 汉字的输入法

计算机汉字输入的方法很多，可以归纳为以下三类。

1.3.5.1 键盘输入法

目前的键盘输入法种类繁多，但常用的有以下两类：

(1)拼音输入法，即利用汉语拼音直接输入汉字的输入法。几乎不用花费什么时间学习，只要汉语拼音掌握得好，就可以使用。但汉字的同音字比较多，重码率很高，输入速度很慢。为了改进拼音输入法的重码问题，提高输入速度，不少拼音输入法进行了改进，增加了智能化程度，提高了输入效率。如搜狗拼音输入法、谷歌拼音输入法、智能ABC、紫光拼音和微软拼音2003等，利用改进了的拼音输入法每分钟也可以输入几十个甚至上百个汉字。

这种输入方法不适用于专业的打字员，而非常适合普通的计算机操作者。如果使用者的拼音基础比较好，不妨选用一种好的拼音输入法。

(2)笔画输入法，笔画或笔画组合(称为字根或部件)对应于计算机键盘的字母或数字键，从而进行文字输入。

在全国盛极一时的笔画输入法可能就是五笔了，如王码五笔、万能五笔、极品五笔等。好的形码输入法具有重码少、输入效率高的特点，但输入规则比较繁复，键盘与字根(部件)的对应关系比较复杂,学习起来比较困难,而且容易遗忘。

这种输入法适合专职打字人员使用,熟练操作之后可以实现盲打,输入速度较快,但需要花费较多的时间掌握和熟练。

1.3.5.2　手写输入法

手写输入法是一种笔式环境下的手写中文识别输入法。

这种输入法符合中国人用笔写字的习惯,需要配套的硬件,如手写板。在配套的手写板上用笔(可以是任何类型的硬笔)来书写录入汉字,计算机就能将其识别显示出来。不仅方便、快捷,而且错字率也比较低。如汉王笔、紫光笔、文通笔等,可以像在信纸上一样,采用平常写字的方式,轻松自然地向计算机中输入文字。但早期的手写输入因辨识时间稍长会拖慢输入速度,为了解决辨识时间长的问题,提高输入速度,不少手写输入法进行了改进,增加了智能化程度,提高了输入效率。如汉王笔,可全屏幕重叠书写,识别速度在每秒 12 字以上。好的手写输入法还具有功能强大的图像处理等功能,可以自如地绘画。

这种输入法适合于普通的计算机操作者及有绘画图像特殊要求的使用者,输入者不必经过培训,只要会写字,就可无师自通地、轻松自然地进行汉字输入了。

1.3.5.3　语音输入法

语音输入法是指将声音通过话筒转换成文字的一种输入方法。

这种输入法必须使用麦克风,用户可以发出正确的读音将文字输入计算机。在硬件方面要求计算机必须配备能进行正常录音的声卡。调试好麦克风,就可以对着麦克风用普通话语音进行文字录入。如果普通话语音不标准,只要使用它提供的语音训练程序,进行一段时间的训练,使其熟悉操作者的语音,也同样可以通过讲话实现文字输入。语音识别以 IBM 公司推出的 Via Voice 为代表,国内则推出了 Dutty + + 语音识别系统、天信语音识别系统、天音语音识别系统等。虽然使用起来很方便,但错字率仍然比较高,特别是一些未经训练的专业名词及生僻字。

这种输入法适合于不便使用键盘鼠标操作计算机的人及要求降低文字输入工作量的计算机操作者。

可以这样说,到目前为止,还没有哪一种中文输入法是没有缺点的。我们只能够根据自己的实际情况,选择一种适合自己使用的中文输入法,熟练掌握之后,那就是你心目中最好的输入法。

1.4　计算机系统

1.4.1　计算机系统的组成

计算机系统包括硬件系统和软件系统,两者缺一不可。

硬件(Hardware)系统是指计算机的电子器件、各种线路及设备,是看得见、摸得着的物理装置,是计算机的物质基础。软件(Software)系统是指计算机正常使用所必需的各种程序和数据,以及相关文档的集合,是发挥计算机硬件功能的关键。只有硬件系统而无软件系统的计算机称为“裸机”,用户不能直接使用。硬件系统往往是固定不变的,而计算机千变万化的功能则是通过软件系统实现的。

目前,计算机已发展成由巨型机、大型机、中型机、小型机和微型机组成的一个庞大的家族,其中每个成员尽管在规模、性能、结构和应用等方面存在着很大差别,但是它们的基本组成结构是相同的。计算机的硬件系统由中央处理器(由运算器和控制器等组成)、内存储器、外存储器、输入/输出设备等硬件组成;而计算机的软件系统分为两大类,即计算机系统软件和应用软件。计算机系统的组成如图1-2所示。

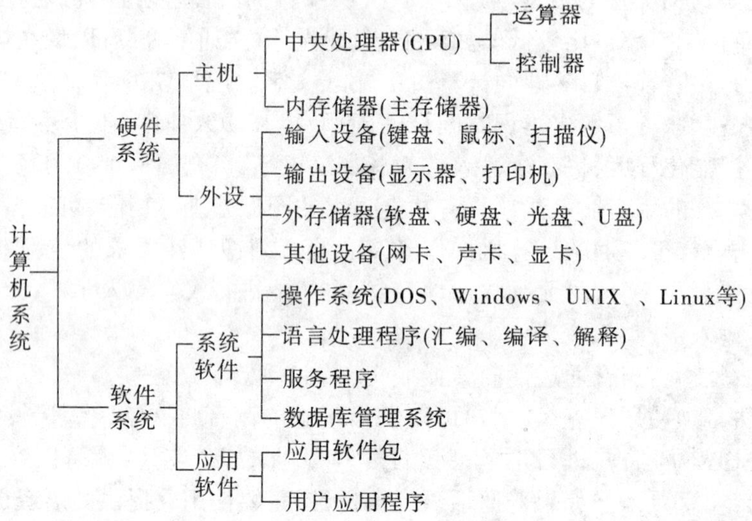

图1-2　计算机系统的组成

硬件系统和软件系统组成了完整的计算机系统,两者共同存在、发展,缺一不可。但是,并不是有了某种硬件就能运行所有的软件,也不是有了某个软件就能在所有的硬件上运行,这就是计算机中很普遍的兼容性问题。

1.4.2　计算机的工作原理

计算机的基本工作原理即"存储程序"原理,1946年由美籍匈牙利数学家冯·诺依曼(John Von Neumann)提出,所以又称为"冯·诺依曼原理"。这一原理在计算机的发展过程中始终发挥着重要影响,确立了现代计算机的基本组成和工作方式,直到现在,各类计算机的工作原理还是采用的冯·诺依曼原理思想。"存储程序"原理的核心内容包括:

(1)计算机硬件包括控制器、运算器、存储器、输入设备和输出设备五部分。

(2)计算机的指令和数据都采用二进制数表示。

(3)在执行程序和处理数据时,必须将程序和数据首先从外存储器装入主存储器中,然后才能使计算机在工作时自动高速地从存储器中取出指令并加以执行。

冯·诺依曼思想是电子计算机设计的基本思想,奠定了现代电子计算机的基本结构,开创了程序设计的时代。虽然现在的计算机系统从性能指标、运算速度、工作方式、应用领域和价格等方面与当时的计算机有很大差别,但基本结构没有改变。

从功能上看,计算机的硬件系统由五个基本部分组成:运算器、控制器、存储器、输入设备和输出设备。计算机的工作过程如图 1-3 所示,其中宽线箭头为数据信号,单线箭头为控制信号。计算机在接收指令后,由控制器指挥,将数据从输入设备传送到存储器存放,再由控制器将需要参加运算的数据传送到运算器,由运算器进行处理,最后将得到的结果由输出设备输出。

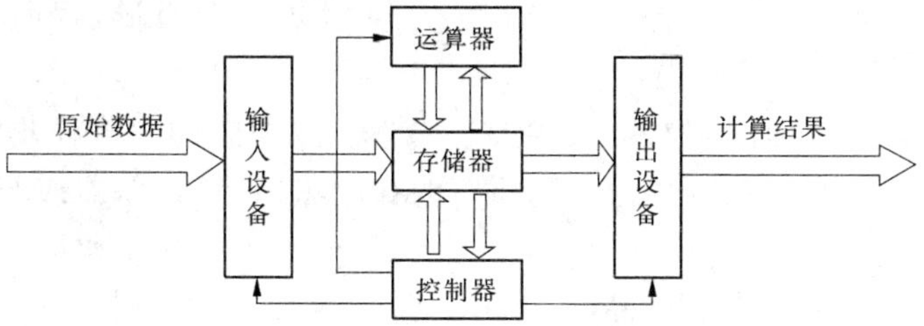

图 1-3　计算机的工作过程

从图 1-3 中可以看出,计算机中基本上有两股信息在流动。一种是宽线箭头表示的数据信息,即各种原始数据、中间结果和程序等;另一种是单线箭头表示的控制信息,它控制机器的各部件执行指令规定的各种操作。

1.4.3　计算机硬件系统

计算机的硬件系统可以分为运算器、控制器、存储器、输入设备和输出设备五大部分,下面分别进行介绍。

1.4.3.1　运算器

运算器(Arithmetical Unit)是对数据进行加工处理的部件,它在控制器的作用下与内存交换数据,负责进行各类基本的算术运算、逻辑运算和其他操作。计算机中任何复杂的算术运算都可以转化为简单的加、减、乘、除等算术运算,任何复杂的逻辑关系都可以转化为简单的与、或、非等逻辑运算。

1.4.3.2　控制器

控制器(Control Unit)是整个计算机系统的指挥中心,用来控制各部件工作,使计算机能自动地执行程序。

控制器主要由指令寄存器、指令译码器、程序计数器(PC)、操作控制器等组成。

计算机启动时,控制器从存储器中取出指令,对指令进行分析,并根据指令的要求,有序地、有目的地向各个部件发出控制信号,指挥计算机有条不紊地工作。

控制器和运算器组合在一起称为中央处理器(Central Processing Unit,CPU),它是计算机系统的核心。

1.4.3.3　存储器

存储器(Memory Unit)是用来存放程序和数据的部件,是接收数据、保存数据并根据命令提供数据的装置,具有存数和取数的功能。

存储器包含很多存储单元,每个存储单元都有一个唯一的编号,称为存储单元地址。每个存储单元存放 8 个二进制位(0 或 1),称为一个字节(Byte)。一个存储器所能存放的字节数称为存储容量,存储器存储容量的基本单位是字节,常用单位还包括千字节(KB)、兆字节(MB)、吉字节(GB)及太字节(TB)。换算关系为1 KB=1024 B;1 MB=1024 KB;1 GB=1024 MB;1 TB=1024 GB。

人们希望存储器能存储尽可能多的数据,即存储容量越大越好;从存储器读出或向存储器写入数据的速度越快越好,即存取周期越短越好。由于技术和价格上的原因,在计算机系统中,一般将存储器分为内存储器(简称内存或主存)、外存储器(简称外存或辅存)、高速缓冲存储器。

内存储器一般是半导体存储器,采用大规模集成电路或超大规模集成电路器件。内存储器按其工作方式的不同,可以分为随机存取存储器(随机存储器或RAM)和只读存储器(ROM)。

RAM是随机存取存储器(Random Access Memory),其特点是可以读写,存取任一单元所需的时间相同,通电时存储器内的内容可以保持,断电后,存储的信息立即消失。

ROM是只读存储器(Read Only Memory),用来存放与计算机有关的不变的信息。它只能读出原有的内容,用户不能再写入新内容。原来存储的内容是由厂家一次性写入的,并永久保存下来,因此断电后存储的信息不会丢失。

计算机将要执行的程序和数据存放在内存储器中,与外存储器相比,内存储器存取速度快、存储容量小、价格较高。

外存储器用于存放暂时不用的数据和程序,其容量大、成本低、速度慢,可以永久地脱机保存信息,不能直接与CPU进行信息交换,须将外存储器内容调入内存储器,再由内存储器和CPU通信。

高速缓冲存储器是在主存与CPU之间设置的一种缓冲存储器(Cache)。其容量小、体积大、价格高,存取完全由硬件实现,速度高于主存数倍。

1.4.3.4　输入设备

输入设备(Input Device)是计算机系统的外部设备,用于接收用户向计算机输入的数据和信息,是计算机与用户相互联系的"窗口"。

计算机能够接收各种各样的数据,既可以是数值型的数据,也可以是各种非数值型的数据,如图形、图像、声音等都可以通过不同类型的输入设备输入到计算机中,进行存储、处理和输出。计算机的输入设备按功能可分为下列几类:

- 字符输入设备,如键盘;
- 光学阅读设备,如光学标记阅读机、光学字符阅读机;
- 图形输入设备,如鼠标、操纵杆、光笔;
- 图像输入设备,如摄像机、扫描仪、传真机;
- 模拟输入设备,如语言模/数转换识别系统。

1.4.3.5　输出设备

输出设备(Output Device)将计算机中的数据或信息输出给用户。输出设备是人与计算机交互的一种部件,它把各种计算结果数据或信息以数字、字符、图像、声音等形式表示出来。常见的有显示器、打印机、绘图仪、影像输出系统、语音输出系统、磁记录设备等。

输入设备和输出设备通常合起来称为I/O设备。外存储器一般也可以作为输入/输出设备,即它既是输入设备,也是输出设备。

1.4.4　计算机软件系统

计算机软件系统分为系统软件和应用软件。

1.4.4.1　系统软件

系统软件是计算机软件中的重要部分，它是管理和控制计算机软硬件资源，方便用户使用计算机的一组程序的集合。系统软件包括操作系统、计算机语言、语言处理程序、数据库管理系统及服务程序等。

1. 操作系统

为了使计算机系统的所有资源协调一致、有条不紊地工作，必须有一个软件来进行统一管理和统一调度，这种软件称为操作系统（Operating System，OS）。操作系统是最低层的系统软件，它是对硬件系统功能的首次扩充。

操作系统是管理计算机软硬件资源的一个平台。简单地说，操作系统就是一些程序，这些程序能被硬件读懂，并使计算机变成具有“思维”能力，能和人类沟通的机器。操作系统是应用程序和硬件沟通的桥梁。

操作系统是计算机系统中重要的系统软件，是整个计算机系统的控制中心。操作系统不仅将裸机改造成为功能强、服务质量高、使用方便灵活、运行安全可靠的虚拟机来为用户提供计算机系统的良好环境，而且采用合理有效的方法组织多个用户共享计算机系统中的各种资源，最大限度地提高系统资源的利用率。

常见的操作系统有 DOS、Windows、Linux、UNIX 等。

2. 计算机语言

计算机语言是根据描述实际问题的需要而设计的语言。为了告诉计算机应当做什么和如何做，必须把处理问题的方法、步骤以计算机可以识别和执行的操作表示出来，也就是说编制程序。这种用于编写计算机程序所使用的语言称为计算机语言。计算机语言是人工设计的语言，它的好坏不仅关系到书写程序是否方便，而且影响到程序的质量。

计算机语言包括机器语言、汇编语言、高级语言三类，按语言级别有低级语言与高级语言之分。低级语言包括机器语言和汇编语言。

机器语言是用计算机机器指令表达的语言，是由 0 和 1 组成的一系列机器指令的集合。例如，在 Z80 计算机中，加、减运算分别用 10000111 和 10010111 表示。机器语言是计算机唯一能直接识别和执行的语言，用机器语言编制的程序占用的内存较少，执行速度快。但是，用机器语言编写程序是一项十分烦琐的工作，要记住各种代码和它的含义是不容易的，而且编出的程序全部是用 0 和 1 组成的数字序列，直观性差，非常容易出错，程序的检查和调试都比较困难。另外，由于机器语言是面向机器的，即不同型号的计算机，机器语言往往是不同的，所以用机器语言编出的程序不能通用，这给设计和使用带来了不便。因此，机器语言不利于计算机的推广使用，是一种低级语言。

为了克服机器语言读写的困难，20 世纪 50 年代初人们发明了汇编语言。汇编语言是一种为了帮助记忆而用一些简单的英文字母组合替代冗长的机器命令的语言。例如，加、减运算的助词符分别为 ADD 和 SUB。汇编语言比机器语言方便，但符号难记，程序编写量大，仍然十分复杂，汇编语言仍属于低级语言。用汇编语言书写的符号程序叫作源程序,计算机是不能直接接收和运行这种源程序的。因此,必须要用专门设计的汇编程序进行加工和转换,以便将源程序转换成由机器指令组成的目标程序,然后才能上机执行。这一转换过程又称为汇编过程。

汇编语言有两个缺点:一是对不同型号的计算机,针对同一问题所编写的汇编语言源程序互不相同;二是与自然语言差别较大,难以普及。

不论是机器语言还是汇编语言,都不利于计算机的推广和使用,这就促使人们去寻找与自然语言相接近,又能为计算机所"接受",且语义确定、直观、通用、易学的语言,即高级语言。20世纪50年代末,世界上诞生了第一种主要用于科学计算的高级语言——FORTRAN语言。自FORTRAN语言问世之后,各种高级语言不断涌现,发展极快。世界上现在使用的高级语言有几百种之多,但常用的主要有FORTRAN语言、COBOL语言、BASIC语言、PASCAL语言、C语言、Java语言、PROLOG语言等。

高级语言的共同特点是:独立于特定的机器,是一种类似于自然语言和数学描述语言的程序设计语言。使用时,先要通过语言处理程序将高级语言"翻译"成机器语言,计算机才能执行。

3. 语言处理程序

语言处理就是将源程序转换成计算机能直接执行的机器语言形式,这一转换是由翻译程序完成的。翻译程序分为编译程序和解释程序。

编译方式:即事先编好一个称为编译程序的机器指令程序,并存放在计算机中。当用高级语言编写的源程序输入计算机后,编译程序便将源程序全部翻译成用机器指令生成的目标程序,然后由计算机执行该目标程序并得到计算结果。

解释方式:即事先编好一个称为解释程序的机器指令程序,并存放在计算机中。当用高级语言编写的源程序输入计算机后,它并不像编译方式那样,将源程序全部翻译成目标程序后,再由机器执行该目标程序,而是逐句地进行翻译,且翻译一句就由机器执行一句,即边解释边执行。

FORTRAN、COBOL、PASCAL等高级语言源程序均采用编译方式,而大多数BASIC语言源程序则采用解释方式。Java语言既不属于传统的编译型语言也不属于解释型语言,它是先编译成.class字节码文件,然后利用虚拟机解释执行的。

对于用某种程序设计语言编写的程序,通常要经过编辑处理、语言处理、装配连接处理后,才能够在计算机上运行。

4. 数据库管理系统

数据库管理系统(Data Base Management System,DBMS)是有效地进行数据存储、共享和处理的工具。计算机已广泛应用于各种管理工作中,而进行这种管理工作的信息管理系统几乎都是以数据库为核心的。简单地说,数据库管理系统是管理系统中大量、持久、可靠、共享数据的工具。它具有创建数据库、操作数据库、维护数据库和数据通信的功能。

数据库的特点是数据量大。这些数据具有最小的冗余度和较高的独立性,而且数据库管理系统能保持数据的安全性,维护数据的一致性。

常见的数据库管理系统有FOXPRO、ORACLE、INFORMIX、MSSQL、SYBASE、MySQL等。

1.4.4.2　**应用软件**

在计算机硬件和系统软件的支持下,为解决具体用户的具体问题而编制的应用程序及有关资料,称为应用软件。应用软件是一些具有一定功能、满足一定要求的应用程序的组合。应用软件可分为应用软件包和用户应用程序两种。

应用软件包通常由计算机专业人员与相关专业的技术人员共同开发完成,是为解决带有通用性问题而研制开发的程序,如办公应用方面的 Microsoft Office、WPS、Lotus Notes 等,网站制作方面的 FrontPage、Dreamweaver 等,平面设计方面的 Photoshop、Freehand、CorelDRAW 等,辅助设计方面的 AutoCAD、Rhino、Pro/E 等,三维制作方面的 3ds Max、Maya 等,多媒体开发方面的 Authorware、Director、Flash 等,视频编辑与后期制作方面的 Adobe Premiere、After Effects、Ulead 的"会声会影"等,杀毒软件方面的瑞星、卡巴斯基、诺顿等。

用户应用程序则指用户针对特定问题而编制的程序。

随着软件产业的飞速发展,应用软件不断推陈出新,数量繁多。网络上也出现了很多专门提供软件下载的网站,如天空软件、华军软件、中关村下载、太平洋下载等。每一个软件下载网站均提供了有关的网络软件、系统工具、应用软件、聊天软件、图形图像、游戏娱乐、编程开发、杀毒安全、教育教学等方面的各种软件下载。

1.5　微型计算机的配置

微型计算机简称微机,主要包括台式机和笔记本。随着计算机技术的不断发展,其已成为计算机世界的主流之一,扮演着越来越重要的角色,目前的微机从各部件的工艺外观、性能指标、存储容量、运行速度等诸方面都有了高速的发展。下面以台式机为例来介绍微机的配置。

1.5.1　微机的硬件配置

微机的硬件构成从功能上看,与计算机硬件系统的五大部分一致。从硬件种类上看,微机的硬件构成一般包括 CPU、主板、内存、外存、光驱、显卡、声卡、网卡、电源、显示器、键盘、鼠标和打印机等。对于这些硬件的报价和测评信息都可以在网上查询得到,其中中关村在线(http://www.zol.com.cn)是国内最大的计算机报价网站,小熊在线(http://www.beareyes.com.cn)则是颇具口碑的对硬件功能进行测评的网站。

图 1-4 所示为台式机的主机箱示意图,主机箱内包括了 CPU、主板、存储器及一些输入/输出设备。下面介绍微机常用的硬件配置。

图 1-4　微机主机箱示意图

1.5.1.1　CPU

CPU 是微机中最核心的部件,CPU 类型是指系统所采用的 CPU 芯片型号,它决定了微机系统的档次。如80486、Pentium Ⅰ/Ⅱ/Ⅲ/Ⅳ等。目前主流的CPU是由Intel公司和AMD公司生产的。Intel公司的高端产品是酷睿2(Core2)系列双核处理器,低端产品是奔腾(Pentium)系列和赛扬(Celeron)系列;AMD公司的高端产品是羿龙(Phenom)系列和速龙(Athlon)系列,低端产品是闪龙(Sempron)系列。

双核处理器(Dual Core Processor)是指在一个处理器上集成两个运算核心,从而提高计算能力。“双核”的概念最早是由IBM、HP、Sun等支持RISC架构的高端服务器厂商提出的,主要运用于服务器上。而其在台式机上的应用则是在Intel公司和AMD公司的推广下才得以普及的。

CPU的性能指标主要包括两个:机器字长和主频。

机器字长是指计算机的运算部件能同时处理的二进制数据的位数。字长决定了计算机的运算精度,字长越长,计算机的运算精度就越高。因此,高性能的计算机,其字长较长,而性能较差的计算机,字长相对要短一些。字长也影响计算机的运算速度,字长越长,计算机的运算速度越高。字长通常是字节的整倍数,如Intel奔腾系列CPU字长为32位,而最新的酷睿2 CPU字长达到64位。CPU字长为64位,处理器一次可以运行64位数据。目前主流CPU使用的64位技术主要有AMD公司的AMD64技术、Intel公司的EM64T技术和IA64技术。

主频即计算机CPU的时钟频率,又称时钟周期和机器周期,单位为赫兹(Hz),它反映了CPU的基本工作节拍。主频是衡量CPU性能高低的一个重要技术指标,主频越高,表明指令的执行速度越快,指令的执行时间也就越短,对信息的处理能力和效率就越高。

CPU生产商为了提高CPU的性能,通常的做法是提高CPU的时钟频率和增加缓存容量。不过目前CPU的频率越来越高,如果继续通过提升CPU频率和增加缓存容量的方法来提高性能,往往会受到制造工艺上的限制及成本的制约,现在主要是通过增加CPU内核数量的方法来提高CPU性能。

1.5.1.2　主板

主板又称主机板(main board)、系统板(system board)或母板(mother board),是微型计算机的核心连接部件。主板既是连接各个部件的物理通路,也是各部件之间数据传输的逻辑通路,几乎所有的部件都连接到主板上。

打开主机箱后,可以看到位于机箱底部的一块大型印刷电路板,即主板。某主板示意图如图1-5所示。主板主要由一系列芯片组、I/O扩展插槽、I/O接口等组成,主要完成计算机系统的管理和协调,支持各种CPU、功能卡和各总线接口的正常运行。

图1-5　主板

1. BIOS和CMOS

主板上用于构成系统内部存储器的集成电路,统称为内存芯片,主要是BIOS和CMOS。BIOS是Basic Input/Output System的简写,即基本输入/输出系统,它的全称应该是ROM BIOS,意思是只读存储器基本输入/输出系统。其实,BIOS是一组固化在计算机上一个ROM芯片上的程序,保存着计算机中最重要的基本输入/输出程序、系统设置信息、开机上电自检程序和系统启动自检程序等。CMOS是计算机主板上的一块可读写的 RAM 芯片,用它来保护当前系统的硬件配置和用户对某些参数的设定。现在的厂商们将 CMOS 程序做到了 BIOS 芯片中,当开机时就可按特定键(如 Del 键)输入 CMOS 设置程序对系统进行设置,因此它又被人们称为 BIOS 设置。

2. I/O 扩展槽

计算机通过 I/O 扩展槽连接外部设备,添加或增强计算机特性及功能。I/O 扩展槽是 I/O 信号传输的路径,是系统总线的延伸,可以插入任意的标准部件,如显卡、声卡、网卡等。插槽是用来连接相应设备的地方,目前很多主板上已经集成了声卡、显卡等设备,不用再进行扩展配置。

3. I/O 接口

I/O 接口是用于连接各种输入/输出设备的接口。按照接口连接的对象来分,I/O 接口可以分为并行接口、串行接口、硬盘接口、USB 接口、SCSI 接口、PS/2 接口等。

并行接口又称为 LPT 接口,主要作为打印机端口。

串行接口又称为 COM 接口,数据传输速度较慢,但数据传输距离更长。

硬盘接口也称 ATA 端口。计算机主板一般都集成了 2 个 40 针的双排针 IDE 接口插座,用于连接硬盘。

USB 接口使计算机 I/O 设备的连接更趋标准化,分为 USB 1.1 和 USB 2.0 两个规范标准。

SCSI 接口用于专业图形处理和网络服务的高端计算机中。

PS/2 接口是 6 针的圆形接口,是鼠标和键盘专用接口。

1.5.1.3　内存

内存是主板上重要的部件之一,是用来存放微型计算机运行所需程序和数据的部件。在主机中,内存所存储的数据或程序有些是永久的,如只读存储器 ROM;有些是暂时的,如随机存取存储器 RAM。RAM 只是一个临时存储器,只有在计算机的加电期间,才能在其中保存信息,一旦断电,RAM 中的信息便会立即消失。ROM 是一种永久性的存储器,用来存放与计算机系统有关的不变的信息,即使计算机断电,ROM 中的信息也不会丢失。

除 CPU、主板外,内存是一个关键的部件。微机上的内存现在通常为模块化的内存条,插在主板上的内存插槽中,并可随意拆卸,如图 1-6 所示。内存容量是衡量内存性能的一个重要指标,目前微机上配置的内存条容量主要有 256 MB、512 MB、1 GB 和 2 GB 等。

图 1-6　内存

1.5.1.4　外存

外存储器又称辅助存储器,简称外存。外存有补充内存和长期保存程序、数据及运算结果的作用。外存存储的内容不能直接供计算机使用,而要先送入内存,再由内存提供给计算机。外存的特点是容量大、能够长时间保存存储的内容,存取速度比内存慢。

外存早期使用磁盘和磁带。磁盘由金属圆片组成,在单一面或两面涂有磁性材料来存储信息。磁带的存储容量比磁盘大,存取速度比磁盘低,适于长期保存不经常使用的程序或数据。

外存通常是磁性介质或光盘,并且不依赖于电来保存信息,因而能长期保存信息。但是其由机械部件带动,存在磨损,一般使用寿命较内存短。计算机中常见的外存包括软盘、硬盘、U 盘和光盘等,下面分别介绍。

1. 软盘

软磁盘(Floppy Disk),简称软盘,是个人计算机中最早使用的可移动介质。软盘的读写是通过软盘驱动器完成的。

软盘因容量较小且容易损坏,目前已经很少使用,其功能已逐渐被 U 盘所取代。现在看到的几乎都是容量为 1.44 MB 的 3.5 英寸(1 英寸 = 2.54 cm)软盘,如图 1-7 所示。软盘都有一个塑料外壳,比较硬,它的作用是保护里面的盘片。盘片上涂有一层磁性材料(如氧化铁),它是记录数据的介质。在外壳和盘片之间有一层保护层,防止外壳对盘片的磨损。软盘保护口透光处于保护状态。

图 1-7　软盘

软盘在使用之前需要先格式化。格式化后磁盘被分成若干同心圆磁道,每个磁道又分为若干个扇区,每个扇区存储 512 字节,数据就存储在这些磁道上。

2. 硬盘

硬盘也称硬磁盘,是计算机主要的存储媒介之一,由一个或者多个铝制或者玻璃制的盘片组成。这些盘片外覆盖有铁磁性材料。绝大多数硬盘都是固定硬盘,被永久性地密封固定在硬盘驱动器中。如图 1-8 所示为硬盘的内部结构。从数据存储原理和存储格式上看,硬盘与软盘完全相同。但硬盘的磁性材料涂在金属、陶瓷或玻璃制成的硬盘基片上,而软盘的基片是塑料的。硬盘相对软盘来说,存储空间比较大,现在个人计算机中配置的硬盘容量一般在 80 GB 以上;另外,硬盘数据存取的速度也要比软盘快得多。

图 1-8　硬盘

一般来讲,硬盘安装在计算机的主机箱中,但是也有一种移动硬盘可以通过 USB 接口直接与计算机连接,方便用户携带大容量的数据。普通硬盘也可以通过包装在一个移动硬盘盒里而作为移动硬盘使用,这种组装的移动硬盘价格虽然要相对便宜一些,但是体积大,并且读取速度慢。

3. U 盘

U 盘又称闪存盘(USB Flash Disk)、优盘,是一种移动存储产品,可用于存储任何格式数据文件和在计算机间方便地交换数据。

U 盘采用闪存存储介质(Flash Memory)和通用串行总线(USB)接口,它与传统的电磁存储技术相比有许多优点。首先,这种存储技术在存储信息的过程中没有机械运动,这使得它的运行非常地稳定,从而提高了它的抗震性能,使它成为所有存储设备中最不怕震动的设备;其次,由于它不存在类似软盘、硬盘、光盘等的高速旋转的盘片,所以它的体积往往可以做得很小,MP3 播放器可以做得很小就是因为采用了这种存储技术。

U 盘最大的特点就是即插即用、小巧便于携带、存储容量大、价格便宜等。一般的 U 盘容量有 128 MB、256 MB、512 MB、1 GB、2 GB 等,目前 U 盘容量有了很大程度的提高,如4 GB、8 GB、16 GB的U盘。

4. 光盘

光盘(Optical Disk)是一种电子数据存储介质,可以用低能量的激光束进行数据读写。信息存放在盘片中螺旋状的轨道上。轨道上有许多不连续的凹糟,是在对光盘写入信息时由激光"雕刻"而成的。

目前,在计算机上使用的光盘可分为CD和DVD两种类型。

CD(Compact Disk)主要包括CD-ROM、CD-R和CD-RW,容量通常为650 MB。

CD-ROM(CD Read Only Memory)是只读光盘,里面的信息由制造者写于光盘中,用户可反复读,但不能写。VCD(Video-CD)也属于CD-ROM,是激光视频光盘,在VCD影碟机中播放。

CD-R(CD Recordable)是一次性可写光盘,仅允许用户使用刻录机录入一次信息,然后可反复读盘上信息。

CD-RW(CD Rewritable)是可擦写光盘,是一种可以重复写入的光盘。

DVD(Digital Versatile Disk)称为数字万用光盘,DVD光盘与CD-ROM光盘的外观很相似,存储方式主要有单面存储和双面存储两种。DVD光盘主要分为DVD-ROM、DVD-R、DVD-RAM和DVD-RW等。一般的DVD光盘存储容量为4.7 GB,还有一些为8.5 GB、9.4 GB、17 GB、30 GB等。

DVD-ROM是只读光盘,用途类似CD-ROM;DVD-Video是家用的影音光盘,用途类似LD或Video CD;DVD-Audio是音乐盘片,用途类似音乐CD;DVD-R(或称DVD-Write-Once)是限写一次的DVD光盘,用途类似CD-R;DVD-RW(或称DVD-Rewritable)是可多次读写的光盘。

光盘信息的读取可以通过光盘驱动器(简称光驱)来完成。激光头是光驱的中心部件,光驱都是通过它来读取数据的。光驱包括CD光驱和DVD光驱两种,分别用来读取CD光盘和DVD光盘,但是DVD光驱可以读取CD光盘,CD光驱不能读取DVD光盘。

光盘信息的读取和写入可以通过光盘刻录机来完成,也就是我们平常说的刻录机。刻入数据时,利用高功率的激光束反射到盘片,使盘片发生变化,模拟出二进制数据0和1。刻录机可分为CD刻录机和DVD刻录机两种,其中DVD刻录机可以刻录和读取CD/DVD光盘,而CD刻录机则只能刻录和读取CD光盘。

1.5.1.5 常用输入设备

计算机中常用的输入设备有键盘、鼠标和扫描仪等,下面分别介绍。

1. 键盘

键盘是计算机中最基本的输入设备。借助于键盘,可将命令、程序和数据等信息输入到计算机中。键盘通过一根五芯电缆连接到主机的键盘插座内,其内部有专门的微处理器和控制电路,当操作者按下任一键时,键盘内部的控制电路产生一个代表这个键的二进制代码,然后将此代码送入主机内部,操作系统就知道用户按下了哪个键。

现在的键盘通常有101键键盘和104键键盘两种,目前较常用的是104键键盘。键盘上各部位的名称及功能见表1-6。

其中,常用键盘打字机键区有62个键,包括字母键、数字键、控制键等。辅助键区有

30 个键。功能键区有 12 个功能键。键盘上键的功能和作用是由软件来定义的,所以在不同的应用程序中各键的作用也不尽相同,特别是功能键和控制键。

表 1-6　键盘上各部位的名称及功能

名称	功能
打字机键区	键盘上这部分键的安排,与英文打字机类似。不管键盘其他键的位置如何变化,这部分键的位置总是不会变的
光标键区	包括光标键和 9 个特殊键,一般软件通过这些键来进行菜单选择和光标移动等操作
小键盘	用于快速输入数字等,通过【Num Lock】键,可以在光标功能和数字功能之间进行切换
功能键区	【F1】~【F12】是功能键,一般软件都是用这些键来做功能热键,如【F1】为寻求帮助,【F2】为存盘等
指示灯面板	有 Num Lock、Caps Lock、Scrol Lock 3 个指示灯,对应 3 个二态功能键,即数字锁定键、英文大写字母锁定键和滚动锁定键
组合控制键	在计算机键盘上有 3 个键常与其他键一起组合使用,它们是【Ctrl】、【Shift】、【Alt】,按下其中一个键不放,然后按下另一键,最后同时松开。如按【Ctrl】+【Shift】+【Alt】组合键即对系统进行热启动

2. 鼠标

鼠标标准称呼应该是“鼠标器”,英文名 Mouse,因其外形酷似老鼠而得名,是使用比较广泛的一种输入设备。通过鼠标,可以方便准确地移动光标进行定位。

鼠标按其工作原理的不同可以分为机械鼠标和光电鼠标。

机械鼠标底部有一个橡胶小球,当鼠标在水平面上滚动时,小球与平面发生相对转动而控制光标移动。机械鼠标一般采用 PS/2 接口,通过一个 6 针微型接口与计算机相连,它与键盘的接口非常相似,使用时注意区分。

光电鼠标通过检测鼠标的位移,将位移信号转换为电脉冲信号,再通过程序的处理和转换来控制屏幕上鼠标箭头的移动。光电鼠标用光电传感器代替了滚球。早期的这类传感器需要特制的、带有条纹或点状图案的垫板配合使用,现在的产品一般不需要。光电鼠标一般通过一个 USB 接口,直接插在计算机的 USB 接口上。

新出现的无线鼠标和 3D 振动鼠标都是比较新颖的鼠标。

无线鼠标是为了适应大屏幕显示器而生产的。“无线”,即没有电线连接,而是采用两节七号电池无线摇控。无线鼠标有自动休眠功能,接收范围在 1.8 m 以内。

3D 振动鼠标是一种新型的鼠标器,外形和普通鼠标不同,一般由一个扇形的底座和一个能够活动的控制器构成。它不仅可以当做普通的鼠标使用,而且有如下特点:首先,具有全方位立体控制能力,它具有前、后、左、右、上、下 6 个移动方向,可以组合出前右、左下等的移动方向。其次,具有振动功能,即触觉回馈功能,玩某些游戏时,若你被敌人击中,会感觉到你的鼠标也振动了。

3. 扫描仪

扫描仪是一种计算机外部仪器设备,是通过捕获图像并将之转换成计算机可以显示、编辑、存储和输出的信息的数字化输入设备。照片、文本页面、图纸、美术图画、照相底片，甚至纺织品、标牌面板、印制板样品等三维对象都可作为扫描对象，因此扫描仪在计算机领域中的应用很广泛，通常被用来制作照片档案和文字原稿档案。扫描仪最大的优点就是可以像彩色打印机一样，在最大程度上保留原稿的风貌。

常见的扫描仪大致分为两种：一种专门负责扫描图像，称为图像扫描仪，其作用和彩色打印机大致相同；另一种扫描仪称为光学识别器，专用于扫描一些代表数字的光学码。

分辨率是扫描仪最主要的技术指标，它表示扫描仪对图像细节上的表现能力，即决定了扫描仪所记录图像的细致度，其单位为 DPI(Dots Per Inch)。通常用每英寸长度上扫描图像所含有像素点的个数来表示。目前，大多数扫描仪的分辨率为 300 ~ 2400 DPI。DPI 数值越大，扫描仪的分辨率越高，扫描出的结果图像文件也越大。

1.5.1.6　常用输出设备

计算机常用的输出设备为显示器和打印机。

1. 显示器

显示器是计算机最基本的输出设备。它能在程序的控制下，动态地以字符、图形或图像的形式显示程序的内容和运行结果。严格说来，显示器由监视器和显示适配卡(显卡)组成，但习惯上将监视器也称为显示器。要充分发挥显示器的性能，必须配备相应的显卡。

显示器的类型很多，根据显像管的不同可分为三种类型：阴极射线管(CRT)、发光二极管(LED)和液晶(LCD)显示器。其中，CRT 显示器一般用于台式机，LED 显示器常用于单板机，LCD 显示器最初用于笔记本电脑，目前已成为主流的显示器用于各种计算机中。

衡量显示器的优劣主要有三个重要指标：屏幕尺寸、分辨率和点距。

屏幕尺寸按照屏幕对角线计算，通常以英寸(inch)为单位，现在一般主流的尺寸有 17 英寸、19 英寸、21 英寸、22 英寸、24 英寸等。常用的显示器又分为标屏与宽屏，标屏显示器的宽高比为 4:3，宽屏显示器的宽高比为 16:10 或 16:9。

分辨率指像素点与点之间的距离，像素数越多，其分辨率就越高。因此，分辨率通常用 $m \times n$ 表示。其中，m 表示荧光屏上每行共有 m 个点，n 表示荧光屏上的光点共有 n 行。这两个数乘积越大，分辨率越高，显示器的图像就越清晰。由于在图形环境中，高分辨率能有效地收缩屏幕图像，因此在屏幕尺寸不变的情况下，其分辨率不能超过它的最大合理限度，否则，就失去了意义。显示器尺寸与对应的最大分辨率分别为 14 英寸 1024 × 768、15 英寸 1280 × 1024、17 英寸 1600 × 1280、21 英寸 1600 × 1280。

点距是显示器的一个非常重要的硬件指标。点距是指一种给定颜色的一个发光点与离它最近的相邻同色发光点之间的距离，这种距离不能用软件来更改，点距与分辨率是不同的。在任何相同分辨率下，点距越小，图像就越清晰，14 英寸显示器常见的点距有 0.31 mm 和 0.28 mm。

2. 打印机

打印机是一种计算机输出设备，可以将计算机内储存的数据按照文字或图形的方式永久地输出到纸张或透明胶片上。衡量打印机好坏的指标有三项：打印分辨率、打印速度和噪声。分辨率越高，打印机的输出质量就越好。

目前，常用的打印机有点阵式打印机、喷墨打印机和激光打印机三种。

点阵式打印机又称为针式打印机,它依靠一组像素或点的矩阵组合而形成更大的图像,用一组小针来产生精确的点,有 9 针和 24 针两种。针数越多,针距越密,打印出来的字就越美观。针式打印机的主要优点是:价格便宜、维护费用低,可复写打印,适合于打印蜡纸;缺点是:打印速度慢、噪声大、打印质量稍差。目前,针式打印机主要应用于银行、税务、商店等的票据打印。

喷墨打印机通过喷墨管将墨水喷射到普通打印纸上而实现字符或图形的输出。对于喷墨打印机来说,墨盒是最贵的易耗品。其主要优点是:打印精度较高、噪声低、价格便宜;缺点是:打印速度慢,由于墨水消耗量大,日常维护费用较高。

激光打印机可以将碳粉印在媒介上,这种打印机具有最佳的成本优势、优秀的输出效果,因而其占有统治地位。由于它具有精度高、打印速度快、噪声低等优点,已渐渐成为办公自动化的主流产品。随着普及性的提高,其价格也将大幅度下降。

1.5.2　微机的性能指标

一台微型计算机功能的强弱或性能的好坏,不是由某项指标来决定的,而是由它的系统结构、指令系统、硬件组成、软件配置等多方面的因素综合决定的。另外,对于不同用途的计算机,由于它们对不同部件的性能指标要求有所不同,评价标准也有所不同。因此,评价计算机的性能是一个复杂的问题,早期只用字长、运算速度和存储容量三大指标进行衡量,实际使用证明,只考虑这三个指标是不够的。

对于大多数普通用户来说,可以从以下几个基本指标来大体评价计算机的性能。

1.5.2.1　运算速度

运算速度是衡量计算机性能的一项重要指标。通常所说的计算机运算速度(平均运算速度),是指每秒所能执行的指令条数,一般用“百万条指令/秒”(MIPS,Million Instruction Per Second)来描述。

微型计算机一般采用主频描述运算速度,主频即时钟频率,是指计算机的 CPU 在单位时间内发出的脉冲数,它在很大程度上决定了计算机的运行速度。一般来说,主频越高,运算速度就越快。主频的单位是赫兹(Hz)。例如,Pentium 4/1.5 G 的主频为 1.5 GHz。对于结构相同的计算机,CPU 主频越高,在相等时间内所能执行的指令数越多。

1.5.2.2　字长

一般来说,计算机在同一时间内处理的一组二进制数的位数就是“字长”。字长的大小关系到计算机的精度和速度,在其他指标相同时,字长越长,精度越高,速度越快,处理能力也就越强。微机的字长已从早期的 8 位和 16 位发展到现在的 32 位和 64 位。

1.5.2.3　内存的容量

内存是 CPU 可以直接访问的存储器,需要执行的程序与需要处理的数据就是存放在内存中的。内存容量的大小反映了计算机即时存储信息的能力。随着操作系统的升级、应用软件的不断丰富及其功能的不断扩展,人们对计算机内存容量的需求也不断提高。目前,安装 Windows 7 操作系统,内存容量最好在 2 GB 以上(最少为 1 GB);安装 Windows Vista 操作系统,内存容量最好在 1 GB 以上(最少为 512 MB)。

如果低于最低内存要求,系统将不能被正确安装。例如,在 1 GB 下正常安装完

Windows 7系统后的体现就是运行速度很慢,系统自身的功能不会受到限制。但是在安装完应用程序后,达不到某些软件要求的内存,应用程序可能无法正常运行,或是大量内存被应用程序占用,将导致系统无响应或死机。内存容量越大,系统运行得就越流畅,系统功能就越强大,能处理的数据量就越大。

1.5.2.4　配置的外围设备

计算机允许配置外围设备的种类和数量也是计算机的性能指标之一。例如外存的容量,外存容量越大,可存储的信息就越多,可安装的应用软件就越丰富。一般来说,外围设备配置一般根据用户的实际需要进行选择。

1.5.2.5　可靠性

可靠性是指在给定时间内,计算机系统能正常运行的概率。可靠性越高,则计算机系统的性能越好。通常用平均无故障时间衡量。

当然,要全面评价一台计算机还需考虑一些其他指标,例如,所配置外围设备的性能指标及所配置系统软件的情况等。另外,各项指标之间也不是彼此孤立的,在实际应用时,应该将它们综合起来进行考虑。

1.5.3　微机的软件配置

微机的软件配置主要是安装系统软件和应用软件,主要包括操作系统的安装、驱动程序的安装和应用程序的安装,下面分别介绍。

1.5.3.1　安装操作系统

操作系统是计算机中最重要的软件,它是计算机工作的平台,其他所有的软件都要在这个平台上运行。目前,微机上常用的操作系统为 Windows 7、Windows Vista、Linux 等。

安装方式通常为光盘安装,在安装操作系统之前需要对微机系统进行设置,即设置BIOS。BIOS 设置程序是被固化到计算机主板上的 ROM 芯片中的一组程序,其主要功能是为计算机提供最底层的、最直接的硬件设置和控制,只有在开机时才可以进行设置。当开机时按特定键(如【Del】键)进入 BIOS 设置程序对系统进行设置:①在 BIOS 中将系统修改为从光驱启动;②将安装盘放入光驱,用安装盘启动计算机;③安装操作系统;④将BIOS 改回原来的配置。

安装操作系统之前要对硬盘进行分区和格式化,这样系统将更加安全,而且磁盘空间浪费最少。安装操作系统的分区一定要大于 2 GB,这样才能确保空间够用。对于服务器来说,系统使用的空间会更大,所以分区要更大,建议在 20 GB 左右。分区完毕后即可安装操作系统。

1.5.3.2　安装驱动程序

驱动程序能够使计算机的硬件更好地工作,没有它很多设备都不能正常工作。虽然目前最新的操作系统都内置了大量的驱动程序,但仍然不能很好地支持某些硬件,此时就需要手工安装驱动程序了。

驱动程序的发布可以通过两种方式:一是通过若干文件和一个 INF 文件来发布,二是通过安装程序来发布。购买硬件时一般有配套的驱动程序光盘,如果没有,可以在网上根据硬件型号搜索下载相应的驱动程序。注意:安装系统之前最好先搞清楚硬件的型号,以免安装系统后硬件不能正常工作。

1.5.3.3 安装应用程序

应用软件的发布多种多样,有的是通过光盘发布的 .iso 文件,有的是通过网络以压缩包方式发布的 .rar 文件。虽然发布方式不同,但安装方法基本相同。

光盘发布的软件一般都是自动运行的,只要将它插入光驱,就会进入安装界面。如果光驱禁止了自动运行功能,那么可以打开光盘根目录上的 Autorun. inf 文件,查看里面指定了哪个自动运行的程序,手工启动即可。

对于以压缩包方式发布的软件,传统的做法是先将它解压到磁盘的某一个目录中,然后运行其中的 Setup. exe 程序进行安装。现在大多采用虚拟光驱的方式进行安装。虚拟光驱是一种模拟(CD/DVD - ROM)工作的工具软件,可以生成与光驱功能相同的虚拟光驱。其工作原理是先虚拟出一部或多部虚拟光驱,再将硬盘上存放的 .iso 或 .rar 文件放入虚拟光驱中,不用解压缩这些文件就可以通过虚拟光驱来访问里面的文件。虚拟光驱有很多一般光驱无法达到的功能,例如运行时不用光盘(即使没用光驱也可以),可同时执行多张光盘软件,具有快速的处理能力,容易携带等。目前有多款优秀的虚拟光驱软件,如 Daemon tools 等。

此外,还有一种所谓的绿色软件,只要将它解压,双击其中的可执行文件就能运行,不需要安装。另外,在安装网络下载的软件前,建议先阅读它的说明文件,里面一般都包括安装方法。

系统软件和应用软件的配置都对计算机的硬件有一定的要求,一般表现在计算机主频、内存容量及显卡等硬件要求上。应根据自己对软件的需求配置计算机的硬件,选择能够满足使用需求的 CPU 类型、内存容量、外存容量及其他外围设备等。

习　题

1. 数据和信息有什么不同?
2. 什么是信息技术?
3. 简述计算机的应用领域。
4. 简述计算机系统的组成和作用。
5. 什么是汉字内码、外码和字形码?
6. 解释“存储程序”的概念。
7. 举例说明什么是系统软件和应用软件。
8. 微机硬件主要有哪几部分?
9. 如何衡量微机的性能?
10. 简述二进制、八进制、十六进制之间的数据转换方法。

第2章　中文操作系统

操作系统(Operating System,缩写为OS)是一种系统软件。它管理计算机系统的全部软硬件资源和对程序的执行进行控制,还能使用户方便使用硬件提供的计算机功能,也使硬件的功能发挥得更好。操作系统是控制其他程序运行,管理系统资源并为用户提供操作界面的系统软件的集合。

2.1　操作系统 Windows 7 概述

2.1.1　操作系统概述

2.1.1.1　操作系统功能

1. 处理机管理

处理机是计算机中的核心资源,所有程序的运行都要靠它来实现。具体地说,是对处理机的时间进行分配,对不同程序的运行进行记录和调度及实现用户和程序之间的相互联系。

2. 存储器管理

存储器管理以最合适的方案为不同的用户和不同的任务划分出分离的存储器区域,保障各存储器区域不受别的程序的干扰;在主存储器区域不够大的情况下,使用硬盘等其他辅助存储器来替代主存储器的空间,自行对存储器空间进行整理等。

3. 信息管理

信息管理可以对计算机文件进行分类,保障不同信息之间的安全;将各种信息与用户进行联系;使信息不同的逻辑结构与辅助存储器上的存储结构进行对应。

4. 设备管理

设备管理为用户提供设备的独立性,使用户不管是通过程序还是命令来操作设备时都不需要了解设备的具体参数和工作方式,用户只需要简单地使用一个设备名就可以了。

2.1.1.2　常用操作系统

1. MS - DOS

MS - DOS是Microsoft Disk Operating System的简称,是由美国微软公司开发的DOS操作系统。在Windows 95以前,DOS是IBM PC及兼容机中的最基本配备,而MS - DOS则是个人电脑中最普遍使用的DOS操作系统之一。

2. Windows XP

Windows XP中文全称为视窗操作系统体验版,是微软公司开发的一款视窗操作系统。字母XP表示英文单词的“体验”(experience)。它发行于2001年10月25日,原来的名称是Whistler。

3. Windows 7

Windows 7 是继 Windows XP 之后最重要的一次操作系统革新。Windows 7 和以往的 Windows 操作系统相比,在很多方面都有了革命性的改变,尽管它构建在 Windows Vista 的基础之上,但是 Windows 7 对用户界面和底层架构都作了大量的精雕细琢,同时又引入了众多的新特性和重大的改进来支持新的硬件和软件技术,给广大用户带来更多、更好的工具来体验和管理数字化生活。

4. Mac OS

Mac OS 是一套运行于苹果 Macintosh 系列电脑上的操作系统。Mac OS 是首个在商用领域成功的图形用户界面。现行的最新的系统版本是 Mac OS X 10.6.x 版。

5. UNIX

最早由 Ken Thompson、Dennis Ritchie 和 Douglas McIlroy 于 1969 年在 AT&T(美国电报电话公司)的贝尔实验室开发。经过长期的发展和完善,目前已成长为一种主流的操作系统技术和基于这种技术的产品大家族。由于 UNIX 具有技术成熟、结构简单、可靠性高、可移植性好、可操作性强、网络和数据库功能强、伸缩性突出和开放性好等特色,可满足各行各业的实际需要,特别能满足企业重要业务的需要,已经成为主要的工作站平台和重要的企业操作平台。它主要安装在巨型计算机、大型机上作为网络操作系统使用,也可用于个人计算机和嵌入式系统。

6. Linux

Linux 是一套免费的 32 位和 64 位的多用户多任务操作系统,其最大的特色在于源代码完全公开,在符合 GNU GPL(General Public License,GNU 通用公共许可证)的原则下,任何人皆可自由取得、散布,甚至修改源代码。就 Linux 的本质来说,它只是操作系统的核心,负责控制硬件,管理文件系统、程序进程等。Linux Kernel(内核)并不负责提供用户强大的应用程序,没有编译器、系统管理工具、网络工具、Office 套件、多媒体、绘图软件等,这样的系统也就无法发挥其强大功能,用户也无法利用这个系统工作,因此有人便提出以 Linux Kernel 为核心再集成搭配各式各样的系统程序或应用工具程序组成一套完整的操作系统,经过如此组合的 Linux 套件即称为 Linux 发行版。

2.1.2 安装 Windows 7

2.1.2.1 Windows 7 硬件要求

CPU:主频 1 GHz 的 32 位或 64 位处理器。

内存:1 GB 内存(基于 32 位)或 2 GB 内存(基于 64 位)。

硬盘:16 GB 可用硬盘空间(基于 32 位)或 20 GB 可用硬盘空间(基于 64 位)。

显卡:带有 WDDM 1.0 或更高版本驱动程序的 DirectX 9 图形设备。

显示器:要求分辨率在 1024×768 像素及以上(低于该分辨率则无法正常显示部分功能),或可支持触摸技术的显示设备。

Windows 7 系统的软件需求只是指对硬盘系统的要求。安装 Windows 7 系统的硬盘分区必须采用 NTFS 结构,要确保至少有 16 GB 的可用空间,最好能提供 40 GB 可用空间的分区供系统安装使用。

2.1.2.2　Windows 7 **操作系统的安装**

安装操作系统是指把操作系统软件，从光盘或其他存储介质中安装到计算机硬盘中的过程。操作系统的安装步骤如下：

(1)在系统启动时，按【Del】键，直至出现 BIOS 界面，进行 BIOS 设置。

(2)找到包含 BOOT 文字的项或组，依次设置"first""second""third"三项，分别代表"第一启动项""第二启动项""第三启动项"，把第一启动项设置为 CD - ROM(光驱)启动。

(3)按【F10】键，在是否保存对话框中点【Y】，说明需要保存当前设置，系统重新启动。

(4)在重新启动之前将 Windows 7 安装盘放入光驱中，在屏幕底部出现"CD"字样时，按【回车】键，进入光驱启动。

(5)系统盘从光驱启动之后便是蓝色背景的安装界面。

(6)这时首先出现的是 Windows 7 系统的协议，按【F8】键(代表同意此协议)，之后可以见到硬盘所有分区的信息列表，并且有中文的操作说明。选择 C 盘，按【Del】键删除分区(之前记得先将 C 盘中的有用文件做好备份)，C 盘的位置变成"未分区"。再在原 C 盘位置(即"未分区"位置)按【C】键创建分区，分区大小不需要调整。之后原 C 盘位置变成了"新的未使用"字样，按【回车】键继续。接下来有可能出现格式化分区选项页面，推荐选择【用 NTFS 格式化分区(快)】。按【回车】键继续。

(7)系统开始格式化 C 盘，速度很快。格式化之后是分析硬盘和以前的 Windows 操作系统，速度同样很快，随后是复制文件，大约需要 8 到 13 分钟不等(根据机器的配置决定)。

(8)复制文件完成(100%)后，系统会自动重新启动，这时当再次见到"CD - ROM…"的时候，不需要按任何键，让系统从硬盘启动，因为安装文件的一部分已经复制到硬盘里了(注：此时光盘不可以取出)。出现蓝色背景的彩色安装界面，左侧有安装进度条和剩余时间显示，起始值为 39 分钟，具体时间根据机器的配置决定。

(9)此时直到安装结束，计算机自动重启之前，除输入序列号和计算机信息(随意填写)，以及敲 2 到 3 次【回车】键外，不需要做任何其他操作，系统会自动完成安装。

2.1.2.3　Windows 7 **驱动程序的安装**

系统安装完成之后，重新启动操作系统进入 Windows 7 桌面，右键单击【计算机】图标，选择【属性】→【硬件】选项卡，选择【设备管理器】，里面是计算机所有硬件的管理窗口，其中出现黄色问号和叹号的选项代表未安装驱动程序的硬件，双击打开其属性，选择【重新安装驱动程序】，放入相应的驱动光盘，选择【自动安装】，系统会自动识别对应的驱动程序并安装完成(AUDIO 为声卡，VGA 为显卡，SM 为主板，需要首先安装主板驱动，如没有 SM 项则代表不用安装)。安装好所有驱动之后重新启动计算机，至此驱动程序安装完成。驱动程序安装完成后，计算机才可以正常工作。

2.2　Windows 7 基础

2.2.1　Windows 7 启动、退出

2.2.1.1　Windows 7 操作系统的启动

启动操作系统实际上就是启动计算机,目的是进入操作系统可视化界面,对计算机进行相应的操作。操作系统的启动过程相当复杂,但这一切都是计算机自动完成的,无须用户操作,对用户而言,只需要进行开机操作即可。对于 Windows 7 操作系统,启动方法一般有如下 3 种:

(1)冷启动:也称加电启动,用户只需打开计算机电源开关即可。这是计算机处在未通电状态下的启动方式。

(2)重新启动:这是通过【开始】菜单中的【重新启动】命令实现的。

(3)复位启动:用户只需按一下主机箱面板上的【Reset】按钮(又称复位按钮)即可实现,这是在系统完全崩溃,无论按什么键(包括【Ctrl】+【Alt】+【Del】组合键)计算机都没有反应的情况下,对计算机强行复位重新启动操作系统(有的计算机没有这个按钮)。

如果计算机上安装了两个或多个操作系统,在启动操作系统的时候会进入操作系统选择界面,这时用户只需要使用键盘上的上下按键(【↑】、【↓】)选择相应的操作系统,按【回车】键就可以进入相应的操作系统中。

通过上述方式启动操作系统后,经过短暂时间的欢迎画面(若设置了用户名和密码,需要输入用户名相对应的密码才能登录),就可以进入 Windows 7 桌面。在桌面上,左边整齐地排列着一些图标,下面则是带有【开始】按钮的任务栏。

2.2.1.2　退出 Windows 7

计算机使用完毕后,正常的退出步骤如下:

(1)关闭所有窗口和正在运行的应用程序,注意保存新的信息。

(2)单击桌面上的【开始】菜单按钮(将鼠标指针移动到【开始】按钮处,单击鼠标左键),以打开【开始】菜单。

(3)单击【关闭计算机】按钮,系统弹出如图 2-1 所示的对话框。

(4)在【关闭计算机】对话框中,单击【关闭】按钮。屏幕显示"正在注销""正在保存设置""Windows 正在关机"等提示信息,之后系统将自动安全地关闭电源。

注意:在 Windows 7 没有正常退出前,切忌直接关机。因为直接关机会使一些需要保存的信息未能及时保存而丢失,也有可能造成某些重要系统文件的损坏。

2.2.1.3　重新启动 Windows 7

重新启动系统可以采用退出系统的操作方法,所不同的是在【关闭计算机】对话框中单击【重新启动】按钮。当计算机不能正常工作,或用户调整系统配置生效时,通常必须重新启动系统。

2.2.1.4　进入待机状态

在【关闭计算机】对话框中单击【待机】按钮,将使计算机进入待机状态。在长时间不

图2-1　关闭 Windows 7

使用计算机但又不希望关机时，可以选择这种状态，此时计算机以低能耗方式维持运行。

2.2.1.5　注销用户

Windows 7 是一个支持多用户的操作系统，它允许多个用户登录到计算机系统中，各个用户除了拥有公共系统资源外，还可拥有个性化的桌面、菜单、"我的文档"和应用程序等。为了使不同用户快速方便地进行系统登录，Windows 7 提供了注销功能，通过这种注销功能，用户可以在不必重新启动系统的情况下登录计算机，系统将恢复用户的一些个人环境设置。

要注销当前的用户，只需打开【开始】菜单，单击【注销】按钮，系统弹出对话框。在对话框中单击【切换用户】按钮可以在不注销当前用户的情况下重新登录另一个用户；单击【注销】按钮则关闭当前用户，并以另一个用户登录进入。

说明：Windows 7 能同时保留多个用户的登录信息。也就是说，当前用户在退出时只要单击【切换用户】按钮，其正在运行的程序不会被结束。

2.2.2　Windows 7 的基本操作

2.2.2.1　基本术语

在具体学习基本操作之前，先让我们来了解 Windows 7 中的几个基本概念。

1. 应用程序

应用程序是用来完成特定任务的计算机程序，包括一些系统自带的或用户编写的各种各样的程序。例如，记事本程序、QQ 程序等。

2. 文档

文档是 Windows 应用程序创建的对象，Windows 7 中常见的文档有：Word 文档（扩展名为 . docx）、文本文档（扩展名为 . txt）等。

3. 文件

文件是存储在外存储器（如磁盘）上的相关信息的集合。各种文档和应用程序都以文件的方式存放在磁盘中，即它们都是文件。

4. 文件夹

磁盘中可存放很多的文件,为了便于管理,一般将文件分类存放在不同的文件夹中(文件夹在DOS中称为目录)。在Windows 7中,一个文件夹中可以存放多个文件和多个文件夹。

5. 图标

图标是代表Windows 7各种对象的小图形。如文件(文档或应用程序)、文件夹、磁盘驱动器、打印机等,所有这些都用一个形象化的图标表示。图标由图形和文字两部分组成,图形部分表示图标的类型,文字部分是这个图标的名称。

2.2.2.2　鼠标操作

使用鼠标是操作Windows 7系统的基本方式,具有简单和直观的特点。当用户手持鼠标在平面上(桌面上或专门的鼠标垫上)移动时,屏幕上的鼠标指针就随之移动。通常,鼠标的左键是主键,右键是副键(对于左手使用鼠标的人,可以通过控制面板进行相反的设置)。一般情况下,鼠标指针呈空心箭头状(↖),但它随着位置和操作状态的不同而有所差异。

鼠标的5种基本操作:指向、单击、双击、右击和拖动。

(1)指向:将鼠标指针移到某一操作对象(文件、文件夹或命令按钮)上。这种操作一般用来激活对象或显示有关提示信息。

(2)单击:将鼠标指针指向某一操作对象,然后按一下鼠标左键。通常单击主要用来进行选定(又称选择、选中等)某一操作对象、执行某一菜单命令或拖动操作对象等操作。

(3)双击:将鼠标指针指向某一操作对象,然后快速地连续按两次左键。双击通常用于启动一个应用程序或打开一个窗口。双击时按键要迅速,否则将被认为是两次单击。

(4)右击:将鼠标指针指向某一操作对象,然后按一下鼠标右键。右击通常用来打开快捷菜单或执行其他特殊的操作。

(5)拖动:将鼠标指针指向某一操作对象后,按住鼠标左键不放并移动鼠标,当鼠标指针移到指定的新位置时,再松开左键。拖放常用于复制、移动对象,改变窗口大小等操作。

2.2.2.3　键盘操作

除鼠标操作外,Windows 7中另一重要的输入工具是键盘。键盘除了能完成基本的输入操作,还能通过组合键实现一些特殊的功能。为了便于说明,本书中采用"+"表示组合,例如,【Ctrl】+【Esc】组合键表示按住【Ctrl】键的同时按下【Esc】键。

下面列出常用键盘操作命令。

【Ctrl】+【Esc】:打开【开始】菜单,可实现鼠标单击【开始】菜单的功能。

【Ctrl】+【Alt】+【Del】:打开【Windows任务管理器】窗口,用来管理任务。例如,可以通过选择管理器的【结束任务】命令来强制结束某个应用程序的运行或某个没有响应的程序。

【Alt】+【空格】:打开窗口左上角的控制菜单。

【Alt】+【Tab】:在运行的多个任务(窗口、对话框、程序)之间进行切换。按住【Alt】键,再重复按【Tab】键,直至找到需要的窗口,放开按键,即可打开相应的任务。

【Alt】+【Esc】:切换到上一个任务。

【Alt】+【F4】:关闭当前窗口、对话框。

【Ctrl】+【空格】:中/英文输入法的切换。

【Ctrl】+【Shift】:中文输入法之间的切换。

【Shift】+【空格】:半角/全角状态的切换。

【Ctrl】+【.】(小数点):中/英文标点符号状态的切换。

【Ctrl】+【C】:将所选的对象(文件、文件夹或文档内容)复制到剪贴板。

【Ctrl】+【X】:将所选的对象(文件、文件夹或文档内容)剪切到剪贴板。

【Ctrl】+【V】:将剪贴板中的对象(文件、文件夹或文档内容)粘贴到当前位置。

掌握这些键盘的快捷操作并灵活使用,可以加快操作速度。

2.2.2.4　Windows 桌面

进入 Windows 7 后,会看到 Windows 7 桌面,如图 2-2 所示。在桌面上可以看到很多图标和桌面下方的任务栏,图标由图形和文字组成,代表某一工具、程序或文件等。双击这些图标可打开相对应的工具、程序或文件。任务栏位于桌面的底部,主要由【开始】菜单、快速启动栏、窗口管理区、语言选项区和托盘区组成。

图 2-2　Windows 7 桌面

1.【开始】菜单

【开始】菜单位于任务栏的最左边,单击【开始】按钮可以打开【开始】菜单,它是用户使用和管理计算机的基本工具,通过【开始】菜单可以打开计算机中的应用程序、文档和设置窗口。

2. 快速启动栏

快速启动栏在【开始】菜单右侧，通过单击快速启动栏中的对象可以快速打开相应的项目，可以在任务栏的属性窗口中设置快速启动栏显示与否。

3. 窗口管理区

窗口管理区处于任务栏的中部，显示当前用户打开的所有对象，用户可以通过点击相应的对象在各个任务之间进行切换。

4. 语言选项区

语言选项区在窗口管理区的右侧，图标显示为，它显示了当前用户采用哪种语言及输入法进行输入，通过【Ctrl】+【空格】可以进行中/英文输入法的切换，通过【Ctrl】+【Shift】可以进行中文不同输入法的切换。

5. 托盘区

托盘区在任务栏的最右边，该区域可以显示一些正在运行的应用程序、网络的连接状态、时间等信息，并可快捷地对系统时间、网络连接、系统声音等进行设置。

2.2.2.5　Windows 7 窗口

窗口是 Windows 7 操作系统最基本的交互工具之一，Windows 7 中的所有应用程序都是以【窗口】的形式运行的，这也是 Windows（视窗）操作系统得名的原因。当启动一个应用程序时就会打开一个相应的窗口，关闭窗口也就结束了程序的运行。

Windows 7 操作系统及其应用程序采用图形化界面，只要运行某个应用程序或打开某个文档，就会对应出现一个矩形区域，这个矩形区域称为窗口。虽然每个窗口的内容各不相同，但大多数窗口都具有相同的基本组成部分。

Windows 7 窗口包括边框、标题栏、地址栏、搜索栏、前进/后退按钮、工具栏等构成要素，如图 2-3 所示。

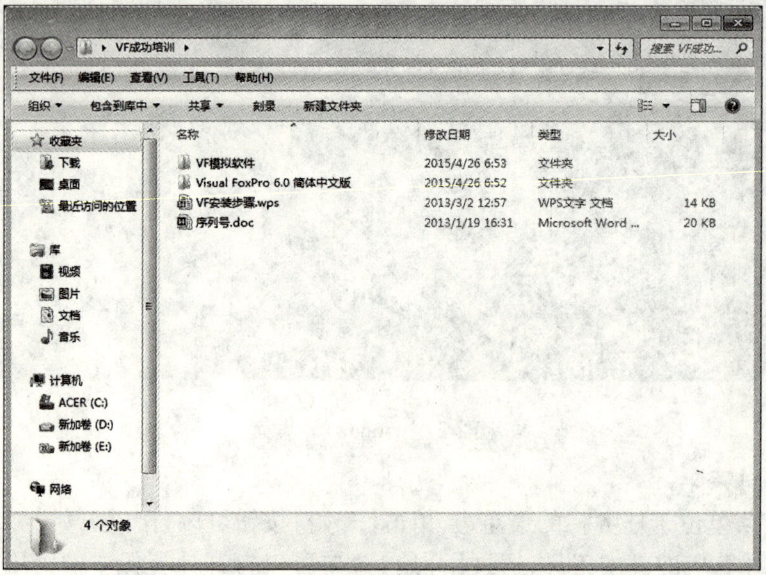

图 2-3　窗口

1. 边框

组成窗口的四条边线称为窗口的边框,拖动边框可以改变窗口的大小。

2. 标题栏

窗口中最上边的一行是标题栏,标题栏显示已打开应用程序的图标、名称等,还有最小化、最大化和关闭按钮。单击左上角的应用程序图标,会打开窗口中应用程序的控制菜单,使用该菜单也可以实现最小化、最大化和关闭等功能。另外,拖动标题栏可以移动窗口,还可以双击标题栏完成窗口的最大化和还原的切换。

Windows 7 是一个多任务操作系统,允许多个程序同时运行,但是在某一时刻,只能有一个窗口处于活动状态。所谓活动窗口是指该窗口可以接收用户的键盘和鼠标输入等操作,非活动窗口不会接收键盘和鼠标输入,但相应的应用程序仍在运行,称为后台运行。

3. 地址栏

地址栏显示当前所在的位置。通过单击地址栏中不同位置,可以直接导航到这些位置。

4. 搜索栏

在搜索框中键入内容后,将立即对文件中的内容进行筛选,并显示出与所键入内容相匹配的文件。在搜索时,如果对查找目标的名称记得不太确切,或需要查找多个文件名类似的文件,则可以在要查找的文件或文件夹名中适当地插入一个或多个通配符。通配符有两个,即问号(?)和星号(*),其中问号(?)可以和一个任意字符匹配,而星号(*)可以和多个任意字符匹配。

5. 前进/后退按钮

使用前进/后退按钮可以导航到曾经打开的其他文件夹,而无需关闭当前窗口。

6. 工具栏

工具栏中存放着常用的操作按钮。在 Windows 7 中,工具栏上的按钮会根据查看的内容不同而有所变化,但一般包含组织和视图等按钮。通过组织按钮可以实现文件(夹)的剪切、复制、粘贴、删除、重命名等操作,通过视图按钮可以调整图标的显示大小与方式。

7. 导航窗格

用户可以在导航窗格中单击文件夹和保存过的搜索记录,以更改当前文件夹中显示的内容。使用导航窗格可以访问文档、图片和音乐等库。

8. 详细信息面板

详细信息面板显示当前路径下的文件和文件夹中的详细信息,如文件夹中的项目数,文件的修改日期、大小、创建日期等。

9. 菜单栏

窗口在默认情况下不显示传统的菜单栏及工具栏等,用户可以自行设置所需的项目。在【计算机】窗口中,单击【组织】→【布局】→【菜单栏】,如图 2-2 所示,可将传统的菜单栏显示出来。菜单栏一般包含【文件】、【编辑】、【查看】、【工具】、【帮助】等菜单项,每个菜单项又有许多选项,每个选项对应一个命令来实现某种操作。一般情况下,该窗口所允许的操作都会在菜单栏中找到对应的菜单命令。

10. 滚动条

当用户区域显示的文档的高度大于显示窗口的高度时,将在右侧出现垂直滚动条;当文档的宽度大于显示窗口的宽度时,将在底部出现水平滚动条。

2.2.2.6　Windows 7 **对话框**

对话框是 Windows 7 中用于与用户交互的重要工具,通过对话框,系统可以提示或询问用户,并提供一些选项供用户选择。Windows 7 系统中有许多对话框,这些对话框的形状和组成差别很大。和窗口相比,对话框只能在屏幕上移动,不能改变大小,也不能缩成任务栏图标。

对话框包含一系列控件,控件是一种具有标准的外观和标准操作方法的对象。对话框如图 2-4 所示。

1. 选项卡

选项卡多用于将一些比较复杂的对话框分为多页,实现页面的切换操作。

2. 文本框

文本框可以让用户输入和修改文本信息。

3. 复选框

复选框的标记是一个方格,一组复选框出现时,用户可以选择任意多个。

4. 单选按钮

单选按钮的标记为一个圆点,用于在一组选项中作出选择,一次只能选择一个选项。

5. 命令按钮

命令按钮用于执行某项命令,单击按钮可实现某项功能。

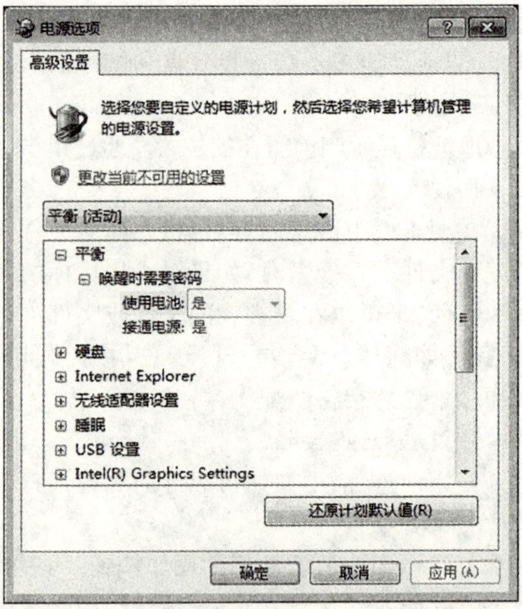

图 2-4　对话框

6. 列表框

列表框只是给出一个项目列表,允许用户选择。如果用户可以从向下的列表中作出选择,则这种列表框称为下拉列表框。

7. 组合框

组合框同时包含一个文本框控件和列表框控件。用户可以根据需要从下拉列表中选择,也可以在文本框中输入。

8. 数值框

数值框用于提供用户输入数字的矩形框,还可以通过箭头增加和减少数值。

9. 滑块

滑块控件又称跟踪条,可以在给定范围内选择值。

2.2.2.7　Windows 7 **剪贴板**

剪贴板是 Windows 操作系统为了传递信息而在内存中开辟的临时存储区域,通过它可以实现 Windows 环境下运行的应用程序之间或应用程序内的数据传递和共享。剪贴板共享或传送的信息可以是一段文字、数字或符号组合,也可以是图形、图像、声音等。

利用剪贴板传递信息，首先要将信息从信息源区域复制到剪贴板，然后再将剪贴板内的信息粘贴到目标区域中。另外，Windows 可以将屏幕画面复制到剪贴板，要复制整个屏幕，按【PrintScreen】键；要复制活动窗口，按组合键【Alt】+【PrintScreen】。需要说明的是，因为剪贴板是在内存里开设的存储空间，所以当电脑关闭或重启时，存储在剪贴板中的内容将会丢失。

2.3　Windows 7 桌面管理

在 Windows 7 启动后，出现在用户面前的整个屏幕背景便是桌面。Windows 7 的所有操作都是从这里开始的。在桌面上，除了安装 Windows 7 系统时自动放置的一些对象图标（计算机、回收站等）外，用户还可以安排自己的对象图标（如应用程序、文档、快捷方式等），以方便操作。在桌面上，最重要的对象是任务栏。用户桌面上的图标可能有所不同，这与计算机的设置有关。

2.3.1　任务栏操作

2.3.1.1　任务栏组成

默认情况下，任务栏位于桌面的底部，主要由【开始】按钮、快速启动栏、窗口管理区、语言选项区和托盘区组成，如图 2-5 所示。

图 2-5　任务栏

任务栏的最左侧是【开始】按钮，【开始】按钮右侧是快速启动栏，用户可将最常用程序的快捷图标存放在快速启动工具栏内。

任务栏的最右侧为托盘区，显示一些运行任务的状态。显示的内容与用户执行任务的多少有关，其中最常用的是音量控制、时间显示、QQ 等。

任务栏的中间部分是窗口管理区，用来显示处于打开状态的窗口的最小化图标，当前被操作窗口为凹陷状。用户只需单击窗口，就能实现窗口间的切换。关闭窗口之后，代表窗口的图标也会消失。

2.3.1.2　实时预览功能

在 Windows 7 的活动任务区中，相同应用程序打开的所有文件只对应一个图标。为快速定位已经打开的目标文件或文件夹，Windows 7 提供了实时预览功能：移动鼠标指向任务栏中打开程序所对应的图标，可以预览打开的多个窗口界面，如图 2-6 所示，单击预览的窗口界面，即可切换到该文件或文件夹。

2.3.1.3　改变任务栏大小和位置

在打开的【任务栏和「开始」菜单属性】对话框的【任务栏】选项卡中，清除【锁定任务栏】复选标记，然后将任务栏调整为所需大小；改变任务栏的位置，只需在该对话框的【屏幕上的任务栏位置】下拉列表项中选择某选项，如图 2-7 所示，或拖动任务栏到屏幕任意位置均可。

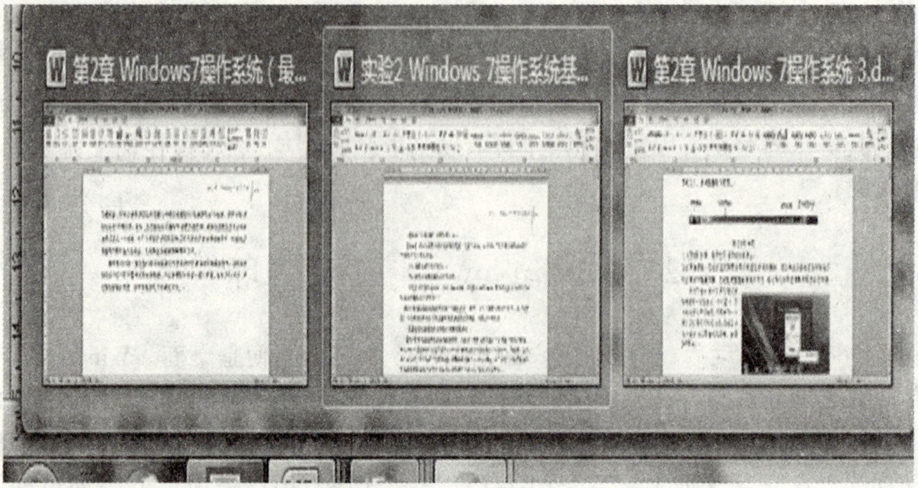

图 2-6　预览功能

2.3.1.4　隐藏任务栏

在打开的【任务栏和「开始」菜单属性】对话框的【任务栏】选项卡中，如图 2-7 所示，勾选【自动隐藏任务栏】复选框，单击【确定】或【应用】按钮即可。

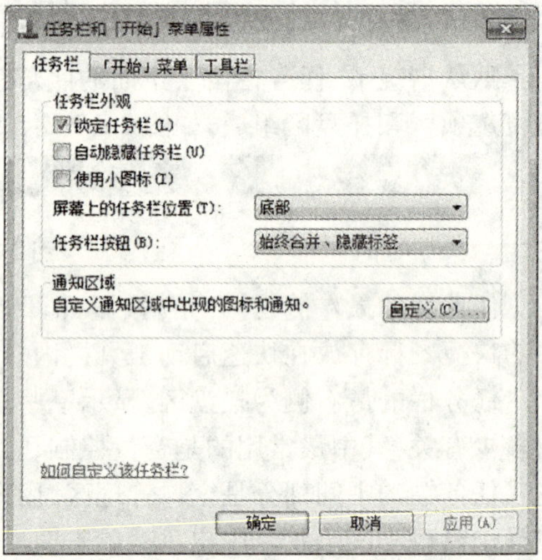

图 2-7　任务栏属性

2.3.2　个性化设置

Windows 7 系统允许用户进行个性化的设置，例如改变桌面背景和图标、设置主题、更改系统操作声音、设置用户账户等，以方便用户操作和美化计算机的使用环境。通过这些用户设置打造更加人性化和快捷化的个人计算机。

2.3.2.1　设置快捷方式

快捷方式是到计算机或网络上任何可访问的项目（如程序、文件、文件夹、磁盘驱动器、Web 页、打印机或者另一台计算机）的连接，将快捷方式放置在桌面文件夹中，使用快捷方式可以快速打开项目。删除快捷方式后，初始项目仍存在于磁盘中。

在桌面上放置快捷方式的方法如下：

打开【Windows 资源管理器】，选定要创建快捷方式的项目，如文件、程序、文件夹、图片等，单击菜单【文件】→【创建快捷方式】命令，可以创建相应的快捷方式，然后将快捷方式图标从【Windows 资源管理器】中移到桌面上即可。

也可以右击选中的项目，在快捷菜单中单击【发送到】→【桌面快捷方式】命令，或者用鼠标右键将项目拖到桌面上，然后单击【在当前位置创建快捷方式】选项。

当前多个人共用一台计算机的现象非常常见，在此将详细介绍定制用户环境的具体操作，介绍如何根据用户个人喜好设置用户环境的显示风格，使各自独立的用户使用起来更加方便。

2.3.2.2　设置桌面图标

Windows 7 为了桌面的整洁，将【计算机】、【网络】等图标整理到了【开始】菜单中。用户对于 Windows 7 系统桌面上的图标可以自定义其样式和大小等属性，以方便自己的使用习惯。

将这些图标放置到桌面上的方法是：在桌面的空白区域单击鼠标右键，在右键菜单中选择【个性化】命令，在弹出的窗口中选择【更改桌面图标】选项，则弹出【更改图标】对话框。选择要显示到桌面上的图标选项，单击【确定】按钮完成设置（见图 2-8）。

2.3.2.3　设置桌面背景

桌面背景是 Windows 桌面的背景图案，又称为桌面或者墙纸，可以通过铺设墙纸等操作美化桌面。在列表框中单击某个主题可以更改桌面背景、窗口颜色、声音和屏幕保护程序，也可以单击窗口底部的相应链接进行上述设置。

例如，单击【桌面背景】链接，打开桌面背景设置窗口，默认的图片设置是【Windows 桌面背景】，系统提供了众多新颖美观的壁纸，可以在下拉列表框中选择自己喜欢的壁纸。除了选择系统提供的图片外，还可以单击【浏览】按钮，将自己喜欢的图片设置为桌面背景。

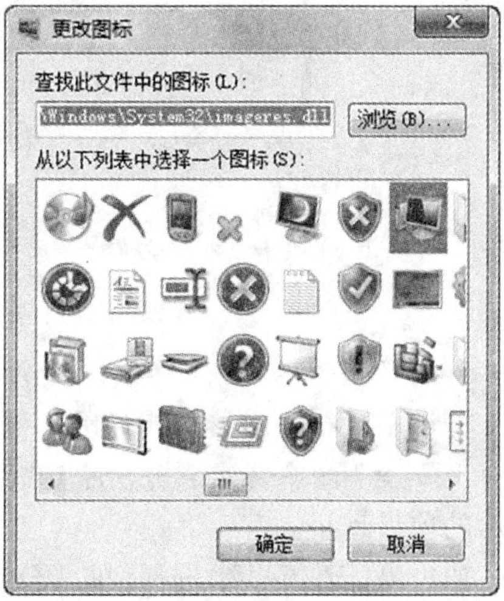

图 2-8　更改图标

2.3.2.4　外观和主题的设置

与之前版本的 Windows 相比，Windows 7 拥有更加绚丽的外观和主题。在 Windows 7 操作系统中，用户可以根据自己的喜好和需要来更改桌面图标和界面外观的显示效果，从而使系统桌面的效果更加美观实用。

在 Windows 7 系统中，用户可以自定义窗口、【开始】菜单以及任务栏的颜色和外观。Windows 7 提供了丰富的颜色类型，甚至可以采用半透明的效果，如图 2-9 所示。

2.3.2.5　设置屏幕保护程序

所谓屏幕保护是指当一定时间内用户没有操作计算机时，Windows 7 会自动启动屏幕保护程序。此时，工作屏幕内容被隐藏起来，而显示一些有趣的画面，当用户按键盘上的任意键或移动一下鼠标时，如果没有设置密码，屏幕就会恢复到以前的图像，回到原来的环境中。

2.3.2.6　设置显示器

在 Windows 7 中，显示器设置主要涉及显示器的分辨率、刷新频率和颜色等参数，恰当的设置，使得显示器的图像更加逼真、色彩更加丰富，同时降低屏幕闪烁给用户视力带来的影响。

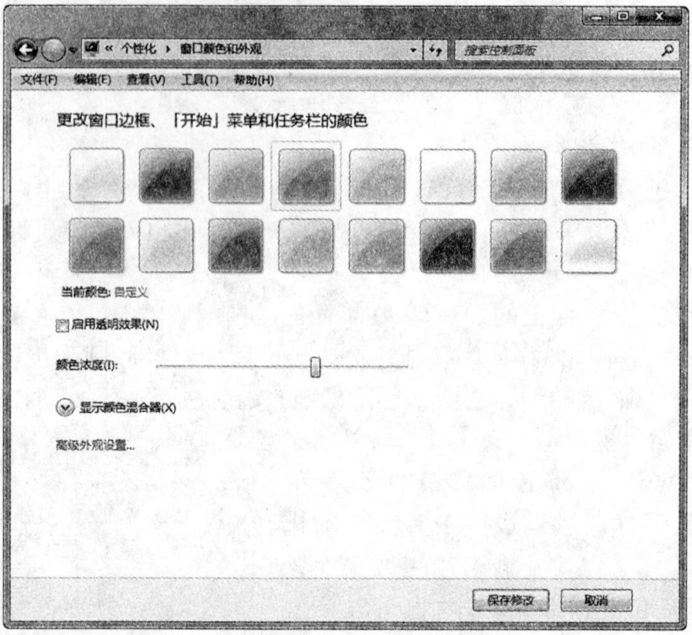

图 2-9　更改界面外观

1. 设置显示器的分辨率

分辨率是指显示器所能显示的像素的多少。例如,分辨率为 1024 × 768 表示屏幕上共有 1024 × 768 个像素。分辨率越高,显示器可以显示的像素越多,画面越精细,屏幕上显示的项目越小。

通过桌面快捷菜单选择【屏幕分辨率】命令,打开【屏幕分辨率】窗口,在【分辨率】下拉列表框中进行调整设置即可,如图 2-10 所示。

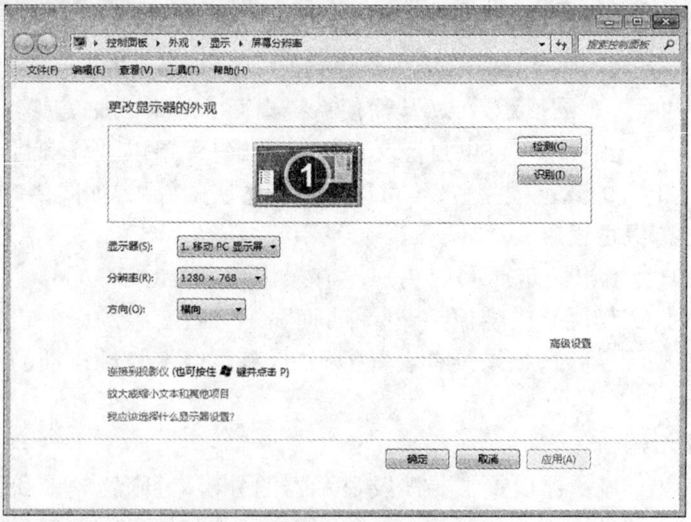

图 2-10　设置分辨率

2. 设置显示器刷新频率

刷新频率是指图像在屏幕上更新的速度，即屏幕上的图像每秒钟出现的次数，单位为赫兹（Hz）。刷新频率越高，屏幕上图像的闪烁感就越小，稳定性也就越高，对视力的保护也就越好。刷新频率的设置见图 2-11。一般应将刷新频率设置为 75 Hz 或 80 Hz，而液晶显示器的刷新频率保持默认值。

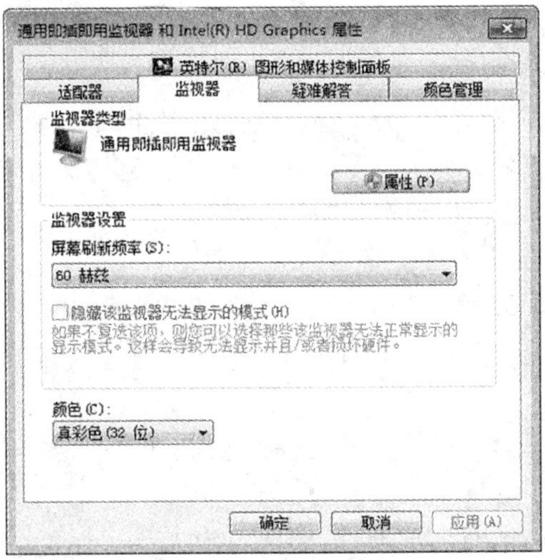

图 2-11　设置刷新频率

2.4　Windows 7 的文件管理

用户在使用计算机时会遇到各种信息，像用户编写的文档、应用程序、图像、音乐等，我们统统称为文件。为了便于存储和使用这些文件，Windows 7 引入了文件系统。

2.4.1　文件系统简介

2.4.1.1　文件

文件是 Windows 7 中最基本的存储单位。文件可以用来保存各种信息，这些信息既可以是平常所说的文档（如用户编辑的文章、信件和图形等），也可以是可执行的应用程序。这些信息最初是在内存中建立的，然后以用户给予的相应文件名存储到磁盘上。文件的物理存储介质通常是磁盘，光盘也在逐步成为常规的存储介质。文件具有以下特性：

（1）在同一磁盘的同一目录区域内不允许有名称相同的文件，即文件名具有唯一性。

（2）文件中可存放字符、数字、图片和声音等各种信息。

（3）文件可以从一张磁盘上复制到另一张磁盘上，或从一台计算机上复制到另一台计算机上，即文件的可携带性。

（4）文件并非固定不变的。文件可以缩小、扩大、修改、减少或增加，也可以完全删除，即文件具有可修改性。

（5）文件在软盘或硬盘中有其固定的位置。文件的位置是很重要的。在一些情况下,需要给出路径以告诉程序或者用户文件的位置。路径由存储文件的磁盘、文件夹或子文件夹组成。

2.4.1.2　**文件的命名**

文件名由主文件名和扩展名两部分组成。它们之间以小数点分隔。格式为

(主文件名)[. <扩展名>]

主文件名是文件的主要标记,而扩展名则用于表示文件的类型。Windows 7 规定,主文件名是必须有的,而扩展名是可选的,不是必须有的。

一个磁盘可以存放许多文件,为了区分它们,对于每一个文件,都必须为它们命名(即文件名)。当存取某一个文件时,只要在命令中指定其文件名,而不必记住它存储的物理位置,就可以把它存入或取出,实现"按名字存取"。

在 Windows 7 中,文件名命名要遵守如下规则:

(1)文件名最多可达 255 个字符。也就是说,在 Windows 7 中,可以使用长文件名。

(2)文件名中可以包含有空格,但不能以空格开头。例如"My test. docx",这是一个合法的文件名。

(3)文件名中不能包含下列字符:斜线(/)、反斜线(\)、竖线(|)、小于号(<)、大于号(>)、冒号(:)、引号("、')、门号(?)、星号(*)。

(4)允许使用多分隔符(即小数点)的名字,例如 fap. file. yx. docx,只有最后一个分隔符的后面部分(即"docx")才是扩展名。其中点(.)号一般是用来代替空格的,通过点(.)号可将文件名分成不同的部分,以帮助用户创建适合自己需要的或符合用户组织规定的文件。

(5)系统保留用户指定的文件名的大、小写格式,但大、小写没有区别,例如 LIST. DOcx 与 list. docx 是等价的。

(6)可以使用汉字。例如,可以将一个试题文件命名为"2010 年计算机应用基础试题. docx"。一个汉字占两个字符,即如果文件名全部是汉字,则文件名最多只能包含 128 个汉字。

2.4.1.3　**文件类型**

在 Windows 7 中,根据文件存储内容的不同,将文件分为许多不同的类型。文件类型不同时,其显示的图标及描述也不同。常用的文件类型及对应的扩展名见表 2-1。

2.4.1.4　**文件夹**

磁盘中存放了成千上万个文件,为了便于对这些文件进行管理,可以把文件根据一定分类方式进行分类,同类型的文件放入同一个文件夹中。Windows 文件系统采用一种分层的树形结构,文件夹下还可以包含多层文件夹。

2.4.1.5　**路径**

为了便于访问(找到)某一个文件,需要知道这个文件的位置,即它处在哪个磁盘的哪个文件夹中。我们将这个从磁盘根目录开始直至文件所在的目录构成的字符串称为文件的路径。一个完整的路径包括盘符(驱动器号)和要找到该文件所顺序经过的全部文件夹。文件夹之间用"\"隔开。

表 2-1　常用文件类型及扩展名

扩展名	文件类型
. BMP	位图文件
. JPG、. GIF	图像文件
. TXT	文本文件
. DOCX	Word 2010 文档文件
. XLSX	Excel 2010 表格文件
. PPTX	PowerPoint 2010 演示文稿文件
. RAR、. ZIP	压缩文件
. MP3、WMA	音频文件
. RMVB	视频文件
. EXE	可执行文件,一般用于安装程序
. BAK	备份文件
. HLP	帮助文件

盘符用一个英文字母和其后跟随的一个冒号“:”来表示。软盘一般表示为 A:,硬盘表示为 C:,如果硬盘中又有多个分区(由软件划分),则依次表示为 D:,E:等,光盘编号一般编排在硬盘盘符的后面。当有新的移动存储设备接入计算机时,也会给该设备分配一个新的盘符,一般是按照英文字母的顺序依次往后排列。例如,一台计算机上有四个盘符,分别为:C:、D:、E:、F:,光盘盘符为:G:,现在将一个 U 盘接入计算机,系统会自动给该 U 盘分配盘符为 H:。

2.4.2　认识【计算机】

2.4.2.1　【计算机】

用户使用【计算机】可以显示整个计算机内的文件及文件夹等信息,可以完成启动应用程序,打开、查找、复制、删除、重命名、创建新的文件及文件夹的操作,实现管理计算机软件资源。双击桌面上的【计算机】图标,或者选择【开始】→【计算机】命令,可以打开【计算机】窗口,见图 2-12。

如果要查看单个文件夹或驱动器上的内容,那么【计算机】是很有用的,在【计算机】窗口中显示了有效的驱动器。双击驱动器图标,窗口将显示驱动器上包含的文件夹,双击文件夹可以看到其中包含的文件。

2.4.2.2　资源管理器

资源管理器程序也是 Windows 7 操作中最常用的文件和文件夹管理工具,它以分层的方式显示计算机内所有文件的详细图表。使用资源管理器可以方便地实现浏览、查看、移动和复制文件或文件夹等操作。只在一个窗口中就可以浏览所有的磁盘和文件夹。打开资源管理器的方法如下:

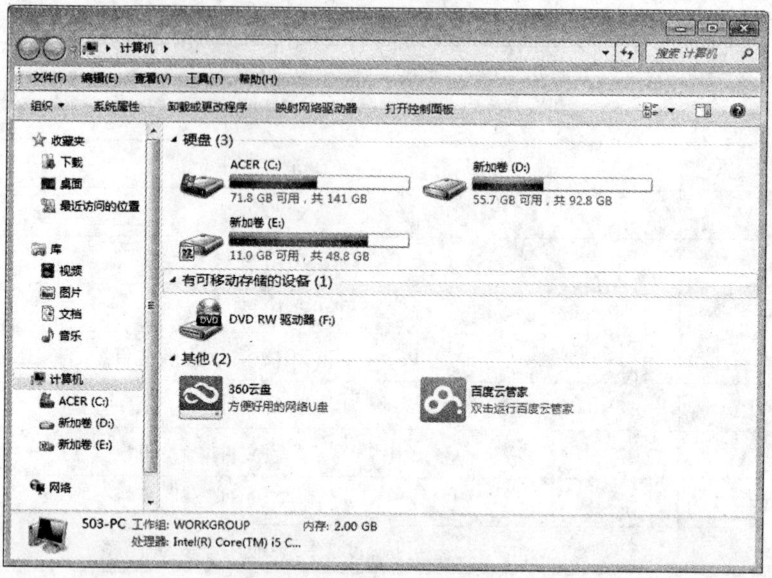

图 2-12　【计算机】窗口

(1)右击【开始】按钮,在出现的快捷菜单中选择【打开 Windows 资源管理器】。

(2)单击【开始】按钮→【计算机】。

(3)单击【开始】按钮,选择【所有程序】,单击【附件】→【Windows 资源管理器】。

(4)单击 Windows 7 任务栏中的【Windows 资源管理器】按钮。

打开后的资源管理器窗口如图 2-13 所示。

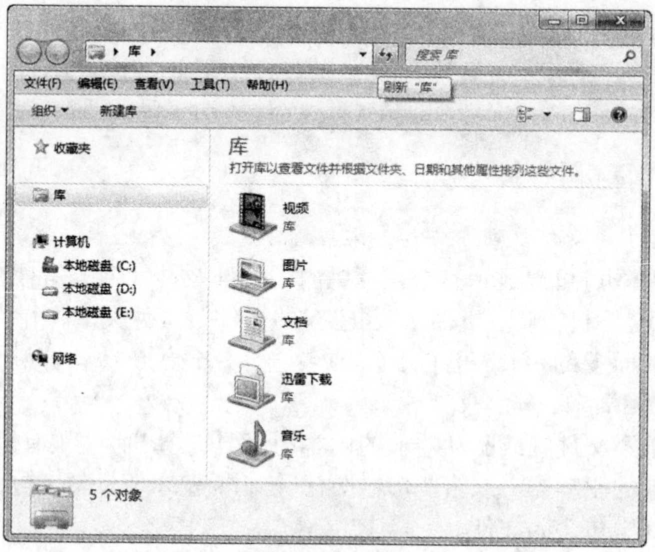

图 2-13　资源管理器

从图 2-13 中可以看出,资源管理器程序可以管理的项目很多,有收藏夹、库、计算机、网络等。Windows 资源管理器分左、右两个窗口,其中左窗口为一个树形控件视图窗口。树形控件有一个根,根下面包括节点(又称项目),每个节点又可以包括下级子节点,这样形成一层层的树状组织管理形式。

当某个节点下还包含下级子节点时，该节点的前面将带有一个空心三角。单击某个节点前面的三角或双击该节点，此节点即被展开。节点展开后，其前面的三角就会变为实心，此时，如果单击此三角，就可以将节点收缩。单击某个节点的名称或图标，就可以在右窗口中打开此节点。

2.4.3　文件及文件夹的相关操作

2.4.3.1　文件或文件夹的选定

首先，利用【Windows 资源管理器】打开要选择的文件或文件夹所在的盘和文件夹，使要选定的文件或文件夹在右侧用户窗口显示出来。

1. 选定单个文件或文件夹

单击要选择的文件或文件夹，此时，该文件或文件夹会变为蓝色，表示被选定。

2. 选定连续的多个文件或文件夹

如果要选择的文件或文件夹在用户窗口中的位置是连续的，则可以在第一个（或最后一个）要选定的文件或文件夹上单击，然后按下【Shift】键不放，再单击最后一个（或第一个）要选定的文件或文件夹，此时，从第一个文件或文件夹到最后一个文件或文件夹所构成的连续区域中的所有文件和文件夹都被选定。

3. 选定多个不连续的文件或文件夹

按下【Ctrl】键不放，再依次在每个要选择的文件或文件夹上单击，被单击的文件或文件夹都变为蓝色，表示被选定。应该注意，如果在按下【Ctrl】键不放时单击被选定的文件或文件夹，则此文件或文件夹将恢复正常，表示取消选定。

4. 全部选定

如果要选定某个文件夹中的所有文件或文件夹，可以单击【编辑】菜单，然后选择【全选】，或者按【Ctrl】+【A】快捷键。

5. 取消选定

如果只取消一个被选定的文件或文件夹，则按住【Ctrl】键不放，然后单击要取消的文件或文件夹；如果要取消所有被选定的文件或文件夹，则在用户区的任意空白处单击即可。

2.4.3.2　设置文件或文件夹的属性

在某个文件或文件夹上右击，在弹出的快捷菜单中选择【属性】，将打开其属性对话框，如图2-14和图2-15所示。

文件或文件夹的属性都可以设置为【只读】、【隐藏】。当将文件或文件夹属性设置为【隐藏】后，在操作系统默认的设置中，该文件或文件夹将被隐藏起来，即不显示在资源管理器窗口中。当将文件属性设置为【只读】后，用户就不能修改该文件的内容。单击【高级】按钮还可以设置存档和索引属性、压缩或加密属性。

在文件夹属性对话框的【共享】选项卡中，用户可以决定是否将该文件夹设置为共享。如果用户选择共享该文件夹，则当该计算机与某个网络连接后，在该网络中的其他计算机可以通过网络来查看或使用该共享文件夹中的文件。

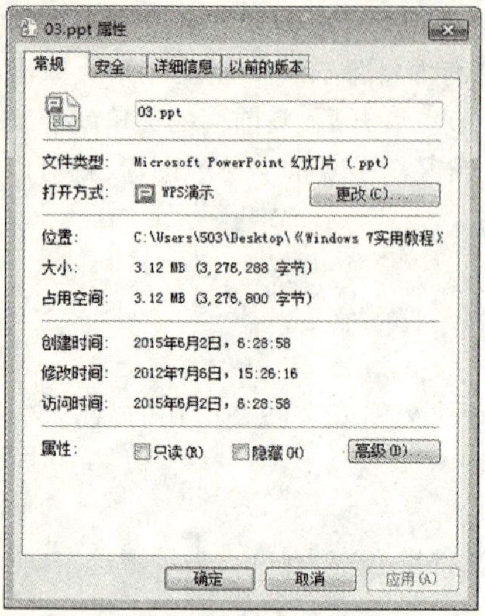

图 2-14　文件属性设置

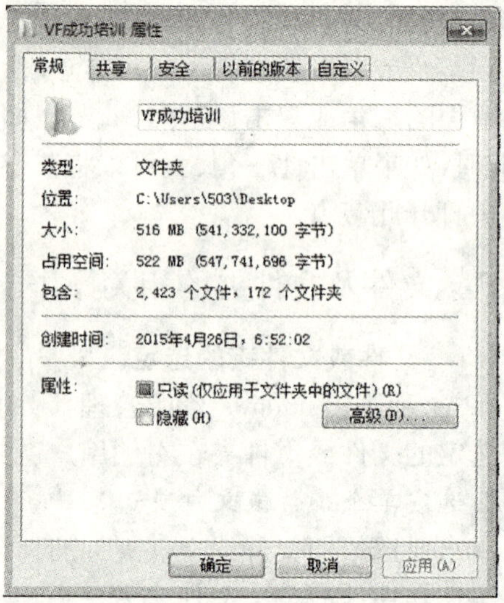

图 2-15　文件夹属性

2.4.3.3　新建文件夹

Windows 允许在根目录下创建文件夹,文件夹下还可以再建文件夹。要新建一个文件夹,首先要定位需要新建文件夹的位置。打开【Windows 资源管理器】,然后单击需创建文件夹的磁盘驱动器。如果要在根目录下新建一个文件夹,则单击该磁盘驱动器将其打开;如果是在某个文件夹下新建一个文件夹(例如,要在名字为 TEST 的文件夹下新建一个文件夹,新文件夹取名为 LX),则需要逐级展开该磁盘驱动器下的各个节点,直到名字为 TEST 的文件夹在左窗口出现为止。单击该文件夹,将其打开,然后在右窗口的任意空白处右击,出现一个快捷菜单,选择【新建】命令,打开其级联菜单,如图 2-16 所示。

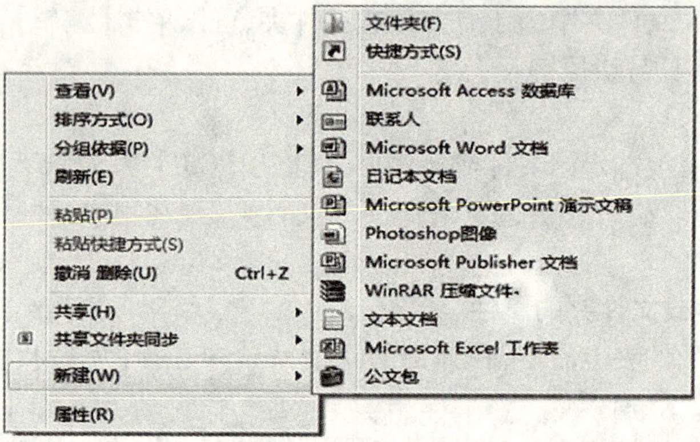

图 2-16　新建文件夹

2.4.3.4　新建文件

不论是计算机可以执行的应用程序,还是我们撰写的论文、作业,都是以文件的形式存放在磁盘上的。在操作系统中,不同类型的数据文件必须用相应的应用程序将其打开、编辑。操作系统在完成安装后,已经把常见类型的文件与相应的应用程序建立了关联,因此我们可以使用图 2-16 所示的【新建】级联菜单来建立一些已经在操作系统中注册了类型的文件,步骤和新建文件夹相似。但值得注意的是,这些新建的文件只是定义了文件名,文件中的内容还需要调用相应的应用程序来编辑产生。例如,利用【记事本】应用程序可以新建或编辑扩展名为.txt的文本文件。

2.4.3.5　**复制文件或文件夹**

文件或文件夹的复制步骤完全相同,不过,在复制文件夹时,该文件夹内的所有文件和下级文件夹以及下级文件夹内的文件都将被复制,即文件和文件夹的复制可以同步进行。文件或文件夹的复制有多种方法,可以使用资源管理器,还可以利用剪贴板来完成。下面我们以使用资源管理器为例介绍文件或文件夹复制的具体步骤。

(1)打开Windows资源管理器。

(2)打开源文件或文件夹所在的磁盘,展开各个节点,打开存放源文件或文件夹的文件夹,使源文件或文件夹在右窗口中显示出来。

(3)在右窗口中选定要被复制的文件或文件夹,单击右键,在快捷菜单中选择【复制】命令,或者使用【编辑】菜单下的【复制】命令,或者直接按快捷键【Ctrl】+【C】,都可以将被选中的文件或文件夹复制到剪贴板。

(4)展开目的磁盘的各个节点,使要存放目的文件或文件夹的文件夹在左窗口中显示出来。

(5)在右窗口空白处右击鼠标,再单击快捷菜单中的【粘贴】命令,或者使用【编辑】菜单下的【粘贴】命令,或者直接按快捷键【Ctrl】+【V】,都可以完成复制操作。

注意:如果源文件或文件夹与目的文件或文件夹在同一个盘上,则按下【Ctrl】键不放,然后用鼠标将选定的文件或文件夹从右窗口拖动到左窗口中的目的文件夹上,释放鼠标左键和【Ctrl】键,可以完成复制操作;如果源文件或文件夹与目的文件或文件夹不在同一个盘上,则直接拖动即可完成复制操作。

2.4.3.6　**移动文件或文件夹**

移动文件或文件夹就是将文件或文件夹从一个位置移动到另外一个位置。和复制操作不同,执行移动操作后被操作的文件或文件夹在原先的位置不再存在。移动文件和文件夹的操作步骤和方法与复制操作基本相同,请注意两者的区别。具体步骤为:

(1)打开【Windows资源管理器】。

(2)打开源文件或文件夹所在的磁盘,展开各个节点,打开存放源文件或文件夹的文件夹,使源文件或文件夹在右窗口中显示出来。

(3)选定要被移动的文件或文件夹,单击快捷菜单中的【剪切】命令,或者使用【编辑】菜单下的【剪切】命令,或者直接按快捷键【Ctrl】+【X】,则被选中的文件或文件夹被剪切到剪贴板。

(4)展开目的磁盘的各个节点,使要存放目的文件或文件夹的文件夹在左窗口中显示出来。

(5)在右窗口空白处右击鼠标,选中快捷菜单中的【粘贴】命令,或者使用【编辑】菜单下的【粘贴】命令,或者直接按快捷键【Ctrl】+【V】,都可以完成移动操作。

注意:如果源文件或文件夹与目的文件或文件夹不在同一个盘上,则按下【Shift】键不放,然后用鼠标将选定的文件或文件夹从右窗口拖动到左窗口中的目的文件夹上,释放鼠标左键和【Shift】键,可以完成移动操作;如果源文件或文件夹与目的文件或文件夹在同一个盘上,则直接拖动即可。

2.4.3.7 删除文件或文件夹

当存放在磁盘中的文件不再需要时,可以将其删除以释放磁盘空间。为了安全起见,Windows 建立了一个特殊的文件夹,命名为回收站。一般来说,都是先将要删除的文件或文件夹移动到回收站,这样,一旦发现是误操作,只要打开回收站将其还原即可。当然,如果确实要删除,也可以直接删除,而不送往回收站。另外,已经存放在回收站的文件或文件夹,如果确认不再需要,也可以在回收站将它们删除。

1. 文件或文件夹的删除

打开【Windows 资源管理器】,将要删除的文件或文件夹显示出来,然后选定要删除的文件或文件夹,单击【文件】菜单(或右击鼠标,将出现一个快捷菜单),选择【删除】,此时将出现【删除文件夹】对话框,如图 2-17 所示,单击【是】,即可将选定的文件或文件夹移动到回收站。

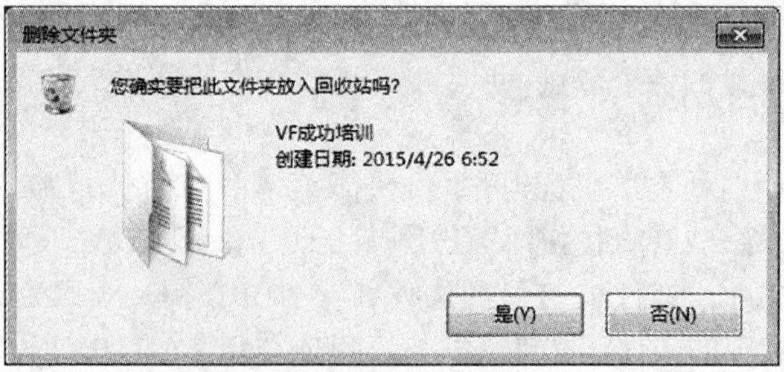

图 2-17 删除文件或文件夹

当然,如果用户想直接删除选定的文件或文件夹而不是移动到回收站,可以在选择【删除】前按下【Shift】键不放,然后再单击【删除】,单击【是】即可。

2. 回收站的相关操作

双击桌面上的【回收站】图标,即可打开回收站,如图 2-18 所示。

如果要从回收站中恢复被删除了的文件,或从回收站中删除文件,则首先选定文件或文件夹,然后右击鼠标,将出现一个快捷菜单。选择【还原】项,即可将选定的文件或文件夹还原到原位置;选择【删除】项,即可将选定的文件或文件夹彻底删除。

单击【回收站】窗口中的【文件】菜单也可以实现还原和删除操作。另外,利用其中的【清空回收站】选项,可以把回收站中的文件和文件夹全部删除。

2.4.3.8 重命名文件或文件夹

Windows 中,用户可以根据需要随时更改文件或文件夹的名称。具体操作是:

打开【Windows 资源管理器】,将要更改名称的文件或文件夹显示出来,然后选定要改名的文件或文件夹,单击【文件】菜单(或右击鼠标,将出现一个快捷菜单),选择【重命名】,此时被选定的文件或文件夹的名称将变为蓝色,输入新的名称即可。

Windows 7 默认的是不显示已知文件类型的扩展名,以避免用户随意修改扩展名。如果确有必要修改文件扩展名,则可以单击【工具】菜单,选择【文件夹选项】,打开【文件

图 2-18　回收站

夹选项】对话框，切换到【查看】选项卡，取消对【隐藏已知文件类型的扩展名】的选择，即去掉其前面的【√】，单击【确定】按钮，这样以后的文件列表将显示所有文件的扩展名。

2.4.3.9　**查找文件或文件夹**

在 Windows 7 中，文件名是文件在磁盘中唯一的标识，而且文件可以存放在磁盘的任何一个文件夹下，如果用户忘记了文件名或文件所在的位置，或用户想知道某个文件是否存在，则可以通过系统提供的搜索功能来查找文件。另外，不仅可以查找文件或文件夹，还可以在网络中查找计算机、网络用户，甚至可以在 Internet 上查找有关信息。

(1)打开【Windows 资源管理器】，首先通过目录地址栏定位到某一位置，接着在右上角的搜索框中输入要搜索的关键字，例如，键入“计算机”，计算机立即开始在当前位置搜索，搜索的反馈信息会显示出来。

(2)单击搜索框中的空白输入区，激活筛选搜索界面，其中提供了【修改日期】和【大小】两项，可以设置根据文件修改日期和大小对文件进行搜索操作。

2.4.3.10　**文件与文件夹的压缩**

对文件或文件夹进行压缩处理，可减小它们的大小，并可减少它们在卷或可移动存储设备上占用的空间，有利于存储和传输。多个文件被压缩在一起后，用户可以将它们看作一个单一的对象进行操作，便于查找和使用。文件被压缩以后，用户仍然可以像使用非压缩文件一样对它进行操作，几乎感觉不到有什么区别。

1. 创建压缩

右击要压缩的文件或文件夹，在快捷菜单中选择【发送到】→【压缩(zipped)文件夹】命令，则系统自动进行压缩。

2. 添加和解压缩文件

向已经压缩好的文件夹中添加新的文件,只需直接从资源管理器中将文件拖到压缩文件夹即可。要将文件从文件夹中取出来,即解压缩文件,需先双击压缩文件,将该文件打开,然后从压缩文件夹中将要解压缩的文件或文件夹按【Ctrl】+【C】复制到剪贴板,再按【Ctrl】+【V】粘贴到新的位置。

2.5 Windows 7 系统维护与性能优化

磁盘是计算机用于存储数据的硬件设备,用户的文件全部存储于磁盘中,要保证用户数据的安全和完整,对磁盘的管理和维护工作显得日益重要。

2.5.1 磁盘基本操作

2.5.1.1 查看磁盘空间

在使用计算机过程中,掌握计算机的磁盘空间信息是非常必要的。如在安装比较大的软件时,首先要检查有没有足够的磁盘空间。查看磁盘空间具体操作如下:

打开【计算机】窗口,选择【查看】菜单下的【详细信息】显示方式,可以显示各磁盘驱动器的总存储容量(总大小)及可用空间。

另一种查看方法是:在【计算机】或【资源管理器】窗口中,右键点击要查看的驱动器,从弹出的快捷菜单中选择【属性】命令,打开【属性】对话框,从对话框中也可以查看到磁盘的容量和可用空间等信息,也可以对磁盘进行查错、碎片整理、备份等操作。

2.5.1.2 格式化磁盘

利用【计算机】或【资源管理器】可以对磁盘分区(或其他移动设备,如 U 盘等)进行格式化操作。具体方法是:

(1)右键点击需要格式化的磁盘分区(或其他移动设备),在弹出的快捷菜单中选择【格式化】命令。

(2)点击【格式化】命令后,弹出【格式化[盘符]】对话框,该对话框包含了容量、文件系统、分配单元大小、卷标及格式化选项供用户设置:

①容量显示了当前磁盘的总容量,由分区时确定,不可修改。

②文件系统用于设置格式化之后文件系统的形式,主要有两种:FAT32 和 NTFS。其中,FAT32 格式用于早期的 Windows 系列操作系统中,或者是在需要同时安装多个操作系统时才使用;NTFS 格式提供性能、安全性、可靠性强和所有 FAT 版本中都没有的高级功能的高级文件系统,在 Windows 7 中它可以提供诸如文件和文件夹权限、加密、磁盘配额和压缩等高级功能。

③分配单元大小:一般有 512B、1024B、2048B 和 4096B 可供选择,分配单元越小越节约空间,分配单元越大越节约时间,设置时采用默认大小即可,也可由用户自己设定。

④卷标:卷标是为磁盘起的一个名称,最多由 11 个字符组成(也可以是汉字),用来区分各个磁盘,文本框为空时表示不需要卷标。

⑤格式化选项:有三个选项可供选择。【快速格式化】选项选择后,格式化过程中只

删除原盘中存储的所有内容,不检查磁盘是否存在坏的扇区,所以格式化速度较快;【启用压缩】选项选择后,在 NTFS 格式文件系统下可以将磁盘压缩以节省空间,如果启用压缩,以后往硬盘里存放或者删除东西都变慢,原因是文件的存放和删除都需要压缩和解压的过程;【创建一个 MS - DOS 启动盘】只有在对软盘进行格式化时才可以选择。

(3)单击【开始】按钮,进行格式化操作。

2.5.2　磁盘管理工具

右键点击【计算机】图标,在快捷菜单中选择【管理】命令,弹出【计算机管理】对话框,单击【计算机管理】窗口左边窗格中的【磁盘管理】命令,对话框显示如图 2-19 所示。此时窗口右侧的磁盘管理工作区分为上、下两个窗格:上方窗格列出了计算机中所有磁盘及其基本信息,包括卷标、布局、类型、文件系统、状态、容量、可用空间等信息;而下方的窗格则按照磁盘的物理位置给出了它们的简略示意图。

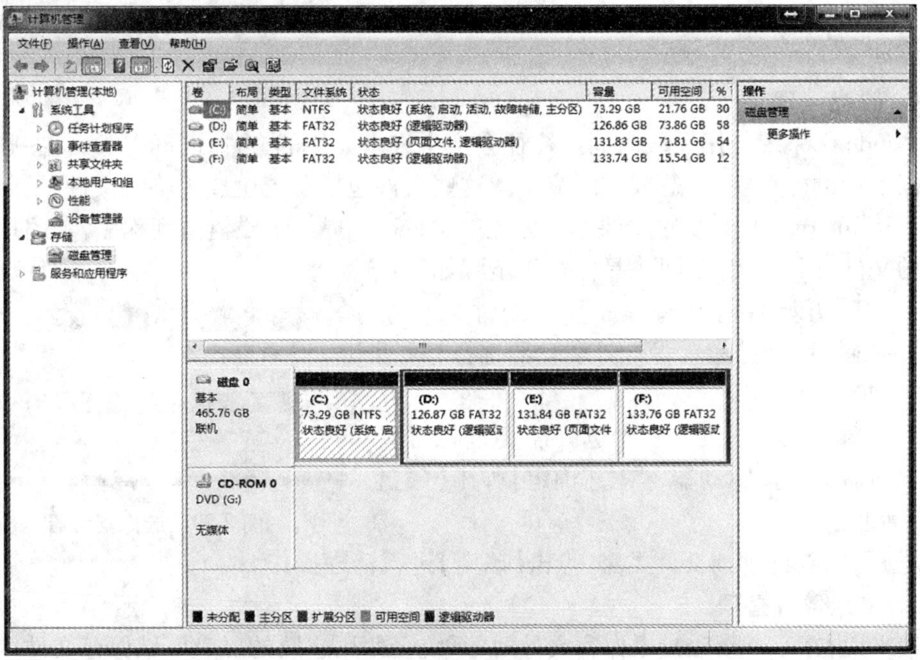

图 2-19　磁盘管理

通过该窗口,用户可以对计算机上的所有磁盘进行综合管理,如打开磁盘、管理磁盘资源、更改驱动器名和路径、格式化或删除磁盘分区、设置磁盘属性等。

2.5.3　管理和维护磁盘

2.5.3.1　逻辑磁盘的属性

选择某个磁盘分区,点击鼠标右键,弹出【磁盘属性】对话框,该对话框包括【常规】、【工具】、【硬件】、【共享】、【配额】5 个选项卡(对 NTFS 文件系统而言,如果是 FAT32 文件系统,则没有配额选项卡)。

1.【常规】选项卡

在【常规】选项卡中列出了磁盘的常规信息,如类型、文件系统、已用空间、可用空间等信息供用户查看,而最上方的文本框,允许用户输入逻辑磁盘的卷标。

2.【工具】选项卡

【工具】选项卡列出了磁盘检测工具、磁盘碎片整理工具和备份工具按钮供用户使用,通过单击这些按钮,可以直接对当前的磁盘进行相应的操作。

3.【硬件】选项卡

【硬件】选项卡中的【所有磁盘驱动器】列表框列出了计算机中所有的磁盘驱动器,选择某一驱动器,可查看该驱动器的属性。

4.【共享】选项卡

使用【共享】选项卡可以对磁盘进行共享,让局域网内的授权用户都能够访问该磁盘。

5.【配额】选项卡

在【配额】选项卡中,可用对磁盘配额的相关内容进行设置。默认情况下,磁盘配额管理被禁用。

2.5.3.2　磁盘清理

在 Windows 系统使用一段时间后往往会产生许多无用的文件,时间一长,这些临时文件会占据大量的磁盘空间,造成空间浪费。这些文件包括系统生成的临时文件、回收站内的文件和从 Internet 上下载的文件等。为此 Windows 7 提供了磁盘清理程序,专门用来清理无用的文件,回收硬盘空间。具体操作步骤如下:

(1)打开【开始】→【所有程序】→【附件】→【系统工具】→【磁盘清理】命令,弹出【驱动器选择】对话框,如图2-20所示;

(2)在【驱动器】下拉列表中选择需要进行磁盘清理的驱动器的磁盘驱动器,点击【确定】弹出【磁盘清理】对话框;

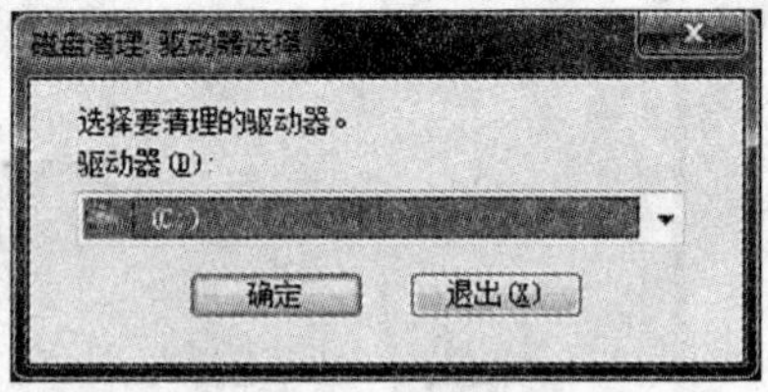

图2-20　选择驱动器

(3)选择需要清理的文件类型,点击【确定】进行清理操作。

2.5.3.3　磁盘碎片整理

一般来说,在一个新磁盘中保存文件时,系统会使用连续的磁盘区域保存文件内容。但是当用户修改文件内容时,由于删除内容所产生的空白区域可能放不下新增加的内容,所以系统只好将多出来的内容放到磁盘的其他区域中,当修改次数增多时,就会使文件的簇位置不连续,这样的磁盘空间称为磁盘碎片。

大量的磁盘碎片会降低系统读写的速度。因为当系统读取位置可能相隔很远的不同簇时,必然改变磁头的位置,而磁头移动属于机械动作,速度相对比较慢,这就严重地影响了系统的总体性能。除此之外,大量的磁盘碎片还有可能导致文件链接错误,程序运行出错等。为了保证系统的稳定和高效运行,用户需要定期对磁盘碎片进行整理。操作步骤如下:

(1)打开【开始】→【所有程序】→【附件】→【系统工具】→【磁盘碎片整理程序】命令,弹出【磁盘碎片整理程序】对话框。

(2)选择需要进行碎片整理的磁盘,点击【分析】按钮可对磁盘是否需要进行碎片整理进行分析，也可以直接点击【碎片整理】按钮进行碎片整理工作。

(3)整理完成后，会弹出提示框，可直接点击关闭回到【磁盘碎片整理程序】对话框，也可以点击【查看报告】按钮查看整理之后的结果。

(4)如需对其他磁盘进行碎片整理，可选择相应的磁盘重复(2)的操作。

2.5.4　优化 Windows 7 系统

Windows 7 操作系统是计算机运行的软件平台，做好对操作系统的日常维护和优化可提高系统的稳定性，使用户使用起来更加流畅。对系统的维护和优化主要包括管理开机启动项、设置虚拟内存等。

2.5.4.1　自定义开机启动项

计算机在使用的过程中，常常会安装很多软件，其中一些软件在安装完成后，会自动随着系统的启动而启动，如果开机时自动启动的软件过多，无疑会影响电脑的开机速度并占用系统资源。此时用户可将一些不必要的开机启动项取消掉，从而降低资源消耗，优化开机过程。

2.5.4.2　设置虚拟内存

在使用计算机的过程中，当运行一个程序需要大量数据、占用大量内存时，物理内存就有可能会被“塞满”，此时系统会将那些暂时不用的数据放到硬盘中，而这些数据所占的空间就是虚拟内存。它的作用就是当物理内存占用完时，计算机会自动调用硬盘来充当内存，以缓解物理内存的紧张。

2.5.4.3　优化系统外观

Windows 7 系统默认的外观视觉效果会耗费大量系统资源，在计算机运行不畅或系统资源不足的情况下，用户可以选择关闭不必要的视觉效果，提高系统运行速度。

2.5.5　磁盘基本操作

计算机中对用户最重要的就是硬盘中的数据了，做好了硬盘的数据备份，一旦发生数据丢失现象，用户就可通过数据还原功能，找回丢失的数据。而系统在运行的过程中难免会出现故障，Windows 7 系统也自带了系统还原功能。

2.5.5.1　数据的备份和还原

Windows 7 系统给用户提供了一个很好的数据备份功能，使用该功能用户可将硬盘中的重要数据存储为一个备份文件，当需要找回这些数据时，只需将备份文件恢复即可。

2.5.5.2　系统的备份和还原

系统在运行的过程中有时会出现故障，Windows 7 系统自带了系统还原功能，当系统出现问题时，该功能可以将系统还原到过去的某个状态，同时还不会丢失个人的数据文件。

2.6　Windows 7 的控制面板

用户在与计算机进行沟通的过程中，主要是使用 Windows 7 操作系统所提供和支持的程序来完成相应的任务，这就需要用户能够很好地去管理这些程序。例如，可以设置程序的桌面快捷方式,安排和组织【开始】菜单中的程序,重新组织【开始】菜单的结构;设置和创建工具栏,确定在系统启动时加载哪些程序,利用托盘区进行提示和管理等。

2.6.1　时钟、语言和区域

Windows 7 支持不同国家和地区的多种自然语言,但是在安装时,只安装默认的语言系统,要支持其他的语言系统,需要安装相应的语言以及该语言的输入法和字符集。只要安装了相应的语言支持软件,不需要安装额外的内码转换软件就可以阅读该国的文字。

在【控制面板】窗口中单击【时钟、语言和区域】链接,即可打开图 2-21 所示窗口。

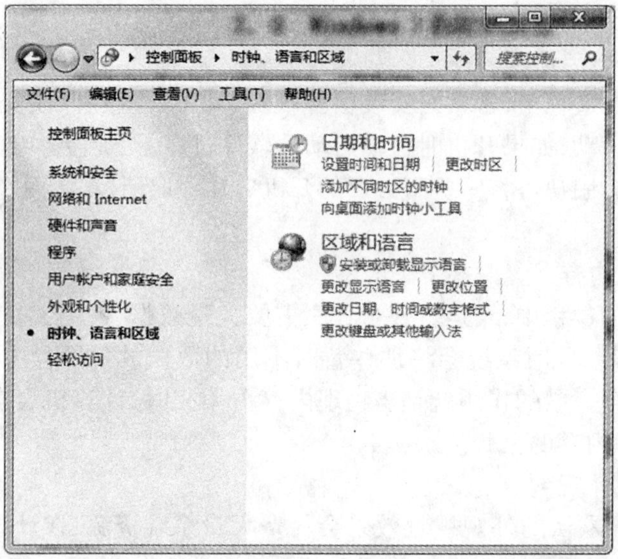

图 2-21　时钟、语言和区域设置

2.6.1.1　日期/时间设置

在图 2-21 所示窗口中单击【日期和时间】链接,即可打开【日期和时间】对话框,如图 2-22 所示。

利用【日期和时间】选项卡,可以调整系统日期、系统时间及时区。

利用【附加时钟】选项卡,可以显示其他时区的时间,并可以通过任务栏时钟等方式查看此附加时钟。

利用【Internet 时间】选项卡,可以使计算机与 Internet 时间服务器同步,这有助于确保系统时钟的准确性。如果要进行网络同步,必须将计算机连接到 Internet。

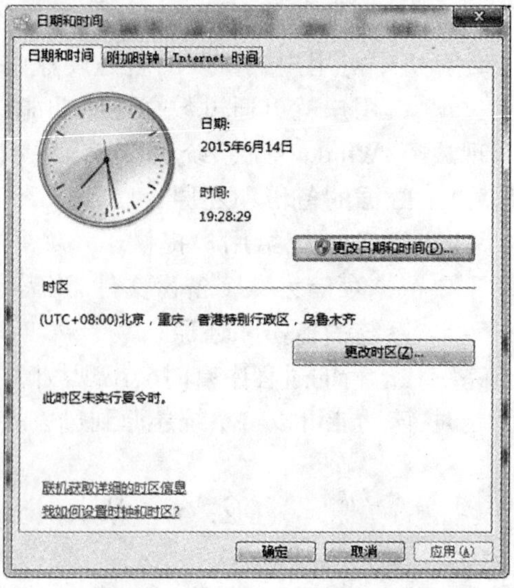

图 2-22　日期和时间设置

2.6.1.2　区域设置

区域设置影响日期、时间、货币和数字的

显示方式。用户通常选择与其位置匹配的区域设置,如英语(美国)或法语(加拿大)。

利用【格式】选项卡,可以设置要使用的日期、时间、数字和货币格式等数据的显示方式。

利用【位置】选项卡,可以设置用户所在的准确位置。

利用【键盘和语言】选项卡,可以更改键盘和输入语言。

单击【管理】选项卡中的【更改系统区域设置】按钮,可以设置不同程序中显示文本所使用的语言,而单击【复制设置】按钮,可以将所做的设置复制到所选的账户中。

2.6.1.3　添加与删除输入法

Windows 7 操作系统中文版自带微软拼音输入法等多种中文输入法。对于 Windows 7 未提供的第三方的中文输入法,如极点五笔输入法、搜狗拼音输入法等,可以通过相应的安装程序来添加。用户也可以在系统使用过程中根据需要添加或删除输入法。

1. 添加、删除中文输入法

打开图 2-23 所示的【区域和语言】对话框,切换至【键盘和语言】选项卡,单击【更改键盘】按钮。

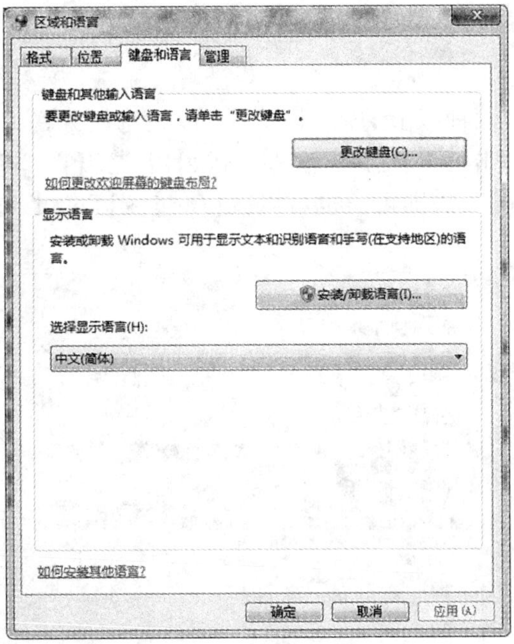

图 2-23　区域和语言设置

在【常规】选项卡中单击【添加】按钮,打开【添加输入语言】对话框。在列表框中选择想要添加的输入法,单击【确定】按钮完成设置,如图 2-24 所示。

在图 2-24 所示的【文本服务和输入语言】对话框中,选中要删除的输入法,单击右侧的【删除】按钮,即可完成指定输入法的删除。

2. 启用任务栏上的语言栏指示器

图 2-24 中的【语言栏】选项卡如图 2-25 所示,在此可以设置是否在桌面上显示语言栏,以及是否在任务栏上显示其他语言栏图标。

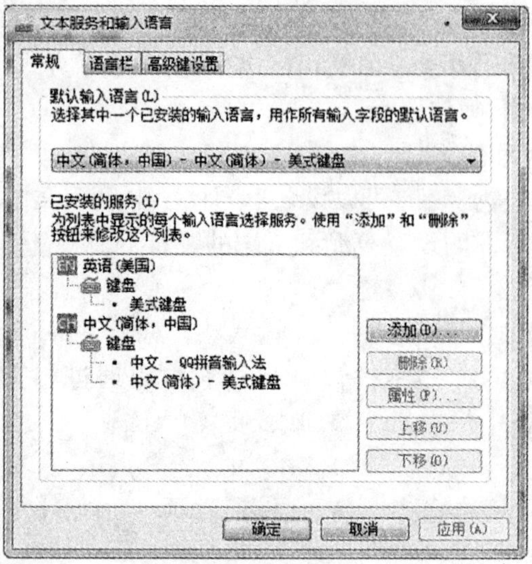

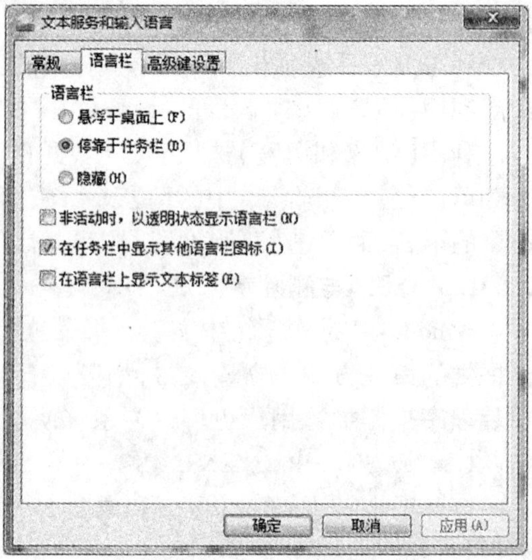

图 2-24　文本服务和输入语言设置　　　　图 2-25　语言栏设置

3. 输入法的切换

如果系统中安装了两种以上的输入法，则可以通过任务栏上的输入法指示器来选择不同的输入法。首先单击任务栏上的输入法指示器，打开图 2-26 所示的输入法选择菜单，然后单击要使用的输入法即可。也可以按【Ctrl】+【Shift】组合键在各输入法之间进行切换。

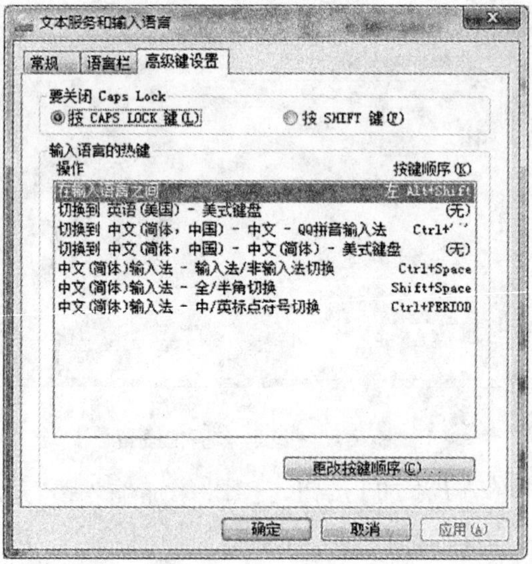

图 2-26　输入法切换

2.6.2　Windows 7 的附件程序

Windows 7 中包含了很多附件应用程序，应用范围包括方方面面，虽然附件中的程序没有专业应用程序功能强大，但由于它使用起来较为方便，占用的内存和硬盘空间都比较小,可以节约大量的系统资源,因此比较适合于处理简单的日常工作。附件程序的打开方式都是一致的,单击【开始】→【所有程序】→【附件】,再选择相应的附件程序即可,以下介绍几种常用的附件程序。

2.6.2.1　画图

画图是一个用于绘制、调色和编辑图片的程序,用户可以使用它绘制黑白或彩色的图形,并可将这些图形存为位图文件(.bmp 文件),可以打印,也可以将它作为桌面背景,或者粘贴到另一个文档中,还可以使用画图程序查看和编辑扫描的照片等。

用绘图工具在画布上绘图完毕后,通过【画图】下拉菜单中的【保存】命令可以将图片保存为一个图片格式的文件。

2.6.2.2　写字板

写字板是 Windows 系统中自带的、更为高级一些的文字编辑工具,相比记事本,它具备了格式编辑和排版的功能。在 Windows 7 系统中,写字板的主要功能在界面上方一览无余。我们可以很方便地使用各种功能,对文档进行编辑、排版。【写字板】功能区中一共有两个选项卡,在【查看】选项卡中,我们可以为文档加上标尺或者放大、缩小进行查看,也可以更改度量单位等,这些也是新的写字板才具备的功能。

2.6.2.3　记事本

记事本是一个文本文件编辑器,可以使用它编辑简单的文档或创建 Web 页。记事本的使用非常简单,它编辑的文件是文本文件,这为编辑一些高级语言的源程序提供了极大方便。

打开【记事本】后,会自动创建一个空文档,标题栏上将显示"无标题"。记事本是一个典型的单文档应用程序,在同一时间只能编辑一个文档,要编辑新的文档,则当前打开的文档将被关闭。

在新建了一个文件或者打开了一个已存在的文件后,在记事本的用户编辑区就可以输入文件的内容,或编辑已经输入的内容了。

2.6.2.4　计算器

通过【计算器】→【查看】菜单下的相应命令,可以进行数制转换、三角函数运算等。除了原先就有的科学计算器功能外,新的计算器还加入了编程和统计功能。除此之外,Windows 7 的计算器还具备了单位转换、日期计算及贷款、租赁计算等实用功能。

通过单位转换功能,可以将面积、角度、功率、体积等的不同量进行相互转换;日期计算功能可以很轻松地帮助我们计算倒计时等;而【工作表】菜单下的功能则可以帮助我们计算贷款月供额、油耗等。非常贴近生活的功能给人们带来了许多便利。

2.6.2.5　截图工具

选择截图模式后,整个屏幕就像被蒙上一层白纱,此时按住左键,选择要捕获的屏幕区域,然后释放鼠标,截图工作就完成了。可以使用笔、荧光笔等工具添加注释,操作完成后,在标记窗口中单击【保存截图】按钮,在弹出的【另存为】对话框中输入截图的名称,选择保存截图的位置及保存类型,然后单击【保存】按钮。

2.6.2.6　录音机

录音机是 Windows 7 提供给用户的一种具有语音录制功能的工具,使用它可以收录用户自己的声音,并以声音文件格式保存。

将麦克风连接好后,单击【开始】→【所有程序】→【附件】→【录音机】,或者在【开始】菜单的搜索框中键入命令“SoundRecorder”并回车,均可打开【录音机】对话框,如图 2-27 所示,单击【开始录制】即可开始录音。

录制完毕后单击【停止录制】按钮,就会弹出【另存为】对话框,输入文件名,选择保存位置进行保存,默认文件类型为 . wma。

图 2-27　录音机

2.6.2.7　数学输入面板

在日常工作中,难免需要输入公式,写作科技论文更是经常遇到公式。虽然 Office 中带有公式编辑器,但输入公式时仍然需要经过多个步骤的选择,总是不那么方便。而 Windows 7 操作系统提供了手写公式功能。

习　题

1. 什么是操作系统?操作系统主要有哪些特性?
2. 操作系统的主要功能有哪些?主要有哪些类型?
3. 什么是磁盘碎片?它是如何产生的?
4. 什么是卷标?快速格式化和完全格式化有什么区别?
5. 简述 Windows 7 的新特性。
6. 安装 Windows 7 对硬件有哪些要求?
7. 简述 Windows 7 中的【开始】按钮和任务栏的功能。
8. Windows 桌面上的常用图标有哪些?哪些图标不允许删除?
9. Windows 7 的【开始】菜单中包含哪些常用选项?
10. Windows 7 窗口由哪些部分组成?窗口的操作方法有哪些?
11. 什么是对话框?对话框与窗口的主要区别是什么?
12. 有哪些方法可以实现在 Windows 中复制、剪切、粘贴、移动和删除文件、文件夹?
13. 如何实现回收站的清空和还原?
14. 什么是文件?什么是文件夹?文件和文件夹的属性有何异同?
15. 控制面板有什么用途?
16. 什么是快捷方式?如何创建快捷方式?快捷方式的扩展名是什么?
17. 如何用鼠标完成文件、文件夹、快捷方式的移动、复制和删除?
18. 请具体描述如何将用画图工具绘制的图形设置为背景。

第3章　字处理系统 Word 2010

Word 2010 是微软(Microsoft)公司推出的文字处理软件,是 Microsoft Office 最核心的组件之一。它充分利用 Windows 良好的图形界面特点,具有强大的文字处理功能,可方便地编辑和排版文本、图片、表格等多种对象。

最早的 Windows 环境下的 Word 是从 Word 5.0 开始的,以后逐步升级到 Word 6.0、Word 97、Word 2000、Word 2003、Word 2007 及 Word 2010。经过这些版本的不断升级,Word 最终成为全球最流行的文字处理软件之一。

Word 2010 于 2012 年 6 月推出,与旧版本相比,它调整了菜单布局,增加了许多新功能,特别是它可以在几乎所有的浏览器或智能手机上使用。这一切都令人耳目一新。

3.1　Word 2010 操作基础

3.1.1　Word 2010 的启动与退出

Word 2010 的使用起始于它的启动和退出操作。

3.1.1.1　启动 Word 2010

启动 Word 2010 的主要方法有以下几种。

(1)从【开始】菜单启动:单击【开始】→【所有程序】→【Microsoft Office】→【Microsoft Word 2010】选项,启动 Word 2010。

(2)通过桌面快捷方式启动:双击桌面上 Word 2010 的快捷图标,启动 Word 2010。如果桌面上没有该快捷图标,可以先创建一个快捷图标。

(3)通过现有的文档启动:双击现有的 Word 文档,启动 Word 2010。

3.1.1.2　退出 Word 2010

退出 Word 2010 的主要方法有以下几种。

(1)使用【退出】命令:单击【文件】→【退出】命令,可关闭所有已打开的多个 Word 文档。

(2)使用【关闭】按钮:单击 Word 2010 窗口右上角的【关闭】按钮。

(3)使用右键快捷菜单:在打开的文档的标题栏任意位置单击右键,弹出快捷菜单,选择【关闭】命令。

(4)使用【快速访问工具栏】图标按钮:单击W图标按钮,也可以按【Alt】+【空格】快捷键,在弹出的快捷菜单中选择【关闭】命令。

(5)双击 Word 2010 窗口左上角的W图标按钮,立即退出 Word 2010。

(6)使用快捷键:按【Alt】+【F4】快捷键。

3.1.2　Word 2010 的主窗口界面

Word 2010 的界面打破了由菜单与工具栏执行命令的传统工作模式,而采用功能区的工作方式。Word 2010 启动后,其主窗口主要包括标题栏、快速访问工具栏、功能选项卡、功能区、导航窗格、文档编辑区、标尺、滚动条、状态栏、视图工具栏、显示比例控制栏等多个部分,如图 3-1 所示。

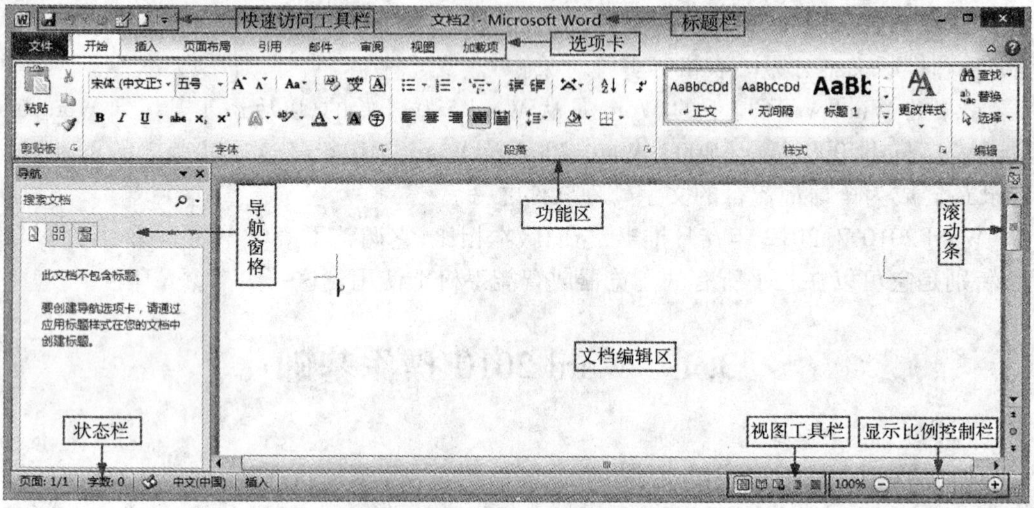

图 3-1　Word 2010 的主窗口界面

3.1.2.1　标题栏

标题栏位于窗口的顶端,用于显示当前正在运行的程序名及文件名等信息。程序名为"Microsoft Word","文档 2"为一个空白文档的名称。

标题栏最右端有最小化、还原/最大化和关闭三个按钮,分别用来控制窗口的最小化、最大化(或还原)和关闭操作。

3.1.2.2　【文件】选项卡

【文件】选项卡  位于 Word 2010 工作界面的左上角。单击【文件】选项卡将打开 Microsoft Office Backstage(微软办公后台)视图,该视图主要用于执行打开、保存、另存为、新建、关闭、打印、帮助、退出等基本命令。Word 2010 的【文件】选项卡在功能上完全取代了低版本 Word 的【Office】按钮和【文件】菜单。

3.1.2.3　快速访问工具栏

Word 2010 工作界面的左上方为快速访问工具栏,工具栏中包括保存、撤销、恢复、绘制表格、新建等工具按钮。这些按钮提供了快速执行常用命令的手段。

3.1.2.4　功能区

Word 2010 的功能区位于标题栏的下面,是用来替代"菜单"和"工具栏"的主要对象,几乎涵盖了 Word 所有的功能命令。

功能区根据系统功能的不同类别,将所有的功能组织在不同的功能选项卡下。标准的功能选项卡共有 8 个,它们分别是:【开始】、【插入】、【页面布局】、【引用】、【邮件】、【审阅】、【视图】、【加载项】。不同的功能选项卡又包含多个组，这些组将相关的功能按钮组织在一起，形成选项组。例如【开始】功能选项卡由【剪贴板】、【字体】、【段落】、【样式】和【编辑】5 个组构成，每个组中又包含了多个命令，如【剪贴板】组中包括【复制】、【剪切】、【粘贴】及【格式刷】等命令，如图 3-2 所示。

图 3-2　Word 2010 的【开始】功能选项卡

有些选项组的右下角有一个小图标，我们将其称为对话框启动按钮，用鼠标单击该按钮时，可打开对应的对话框或窗格。

在编辑文档的过程中，为了扩大文档编辑区的显示范围，可通过功能区右侧的功能区最小化按钮隐藏功能区。一旦功能区最小化后，按钮立即转化为展开功能区按钮，单击该按钮，功能区将恢复显示。

在 Office 2010 中，隐藏功能区有以下几种常用的实现方法：

（1）单击功能区右侧的功能区最小化按钮。

（2）双击除【文件】选项卡外的任意其他选项卡。

（3）按【Ctrl】+【F1】组合键。

（4）鼠标右键单击功能区的任意位置或快速访问工具栏，在弹出的快捷菜单中单击【功能区最小化】命令。

重新显示隐藏的功能区，可通过以下几种方法来实现：

（1）单击功能区右侧的展开功能区按钮。

（2）双击除【文件】选项卡外的任意其他选项卡。

（3）按【Ctrl】+【F1】组合键。

（4）使用鼠标右键单击功能区的任意位置或快速访问工具栏，在弹出的快捷菜单中取消【功能区最小化】命令的勾选状态。

3.1.2.5　帮助窗口

在功能区的最右侧有一个 Microsoft Office Word 帮助按钮，单击此按钮，或者按下【F1】键，可以打开 Word 2010 的帮助窗口。

帮助窗口为用户提供查找帮助信息的功能。在“搜索”框中输入需要帮助的关键词，单击【搜索】按钮，即可选择需要帮助的内容进行查看。

也可在微软办公后台视图中，单击【帮助】，选择更多种帮助方式。若用户计算机处于联机状态，还能获取更多的在线帮助信息。

3.1.2.6　导航窗格

Word 2010 的导航窗格在功能区左下方，紧邻文档编辑区。

Word 2010 导航窗格为用户提供了全新的文档搜索方式，能够让用户在文档中快速查找相关的内容信息。方法如下：打开导航窗格，在搜索框中直接输入所要查找的关键字,文档就会快速定位到包含该关键字的内容,并且以高亮度显示。

此外,在导航窗格中,利用鼠标进行相应标题的单击,可以对长文档中的文字和段落内容进行简单快捷的定位;而通过鼠标拖曳,还可以改变各段落的顺序。

如果 Word 2010 主界面中没有出现导航窗格,可以用以下方法打开它:打开【视图】选项卡,在【显示】组中有【导航窗格】复选框,只要选中这个复选框,在文档左侧就会打开导航窗格。

3.1.2.7　文档编辑区

文档编辑区是用户输入、编辑、格式化、查看文本数据和处理图像的区域,它是 Word 中最大也是最重要的部分,所有关于文档的操作都在该区域中进行。文档编辑区闪烁的竖线光标是文本插入点,用于定位文本的输入位置。在很多操作中都要用到定位插入点,定位插入点最简单的方法是单击鼠标左键。

3.1.2.8　滚动栏

在文档编辑区中工作时,当文档内容超出窗口的显示范围时,编辑区右侧和底端将分别显示垂直滚动条与水平滚动条。拖动滚动条中的滚动块,或单击滚动条两端的小三角按钮,编辑区中显示的区域会随之滚动,从而可查看视野外的其他内容。

3.1.2.9　状态栏

状态栏位于 Word 窗口的底端左侧,显示当前系统的某些状态,如文档页数、页号、行号、字数、输入语言等编辑状态和显示模式。

3.1.2.10　视图工具栏

状态栏右侧是视图工具栏,工具栏上分布了 5 种视图切换按钮,这些按钮用于选择文档的视图模式,如图 3-3 所示。

3.1.2.11　显示比例控制栏

视图工具栏右侧是显示比例控制栏,控制栏上集成了调节文档显示比例的控制按钮,用于调整文档的显示比例,如图 3-3 所示。

图 3-3　视图工具栏和显示比例控制栏

3.1.2.12　标尺

标尺分为水平标尺和垂直标尺,标尺的度量单位是一个汉字。它首先是显示当前页面的尺寸,同时在段落设置、制表等方面也发挥着作用。

如果 Word 2010 文档编辑区中没有出现标尺,可以用以下方法打开它:打开【视图】选项卡,在【显示】组中有【标尺】复选框,只要选中这个复选框,在文档编辑区中的上方和左侧就会打开水平标尺和垂直标尺。

3.1.3　Word 2010 的选项功能区

Word 2010 取消了传统的菜单操作方式,而代之以选项卡式功能区。在 Word 2010 窗口上方看起来像菜单的名称其实是功能区中各选项卡的名称,当单击这些名称时并不会打开菜单,而是切换到与之相对应的功能区面板。每个功能区面板根据功能的不同又分为若干个组。

3.1.3.1　【开始】选项卡

【开始】选项卡中包含【剪贴板】、【字体】、【段落】、【样式】和【编辑】五个组，与 Word 2003 的【编辑】和【段落】菜单的主要命令相对应。该选项卡的主要功能是对 Word 2010 文档进行文字编辑和格式设置，是用户最常用的一个选项。【开始】选项卡的功能区面板如图 3-4 所示。

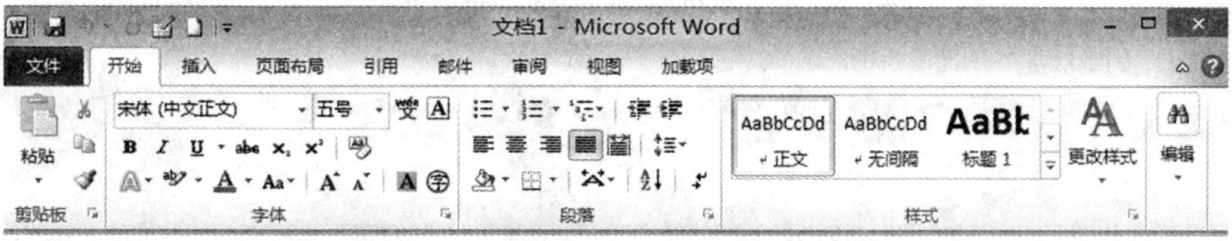

图 3-4　【开始】选项卡的功能区面板

3.1.3.2　【插入】选项卡

【插入】选项卡中包含【页】、【表格】、【插图】、【链接】、【页眉和页脚】、【文本】、【符号】等组，与 Word 2003 的【插入】菜单的主要命令相对应，主要用于在 Word 2010 文档中插入各种元素。【插入】选项卡的功能区面板如图 3-5 所示。

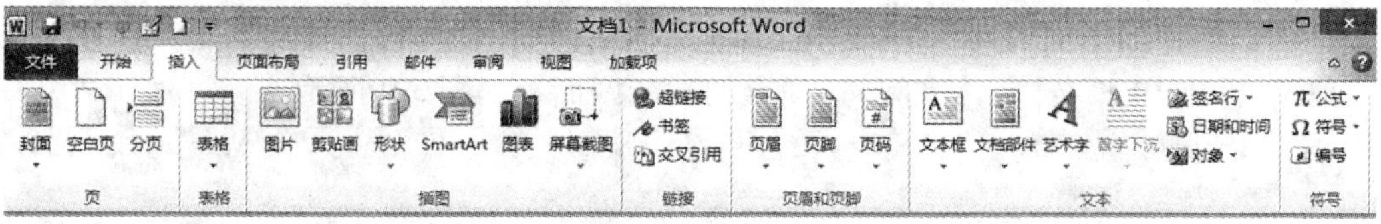

图 3-5　【插入】选项卡的功能区面板

3.1.3.3　【页面布局】选项卡

【页面布局】选项卡包括【主题】、【页面设置】、【稿纸】、【页面背景】、【段落】、【排列】几个组，对应 Word 2003 的【页面设置】菜单和【段落】菜单中的部分命令，用于帮助用户设置 Word 2010 文档页面样式。【页面布局】选项卡的功能区面板如图 3-6 所示。

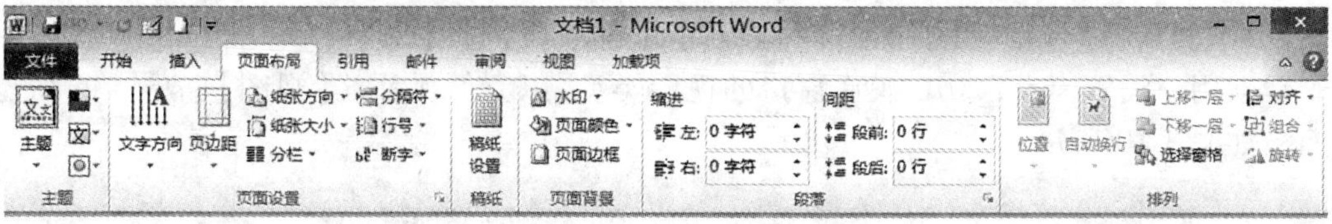

图 3-6　【页面布局】选项卡的功能区面板

3.1.3.4　【引用】选项卡

【引用】选项卡包括【目录】、【脚注】、【引文与书目】、【题注】、【索引】和【引文目录】几个组，用于实现在 Word 2010 文档中插入目录等比较高级的功能。【引用】选项卡的功能区面板如图 3-7 所示。

3.1.3.5　【邮件】选项卡

【邮件】选项卡包括【创建】、【开始邮件合并】、【编写和插入域】、【预览结果】和【完成】几个组。该选项卡的作用比较专一，专门用于在 Word 2010 文档中进行邮件合并方面

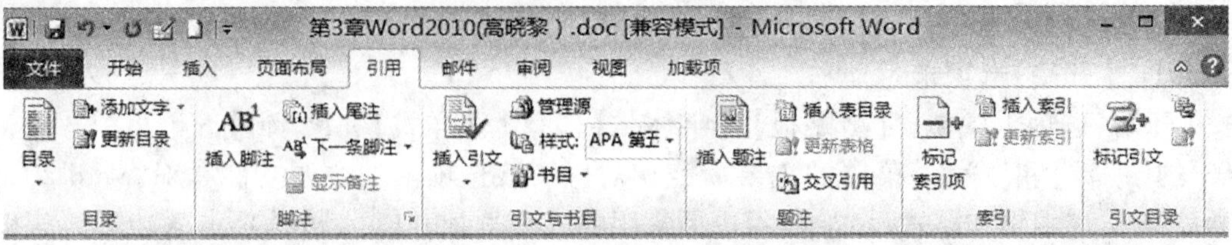

图 3-7　【引用】选项卡的功能区面板

的操作。【邮件】选项卡的功能区面板如图 3-8 所示。

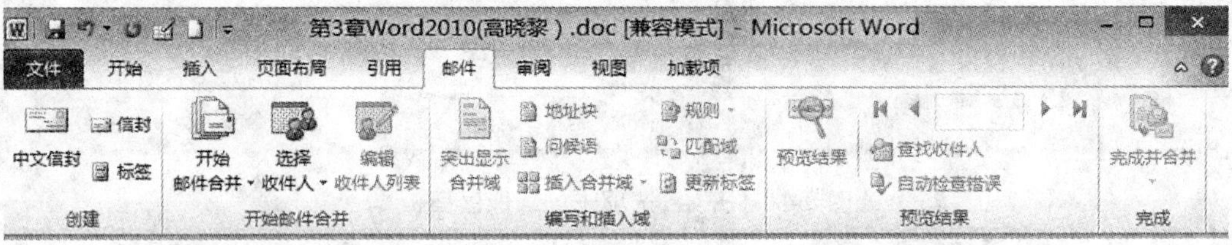

图 3-8　【邮件】选项卡的功能区面板

3.1.3.6　【审阅】选项卡

【审阅】选项卡包括【校对】、【语言】、【中文简繁转换】、【批注】、【修订】、【更改】、【比较】和【保护】几个组,主要用于对 Word 2010 文档进行校对和修订等操作,适用于多人协作处理 Word 2010 长文档。【审阅】选项卡的功能区面板如图 3-9 所示。

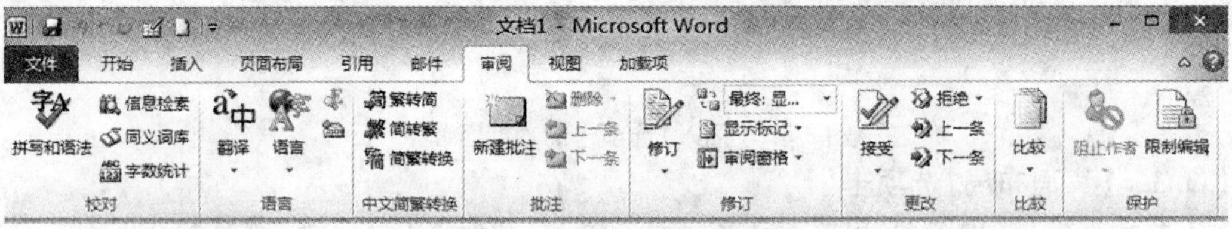

图 3-9　【审阅】选项卡的功能区面板

3.1.3.7　【视图】选项卡

【视图】选项卡包括【文档视图】、【显示】、【显示比例】、【窗口】和【宏】几个组,主要用于帮助用户设置 Word 2010 操作窗口的视图类型,以方便操作。【视图】选项卡的功能区面板如图 3-10 所示。

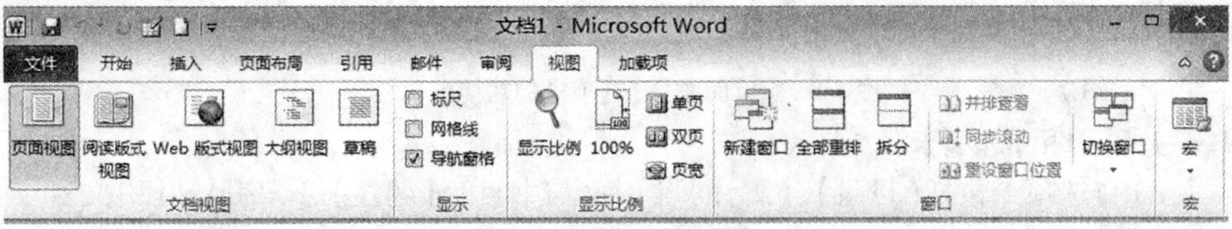

图 3-10　【视图】选项卡的功能区面板

3.1.3.8　【加载项】选项卡

【加载项】选项卡仅包括【自定义工具栏】组。加载项是可以为 Word 2010 安装的附加属性,如自定义的工具栏或其他命令扩展。【加载项】选项卡可以在 Word 2010 中添加或删除加载项。【加载项】选项卡的功能区面板如图 3-11 所示。

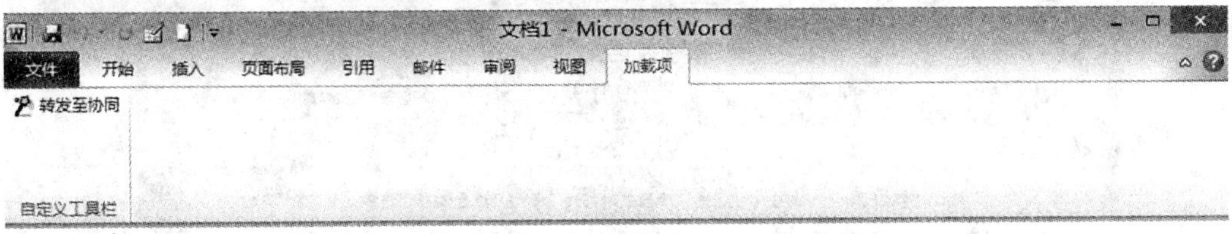

图 3-11 【加载项】选项卡的功能区面板

3.1.4　Word 2010 的视图模式

视图即文档的显示方式。Word 2010 提供了页面视图、阅读版式视图、Web 版式视图、大纲视图与草稿 5 种视图模式。切换视图模式的方法有以下两种：

(1)单击【视图】功能选项卡，在【文档视图】功能组中，单击如图 3-12 所示的文档视图按钮，即可切换至相应的视图模式。

图 3-12 【文档视图】功能组中的文档视图类型

(2)单击状态栏右侧的视图工具栏中的切换按钮，如图 3-3 所示，切换到对应的视图模式。

下面对各类文档视图模式加以介绍。

3.1.4.1　页面视图

页面视图是 Word 2010 的默认视图模式，该视图模式按照文档的打印效果显示每一页的页面布局，用户所看到的样式就是将来打印出来的样式，具有“所见即所得”的效果。页面视图可以显示 Word 2010 文档的打印效果，用实际的尺寸及位置显示页面、正文以及其他如页眉和页脚等对象，可以进行编辑和格式化。在页面视图下，可以很方便地进行图片、文本框、图文框、图表的插入，媒体剪辑和视频剪辑等操作。页面视图效果如图 3-13 所示。

3.1.4.2　阅读版式视图

阅读版式视图是模拟书本阅读方式，以图书的分栏样式显示 Word 文档内容，并且隐藏了文档不必要的按钮、功能区等窗口元素，扩大了显示区，并可以同时进行文本输入、编辑、修订、批注等相关操作，十分方便阅读与审阅。阅读版式视图效果如图 3-14 所示。

3.1.4.3　Web 版式视图

Web 版式视图是以网页的形式显示 Word 文档，在屏幕上显示的效果就是在浏览器中的效果，适合于发送电子邮件、创建和编辑 Web 页面。可将文档显示为不带分页符的长文档，且其中的文本和表格等会随着窗口的缩放而自动换行。Web 版式视图以屏幕页面而不是以打印稿为显示基础，隐去分页标志，及页眉、页脚等设置，以提高屏幕的可视性，它适用于注重编辑文档内容而忽视文档外表的场合。Web 版式视图效果如图 3-15 所示。

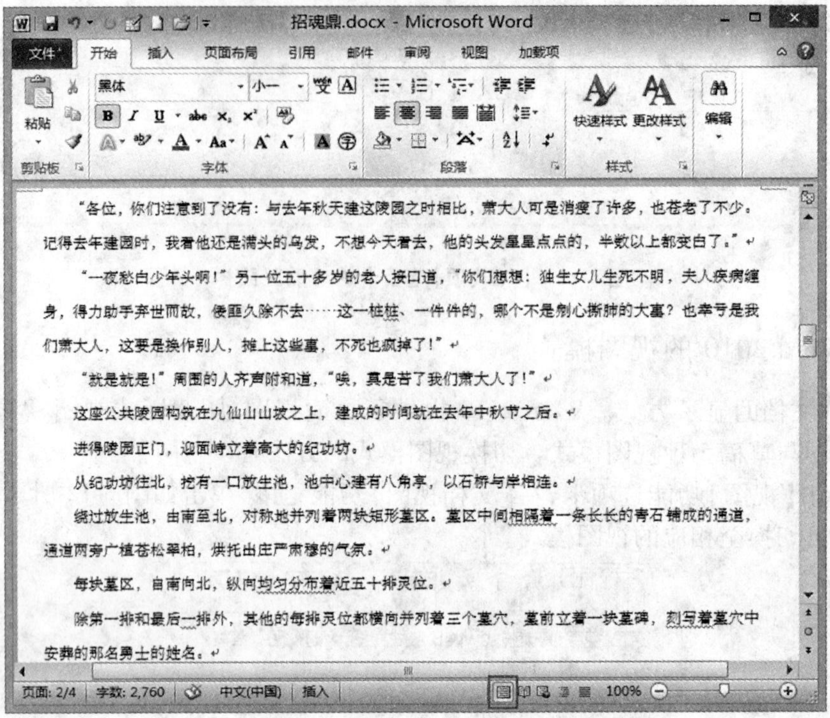

图 3-13　页面视图效果

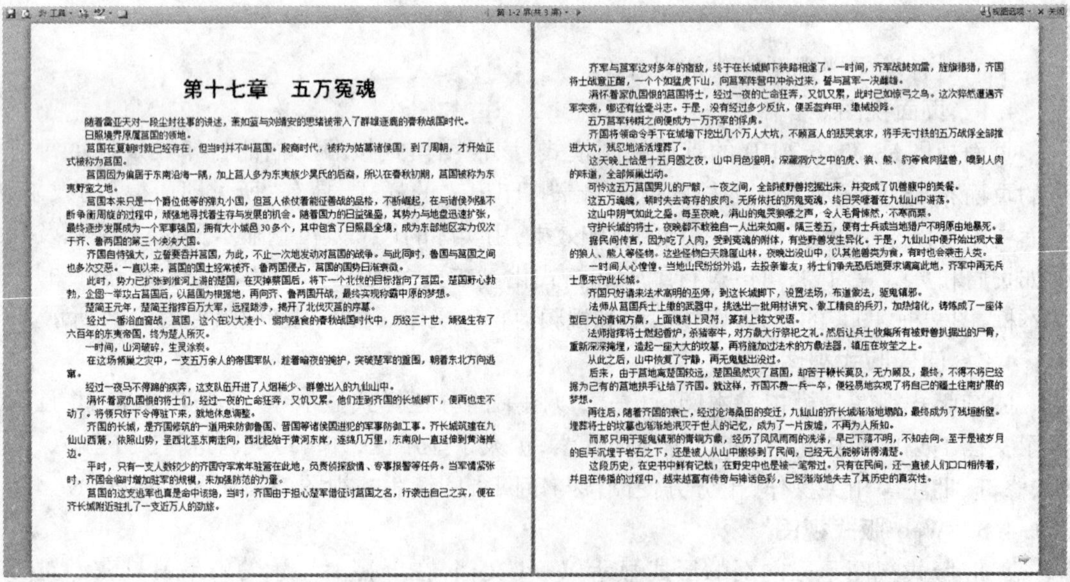

图 3-14　阅读版式视图效果

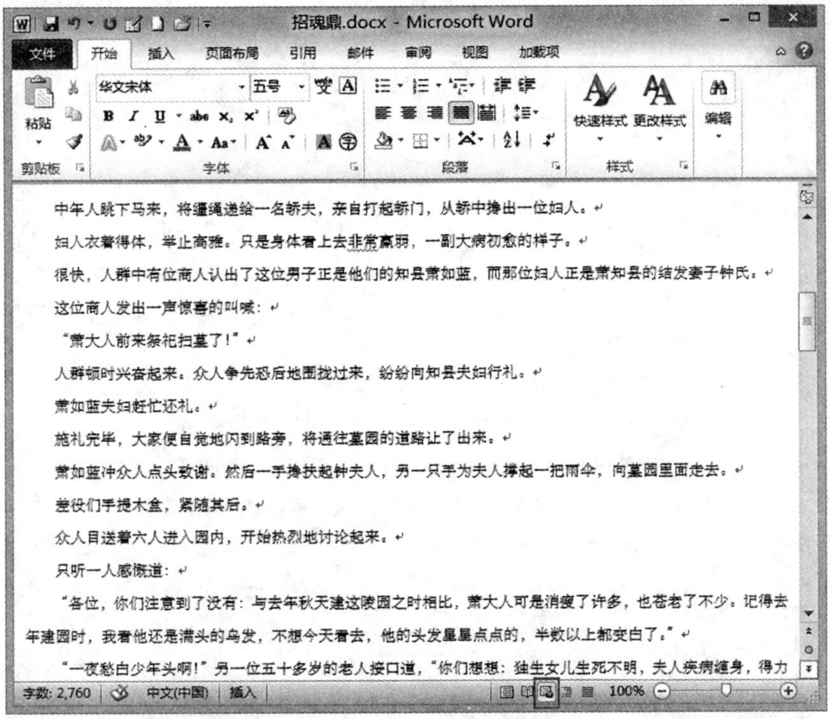

图 3-15　Web 版式视图效果

3.1.4.4　大纲视图

大纲视图是一种用缩进文档标题的形式表示标题在文档结构中级别的视图方式，该视图专门用于制作提纲，以缩进文档标题的形式代表在文档结构中的级别，可以方便地实现页面跳转和折叠与展开各级层次的文档。大纲视图是一种可压缩的轮廓观察器，提供了一个处理提纲的视图界面，能分级显示文档的各级标题，层次分明，广泛用于 Word 2010 长文档的快速浏览和设置。大纲视图效果如图 3-16 所示。

3.1.4.5　草稿视图

草稿视图简化了页面的布局，取消了页面边距、分栏、页眉页脚和图片等元素，仅显示标题和正文，只适用于编辑一般的文档，与实际打印效果会有些出入。草稿视图是最节省计算机系统硬件资源的视图方式。草稿视图效果如图 3-17 所示。

3.1.5　Word 2010 的微软办公后台

Office 2010 引入了名为微软办公后台（Microsoft Office Backstage）的新界面元素。该元素可简称为 Backstage 视图。Backstage 视图是一个活动文档的全屏用户界面模型，组合了文件级别的任务和操作，包含了用于对文档执行操作的命令集，可以管理文档和有关文档的相关数据。

Backstage 视图取代了 Office 早期版本中由分层菜单、工具栏、任务窗格和 Office 按钮构成的系统。在 Backstage 视图中，可以快速访问与管理有关文档的所有操作，如打开、保存、打印、新建等。Backstage 视图可帮助您找到打开或完成文档时经常访问的命令，包括

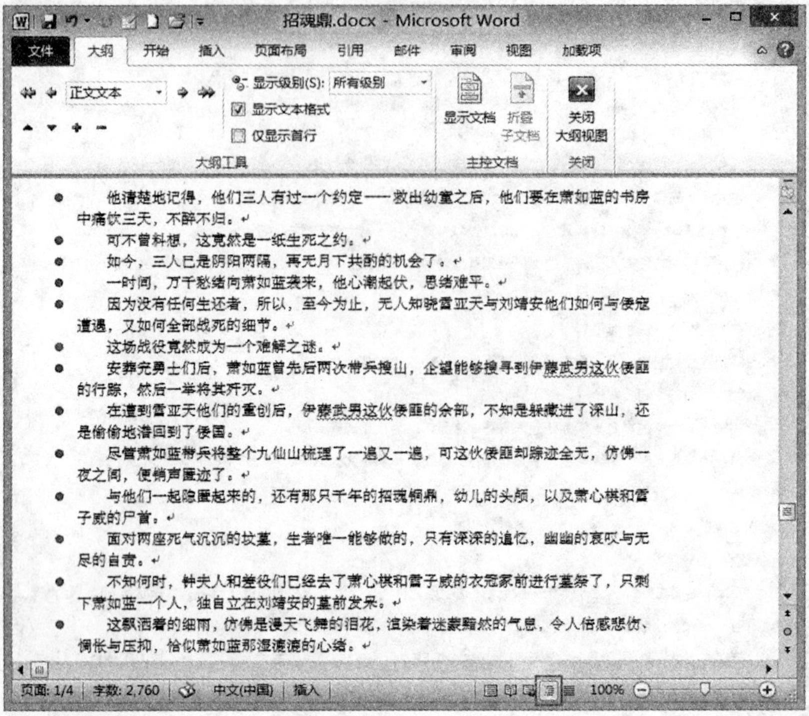

图 3-16　大纲视图效果

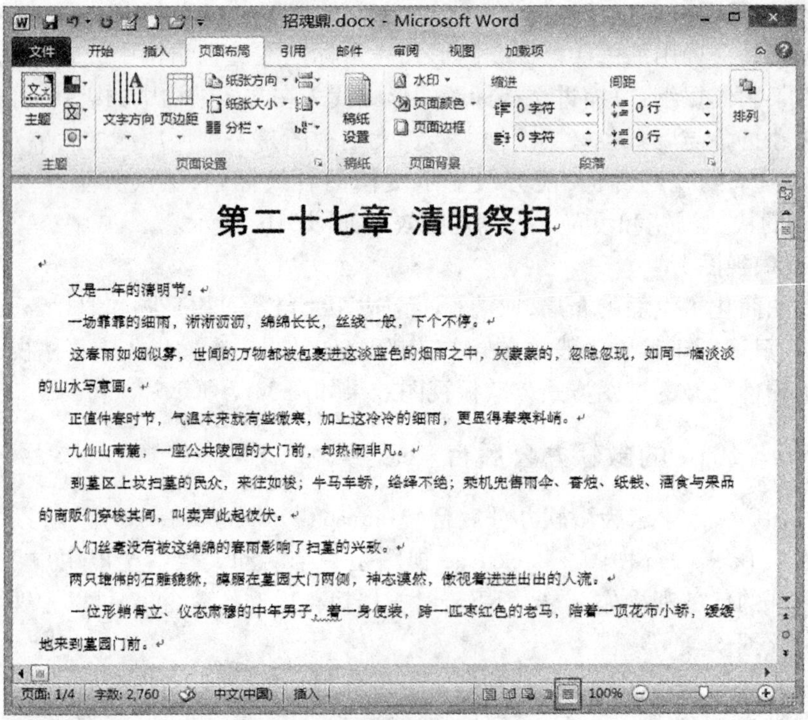

图 3-17　草稿视图效果

打开新的或现有的文件、定义文档属性以及共享信息时需访问的命令。Office 2010 中还增添了更多的命令选项卡，如【信息】、【最近所用文件】和【保存并发送】等，它们会根据文档的状态及其存储位置显示不同的命令、属性和元数据。如【信息】选项卡，就包括【签入】、【签出】和【权限】等命令。

3.1.5.1　打开 Backstage 视图的方法

打开一个文档，单击 Word 2010 功能区中的【文件】选项卡，便可打开 Backstage 视图，如图 3-18 所示。

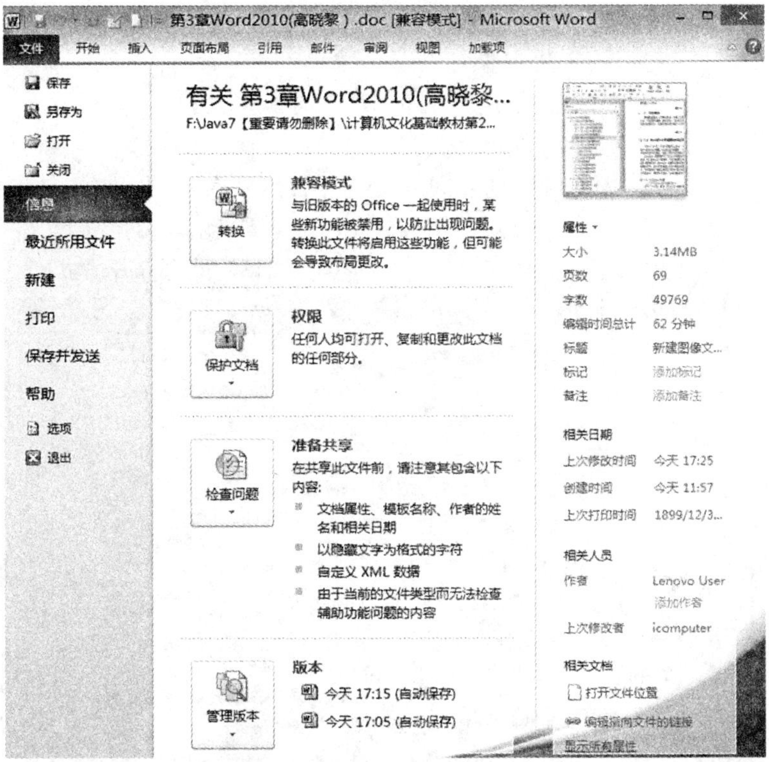

图 3-18　Backstage 视图界面

3.1.5.2　从 Backstage 视图返回文档的方法

在当前打开文档的状态下，单击功能区的【开始】选项卡，或者按键盘上的【Esc】键，即可从 Backstage 视图快速地返回文档。

3.2　Word 2010 文档的基本操作

3.2.1　Word 文档文件的操作

在 Word 2010 中，可以新建一个文档，打开已有文档，对当前编辑的文档进行保存，以及关闭文档等操作。

3. 2. 1. 1　新建文档

新建一个文档有以下方法：

(1)单击【文件】选项卡，切换到 Backstage 视图下，然后在左侧窗格中单击【新建】命令。

(2)单击快速访问工具栏中的【新建】按钮。

3. 2. 1. 2　打开文档

打开已有文档，是指把文档文件从磁盘调入内存的操作。对已存在的文档，必须先将其打开，然后才能进行各种操作。

Word 2010 打开文档的方法主要有以下几种：

(1)若要对磁盘中已有的文档进行编辑，首先需要将其打开。一般来说，先进入该文档的存放路径，再双击文档图标即可将其打开。

(2)单击【文件】选项卡，切换到 Backstage 视图，然后在左侧窗格中单击【打开】命令，系统弹出如图 3-19 所示的【打开】对话框，在其中选择需要打开的文档文件，单击【打开】按钮即可。选择【打开】按钮旁边的下拉箭头，还可选择不同的打开方式。

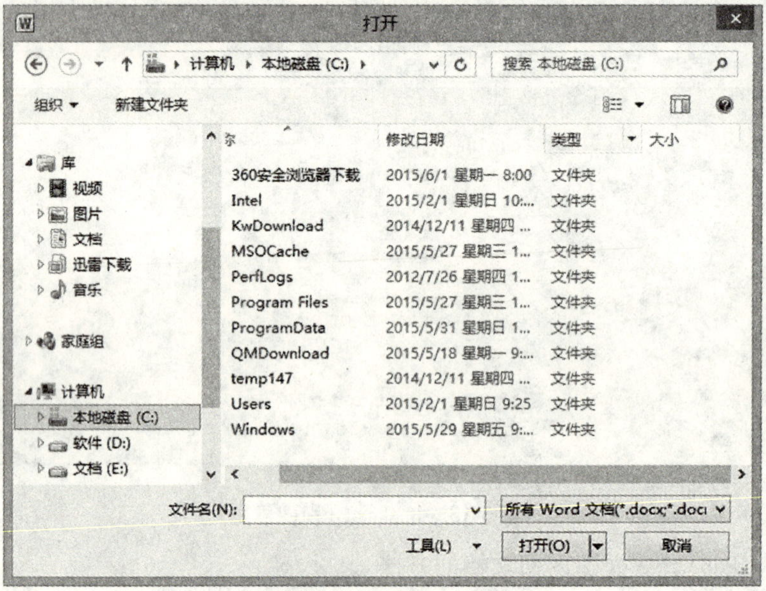

图 3-19　【打开】对话框

(3)在 Backstage 视图中，单击【最近所用文件】选项卡，选择要打开的文件，则可直接打开文件。

(4)若在快速访问工具栏中添加了【打开】按钮，则单击【打开】按钮图标，在打开的【打开】对话框中选择文件即可。

3. 2. 1. 3　保存文档

不论是录入新文档，还是对旧文档做了改动，都应该及时将文档存储到磁盘中，以便以后查看和使用。如果不保存，编辑的文档内容将会丢失。保存文档有以下几种方法：

(1)单击【文件】选项卡，切换到 Backstage 视图下，然后在左侧窗格中单击【选项】命令，打开如图 3-20 所示的【Word 选项】对话框。在【保存】选项卡中设置与自动保存文档相关的一些参数：如果选中【保存自动恢复信息时间间隔】复选框，并在【分钟】框中设置自动文件保存的频率，则 Word 将按这个时间间隔自动生成文档的恢复文件；还可以设置保存的位置路径等。

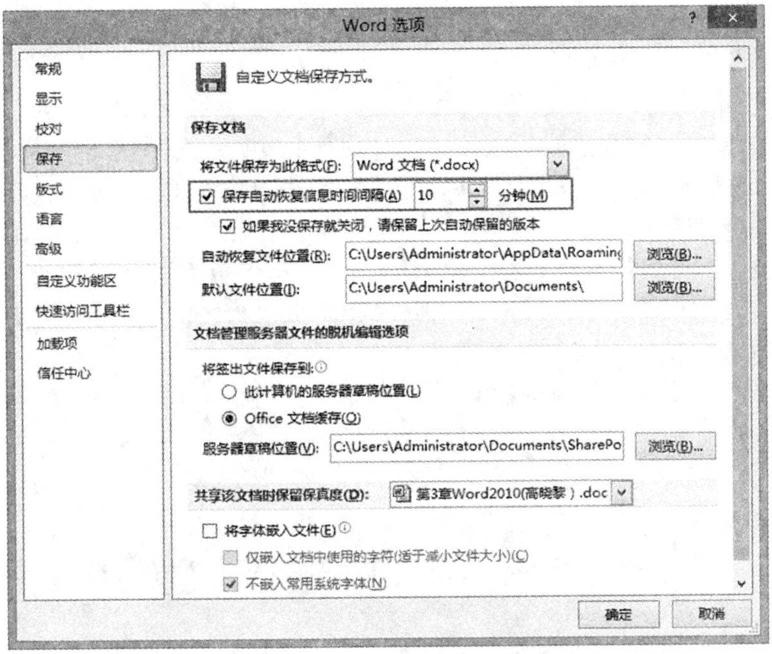

图 3-20　【Word 选项】对话框

（2）单击【文件】选项卡，切换到 Backstage 视图下，然后在左侧窗格中单击【保存】菜单命令即可。如果要另存已保存过的文档，则单击【另存为】菜单命令，在打开的【另存为】对话框中，设置保存位置、文件名等。在文件另存时，可以改变文件的类型。

（3）单击快速访问工具栏中的【保存】按钮图标。

3.2.1.4　关闭文档

关闭当前文档的方法为：单击【文件】选项卡，切换到 Backstage 视图下，然后在左侧窗格中单击【关闭】菜单命令即可。

Word 2010 允许同时打开多个 Word 文档进行编辑操作，因此关闭一个文档并不等于退出 Word 2010，只是将要关闭的文档从内存中移除而已。

3.2.1.5　设置自动备份文档副本功能

在编辑文档时，如果突然遇到断电，或者原文档遭到损坏，可以启动创建文档备份副本的功能来避免损失。一旦启动了这一功能，系统在每次保存文档时，都会在与原文档相同的文件夹中，创建一个扩展名为 .wbk 的文档备份副本。原文档中保存当前所编辑的数据，文档备份副本中保存着上次所保存的信息。每次保存文档，新的备份副本都将替换上一个备份副本。

设置创建备份副本功能的方法与步骤如下：

（1）单击【文件】选项卡，切换到 Backstage 视图下，在左侧窗格中单击【选项】命令，打开如图3-20所示的【Word选项】对话框。

(2)打开【高级】选项卡,在【保存】选项组中,选中【始终创建备份副本】复选框,然后单击【确定】按钮。

3.2.1.6 设置文档的修改密码

对文档设置修改密码,在文档打开后,能够控制用户只能查看文档内容,却不能对文档内容进行修改。

对文档设置修改密码的方法与步骤如下:

(1)打开需要设置修改密码的文档,启动【文件】选项卡,然后单击左侧窗格的【另存为】命令,在弹出的对话框中单击【工具】按钮,然后在下拉菜单中选择【常规选项】命令,弹出【常规选项】对话框。

(2)在【修改文件时的密码】文本框中输入密码,然后单击【确定】按钮,弹出【确认密码】对话框;在文本框中再次输入密码,然后单击【确定】按钮,返回【另存为】对话框;单击【保存】按钮保存设置。

设置完成后,当下次打开该文档时,系统将弹出【密码】对话框。如果用户不能在【密码】文本框中输入正确的密码,则只能单击【只读】按钮,按只读方式打开文档进行阅读,却不能对文档内容进行编辑修改。

3.2.1.7 设置文档的打开密码

如果要防止非授权用户查看某一重要文档,可通过对该文档设置打开密码,对其加以保护。

对文档设置打开密码的方法与步骤如下:

(1)打开需要设置打开密码的文档,启动【文件】选项卡,然后单击左侧窗格的【信息】命令,在中间窗格中单击【保护文档】按钮,在下拉列表中单击【用密码进行加密】选项,打开【加密文档】对话框。

(2)在【密码】文本框中输入密码,然后单击【确定】按钮,弹出【确认密码】对话框;在【重新输入密码】文本框中再次输入密码,然后单击【确定】按钮。

设置完成后,当下次打开该文档时,系统会弹出【密码】对话框。如果用户不能输入正确的密码,将无法打开文档。

若要取消对文档的加密,应先用密码打开该文档,然后再重设文档的打开密码为空(相当于删除了密码)即可。

3.2.2 Word文档内容的输入

Word对文档的编辑功能主要包括以下方面:输入文本内容,文本的选取,编辑修改文档内容,查找与替换文本,复制文本,移动文本,撤销与恢复操作,校对,字数统计等。

3.2.2.1 输入文本内容

对于新建的空文档,光标所在的位置就是即将录入文本的位置,当输入文字时,光标会随着文字向后移动。Word 2010支持“即点即输”功能:将鼠标指针指向需要输入文本的位置,单击鼠标左键,即可在当前位置定位光标插入点。然后切换到自己惯用的输入法,便可输入相应的文本内容了。

在输入的文本满一行后，插入点会自动转入下一行。在没有输满一行文字的情况下，若需要开始新的段落，按【Enter】键即可。

输入文本时，状态栏上会显示当前输入状态。“插入”状态为默认状态，处于该状态时，输入的文本会插入到插入点所在位置，光标后面的文本会按顺序后移。处于“改写”状态时，输入的文本会替换掉光标所在位置后面的文本，其余文本位置不变。当状态栏中有【插入】按钮时，表示当前为“插入”状态。在两种状态间切换可在状态栏中单击【插入】按钮或【改写】按钮，或者按【Insert】键。

3.2.2.2　输入标点符号和特殊符号

由于汉字的标点符号及一些特殊符号与键盘符号并不一一对应，Word 2010 为输入标点符号和特殊符号提供了专门的方法。

在文档中插入符号操作步骤如下：

(1)在需要插入符号的位置处定位光标，切换到【插入】选项卡，然后单击【符号】组中的【符号】按钮，在弹出的下拉列表中单击【其他符号】选项，弹出如图 3-21 所示的【符号】对话框。

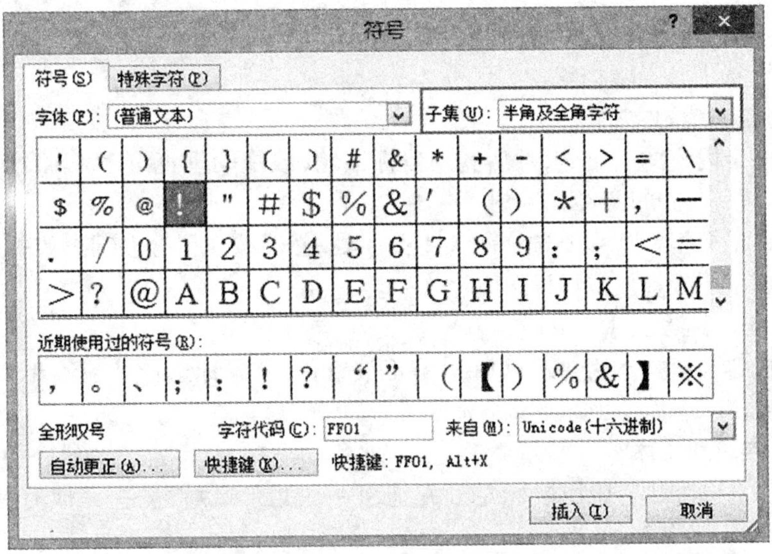

图 3-21　【符号】对话框

(2)在【符号】对话框的【子集】下拉列表框中选择符号类型。

(3)在列表框中选中要插入的符号，单击【插入】按钮，然后单击【关闭】按钮，关闭对话框，返回文档。

3.2.3　Word 文本的选取

对文本进行编辑操作，首先必须选定要编辑的对象，这些对象可以是一个字符、一行文字、某一段落或整篇文章等。选定操作对象也称定义块。

3.2.3.1　选定一行

将鼠标定位于需要选择的某行左边的空白处(选择区)，当鼠标指针变为箭头时，单击左键。

3.2.3.2　选定多行

在某一行的左侧按住鼠标左键,向下或向上拖动,便可选取多行文本。

3.2.3.3　选定一句

按下【Ctrl】键不放,然后单击该句中的任何位置,即可选中该句。

3.2.3.4　选定一段

鼠标定位于选择区中需要选择的段中任一行之前,指针变为箭头时,双击鼠标左键。

3.2.3.5　选定多段

鼠标定位于选择区中,指针变为箭头时,双击左键,并向上或向下拖动鼠标。

3.2.3.6　选定整个文档

选定整个文档的方法有以下几种:

(1)鼠标定位于要选择的文本任一行之前的选择区,连续单击鼠标左键三次即可选中整篇文档。

(2)在【开始】选项卡的【编辑】组中单击【选择】按钮,在弹出的下拉列表中单击【全选】选项,也可选中整篇文档。

3.2.3.7　选定连续的文本

单击要选定内容的起始处,然后利用鼠标滚轮(或拖动垂直滚动条)滚动到要选定内容的结尾处,按下【Shift】键单击左键。

也可以将鼠标指针移到要选择的文本开始处,然后按住鼠标左键不放并拖动,直至需要选择的文本结尾处释放鼠标即可。

3.2.3.8　选定不连续文本

用鼠标选定一段文本后,按下【Ctrl】键不放,再拖动鼠标选择其他不相邻的文本。选择完成后释放【Ctrl】键即可。

3.2.3.9　选定垂直文本

先按下【Alt】键,然后按住鼠标左键并拖出一块矩形区域,选择完成后释放【Alt】键即可。

3.2.3.10　取消选择

若要取消文本的选择,使用鼠标单击文档编辑区中任一位置或按键盘上任一方向键即可取消选定的文本。

3.2.4　文本的修改

3.2.4.1　插入字符

插入字符的操作十分简单,只需将插入点定位于需要插入字符的位置,输入文字即可。

3.2.4.2　删除文本

(1)将插入点定位于待删除的字符之前,按键盘上的【Delete】键(亦称删除键)即可删除该字符。

(2)将插入点定位于待删除的字符之后,按键盘上的【Backspace】键(亦称退格键)即可删除该字符。

(3)选择要删除的文本,按键盘上的【Delete】键即可删除选定的文本。

3.2.4.3　拆分段落

当需要将一个段落拆分为两个段落时,只需将插入点定位于分段处,按【回车】键即可。

3.2.4.4　合并段落

当需要将两个段落合并成一个段落时,实际上就是删除指定处段落标记↵。可以将插入点定位于前一段落末尾的段落标记↵前,按键盘上的【Backspace】键即可合并段落。

3.2.5　文本的复制和移动

如果要将文本中某些内容复制或移动到该文本的另一处,或者将文本中某些内容复制或移动到另一文件的某处,则需利用 Word 2010 的剪贴板功能。

剪贴板是一块专用的计算机内存区域,主要用于存放尚未粘贴的文件和图像。剪贴板上的内容不仅可以在 Word 2010 中反复粘贴,还可以粘贴到其他的应用软件和文件中。

用剪贴板复制或移动文本的原理是:通过复制或移动功能将选定的文本放到剪贴板上,选定插入点后,通过粘贴功能将其从剪贴板取出来,放在插入点位置。复制或移动到剪贴板上的内容可以粘贴数次。

3.2.5.1　文本的复制功能

复制文本的具体操作步骤如下:

(1)选定要复制的文本内容。

(2)在【开始】选项卡的【剪贴板】组中单击【复制】按钮(或使用键盘上的【Ctrl】+【C】组合键),将选中的内容复制到剪贴板中。

(3)将光标插入点定位于文档的目标位置。

(4)单击【剪贴板】组中的【粘贴】按钮(或使用键盘上的【Ctrl】+【V】组合键),即可把选中的文字复制到目标位置。

3.2.5.2　文本的移动功能

移动文本的具体操作步骤如下:

(1)选定要移动的文本内容。

(2)在【开始】选项卡的【剪贴板】组中单击【剪切】按钮(或使用键盘上的【Ctrl】+【X】组合键),将选中的内容剪切到剪贴板中。

(3)将光标插入点定位于文档的目标位置。

(4)单击【剪贴板】组中的【粘贴】按钮(或使用键盘上的【Ctrl】+【V】组合键),即可把选中的文字移动到目标位置。

在 Word 完成粘贴操作后,当前位置的右下方会出现一个【粘贴选项】按钮,对其单击,可在弹出的下拉菜单中选择粘贴方式。当执行其他操作时,该按钮会消失。

3.2.6　操作的撤销与恢复

在编辑操作过程中,往往会出现一些错误的操作或者对某个对象进行操作之后又觉得不合适,此时,可以使用 Word 2010 提供的错误操作处理功能,它可撤销掉这些操作,使文档恢复到原来状态。

3.2.6.1 撤销操作

Word 2010 可以记录历史操作步骤。当文档编辑过程中产生了某种错误操作,如不必要的删除、复制和移动等,可以使用撤销功能来放弃某种错误操作。撤销上一个操作的方法有两种:

(1)单击快速访问工具栏中的【撤销】按钮。

(2)使用快捷组合键【Ctrl】+【Z】。

3.2.6.2 恢复操作

撤销原操作后如觉得这些操作没必要撤销掉,那么可以恢复已撤销掉的操作。恢复已撤销掉的操作方法有两种:

(1)单击快速访问工具栏中的【恢复】按钮。

(2)使用快捷组合键【Ctrl】+【Y】。

3.2.7 文本的查找与替换

查找与替换是进行文字处理的基本技能和技巧之一。在多页文档中查找某文本,如果逐字查寻不但费时而且还会有遗漏,遇到这种情况时,可以用查找操作来快速定位到指定字符处。如果个别文本需要用新内容来替换,还可以应用替换操作来快速修改指定的文字,甚至完成对某些指定字符串的删除。

3.2.7.1 查找

查找操作是从当前打开的文档中或选定的文本块中查找指定的内容,并且快速定位插入点到指定位置处。查找的内容可以为单一字符、数字、字符串及特殊符号等。查找只进行单一的查找定位操作,并不进行替换。

查找操作的方法有以下几种。

1. 利用导航窗格搜索文本

打开导航窗格,在搜索框中直接输入所要查找的关键字,Word 2010 立即在当前文档中自动查找关键字,并快速定位到包含该关键字的内容,并且以突出显示方式显示出所有匹配的文本内容。

2. 利用【查找和替换】对话框查找文本

打开【查找和替换】对话框的方法如下:在导航窗格中,单击搜索框右侧的下拉按钮,在弹出的下拉菜单中选择【高级查找】命令,或者在【开始】选项卡的【编辑】组中单击【查找】命令按钮右侧的下拉按钮,在弹出的下拉菜单中选择【高级查找】命令,都能打开如图3-22所示的【查找和替换】对话框。

在对话框的【查找内容】文本框中输入要查找的文本内容,单击【查找下一处】按钮,系统会自动从光标所在位置开始查找。当找到第一个目标时,就以选中的形式显示。若要继续查找,则继续单击【查找下一处】按钮,直到查找结束。

如果在【查找和替换】对话框中单击【更多】按钮,可展开更为丰富的对话框,如图3-23所示。此时可为查找对象设置查找条件,例如只查找设置了某种字体、字号或颜

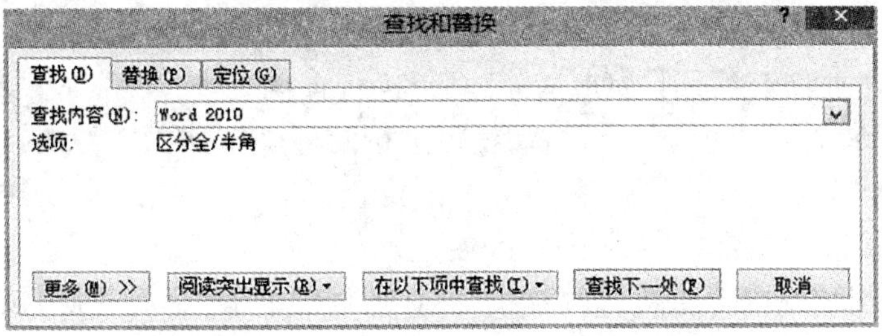

图 3-22　【查找和替换】对话框【查找】选项卡

色的文本内容,以及使用通配符查找等。可用的通配符有“?”和“ * ”,这些通配符要在英文状态下输入。其中“?”代表一个字符,“ * ”代表多个字符。

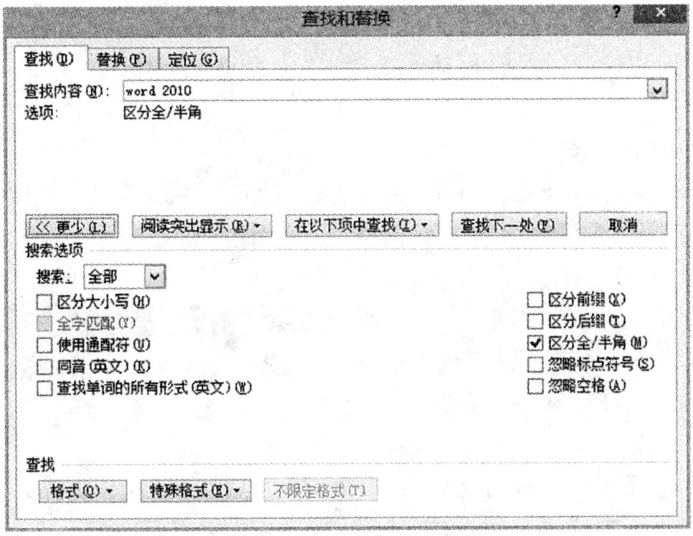

图 3-23　更为丰富的【查找和替换】对话框

3.2.7.2　替换

Word 的替换操作能够完成批量修改功能,是一个非常有用的操作。替换的操作步骤如下:

(1)打开需要替换内容的文档,将光标插入点定位在文档的起始处,然后单击【开始】选项卡中的【替换】命令,打开【查找和替换】对话框,如图 3-24 所示。

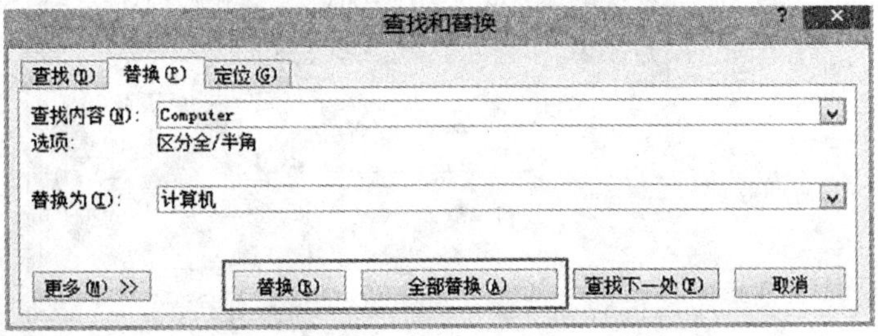

图 3-24　【查找和替换】对话框【替换】选项卡

(2)在【查找内容】组合框中输入要查找的内容,在【替换为】组合框中输入要替换的内容, 然后单击【查找下一处】按钮,Word 马上进行查找。

(3)当找到查找内容的第一个位置时,可进行两种操作:单击【替换】按钮可替换当前内容,同时系统会自动查找指定内容的下一个位置;单击【查找下一处】按钮,Word 会忽略当前位置,直接查找指定内容的下一个位置。

(4)如果想用替换内容直接修改查找目标,则直接单击【全部替换】按钮即可。

(5)如果要为替换设置条件,可以单击【更多】按钮,在弹出的对话框中选择相应的选项。

3.2.8　文本的校对

Word 2010 的拼写和语法功能可用于检查文档中存在的单词拼写错误或语法错误。这一功能能够在用户输入错误时自动给予提示,从而大大地减少文本输入的错误率,提高录入质量。

3.2.8.1　拼写和语法检查

打开所编辑的文档,切换到【审阅】选项卡,在【校对】组中单击【拼写和语法】按钮。

若文档没有错误,系统将弹出如图 3-25 所示的提示框,用户根据提示单击相应按钮即可。

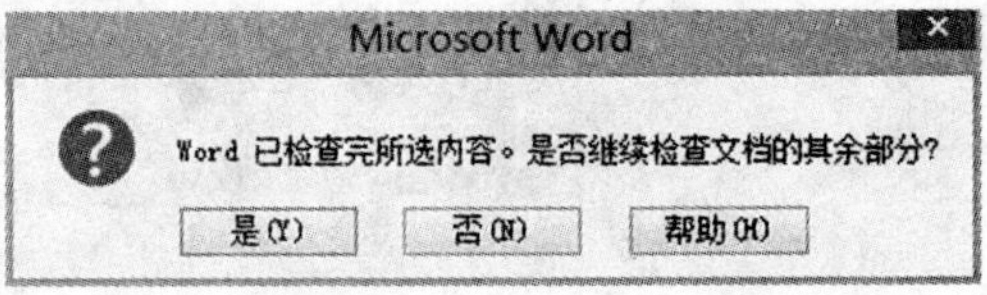

图 3-25　没有错误提示框

若系统认为文档有错误,则在【拼写和语法】对话框中标示出存在拼写或语法错误的单词或短语,需要用户确认标示文字是否存在拼写或语法错误。如果确实存在错误,则在【不在词典中】文本框内进行更改,或在下面的【建议】列表框中选择正确词语,然后单击【更改】按钮即可。如果标出的单词或短语没有错误,可以单击【忽略一次】或【全部忽略】按钮,忽略关于此单词或词组的修改建议,如图 3-26 所示。

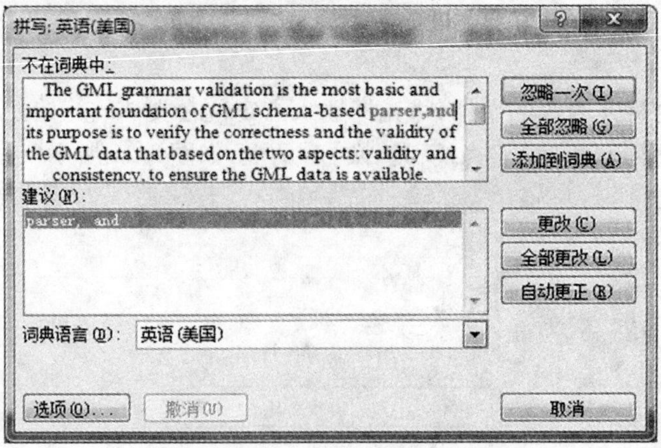

图 3-26　【拼写和语法】对话框

3.2.8.2　自动更正

除拼写和语法检查外，为了提高输入和拼写检查效率，Word 2010 还提供了自动更正功能。

设置自动更正的步骤如下：单击【文件】选项卡的【选项】命令，在打开的对话框中切换到【校对】选项卡，然后单击【自动更正选项】按钮，打开如图 3-27 所示的【自动更正】对话框。

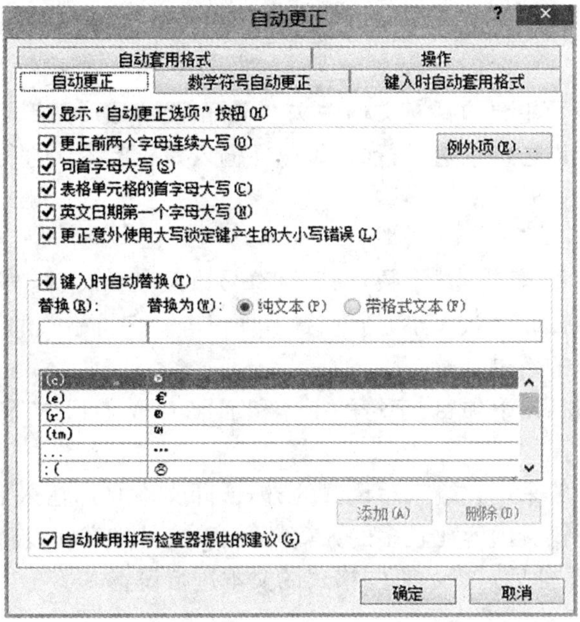

图 3-27　【自动更正】对话框

3.2.8.3　字数统计

在 Word 2010 中，可以对整个文档或文档中的部分内容进行字数统计。

字数统计的步骤如下：打开所编辑的文档，或者选定要统计字数的部分文本内容；切换到【审阅】选项卡，在【校对】组中单击【字数统计】按钮，弹出如图 3-28 所示的【字数统计】对话框。对话框中显示了当前文档的页数、字数、段落数、行数等信息。

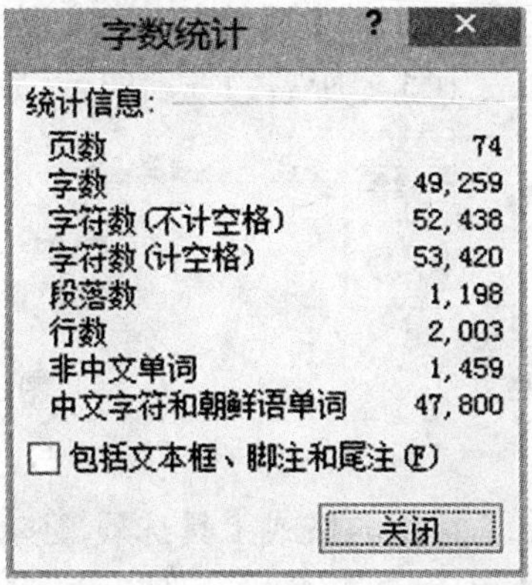

图 3-28　【字数统计】对话框

3.3　文档的格式化与排版

初始输入的文本一般来说编排比较混乱,格式布局也不尽如人意,此时可以对文本的格式进行设置。文档的格式设置,也称文档"格式化",是指按照一定的要求改变文档外观的操作。通过对文档格式的设置,可以修饰与美化文档,使其结构更加合理,外观更为美观、条理与协调。

对文档格式的设置主要包括对文档中文本字符、段落和页面等格式的设置。

文档的格式化可以边输入边进行,也可以在输入完成后统一进行。

3.3.1　设置字符格式

字符指文本中字母、标点符号、数字、运算符号以及某些特殊符号。字符格式也称字符属性,是指一个字符的字体、大小、颜色、是否加粗等。字符格式的设置决定了字符在屏幕上显示和打印输出的效果。

设置字符格式包括以下项目:字符的字体和字号,字符的粗体、斜体、空心和下划线等修饰,调整字符间距等。

设置字符格式一般采用先输入后设置的方式,即文本全部输入后再进行字符格式的设置。这主要适用于正文内容比较多的大篇幅文章,这种文章在设置格式时可以先全选,把它设置成统一格式,然后对少数不同格式的文本进行设置。

3.3.1.1　设置字符格式的方法

设置字符格式的方法主要有以下三种。

1. 利用浮动工具栏

选择需要设置字符格式的文本后,在文本的上方将会自动弹出如图3-29所示的浮动工具栏,刚开始呈半透明状态,将鼠标指针接近浮动工具栏,在其中单击相应的按钮或者在相应的下拉列表中选择所需的选项即可。

2. 使用【字体】功能组

选择需要设置字符格式的文本后,在【开始】功能选项卡的【字体】功能组中,单击相应的按钮或者在相应的下拉列表中选择所需的选项即可,如图3-30所示。

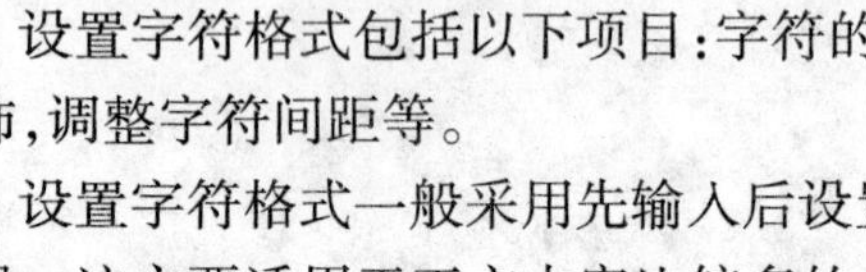

图3-29　浮动工具栏

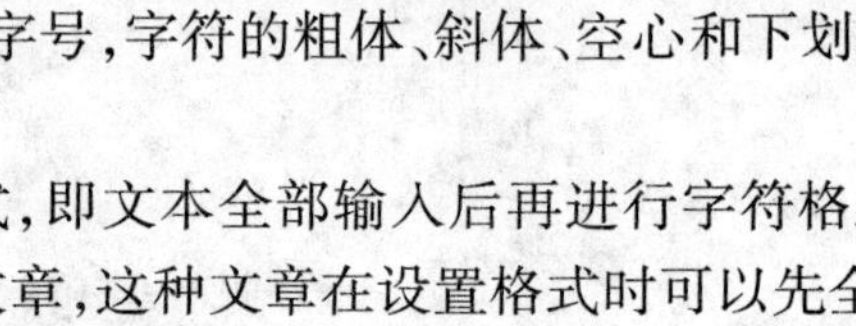

图3-30　【字体】功能组

3. 使用【字体】对话框

在【字体】功能组中只列出了常用的格式工具选项,还有一些格式选项要通过【字体】对话框进行设置。打开【字体】对话框的方法如下:启动【开始】选项卡,鼠标单击【字体】功能组右下角的对话框启动按钮,即可打开如图3-31所示的【字体】对话框。

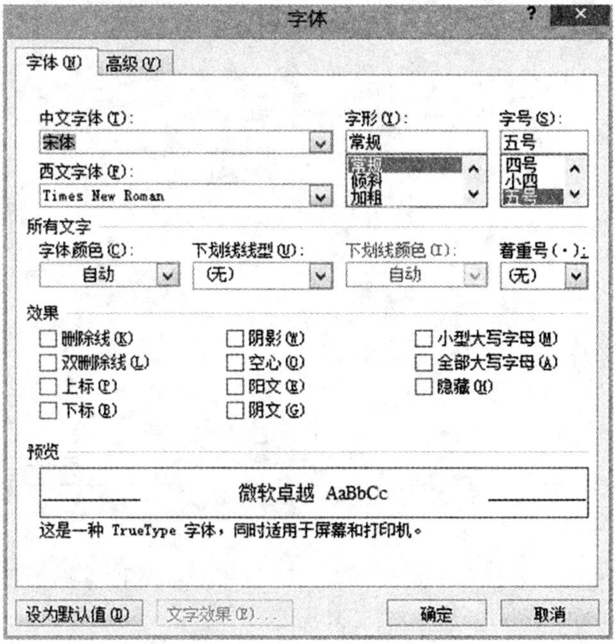

图 3-31　【字体】对话框

3.3.1.2　设置字体

为了使文档更加丰富多彩,Word 2010 提供了多种字体格式供用户选择。

设置字体的方法与步骤如下:

(1)选中文本后,在浮动工具栏上,或者在【开始】选项卡的【字体】功能组中,都可以选择设置字体、字号、字形、字符颜色以及是否加下划线等。

(2)如果要对字体进行更细致的设置,可以打开【字体】对话框,用对话框完成字体的设置。

3.3.1.3　设置字符间距

为了让文档的版面更加协调,有时还需要设置字符间距。字符间距是指各字符间的距离,通过调整字符间距可使文字排列得更紧凑或者更疏散。

设置字符间距的方法与步骤如下:

(1)选中要设置字符间距的文本,打开【字体】对话框。

(2)启动【高级】选项卡,在【间距】下拉列表框中选择间距类型,在右侧的【磅值】微调框中设置间距大小,如图 3-32 所示。

(3)设置完成后单击【确定】按钮即可。

3.3.1.4　设置文本颜色

为了让文档的色彩更加丰富,有时还需要设置文本颜色。

设置文本颜色的方法与步骤如下:

(1)选中要设置文本颜色的文本。

(2)在浮动工具栏上,或者在【开始】选项卡的【字体】功能组中,单击【字符颜色】命令按钮,或按钮右侧的下拉按钮,将选中的文本设置为某种颜色。

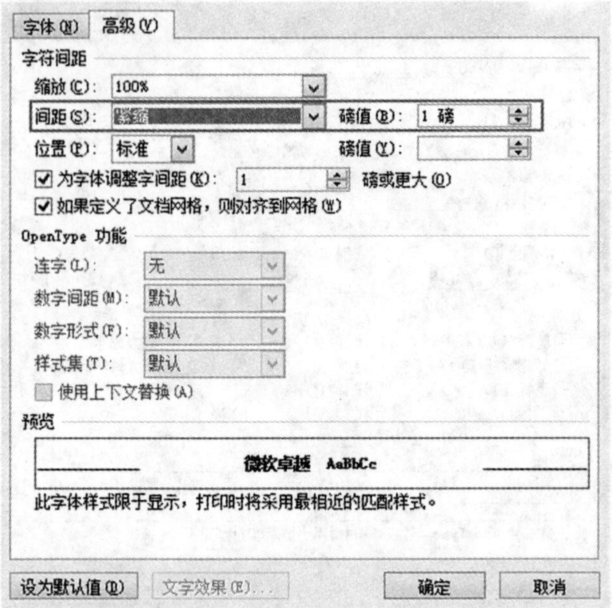

图3-32 【字体】对话框的【高级】选项卡

3.3.1.5 设置文本突出显示

可以用 Word 2010 的“突出显示”功能,对文档中的重要文本进行标记,从而使文字看上去像用荧光笔作了标记。

设置文本突出显示的方法与步骤如下:

(1)选中要设置突出显示的文本。

(2)在浮动工具栏上,或者在【开始】选项卡的【字体】功能组中,单击【以不同颜色突出显示文本】命令按钮右侧的下拉按钮,弹出一个颜色下拉列表。

(3)将鼠标指针指向下拉列表中的某种颜色时,可以在文档中看到预览效果;单击某种颜色,即可将其应用到所选文本上。

3.3.1.6 设置文本效果

文本效果包括轮廓、阴影、映像和发光等外观特效修饰。

设置文本效果的方法与步骤如下:

(1)选中要设置文本效果的文本。

(2)在【开始】选项卡的【字体】功能组中,单击【文本效果】命令按钮右侧的下拉按钮,系统弹出文本效果列表框。

(3)选中某种选项,将选中的文本设置为这种文本效果。

3.3.2 设置段落格式

段落是构成整个 Word 文档的骨架,由正文、图表和图形等加上一个段落标记构成。为了使文档的结构更清晰、布局更合理、层次更分明,通常要对段落格式进行设置。

段落的格式主要包括段落的对齐方式、段落的缩进、行距与段距、段落的修饰、换行和分页、段落首字下沉等处理。

3.3.2.1　**设置段落格式的方法**

设置段落格式的方法主要有以下三种。

1. 浮动工具栏

选择需要设置格式的段落后，单击如图 3-29 所示的浮动工具栏中的相应按钮即可。浮动工具栏中只有【居中】、【增加缩进】、【减少缩进】3 个用于段落设置的按钮。

2.【段落】功能组

选择需要设置格式的段落后，在【开始】功能选项卡的【段落】功能组中，如图 3-33 所示，单击相应的按钮或者在相应的下拉列表中选择所需的选项即可。

图 3-33　【段落】功能组

3.【段落】对话框

在【段落】功能组中只列出了常用的段落格式工具选项，还有一些格式选项要通过【段落】对话框进行设置。打开【段落】对话框的方法如下：启动【开始】选项卡，鼠标单击【段落】功能组右下角的对话框启动按钮，即可打开如图 3-34 所示的【段落】对话框。

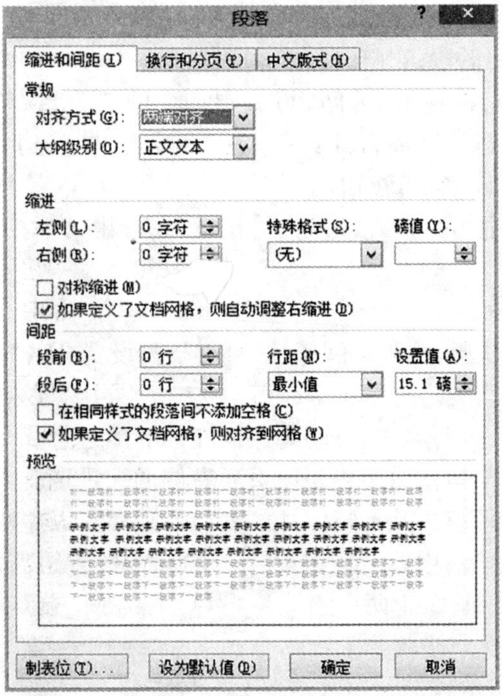

图 3-34　【段落】对话框

3.3.2.2　设置段落对齐方式

段落对齐指文档边缘的对齐方式，包括两端对齐、左对齐、右对齐、居中对齐和分散对齐。默认情况下，段落的对齐方式为两端对齐。对这 5 种对齐方式说明如下：

(1)左对齐：使选定的段落与左边界标记对齐。

(2)居中对齐：使选定的段落内容处在左边界和右边界的中间位置。

(3)右对齐：使选定的段落与右边界标记对齐。

(4)两端对齐：将所选定段落的各行的左右两边同时对齐。这是 Word 中的默认对齐方式。

(5)分散对齐：通过调整空格，使所选段落或单元格文本的字符间距等宽。即使一个段落的最后一行只有几个字符，也要和上面文字的行宽相同。

设置段落对齐的方法与步骤如下：

(1)选中要设置对齐方式的段落，或者把插入点放在要设置格式的段落中，然后在【开始】选项卡的【段落】功能组中，单击相应的选项按钮即可。

(2)或者在【段落】对话框中，从【对齐方式】下拉列表框中选择相应的选项，然后单击【确定】按钮。

3.3.2.3　设置段落的间距

为了使整个文档看起来疏密有致，可为段落设置合适的间距。段落间距包括文档行间距与段间距。行间距是指段落中行与行之间的距离，段间距是指前后相邻的段落之间的距离。

设置段落间距的方法与步骤如下：

(1)选中要设置间距的段落，打开【段落】对话框。

(2)在【缩进和间距】选项卡的【间距】栏中，通过【段前】微调框可设置段前距离，通过【段后】微调框可设置段后距离，在【行距】下拉列表框中可选择行间距大小。

(3)设置完成后单击【确定】按钮。

(4)单击【段落】组中的【行和段落间距】按钮，在弹出的下拉列表中也可以选择行距的大小。

3.3.2.4　设置段落缩进

为了增强文档的层次感，提高可阅读性，可对段落设置合适的缩进。段落缩进是指段落中的文本与页边距之间的距离。在 Word 2010 中提供了以下 4 种段落缩进方式：

(1)左缩进：设置整个段落左边界距离页面左侧的缩进量。

(2)右缩进：设置整个段落右边界距离页面右侧的缩进量。

(3)悬挂缩进：设置段落中除首行以外的其他行距离页面左侧的缩进量。

(4)首行缩进：设置段落中首行第 1 个字符的起始位置距离段落其他行左侧的缩进量。大多数文档的首行缩进量为两个字符。

设置段落缩进的方法与步骤如下：

(1)选中要设置缩进的段落，打开【段落】对话框。

(2)在【缩进和间距】选项卡的【缩进】栏中，通过【左侧】微调框可设置左缩进的缩进量，通过【右侧】微调框可设置右缩进的缩进量，在【特殊格式】下拉列表框中可选择首行缩进或悬挂缩进方式，然后通过右侧的【磅值】微调框设置缩进量。

(3) 设置完成后单击【确定】按钮。

(4) 单击【段落】组中的相关按钮，或通过文档上方的标尺，也可以调整段落缩进。

3.3.2.5　设置段落首字下沉

段落的首字下沉，可以使段落第一个字放大数倍显示，以增强文章的可读性。

设置段落首字下沉的方法与步骤如下：

(1) 选中要设置首字下沉的段落或将插入点移至该段。

(2) 在【插入】选项卡的【文本】功能组中，单击【首字下沉】命令按钮，系统弹出如图 3-35所示的【首字下沉】列表。从列表中选择所需的下沉或悬挂选项。

(3) 如果要对段落的首字下沉进行更精细的设置，需要从列表中选择【首字下沉】选项，打开【首字下沉】对话框，如图 3-36 所示。

(4) 在对话框中进行位置、选项、下沉行数及与正文的距离等参数的设定。

(5) 设置完成后单击【确定】按钮即可。

图 3-35　【首字下沉】列表

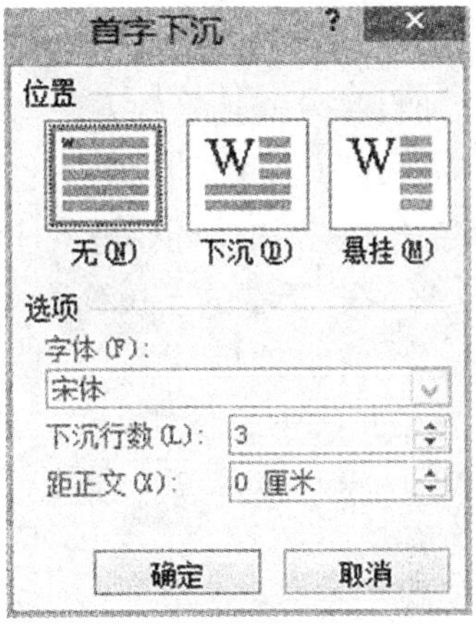

图 3-36　【首字下沉】对话框

3.3.2.6　使用格式刷复制格式

格式刷是一种快速应用格式的工具，能够将某文本对象的格式复制到另一个对象上，从而避免重复设置格式的麻烦。当需要对文档中的文本或段落设置相同格式时，便可通过格式刷复制格式。

应用格式刷的方法与步骤如下：

(1) 选中需要复制的格式所属文本，然后单击【开始】选项卡中【剪贴板】功能组中的【格式刷】按钮，此时鼠标指针呈刷子形状。

(2) 按住鼠标左键不放，然后拖动鼠标选择需要设置相同格式的文本，完成选择后释放鼠标，被拖动的文本即可应用所选文本的格式。

(3) 当需要把一种格式连续应用到多个文本对象时，可以双击【格式刷】按钮，使鼠标指针一直呈刷子形状，此时便可以拖动鼠标选择需要设置相同格式的所有文本了。

(4) 当不再需要使用格式刷时，可以再次单击【格式刷】按钮或按【Esc】键，退出格式复制状态。

3.3.2.7　快速清除格式

对文本设置各种格式后,如果需要还原为默认格式,不需要依次清除已经设置的格式,只须使用 Word 2010 的清除格式功能,便可以对文本快速清除已有的格式。

清除格式的方法与步骤如下:

(1)选择需要清除格式的文本,然后单击【字体】功能组中的【清除格式】按钮。

(2)目标文本中所有已有的字体、颜色等格式立即被清除掉,并还原为默认格式。

3.3.3　设置项目符号与编号

项目符号与编号用于对一些重要条目进行标注或编号,其目的是使文档富有条理、层次清晰、可读性强。项目符号使用的是符号,而项目编号则使用一组连续的数字或字母。

3.3.3.1　使用项目符号或编号

项目符号的使用包含添加项目符号与删除项目符号两个方面。

1. 添加项目符号或编号

添加项目符号或编号的方法与步骤如下:

(1)选中需要添加项目符号的段落,启动【开始】选项卡。

(2)单击【段落】功能组中的【项目符号】或【编号】右侧的下拉按钮,在弹出的如图 3-37及图 3-38 所示的下拉列表中,单击需要添加的项目符号或编号,即可应用到所选段落中。

(3)默认情况下,在以“一”、“①”或“a.”等编号开始的段落中,按下【Enter】键切换到下一段时,下一段会自动产生连续的编号。

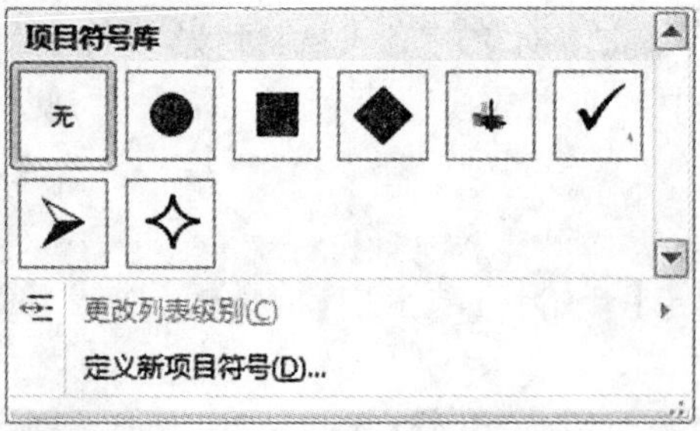

图 3-37　【项目符号库】列表

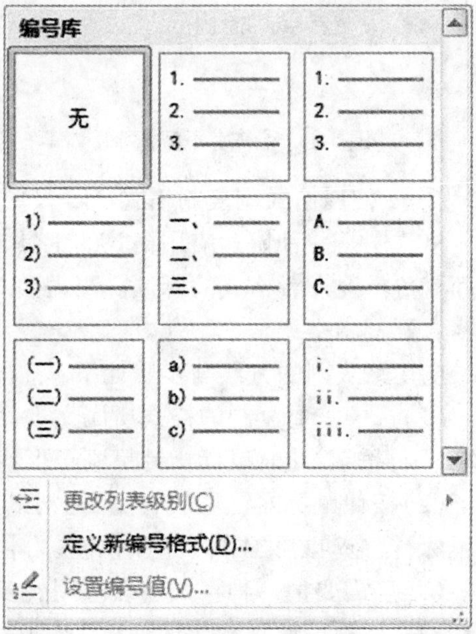

图 3-38　【编号库】列表

2. 删除项目符号或编号

对于刚产生的项目符号或编号，单击快速访问工具栏上的【撤销】按钮或按下【Ctrl】+【Z】组合键，可以撤销自动产生的编号。

3.3.3.2　自定义项目符号或编号

用户可以对选定的段落添加自定义样式的项目符号或编号。

添加自定义项目符号的方法与步骤如下。

(1)选中要添加项目符号的段落。

(2)在【段落】组中单击【项目符号】按钮右侧的下拉按钮，在弹出的下拉列表中单击【定义新项目符号】选项，弹出如图 3-39 所示的【定义新项目符号】对话框。

(3)单击【符号】或【图片】按钮，在弹出的对话框中选择新的符号或图片作为项目符号，然后单击【确定】按钮。

(4)返回当前文档，保持段落的选中状态，再次单击【项目符号】按钮右侧的下拉按钮，在弹出的下拉列表中单击之前设置的项目符号样式，即可将其应用到当前所选段落中。

对段落添加自定义样式编号的操作步骤和添加自定义项目符号类似。

添加自定义样式的编号或项目符号后，文本内容如果不是很整齐，可打开【段落】对话框调整一下悬挂缩进的缩进量。

3.3.3.3　添加多级列表

对于含有多个层次的段落，为了清晰地体现层次结构，可对其添加多级列表。

添加多级列表的方法与步骤如下：

(1)选中需要添加多级列表的段落，然后单击【段落】组中的【多级列表】按钮，在弹出的下拉列表中选择需要的列表样式。此时所有段落的编号级别都为 1 级。

(2)调整段落的编号级别：将插入点定位在应是 2 级列表编号的段落中，然后单击【多级列表】按钮，在弹出的下拉列表中单击【更改列表级别】选项，在弹出的级联列表中单击【2 级】选项。此时，该段落的编号级别将调整为 2 级。

(3)在需要调整级别的段落中，将插入点定位在编号和文本之间，单击【段落】组中的【增加缩进量】按钮，或按【Tab】键，可降低一个列表级别；单击【减少缩进量】按钮，或按【Shift】+【Tab】组合键，可提升一个列表级别。

3.3.4　设置分栏

所谓多栏文本，是指在一个页面上，文本被安排为自左至右并排排列的多栏形式。为了创建不同风格的文档或节约纸张，可进行分栏排版。

对文本设置分栏的方法与步骤如下：

(1)选定要设置分栏排版的文本，一般以段落为单位。

(2)切换到【页面布局】选项卡，在【页面设置】组中单击【分栏】按钮，在弹出的如图 3-40所示的下拉列表中，选择所需的分栏方式。

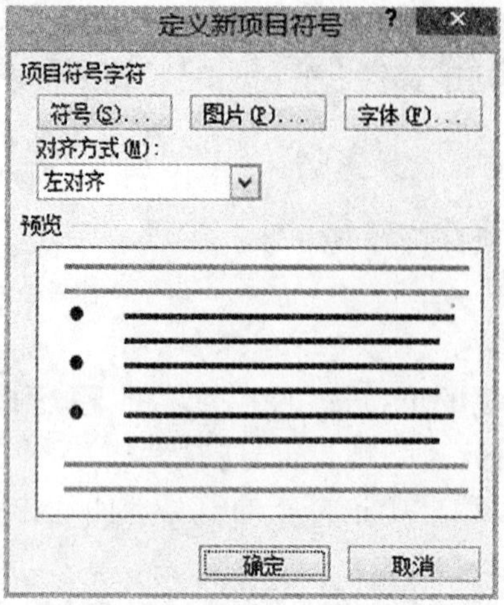

图 3-39　【定义新项目符号】对话框

图 3-40　【分栏】下拉列表

(3)也可以通过选择【更多分栏】命令,打开如图 3-41 所示的【分栏】对话框,进行精细设置。在【预设】中选择栏格式,选【分隔线】可在栏间加分隔线,【宽度和间距】可以调整栏宽和栏间距。

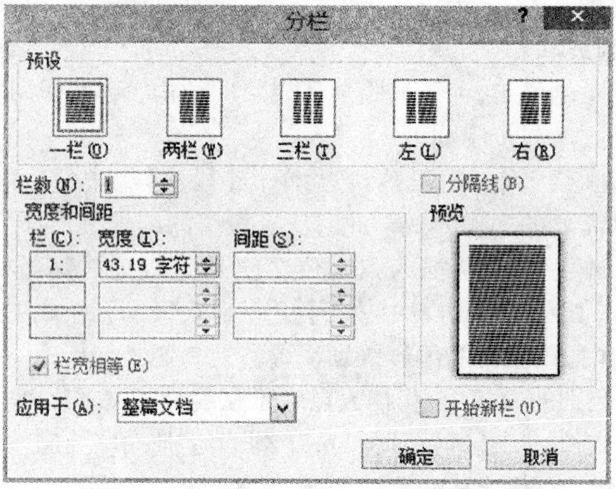

图 3-41　【分栏】对话框

(4)单击【确定】按钮,即可对选定文本完成分栏设置。

3.3.5　设置边框和底纹

在 Word 2010 中,对于特殊字符或段落,可以为它增加各种颜色与形状的边框,并配以一定背景图案的底纹,以增强字符或文本的层次感。

3.3.5.1　为字符设置边框

选定要添加边框的文字,在【开始】选项卡的【字体】组中单击【字符边框】按钮即可。

3.3.5.2　为段落文本设置边框

设置段落边框的方法与步骤如下:

（1）选定要添加边框的段落，在【开始】选项卡的【段落】组中单击【边框】按钮田，在弹出的下拉列表中选择合适的框线类型即可。也可以在下拉列表中选择【边框和底纹】命令，弹出如图 3-42 所示的【边框和底纹】对话框。

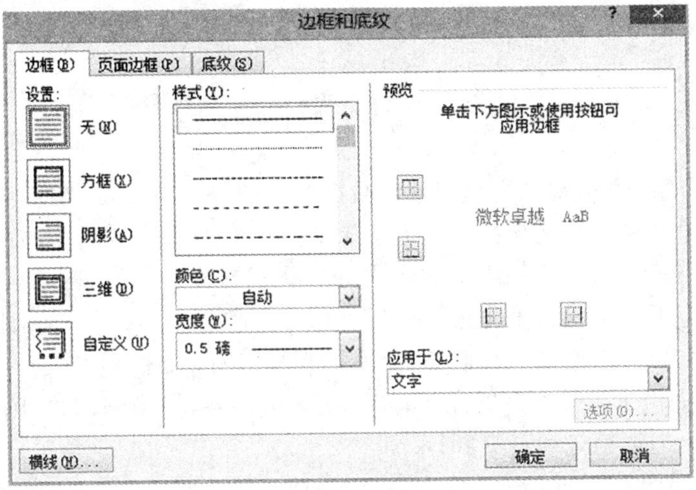

图 3-42　【边框和底纹】对话框的【边框】选项卡内容

（2）在【边框】选项卡中，分别设置边框的样式、颜色、宽度、应用范围等，其中应用范围可以是选定的文字或段落。对话框右边会出现效果预览，用户可以根据预览效果进行调整，直到满意为止。

3.3.5.3　为文本添加底纹

在【边框和底纹】对话框中，可以使用【底纹】选项卡，来给选定的文本添加底纹。

添加底纹的方法与步骤如下：

（1）选中要设置底纹的文本，切换到【底纹】选项卡，如图 3-43 所示。

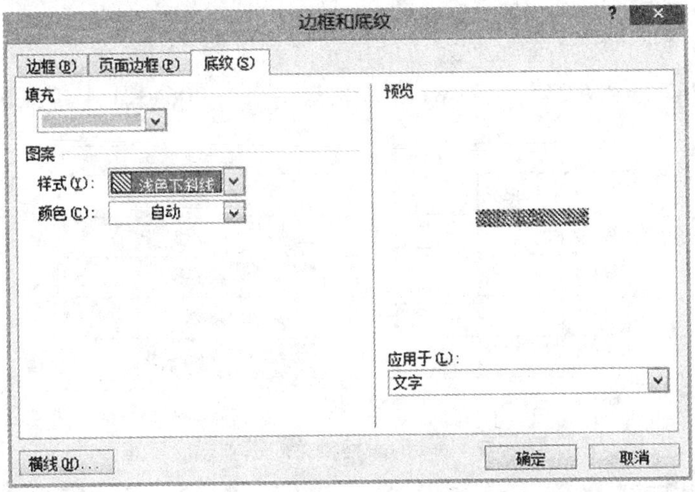

图 3-43　【边框和底纹】对话框的【底纹】选项卡内容

（2）设定填充底纹的颜色、样式和应用范围等。

(3)单击【确定】按钮即可。

如要取消边框和底纹,先选定要取消边框和底纹的文本,然后在【边框和底纹】对话框中将【边框】设置为【无】,将【填充】设置为【无填充色】,将【图案样式】设置为【清除】,这样便可取消边框和底纹的设置。

3.4　表格的制作与应用

表格是用规则的网格来布局与规范化数据的一种表达手段。表格具有直观、简明、信息量大的特点,是一种很好的数据表现方法。

在中文文字处理中,常采用表格的形式将一些数据分门别类、有条有理、集中直观地表现出来。Word 所提供的制表功能非常简单有效。建立一个表格,一般的步骤是先定义好一个规则表框,再对表格线进行调整,而后填入表格内容,使其成为一个完整的表格。

Word 2010 提供了多种表格的操作,如建立表格、编辑表格的内容、调整表格的布局、修饰与美化表格、对表格进行计算和排序等。

3.4.1　重要概念

首先给出几个重要概念。

3.4.1.1　单元格

Word 的表格由水平的表行和竖直的栏(或称为表列)组成,行与栏相交的方框称为单元格。在单元格中,用户可以输入及处理有关的文字符号、数字以及图形、图片等对象。

3.4.1.2　单元格的名称

Word 表格是由若干行和列组成的一个矩形的单元格阵列,单元格是组成表格的基本单位,Word 为每个单元格设定一个名称,该名称由用英文字母或字母组合表示的列标和用整数数字表示的行号来标识,列标在前,行号在后。形如一个表格的第一行第一列对应的单元格表示为 A1,第三行第二列对应的单元格表示为 B3 等,如图 3-44 所示。Word 表格最多可有 32767 行和 63 列,一张 Word 表格最多可有 2064321 个单元格。

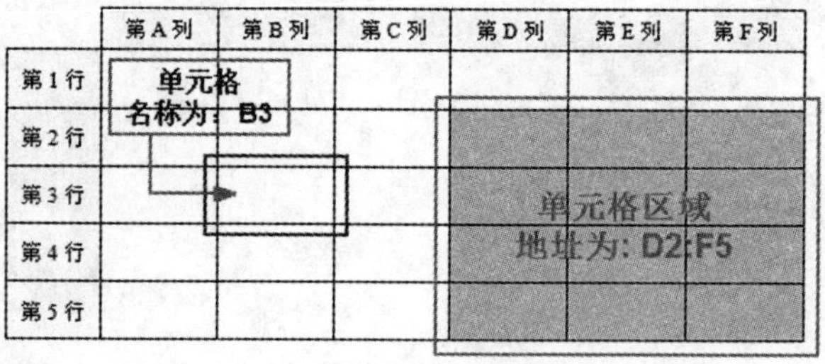

图 3-44　与 Word 的表格相关的基本概念示意图

3.4.1.3　单元格区域

单元格区域简称单元区域,是由一组连续的单元格组成的矩形阵列。

3.4.1.4　单元格区域的地址

单元格区域地址的表达可由左上角的单元格地址和右下角单元格地址中间加一个英文冒号“:”组成，如 A1:B3 即为一个单元格区域的地址，它表示的区域范围为第 A 列到第 B 列、第 1 行到第 3 行共 6 个单元格。

3.4.2　建立表格

建立表格有多种方法。在表格创建之前，先要把插入点定位在要插入表格的位置。

3.4.2.1　利用【表格】按钮创建表格

方法与步骤如下：

(1)定位插入点后，单击【插入】选项卡【表格】组中的【表格】按钮，在弹出的下拉列表中有一个 10 列 8 行的虚拟表格，如图 3-45 所示。

(2)移动鼠标可选择表格的行、列值，鼠标拉选过的单元格区域将呈选中状态，并显示为橙色。

(3)此时单击鼠标左键，即可在文档中插入一个表格。但这样生成的表格不能超过 10 行 8 列。

3.4.2.2　使用【插入表格】对话框创建表格

方法与步骤如下：

(1)定位插入点后，单击【插入】选项卡【表格】组中的【表格】按钮，在弹出的下拉列表中单击【插入表格】功能选项，打开【插入表格】对话框，如图 3-46 所示。

图 3-45　用【表格】按钮拉出的虚拟表格

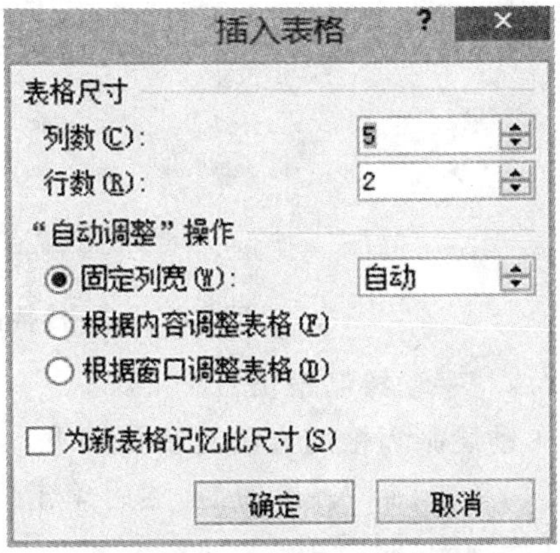

图 3-46　【插入表格】对话框

(2)根据需要输入行、列数，也可通过【行数】和【列数】微调框分别设置表格的行数和列数。

(3)单击【确定】按钮，可在插入点处建立一个空表格。

3.4.2.3 使用“快速表格”功能创建表格

如果要创建带有样式的表格,可通过 Word 2010 的“快速表格”功能实现。方法与步骤如下:

(1)将光标插入点定位在需要插入表格的位置,单击【插入】选项卡【表格】组中的【表格】按钮。

(2)在弹出的下拉列表中单击【快速表格】选项,然后在如图 3-47 所示的级联列表中单击需要的样式,即可将其插入到文档中。

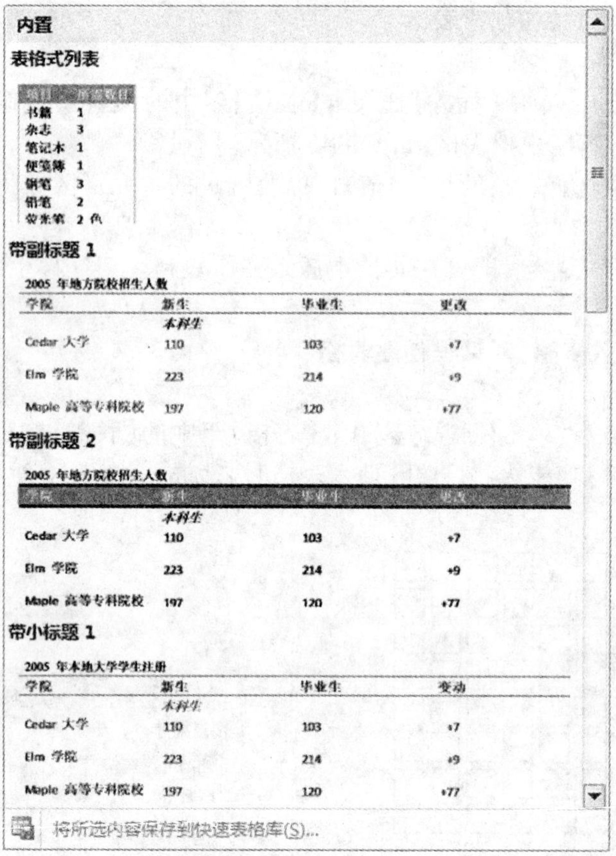

图 3-47 单击【快速表格】选项弹出的级联列表

3.4.2.4 手动绘制表格

手动绘制表格的方法与步骤如下。

(1)单击【插入】选项卡,然后单击【表格】组中的【表格】按钮,在弹出的下拉列表中单击【绘制表格】选项。

(2)此时鼠标指针呈笔状,将插入点定位在要插入表格的起始位置,然后按住鼠标左键并拖动,文档编辑区中将出现一个虚线框,待虚线框达到合适大小后释放鼠标,可绘制出表格的外框。

(3)在表格绘制状态,系统会自动出现【表格工具—设计】选项卡。此时,可在框内绘制横线、竖线或斜线;而在【绘图边框】组中,可以设置框线的类型、粗细和颜色,还可以通过切换【绘制表格】和【擦除】按钮来修改、绘制不规则的表格。

(4)绘制完成后,再次单击【绘制表格】选项或按下【Esc】键,可使鼠标指针退出笔形状态,即退出绘制表格状态。

3.4.2.5　文本转化成表格

文档中的文本称为规范化文本,是指文本中的每项数据之间以英文逗号、半角的空格、段落标记或制表位等特定符号间隔。并不是所有的文本都能转化成表格数据,只有规范化文本才能转换成表格数据。规范化文本转化为表格的方法与步骤如下:

(1)选中要转换为表格的文字,单击【插入】选项卡【表格】组中的【表格】按钮,在弹出的下拉列表中单击【文本转换成表格】选项。

(2)系统弹出如图 3-48 所示的【将文字转换成表格】对话框。

(3)保持默认设置不变,单击【确定】按钮,所选文本即可转换成表格。

3.4.2.6　表格转化为文本

在编辑表格的过程中,可以根据操作需要将表格转换成文本。这一操作是前面将文本转换成表格操作的逆操作。转化的方法与步骤如下:

(1)选中要转换为文本的表格,单击【表格工具—布局】选项卡【数据】组中的【转换为文本】按钮。

(2)在系统弹出的【表格转换成文本】对话框中选择文本的分隔符,如图 3-49 所示。

(3)保持默认设置不变,单击【确定】按钮,所选表格即可转换成文本。

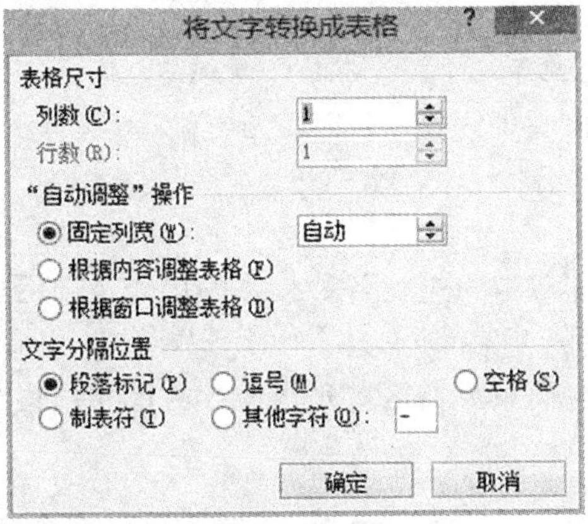

图 3-48　【将文字转换成表格】对话框

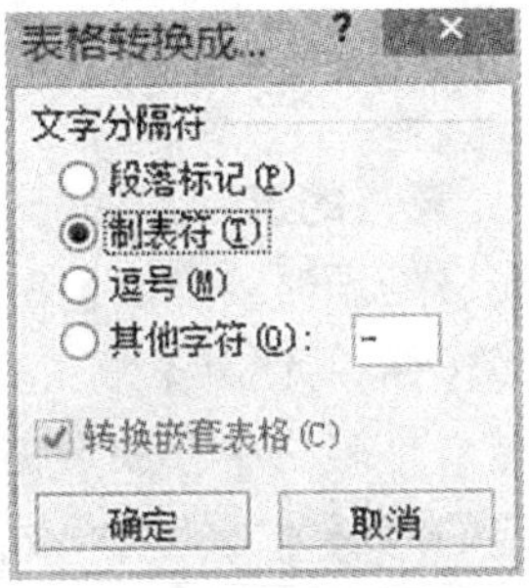

图 3-49　【表格转换成文本】对话框

3.4.2.7　插入 Excel 电子表格

方法与步骤如下:

(1)单击【插入】选项卡,然后单击【表格】组中的【表格】按钮,在弹出的下拉列表中单击【Excel 电子表格】选项。

(2)一个 Excel 表格作为一个嵌入式对象,被自动插入到 Word 文档中,并呈编辑状态;同时,Word 窗口的操作界面发生相应变化。

(3)此时,可利用功能区中的功能按钮对 Excel 表格进行编辑。

(4)若要退出表格的编辑状态,单击表格外的任意空白处即可。若要再次返回编辑状态,直接双击 Excel 表格即可。

3.4.3 编辑表格的内容

3.4.3.1 表格中输入文本

表格中输入文本同输入文档文本一样,把插入点移到要输入文本的单元格,再输入文本即可。在输入过程中,如果输入的文本比当前单元格宽,Word 会自动增加本行单元格的高度,以保证始终把文本包含在单元格中。

表格中的文字方向可分为水平排列、垂直排列两类,共有五种排列方式。设置表格中文本方向的操作是:选定需要修改文字方向的单元格,右击在其快捷菜单中选择【文字方向】菜单命令,在如图 3-50 所示的【文字方向】对话框中选定所需要的文字方向即可。

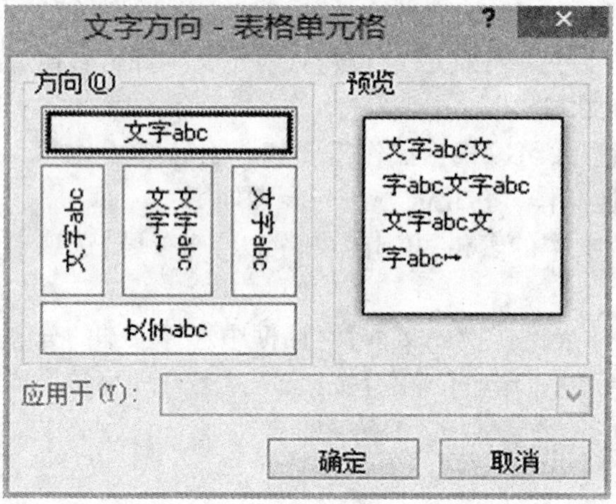

图 3-50 【文字方向】对话框

3.4.3.2 表格的选定方法

对表格处理时,一般都要求首先选定操作对象再进行各种具体的操作。选定表格对象的类型包括单元格、表行、表列及整个表格。

单元格是表格中存放数据的最基本单位,而单元格区域是指连续的单元格集合。只有被选定的区域才能进行格式编排和属性设置。

选取表格操作对象的方法如下。

1. 单个单元格的选定

鼠标指针移到单元格的左下角,待指针呈黑色箭头状时,单击鼠标左键可选中该单元格。

2. 单元格区域的选定

将鼠标指针指向某个单元格的左侧,当指针呈黑色箭头状时按住鼠标左键并拖动,拖动的起始位置到终止位置之间的单元格将被选中。

或者选择需要操作的起始单元格,按下【Shift】键不放,然后单击终止位置的单元格即可。

3. 选定一行或连续多行

把鼠标指针移到左边某行边框外,待指针呈白色箭头状时,单击鼠标左键选定一行,如此时按住左键拖动鼠标,可选定连续多行。

4. 选定一列或连续多列

把鼠标指针移到某列的边框线上,待指针呈黑色箭头状时,单击鼠标左键可选中该列,如此时按住左键向左或向右拖动鼠标,可选定连续的多列。

5. 选定不连续的单元格、行或列

在选定一行、一列或一个单元格后,按下【Ctrl】键不放,再继续单击选取其他分散的行、列或单元格。

6. 选定整个表格

将鼠标指针指向表格时,表格的左上角和右下角会同时出现控制柄标志。在任意一个标志上单击鼠标左键,就可以选定整个表格。

7. 通过功能区选择操作对象

方法为:将插入点定位在某个单元格内,单击【表格工具—布局】选项卡【表】组中的【选择】按钮,在弹出的下拉列表中单击某个选项可实现相应的选择操作。

3.4.3.3　编辑表格中的数据

Word 2010 对文档文本实施的输入、修改、删除、剪切、复制和粘贴等编辑操作,大多可直接应用于表格中的数据。对于编辑表格数据的这些操作,本书不再赘述。

3.4.3.4　表格数据的插入与删除

当表格范围无法满足数据的录入时,可根据实际情况插入行或列。对于多余的行或列,可以将其删除,从而使表格更加整洁、美观。

1. 表格数据的插入

插入行或列的方法为:将光标插入点定位在某个单元格内,单击【表格工具—布局】选项卡【行和列】组中的某个按钮,可实现相应的操作。

2. 表格数据的删除

删除行或列的方法为:将插入点定位在某个单元格内,单击【表格工具—布局】选项卡【行和列】组中的【删除】按钮,在弹出的下拉列表中单击某个选项可执行相应的操作。

3.4.3.5　重复标题行

当 Word 2010 的表格尺寸较大,需要在多个页面中才能完整显示时,往往需要在每一页的表格数据显示中都要显示出标题行。实现的方法如下:选中表格标题行,单击【表格工具—布局】选项卡【数据】组中的【重复标题行】按钮即可。

3.4.3.6　单元格合并与拆分操作

作为表格的最小构成单元,单元格的操作非常重要。操作单元格主要包括单元格的合并与拆分。在 Word 2010 中,通过【合并单元格】或【拆分单元格】按钮,可对选中的单元格进行合并或拆分操作,也可以通过【拆分表格】按钮对表格按要求进行拆分或合并。

(1)合并单元格:Word 可以把相邻的多个单元格合并起来。操作时,首先选中需要合并的多个单元格,然后启动【表格工具—布局】选项卡,单击【合并】组中的【合并单元格】按钮,即可将选中的单元格合并成一个单元格。

(2)拆分单元格:需要把一个单元格拆分成若干个单元格时,首先选中需要拆分的某个单元格,然后启动【表格工具—布局】选项卡,单击【合并】组中的【拆分单元格】按钮,在弹出的【拆分单元格】对话框中设置拆分的行、列数,单击【确定】按钮即可。

3.4.3.7 表格合并与拆分操作

与单元格的合并与拆分类似,也可以将多个表格加以合并,或将一个表格拆分为多个独立的表格。

(1)合并表格:将两个表格合并的关键是两个表格的文字环绕方式必须为“无”,然后将两个表格之间的段落标记删除,这样两个表格即合并在一起。

(2)拆分表格:将插入点放在拆分界限所在行的任意单元格中,然后启动【表格工具—布局】选项卡,单击【合并】组中的【拆分表格】按钮,当前的表格立即被分成了两个独立的表格。但是,表格只能从行拆分,不能从列拆分。

3.4.4 调整表格的布局

建立了表格之后,经常要根据需要对整个表格、单元格、行、列等对象的属性进行适当的调整,如调整行高或列宽,增加或删除行、列,改变行、列的排列顺序,设置表格的对齐方式、边框和底纹,设置单元格的对齐方式等,从而达到美化表格外观的目的,使之更加赏心悦目。

在设置表格的各类对象格式之前,必须首先选定对象。

3.4.4.1 设置表格的行高和列宽

表格生成后,表格中的行高、列宽通常是无需进行设置的,在输入文字时,会根据单元格中的内容而改变。但也可以通过下面的方法来调整行高与列宽。

1. 通过【高度】或【宽度】微调框来改变表格的行高和列宽

将光标插入点定位到某个单元格内,切换到【表格工具—布局】选项卡,在【单元格大小】组中通过【高度】微调框可调整单元格所在行的行高,通过【宽度】微调框可调整单元格所在列的列宽。

2. 使用【表格属性】命令来改变表格的行高和列宽

选中需要调整的行或列,单击右键,从弹出的快捷菜单中选择【表格属性】命令,打开【表格属性】对话框,在【表格属性】对话框的各选项卡中精确设定行高或列宽的值,如图3-51所示。

3. 利用标尺调整行高和列宽

当把光标移到表格中时,标尺上标识出表格的行列分隔线。用鼠标拖动列分隔线,与使用表格框线一样可以调整列宽,所不同的是使用标尺调整列宽时,其右边的框线作相应的移动。同样,用鼠标拖动垂直标尺的行分隔线可以调整行高。

4. 使用表格线改变表格的行高和列宽

将鼠标指针指向行与列框线上,待指针呈÷或+||+状时,按下鼠标左键不放并拖动,表格中将出现虚线,待虚线到达合适位置时释放鼠标即可调整行高或列宽。

5. 通过平均分布行或列功能改变表格的行高和列宽

在实际工作中,有时把各行或列的高度或宽度进行了调整,各行的高度或各列的宽度不尽相同;有时为了美观,需要把各行或各列进行平均。方法如下:切换到【表格工具—布局】选项卡,在【单元格大小】组中,若单击【分布行】或【分布列】按钮,则表格中所有行或列的高或宽将自动进行平均分布。

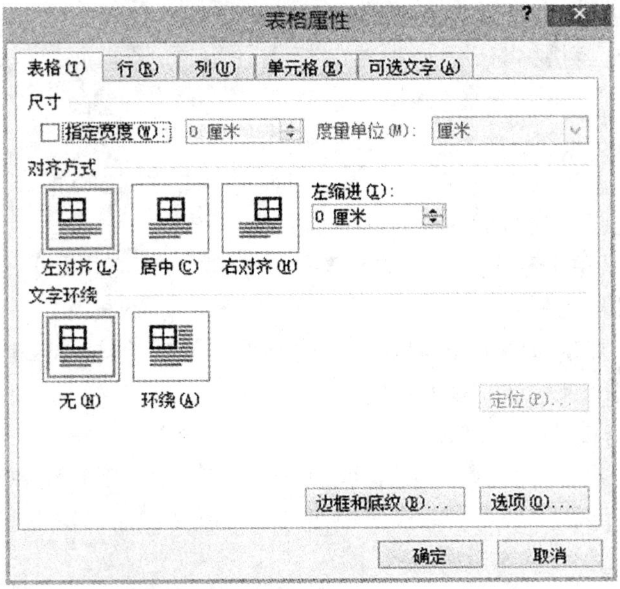

图 3-51　【表格属性】对话框

3.4.4.2　设置表格文本字体

表格中文本的字体、字形、字号、字间距、行距等格式的设置，与在表格外的文本设置方式相同，本书不再赘述。

3.4.4.3　设置单元格中文本的对齐方式

表格单元格中的文字对齐方式有水平对齐和垂直对齐两种方向，其中水平方向有左对齐、居中对齐和右对齐三种方式，垂直方向有顶端对齐、居中和底端对齐三种方式，这样一来单元格的文本就有 9 种不同的对齐方式。

设置单元格文本的对齐方式，有以下两种方法：

(1)选中需要设置对齐方式的单元格或单元格区域，启动【表格工具—布局】选项卡，单击【对齐方式】组中的相关按钮，可实现相应的对齐方式，如图 3-52 所示。

(2)选中需要设置对齐方式的单元格或单元格区域，单击右键，在如图 3-53 所示的快捷菜单中选择【单元格对齐方式】命令中的相应选项，实现单元格内文本的对齐方式设置。

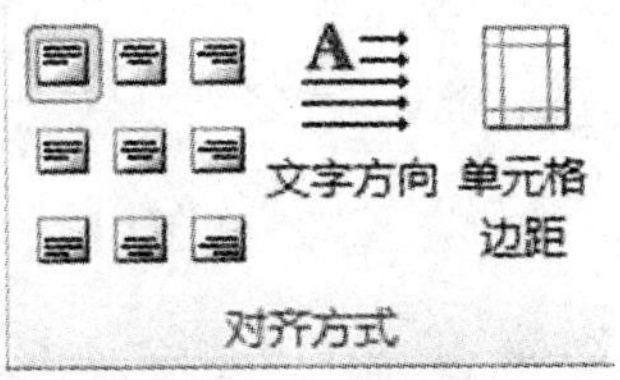

图 3-52　【对齐方式】组中的相关按钮

图 3-53　【单元格对齐方式】快捷菜单的选项

3.4.4.4　设置表格边框和底纹

为了美化、突出表格,可以适当地给表格添加边框,设置底纹效果。具体操作方法如下:

(1)将插入点定位在表格内,启动【表格工具—设计】选项卡,单击【表格样式】组中【边框】按钮右侧的下拉按钮,在弹出的下拉列表中单击【边框和底纹】选项,弹出【边框和底纹】对话框,此时可设置边框的样式、颜色和宽度等参数。

在【预览】栏中,单击某个按钮可以调整相应框线,在【应用于】下拉列表框中可以选择边框或底纹应用的范围。

(2)切换到【底纹】选项卡,在【填充】下拉列表框中可设置表格的底纹颜色,在【图案】的样式下拉列表中设置图案的样式。

3.4.4.5　使用表格自动套用格式

为加快表格的格式化速度,可应用自动套用格式操作来格式化表格,自动地在表格中添加边框、阴影、颜色、立体等效果,快速创建出一个既实用又美观的表格。

对表格自动套用格式的方法如下。

将插入点定位在表格内,切换到【表格工具—设计】选项卡,在【表格样式】组中指向某个样式按钮,文档中的表格就会呈现相应的样式,如图3-54所示。如果认为某个样式合适,就单击对应的按钮。也可以通过单击【表格样式】组右侧的【其他】下拉按钮,浏览选择其他的样式。

图3-54　【表格样式】组中的样式按钮

3.4.5　表格数据的计算与排序

Word具有对表格数据计算的功能,可以对表格中的数据进行加、减、乘、除等一些简单的计算,也可以应用系统提供的函数,对表格中的数据进行较为复杂的计算。在表格中,Word会将计算结果插入到含有插入点的单元格中。

3.4.5.1　对表格数据进行计算

Word 2010提供了一系列在实际运算中经常使用的函数。Word的计算功能是通过公式来实现的,而公式中通常包含系统的函数。对表格数据进行运算的操作步骤如下:

(1)首先将插入点定位在要插入公式的目标单元格中,单击【表格工具—布局】选项卡【数据】组中的【公式】按钮,弹出【公式】对话框,如图3-55所示。

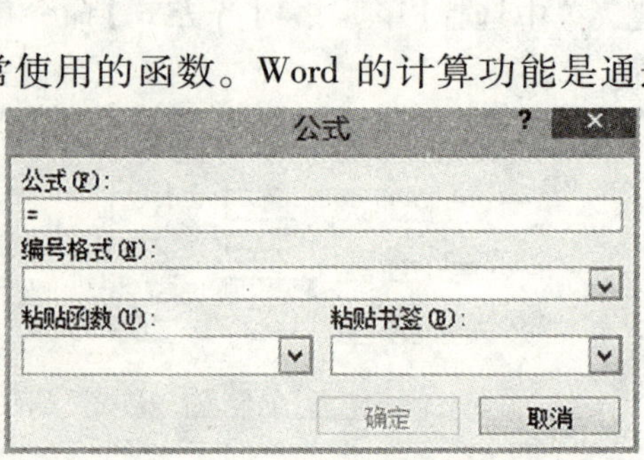

图3-55　【公式】对话框

(2)在【公式】文本框中输入公式。公式中使用的函数可以自己输入,也可以在下面的

【粘贴函数】下拉列表框中选择;对于函数,还需要在函数的括号中输入相应的参数。

(3)输入公式时应注意在英文半角状态下输入,字母不区分大小写。公式的参数多为单元格地址,单元格中的数据应为数值类型。

(4)如公式不正确,可以在【公式】文本框中修改。

(5)完成公式的输入后单击【确定】按钮,计算结果将出现在目标单元格中。

3.4.5.2　对公式数据进行更新

在 Word 中,公式中引用的基本数据源如果发生了变化,计算的结果并不会自动改变,需要用户逐个进行公式更新。更新公式数据的方法如下:

(1)逐个单击需要更新的公式数据,使该数据以灰色底纹方式显示。

(2)单击鼠标右键,在弹出的快捷菜单中选择【更新域】命令,则当前单元格中的数据就被重新计算。

3.4.5.3　对表格数据进行排序

Word 2010 能够对表格中单元格的内容进行排序。排序功能只以列为关键词进行,分为升序(递增)和降序(递减)两种方式。其排序不仅能对数值和日期数据进行,而且还可以对汉字以拼音字母顺序进行。

对表格数据排序的操作步骤如下:

(1)排序前先将插入点移至表格中。

(2)启动【表格工具—布局】选项卡,单击【数据】组中的【排序】命令按钮,屏幕将弹出如图 3-56 所示的【排序】对话框。

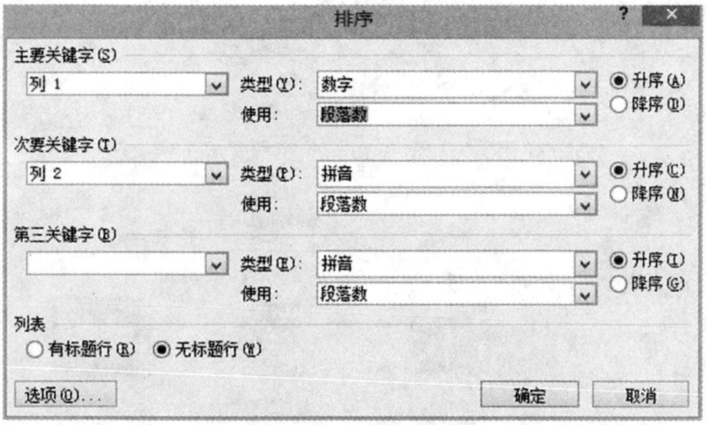

图 3-56　【排序】对话框

(3)在【排序】对话框中分别对各排序依据列(最多三个)、排序类型(笔画、数字、拼音或日期)及升序/降序进行确定;【主要关键字】中的数据有相同的,则按【次要关键字】中的数据来确定相同数据的顺序;排序方式中选择递增或递减;设置排序关键字的优先次序、类型及排序方式等。

(4)单击【确定】按钮,完成排序。

3.5　图文编辑与排版

如果文档内容全部是文字,没有任何修饰性的内容,这样的文档就会因为内容单一而对用户缺乏吸引力。在文章中适当地插入图形、图片等图形化对象,不仅能使文档生动有趣,还能帮助读者更好地理解文字内容。

Word 2010 提供了强大的绘图和图形处理功能。它能够将图片、SmartArt 图形、艺术字、图表及数学公式等图形化对象应用到文档中,进行图文混排操作,产生出图文并茂的动人效果。

3.5.1　插入图片对象

在文档中插入图片是指在文档中插入剪贴画、外来图片、屏幕截图等图片对象。

3.5.1.1　插入剪贴画

剪贴画是 Word 2010 提供的存放在剪辑库中的图片,这些图片不仅内容丰富实用,而且涵盖了用户日常工作的各个领域。用户可以随时使用剪辑库中的图片。

插入剪贴画的方法与步骤如下:

(1)打开文档,将插入点定位到需要插入剪贴画的位置。

(2)单击【插入】选项卡【插图】组中的【剪贴画】按钮,打开【剪贴画】任务窗格。

(3)在【搜索文字】文本框中输入剪贴画类型,然后单击【搜索】按钮进行搜索,稍等片刻,将在列表框中显示搜索到的剪贴画,如图 3-57 所示。

图 3-57　插入剪贴画

(4)单击需要插入的剪贴画,即可将其插入到文档中。

3.5.1.2　插入来自文件的图片

插入外来图片的方法与步骤如下:

(1)在【插入】选项卡的【插图】组中单击【图片】按钮,打开【插入图片】对话框。

(2)从列表中选择需要插入的图片,然后单击【插入】按钮,即可完成图片的插入。

在 Word 2010 文档中插入图片以后,图片就嵌入到了文档中。如果原始图片发生了变化,用户需要向文档中重新插入该图片。借助 Word 2010 提供的【插入和链接】功能,用户不仅可以将图片插入到文档中,而且在原始图片发生变化时,Word 2010 文档中的图片可以进行更新。

3.5.1.3　链接方式插入图片

以链接的方式插入图片的方法与步骤如下:

(1)在【插入】选项卡的【插图】组中单击【图片】按钮,打开【插入图片】对话框。

(2)在【插入图片】对话框中选中准备插入到 Word 2010 文档中的图片,然后单击【插入】按钮右侧的下拉按钮,并选择【插入和链接】命令。

(3)此时,选中的图片已被插入到 Word 文档中。当原始图片内容发生变化(文件未被移动或重命名)时,先关闭所有的 Word 2010 文档,然后重新打开插入该图片的文档,这时可以看到,图片已经随之更新。

(4)如果原始图片位置被移动或图片被重命名,则 Word 2010 文档中将保留最近的图片版本。

如果在【插入】按钮的下拉菜单中选择【链接到文件】命令,则当原始图片位置被移动或图片被重命名时,Word 2010 文档中将不显示该图片。

3.5.1.4　插入屏幕截图

Word 2010 能够实现屏幕截图功能。通过该功能,可以快速地截取屏幕图像,并直接插入到文档中。

1. 截取窗口

Word 2010 的屏幕截图功能会智能监视当前的活动窗口,并可以很方便地截取活动窗口的图片,然后将其插入到当前的文档中。

截取窗口的操作方法与步骤如下。

将插入点定位在需要插入图片的位置,单击【插入】选项卡【插图】组中的【屏幕截图】按钮,在弹出的下拉列表的【可用视窗】栏中,以缩略图的形式显示了当前所有活动窗口,单击某个要插入的窗口图,此时,Word 2010 会自动截取该窗口图片并插入到文档中。

2. 截取屏幕区域

Word 2010 的屏幕截图功能还能够截取屏幕上的一个特殊区域,并将其插入到当前的文档中。

截取屏幕区域的操作方法与步骤如下。

将插入点定位在需要插入图片的位置,切换到【插入】选项卡,然后单击【插图】组中的【屏幕截图】按钮,在弹出的下拉列表中单击【屏幕剪辑】选项,当前文档窗口将会自动缩小,整个屏幕将朦胧显示。此时按住鼠标左键不放,拖动鼠标选择要截取的屏幕区域,被选中的区域将呈高亮显示。松开鼠标左键,Word 2010 会自动将截取的屏幕图像插入到文档中。

3.5.2　设置图片对象的属性

在文档中插入图片、剪贴画、截图以后,通常还要对图片在页中的位置、图片与文字间的环绕方式、图片的样式及图片的修饰效果等属性进行设置。

3.5.2.1 设置图片的位置

图片的位置是指图片在页面中的位置。设置图片位置的方法与步骤如下：

(1)选中目标图片。

(2)切换到【图片工具—格式】功能选项卡，单击【排列】组中的【位置】按钮，从弹出的下拉列表中选择相应的位置选项即可，如图3-58所示。

3.5.2.2 设置图片的环绕方式

图片环绕方式是指被选中的图片与周围文字间的位置关系。Word 2010 提供的环绕方式包括嵌入型、四周型、紧密型、上下型、穿越型、浮于文字上方、衬于文字下方。默认的文字环绕方式为嵌入型。各种图片环绕方式的意义如表3-1所示。

表3-1 图片环绕方式说明

图片环绕方式	说明
嵌入型环绕	将图片直接插入在文字中，但图片与文字上下分离
四周型环绕	文字环绕在图片的四周，但文字和图片之间有一定的空隙
紧密型环绕	文字紧紧地环绕在图片的四周
穿越型环绕	图片横跨过文字，占有独立的空间，类似于紧密型环绕方式
上下型环绕	文字环绕在图片的上下位置
衬于文字下方环绕	图片以背景图案的方式，置于文字的下面
浮于文字上方环绕	文字以背景的方式，置于图片的下面

设置图片环绕方式的方法与步骤如下：

(1)选中目标图片。

(2)切换到【图片工具—格式】功能选项卡，单击【排列】组中的【自动换行】按钮，从弹出的下拉列表中选择相应的环绕方式选项即可，如图3-59所示。

(3)如果从下拉列表中选择【其他布局选项】，系统将弹出如图3-60所示的【布局】对话框。在对话框中切换到【文字环绕】选项卡，可进行更为精细的设置，如可设置正文的距离等参数。

3.5.3 绘制图形

Word 中提供了一套绘制矢量图形的形状工具，如线条、流程图等，利用这些形状对象，用户可以按照需要，在文档中创建各种图形。但是只有在页面视图下才可以绘制图形。

3.5.3.1 绘制简单的图形

Word 提供了大量的自选图形，用户可以根据需要方便地选用。

绘制自选图形的方法与步骤如下：

图 3-58　图片位置选项列表

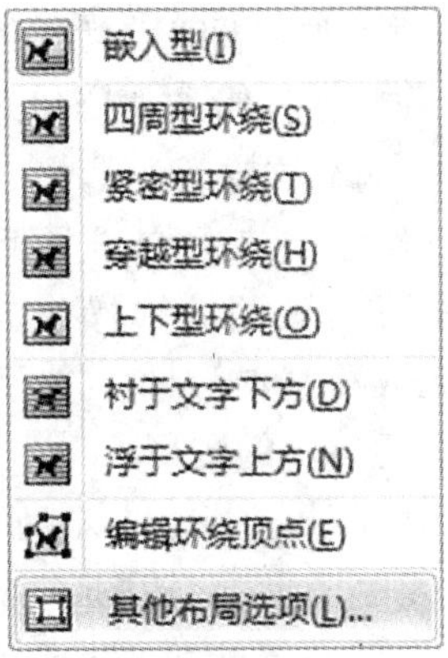

图 3-59　图片环绕方式列表

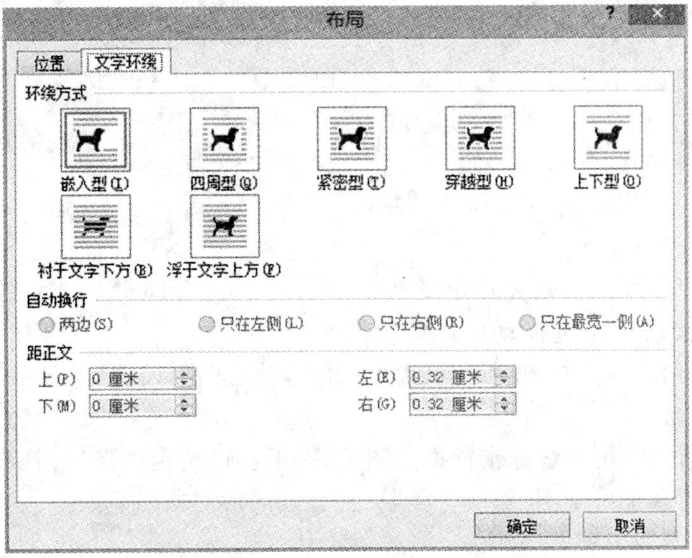

图 3-60　【布局】对话框

(1)打开需要绘图的文档,切换到【插入】功能选项卡,单击【插图】组中的【形状】按钮,系统弹出如图 3-61 所示的【形状】下拉列表。

(2)在【形状】下拉列表中选择需要的绘图工具,此时鼠标指针呈十字状。在需要插入自选图形的位置按住鼠标左键不放,然后拖动鼠标进行绘制,当绘制到合适大小时释放鼠标即可。

要绘制一条直线、一个箭头、一个矩形或一个椭圆时,只需通过【绘图】工具栏中的直线、箭头、矩形、椭圆工具直接绘制。例如,单击圆形按钮,光标会变成十,按下左键拖动鼠标到适当位置,释放左键即完成图形绘制。

(3)在【形状】下拉列表中选择所需的图形类型,可绘制出不同的图形。

(4)在绘制图形的过程中,配合【Shift】键的使用,可绘制出特殊图形。如果要绘制正圆和正方形,需在拖动鼠标时按住【Shift】键。

3.5.3.2　**编辑自选图形**

对于绘制出来的自选图形,可以编辑这些对象。对图形对象的编辑操作方法,与对文档中文本的操作方法基本一样。图形编辑操作前仍然要求先选定要编辑的图形。

图形的编辑主要包括选定图形、缩放图形、移动图形、复制图形、翻转图形、旋转图形、为图形添加文字、设置图形边框、设置图形填充颜色、删除图形等功能。

下面给出部分编辑操作的方法。

1. 图形的选定

图形的选择很简单,将光标移到图形上,单击左键即可选定该图形。一个图形被选定后,由一个方框包围。方框的四条边线和四个角上各有一个控制点。若是直线图形则只有两个控制点。

2. 图形的放大与缩小

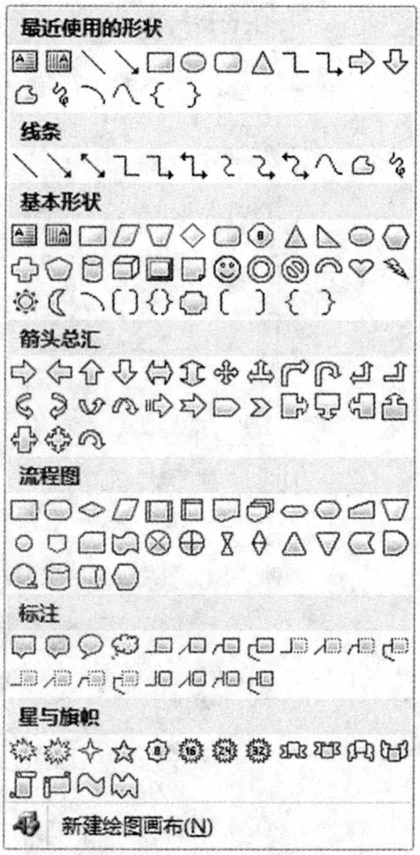

图 3-61　【形状】项目列表

要改变图形尺寸大小,首先选定图形,然后移动光标到控制点,按下左键拖动鼠标可改变图形尺寸。拖动四个角上的任一控制点,可以成比例地改变图形尺寸。

3. 图形的移动

要调整图形位置,可将鼠标指针指向图形,按下左键选定图形后,拖动鼠标到适当位置,释放左键即可。也可使用“剪切—粘贴”法移动图形对象。

4. 在图形中添加文字

只有封闭的自选图形才能添加文字。添加文字的方法如下:选定图形,右击鼠标,从弹出的快捷菜单中选择【添加文字】命令,输入文字即可。

5. 图形的删除

选定图形后,按【Delete】键,或右击鼠标,从弹出的快捷菜单中选择【剪切】菜单命令即可删除图形对象。

3.5.3.3　**设置图形格式**

当绘制了自选图形后,功能区中将显示【绘图工具—格式】功能选项卡,如图 3-62 所示。通过该选项卡中的相应组,可以设置自选图形对象的大小、样式、排列方式等格式。

(1)在【插入形状】组中单击【编辑形状】按钮,可将选中的自选图形更改为其他形状,或者对其编辑各个节点。

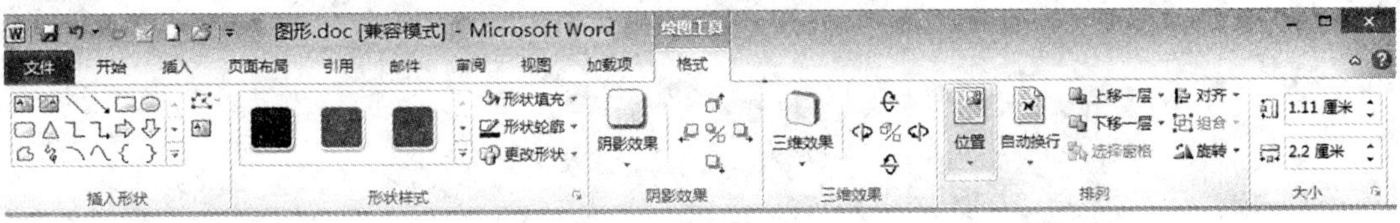

图 3-62 【绘图工具—格式】选项卡中的功能组

(2)在【形状样式】组中,可对自选图形应用内置样式,以及设置填充效果、轮廓样式及形状效果等。也可以单击本组的对话框启动器按钮,弹出如图 3-63 所示的【设置自选图形格式】对话框,然后在对话框中进行详细的设置。

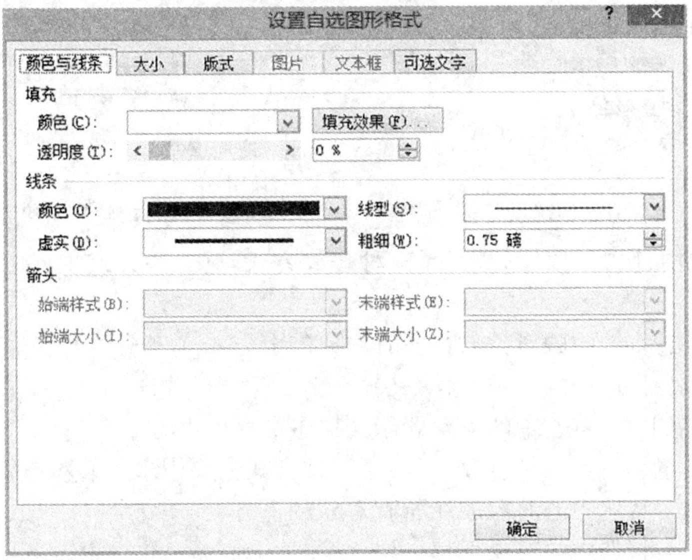

图 3-63 【设置自选图形格式】对话框

(3)在【排列】组中,可对自选图形设置对齐方式、环绕方式、叠放次序及旋转方向等。如果选择多个图形,然后单击【组合】按钮,可将它们组合为一个整体。对齐方式和旋转方向的选项列表,分别如图 3-64 和图 3-65 所示。

(4)在【大小】组中,可调整自选图形的高度和宽度。若单击其对话框启动器按钮,可在弹出的【设置自选图形格式】对话框中进行详细设置。另外,在选中某个形状时,其四周就会出现控制点,用鼠标拖动控制点也可以调整图形的大小。

3.5.3.4　组合图形

通过 Word 提供的叠放次序与组合功能,可将自选图形、艺术字等多个对象进行组合。将多个对象组合在一起后会形成一个新的操作对象,对其进行移动、调整大小等操作时,不会改变各对象的相对位置、大小等。但对于嵌入型的图形不能加以组合,如果要组合的对象中含有图片,需要先将图片设置为非嵌入型,才可对其设置叠放次序或组合操作等。

选中要设置叠放次序的对象,单击鼠标右键,在弹出的快捷菜单中将鼠标指针指向【置于顶层】或【置于底层】命令,在弹出的子菜单中选择需要的排放方式,如【置于顶层】或【置于底层】,此时,所选对象将置于所有对象的上方或下方。

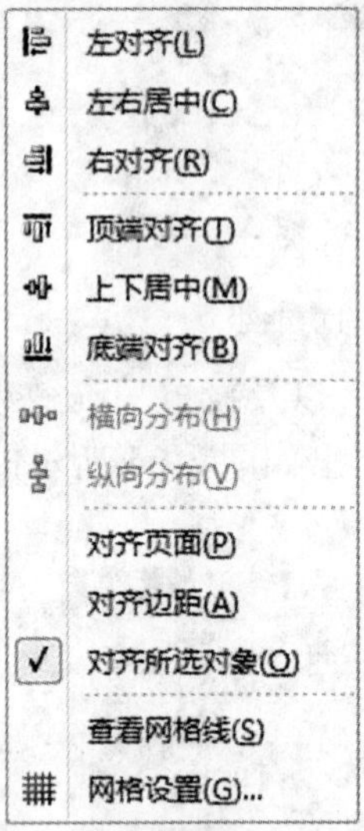

图 3-64　对齐方式的选项列表

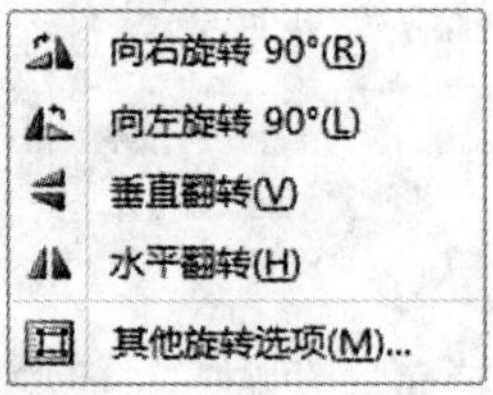

图 3-65　旋转方向的选项列表

在快捷菜单中,【置于顶层】提供了三种叠放方式,这三种方式主要用来上移对象,其作用如下:

(1)置于顶层:将选中的对象放在所有对象的上方。

(2)上移一层:将选中的对象上移一层。

(3)浮于文字上方:将选中的对象置于文档中文字的上方。

【置于底层】也提供了三种叠放方式,这三种方式主要用来下移对象,其作用如下:

(1)置于底层:将选中的对象放在所有对象的下方。

(2)下移一层:将选中的对象下移一层。

(3)衬于文字下方:将选中的对象置于文档中文字的下方。

将自选图形、艺术字等对象的叠放次序设置好后,便可将它们组合成一个整体。方法是:按住【Shift】键不放,依次单击选中需要组合的对象,然后用鼠标右键单击其中一个对象,在弹出的快捷菜单中依次选择【组合】→【组合】命令。

另外,当选中需要组合的多个对象后,单击【绘图工具—格式】选项卡【排列】组中的【组合】按钮,在弹出的下拉列表中选择【组合】选项,也可以将多个对象组合成一个整体。

如果需要解除组合,则用鼠标右键单击该图形组合,在快捷菜单中依次单击【组合】→【取消组合】命令即可。

3.5.4　制作艺术字

有时在 Word 文档中希望文字有一些特殊的视觉效果,让文档显得更加美观、生动活泼、富有艺术色彩,这时就要使用艺术字了。

艺术字是一种特殊的图形对象,因此可以用编辑图形的方式来编辑艺术字。

3.5.4.1　插入艺术字

在文档中插入艺术字的方法与步骤如下:

(1)打开要编辑的文档,定位好插入点,切换到【插入】功能选项卡,然后单击【文本】

组中的【艺术字】按钮，系统将弹出如图 3-66 所示的【艺术字样式】列表。

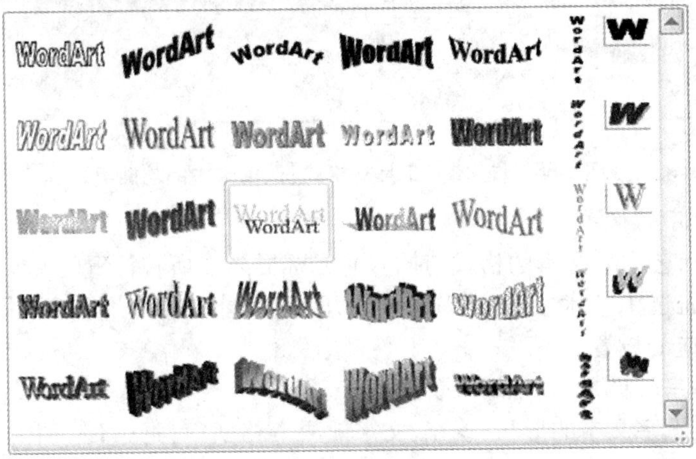

图 3-66　【艺术字样式】列表

（2）在【艺术字样式】列表中选择需要的艺术字样式，文档中将出现一个如图 3-67 所示的具有“请在此放置您的文字”提示信息的文本框。

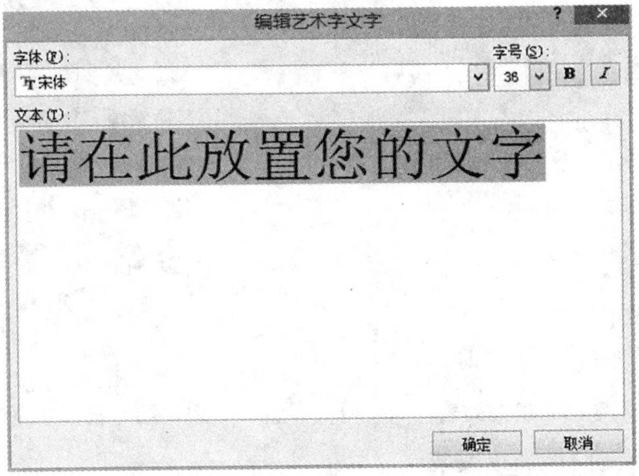

图 3-67　【编辑艺术字文字】对话框

（3）在文本框中输入要设置艺术字的文字内容，此时还可以对文本内容进行设置字体、字号等操作。

（4）单击【确定】按钮，则文档中出现了输入的艺术字对象。

3.5.4.2　编辑艺术字

插入艺术字后，系统自动激活【艺术字工具—格式】功能选项卡，如图 3-68 所示。使用这一选项卡的功能组命令，可方便地对艺术字的样式、文本效果、艺术字轮廓等进行编辑修改操作。也可选中艺术字后，右击鼠标，在弹出的快捷菜单中选择【编辑文字】和【设置艺术字格式】等编辑命令。

编辑艺术字的操作类型与方法如下。

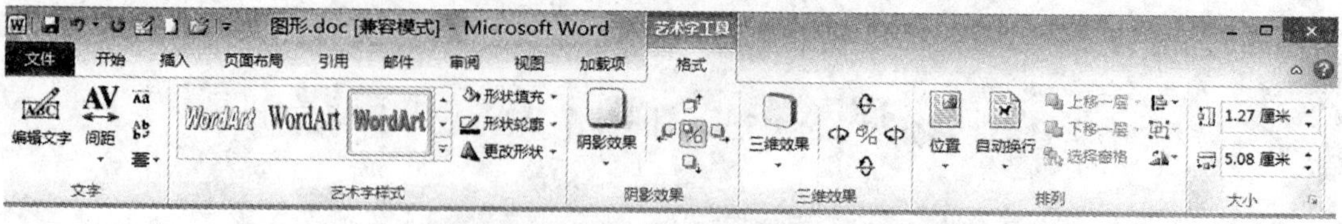

图 3-68 【艺术字工具—格式】选项卡中的功能组

1. 设置艺术字的格式

默认情况下,艺术字文本的格式与插入时光标插入点所在位置的文本格式一致,若要更改其格式,可先选中艺术字文本,切换到【开始】功能选项卡,然后在【字体】组和【段落】组中进行相应的设置。

2. 设置艺术字的填充、文字效果等格式

若要设置艺术字文本的形状、填充、文字效果等格式,可通过【绘图工具—格式】选项卡中的【艺术字样式】组实现;若要对艺术字文本设置文字方向、间距、对齐方式等格式,可通过【文字】组实现。艺术字形状填充列表与更改形状列表分别如图 3-69 和图 3-70 所示。

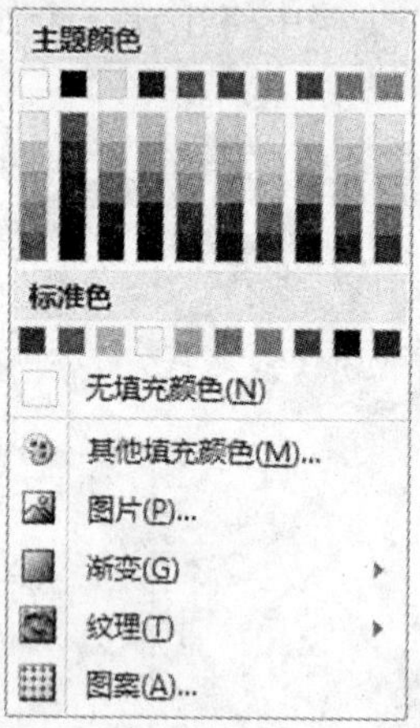

图 3-69 艺术字形状填充列表

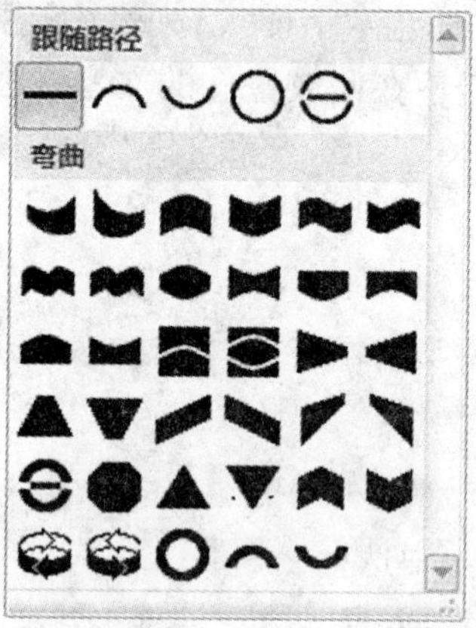

图 3-70 艺术字更改形状列表

3. 设置艺术字的阴影、三维效果

若要设置艺术字的阴影效果或三维效果,可通过【绘图工具—格式】选项卡中的【阴影效果】组和【三维效果】组来实现。两种效果的列表如图 3-71 和图 3-72 所示。

3.5.5 应用文本框

文本框是能够容纳文字内容的图像对象,可以像图形一样置于文档的任何位置。文本框可用于图片的文字标注,也可以与图形组合在一起。

Word 2010 提供了内置文本框和自定义文本框两种类型。它们的插入方法有所不同。

3.5.5.1 插入内置文本框

插入内置文本框的方法与步骤如下:

(1)在【插入】功能选项卡的【文本】功能组中,单击【文本框】按钮,在弹出的下拉列表中选择一种内置的文本框样式。

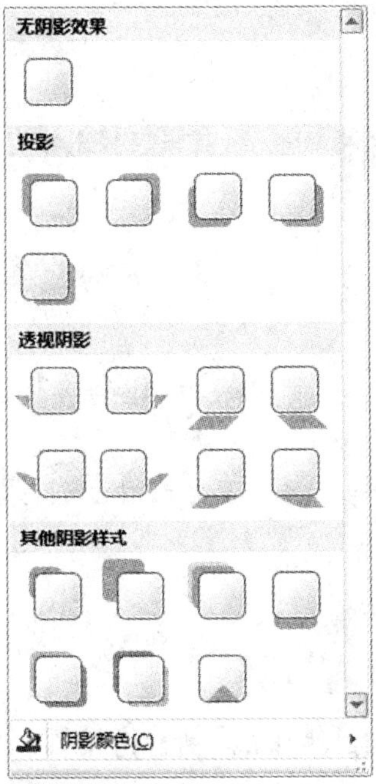

图 3-71　艺术字阴影效果列表

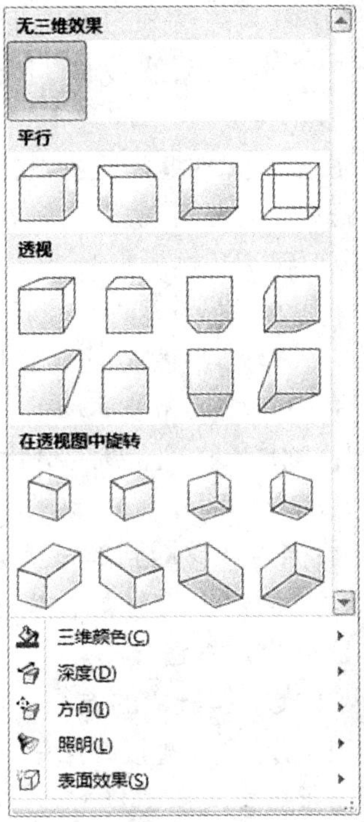

图 3-72　艺术字三维效果列表

(2)弹出对应样式的文本框,在文本框中添加内容即可。

(3)插入内置文本框后,系统自动激活【文本框工具—格式】功能选项卡,在其中可以对内置文本框的形状、样式、排列位置和大小等进行具体设置;也可单击鼠标右键在弹出的快捷菜单中选择相应的编辑命令。

3.5.5.2　插入自定义文本框

插入自定义文本框的方法与步骤如下:

(1)在【插入】功能选项卡的【文本】功能组中,单击【文本框】按钮,在弹出的下拉列表中选择【绘制文本框】选项或者【绘制竖排文本框】选项,如图 3-73 所示。

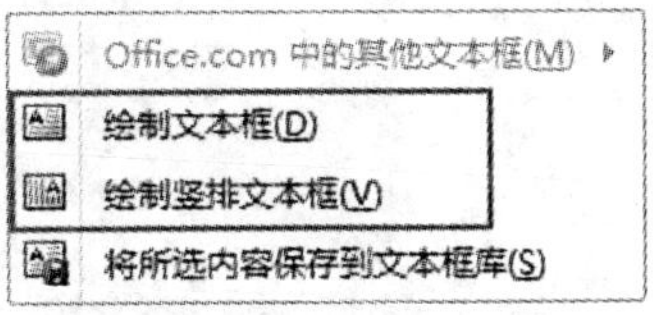

图 3-73　绘制自定义文本框的选项列表

(2)此时鼠标指针变成"十"字形状,将光标定位到预插入文本框的位置后,单击鼠标左键即出现所需的文本框;或者在目标位置拖动鼠标左键,在文档中绘制横排或竖排文本框即可。

(3)插入自定义文本框后,系统自动激活【文本框工具—格式】功能选项卡,可以像编辑内置文本框一样编辑插入的自定义文本框。

3.5.5.3　编辑文本框

在 Word 2010 文档中插入文本框后,若要对其进行美化操作,可在【文本框工具—格式】选项卡中实现。

若要设置文本框的形状、填充效果和轮廓样式等格式,可通过【插入形状】、【形状样式】等组来实现,其方法与自选图形的操作相同。若要对文本框内的文本内容进行艺术修饰,可选中文本内容,然后通过【艺术字样式】组来实现,其方法与艺术字的设置相同,不再赘述。

3.5.5.4 在多个文本框间建立链接

在多个文本框之间创建链接,在一个文本框中的文本内容溢出后,再输入的文字内容将会自动转入到所链接的另一个文本框中。

链接两个文本框的方法与步骤如下:

(1)在一个文档中插入两个文本框。

(2)单击选中第一个文本框。

(3)切换到【文本框工具—格式】选项卡,单击【文本】组中的【创建链接】按钮,此时鼠标指针变成水杯形状。

(4)将鼠标指针移动到准备链接的下一个文本框中,此时,鼠标指针变成倾斜的水杯形状,单击即可创建出两个文本框间的链接。

3.5.5.5 断开文本框链接

断开两个文本框链接的方法与步骤如下:

(1)选中已建立了链接的第一个文本框。

(2)切换到【文本框工具—格式】选项卡,单击【文本】组中的【断开链接】按钮即可。

3.5.6 编辑 SmartArt 图形

SmartArt 图形是用来描述结构、关系与过程的图表,包括列表、关系、流程、层次结构等图形。SmartArt 图形以直观的方式表达信息,使事物间的关联表达得更为清晰。

3.5.6.1 插入 SmartArt 图形

在文档中插入 SmartArt 图形的方法与步骤如下:

(1)在文档中定位插入 SmartArt 图形的位置。切换到【插入】功能选项卡,然后单击【插图】组中的【SmartArt】按钮,系统将弹出如图 3-74 所示的【选择 SmartArt 图形】对话框。

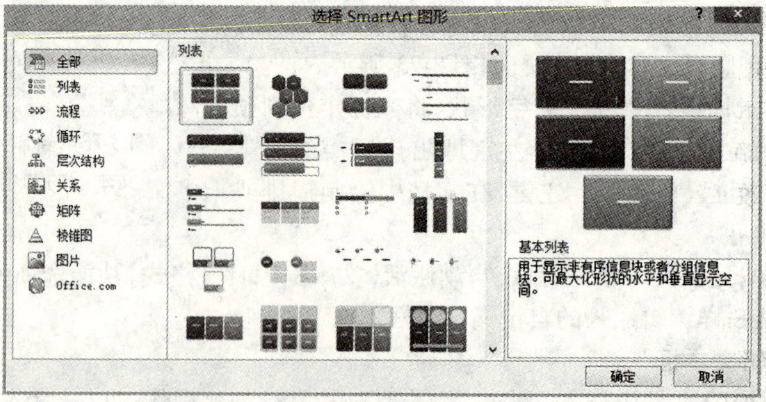

图 3-74 【选择 SmartArt 图形】对话框

(2)在对话框左侧窗格中选择所需要的 SmartArt 图形类型,在中间窗格中选择该类型的一种布局选项。

(3)单击【确定】按钮,则文档中出现了所选的 SmartArt 图形对象。

(4)单击 SmartArt 图形对象中的图框,输入文本;或者在【在此处键入文字】框中输入文本。

(5)输入完成后,单击 SmartArt 图形外的任意位置,完成 SmartArt 图形的插入操作。

例如,插入【层次结构】→【水平多层层次结构】类型的 SmartArt 图形,并输入相应的文本,结果如图 3-75 所示。

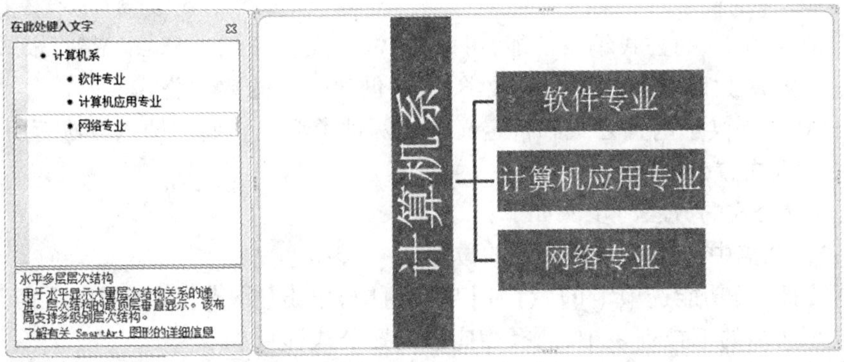

图 3-75　【水平多层层次结构】类型的 SmartArt 图形实例

3.5.6.2　编辑 SmartArt 图形

插入 SmartArt 图形后,系统自动激活【SmartArt 工具—设计】和【SmartArt 工具—格式】两个功能选项卡。使用这两个选项卡的功能组命令,可以对 SmartArt 图形的形状、布局、颜色、样式等格式进行编辑修改操作。

3.5.6.3　添加 SmartArt 形状

如果系统包含的结构不满足要求,可以在文档的指定位置添加形状。

添加 SmartArt 形状的方法与步骤如下:

(1)选中要添加形状的 SmartArt 图形。

(2)切换到【SmartArt 工具—设计】选项卡,然后单击【创建图形】功能组中的【添加形状】按钮,弹出添加位置的下拉列表,如图 3-76 所示。

(3)在下拉列表中选择合适的操作选项,则在指定的位置处添加一个形状。

(4)在新添加的形状中输入文字,完成添加形状的操作。

3.5.6.4　更改 SmartArt 图形的布局

可以对 SmartArt 图形中某一形状的布局加以更改。

更改 SmartArt 图形形状布局的方法与步骤如下:

(1)选中 SmartArt 图形的目标形状。

(2)切换到【SmartArt 工具—设计】选项卡,然后在【创建图形】功能组中,单击所需的选项按钮,改变目标形状的分布状态,如图 3-77 所示。

(3)可以在【布局】功能组中,选择其他的布局方案,改变目标形状的布局。

(4)可以在【SmartArt 样式】功能组中,选择相应的选项,改变目标形状的颜色与样式。

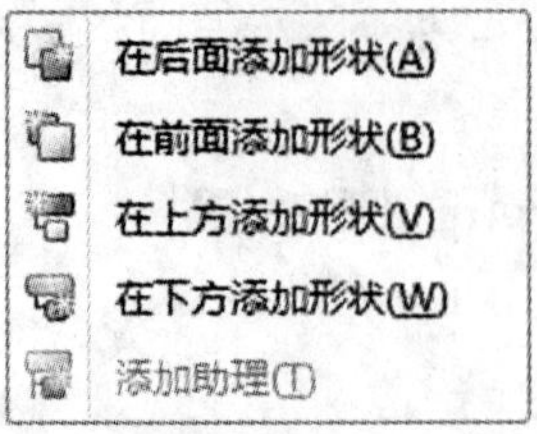

图 3-76　【添加形状】按钮的下拉列表

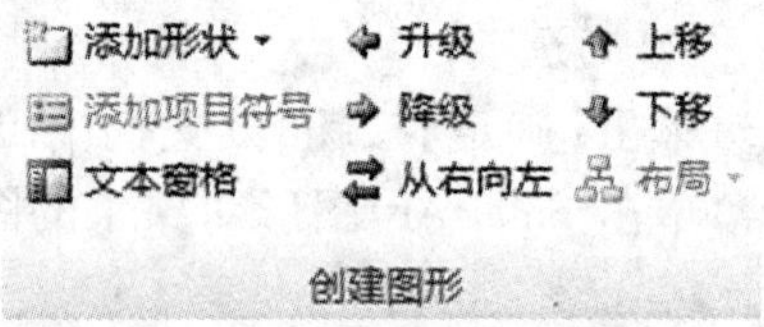

图 3-77　【创建图形】功能组的选项按钮

3.5.7　插入数学公式

使用 Word 2010 的公式编辑功能,可以在 Word 文档中加入分数、指数、根式、微分、积分、导数、极限、级数以及其他复杂的数学符号,创建强大的数学公式。

Word 2010 提供了内置公式和自定义公式两种类型。它们的插入方法有所不同。

3.5.7.1　插入内置公式

插入内置公式的方法与步骤如下:

(1)先在文档中定位要插入公式的位置。

(2)在【插入】功能选项卡的【符号】功能组中,单击【公式】按钮的向下箭头,在弹出的如图 3-78 所示的下拉列表中,选择相应的内置公式即可。

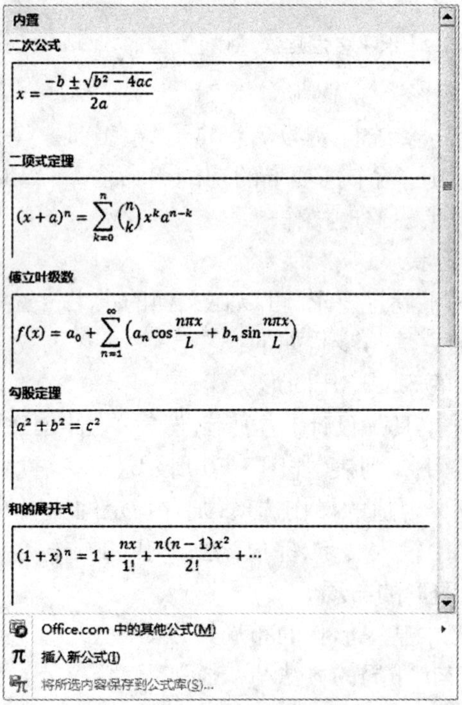

图 3-78　【公式】按钮的内置公式列表项

3.5.7.2　插入自定义公式

插入自定义公式的方法与步骤如下:

(1)先在文档中定位要插入公式的位置。

(2)在【插入】功能选项卡的【符号】功能组中,单击【公式】按钮图标;或者在内置公式下拉列表中选择【插入新公式】命令,则弹出【在此处键入公式】提示框,如图 3-79 所示。

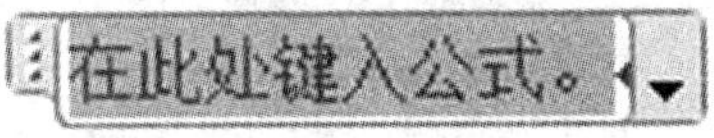

图3-79　【在此处键入公式】提示框

3.5.7.3　编辑公式

插入公式后,系统自动激活【公式工具—设计】功能选项卡,选项卡中集成了大量的数学符号按钮,如图 3-80 所示。利用这些符号按钮,可以对公式进行相应的编辑操作;也可单击鼠标右键,在弹出的快捷菜单中选择相应的编辑命令。

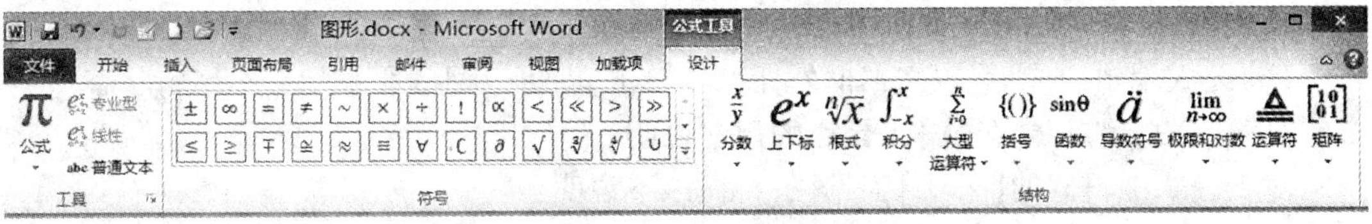

图 3-80　【公式工具—设计】功能选项卡

3.5.7.4　使用公式编辑器创建公式

为保持能与低版本的 Word 兼容,在 Word 2010 中,仍然可以用公式编辑器来创建公式。

用公式编辑器创建公式的方法与步骤如下:

(1)先在文档中定位要插入公式的位置。

(2)切换到【插入】功能选项卡,单击【文本】组中的【对象】按钮,则打开如图 3-81 所示的【对象】对话框。

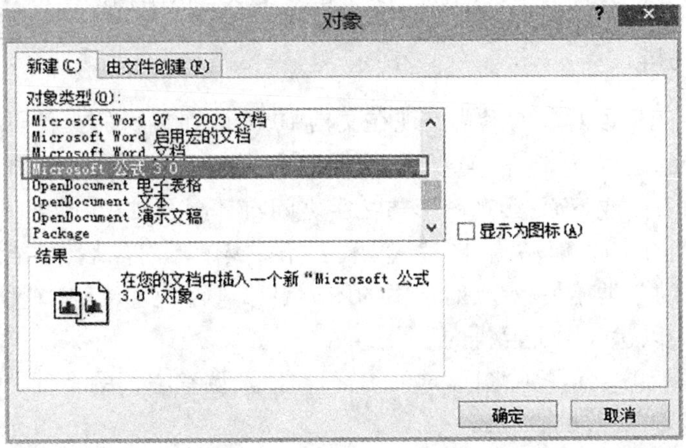

图 3-81　【对象】对话框

(3)在对话框中打开【新建】选项卡,从【对象类型】列表框中,选择【Microsoft 公式

3.0】选项。

(4)单击【确定】按扭,则打开【公式编辑器】窗口;同时屏幕显示出输入公式的文本框和如图 3-82 所示的【公式】工具栏。

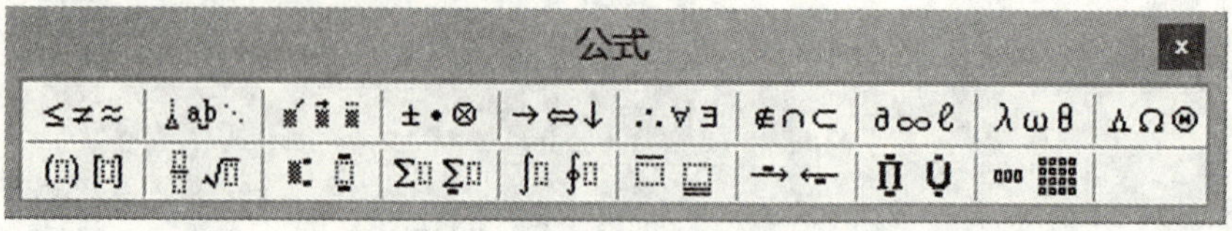

图 3-82　公式编辑器的【公式】工具栏

(5)在【公式编辑器】窗口的文本框中进行相应公式的输入与编辑。从工具栏中挑选符号或样板并键入变量和数字来建立复杂的公式。在创建公式时,公式编辑器会根据数学上的排印惯例自动调整字体大小、间距和格式,而且可以自行调整格式设置并重新定义自动样式,选择相应的符号类型编辑公式结构。

(6)公式编辑完成后,在文本框外任意处单击,即可返回到原来的文本编辑状态。

3.5.7.5　公式编辑器【公式】工具栏的用法说明

对于公式编辑器的【公式】工具栏,特做以下说明:

(1)工具栏上的每个按钮都包含了许多相关的符号,插入符号时,只需按下适当工具按钮,在弹出的工具板中单击选取要加入的符号,该符号便会加入公式输入文本框中的插入点处。

(2)符号栏上有关系符号、空格和省略号、装饰符号、运算符号、箭头符号、逻辑符号、集合论符号、杂集符号、小写希腊字母。如果要在公式中插入符号,用户可以选择【公式】工具栏上面一行的按钮,然后在弹出的工具板上选取所需的符号。

(3)样板栏上有围栏样板(像圆括号、方括号、花括号等)、分数根式样板、上下标样板、累加样板、上下划线样板、带有标签的箭头样板、累乘和集合论样板、矩形样板等。用户可以在样板的插槽内再插入其他样板以便建立复杂层次结构的多级公式。

3.5.8　图文混排

在 Word 中,图形以对象的形式出现在文档中,因此在编辑的文档页面上可随时以图形进行不同位置的定位,如将图形定位于页面左边、右边或水平居中的位置。还可将图片置于页面文字的上面或下面,实现图形与文字之间自动混合排版,产生图文并茂的效果。

在 Word 文档中插入剪贴画、图片、艺术字等各类图形对象后,可能通过功能区中功能选项卡里集成的各类相关命令,对选中的图形对象进行颜色调整、图形样式设置和环绕方式设置等操作,以达到图文混排的效果。

(1)在【调整】组中,可删除图形对象的背景,以及调整它们的亮度、对比度、饱和度和色调等,甚至设置艺术效果。

(2)在【图片样式】组中,可对图形对象应用内置样式,设置边框样式,设置阴影、映像和柔化边缘等效果,以及设置图片版式等效果。

(3)在【排列】组中,可对图形对象进行调整位置、设置环绕方式及旋转方向等操作。

(4)在【大小】组中,可对图形对象进行调整大小和裁剪等操作。

(5)对图形对象设置大小、颜色等各种格式后,若要还原为之前的状态,可在【调整】组中单击【重设图片】按钮右侧的下拉按钮,进而选择相应的命令。

3.6 排版与打印

文档版面的设置,是用以美化页面外观的手段,其结果将直接影响文档最后的打印效果。页面设置主要包括页眉和页脚的设置、页边距的设置、装订线的设置、纸张尺寸的设置、页面大小和方向的设置等。设置完成后,可以通过打印预览功能查看文档的输出效果,并可以通过打印机将文档内容输出到纸张上。

3.6.1 设置文档版式

3.6.1.1 插入文档封面

为使文档更加完整,在书籍、论文、报告等特殊文档的首页,通常会插入一个封面,用于概括文档的主要内容和特色。Word 2010 提供了一个封面样式库供用户使用,库中包含多种实用美观的内置封面。封面主要包括标题、副标题、编写时间、编著者及公司名称等信息。

插入封面的方法与步骤如下:

(1)打开要插入封面的文档,因为无论当前光标在什么位置,插入的封面总是位于该文档的第1页,所以不需要定位光标。

(2)启动【插入】功能选项卡,单击【页】功能组中的【封面】按钮,弹出如图3-83所示的【内置】列表框,从列表框中选择需要的封面样式,即可将选中的封面插入到文档首页中。

(3)用户要在封面中提示输入信息的相应位置处输入编辑相关的内容。封面中的文本可以像普通文本一样进行各种编辑。

3.6.1.2 删除文档封面

删除封面的方法与步骤如下:

(1)打开要删除封面的文档。

(2)启动【插入】功能选项卡,单击【页】功能组中的【删除当前封面】按钮,即可以删除文档的封面。

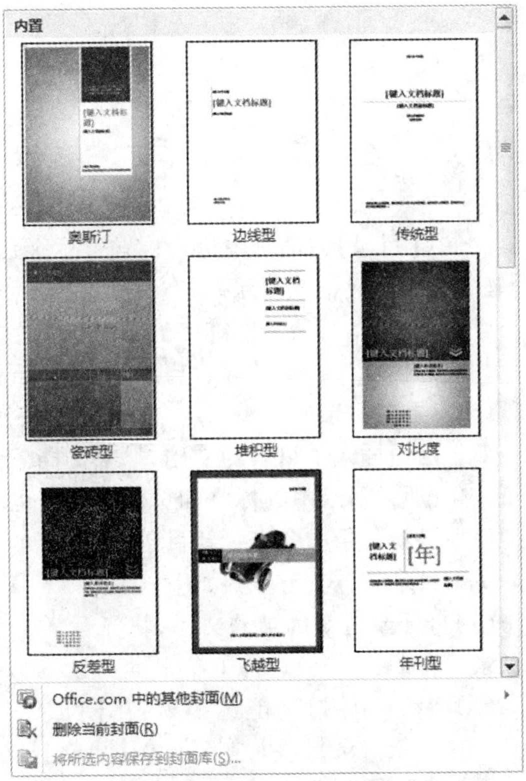

图3-83 封面的【内置】列表框

3.6.1.3　插入目录

可以用插入目录功能自动为文档创建一个目录,用户可以像对待编辑普通文本一样,对目录的格式进行设置。

插入目录的方法与步骤如下:

(1)打开要插入目录的文档,将鼠标定位到要插入目录的位置。

(2)启动【引用】功能选项卡,在【目录】功能组中,单击【目录】按钮,从弹出的下拉列表框中选择相应的内置目录样式即可。

(3)或者在下拉列表中单击【插入目录】命令,将打开如图 3-84 所示的【目录】对话框。

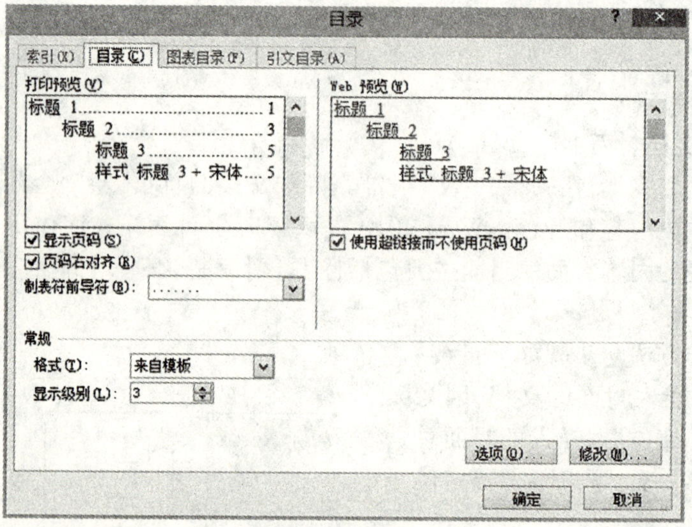

图 3-84　【目录】对话框

(4)在【目录】对话框中进行标题显示级别、前导符、目录格式等项目的设置,单击【确定】按钮即可自动插入目录。

默认情况下,目录是以链接的形式插入的,此时,按下【Ctrl】键,单击某条目录项,可访问相应的目标位置。如果希望取消链接,可按【Ctrl】+【Shift】+【F9】组合键。

3.6.1.4　更新目录

对于已经插入了目录的文档,如果文档的标题被编辑和修改,或者标题对应的页码发生了变化,那么目录中的标题和页码等项目也应该随之变更。但是目录并不会自动更新,必须使用更新目录命令来更新目录。

更新目录的方法与步骤如下:

(1)打开要更新目录的文档,将光标插入点定位在目录列表中。

(2)启动【引用】功能选项卡,在【目录】功能组中,单击【更新目录】按钮,在弹出的【更新目录】对话框中根据实际情况进行选择,如图 3-85 所示。

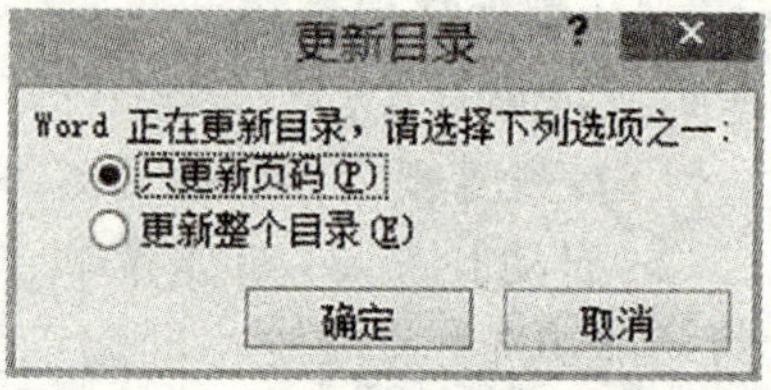

图 3-85　【更新目录】对话框

(3)单击【确定】按钮即可实现目录的更新。

用鼠标右击目录列表,在快捷菜单中选择【更新域】命令,也可以实现目录的更新。

3.6.1.5　删除目录

删除目录的方法与步骤如下:

(1)将插入点定位在目录列表中,切换到【引用】功能选项卡,然后单击【目录】组中的【目录】按钮。

(2)在弹出的下拉列表中单击【删除目录】选项,目录即刻被删除。

3.6.2　设置页面格式

在 Word 2010 中,文档默认的纸张类型为 A4,页面方向为纵向。用户可根据需要,对页面格式进行设置。设置的内容主要包括页边距、纸张大小和页面方向等。

3.6.2.1　设置页面格式的方法

设置页面格式的方法有以下几种。

1. 通过功能区设置页面格式

启动【页面布局】选项卡,然后在如图 3-86 所示的【页面设置】组中,通过单击相应的命令按钮进行设置。这种方法适合于对文档页面进行简单设置的场合。

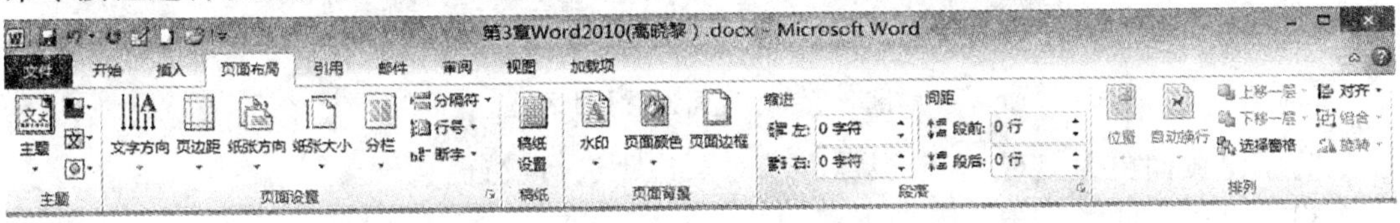

图 3-86　【页面布局】选项卡中的【页面设置】功能组

2. 通过【页面设置】对话框设置页面格式

启动【页面布局】选项卡,然后单击【页面设置】组中的对话框启动按钮,打开如图 3-87所示的【页面设置】对话框。利用该对话框,能够对文档页面进行更详细的设置。

3.6.2.2　设置纸张大小

更改纸张大小的方法与步骤如下:

(1)打开要操作的目标文档。

(2)启动【页面布局】功能选项卡,在【页面设置】组中单击【纸张大小】按钮,从弹出的列表框中选择内置的纸张类型,如图 3-88 所示。

3.6.2.3　设置页面方向

默认情况下,纸张方向为纵向。可以更改其方向。

更改页面方向的方法与步骤如下:

(1)打开要操作的目标文档。

(2)启动【页面布局】功能选项卡,在【页面设置】组中单击【纸张方向】按钮,从弹出的列表框中选择纸张的其他方向。

3.6.2.4　设置页边距

页边距是指文档内容与纸张边沿之间的距离,用于控制页面中文档内容的宽度和长

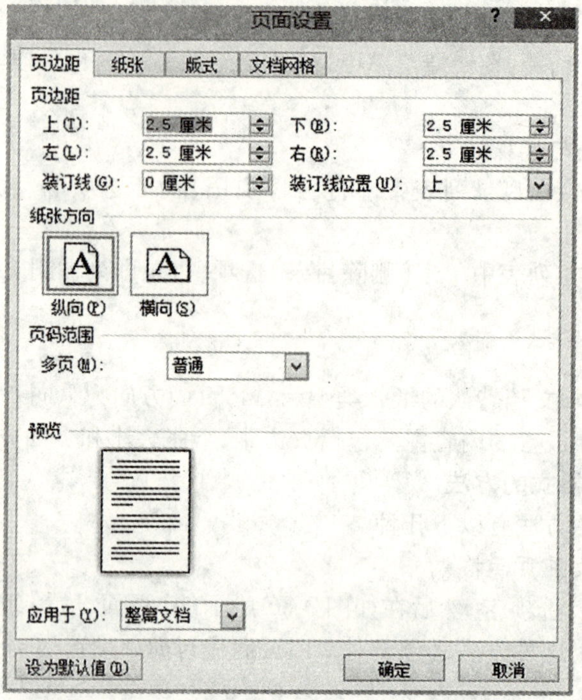

图 3-87　【页面设置】对话框

度。为了使页面更为美观,应该根据需求对页边距进行设置。

设置页边距的方法与步骤如下:

(1)打开要操作的目标文档。

(2)切换到【页面布局】功能选项卡,在【页面设置】组中单击【页边距】按钮,从弹出的列表框中可选择内置的页边距大小样式,如图 3-89 所示。

(3)还可以打开【页面设置】对话框,在【页边距】选项卡的【页边距】选项区域中,对页边距的详细参数进行设置;同时还可以设置装订线的位置。

3.6.3　设置页眉和页脚

页眉和页脚是指在文档每一页的顶部和底部加入的文字、图形等信息。其中页眉位于每个页面的顶部,通常用来显示文档标题、章节编号、作者姓名、特殊标志等信息;页脚位于每个页面的底部,通常用来显示文档的页码、日期等信息。

对页眉和页脚进行编辑,可起到美化文档的作用。

3.6.3.1　插入页眉/页脚

插入页眉/页脚的方法与步骤如下:

(1)打开要插入页眉/页脚的文档,切换到【插入】功能选项卡,单击【页眉和页脚】组中的【页眉】按钮,系统弹出如图 3-90 所示的列表框;从列表框中选择相应的页眉样式,同时文档自动进入页眉编辑区。

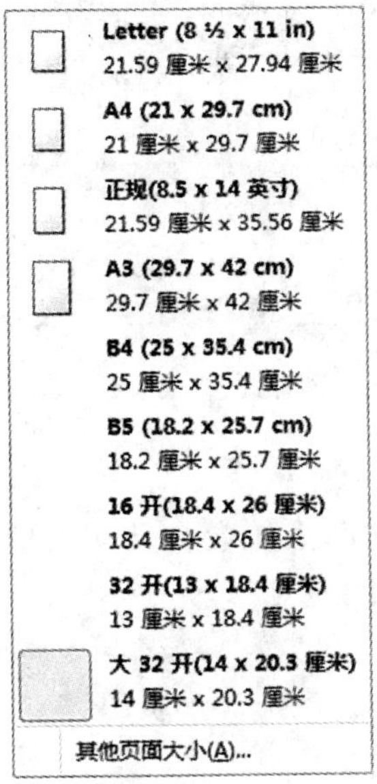

图 3-88　纸张大小的选项列表

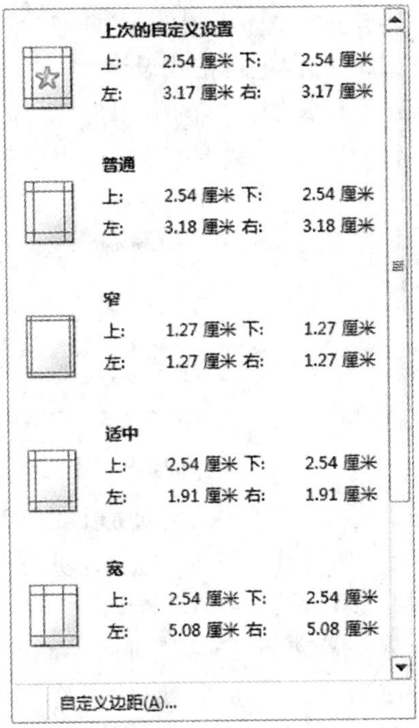

图 3-89　页边距类型的选项列表

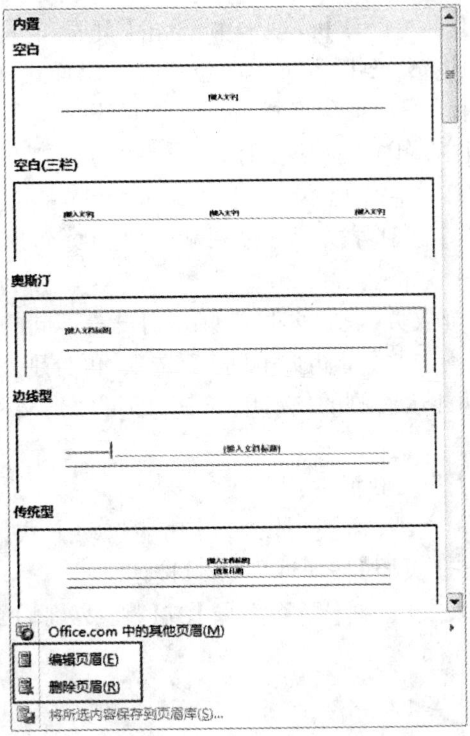

图 3-90　页眉样式的选项列表

(2)在页眉编辑区中输入页眉内容。输入后可在【开始】选项卡中通过【字体】功能组中的命令按钮进行格式设置。

(3)完成页眉内容的编辑后,系统自动激活如图3-91所示的【页眉和页脚工具—设计】功能选项卡。在【导航】功能组中单击【转至页脚】按钮,可转至当前页的页脚进行设置。

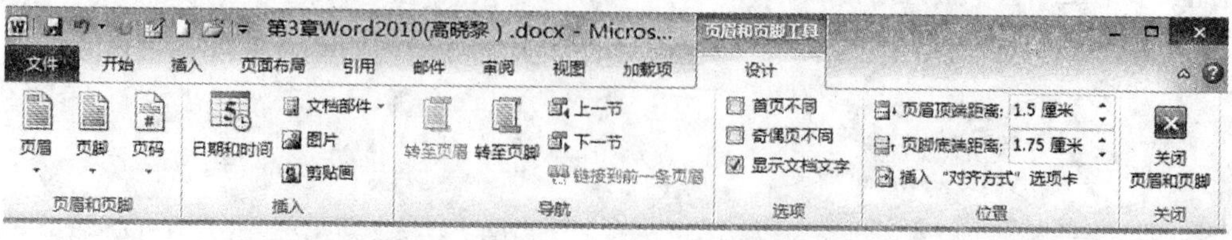

图3-91　【页眉和页脚工具—设计】功能选项卡

(4)也可以选择【编辑页眉】或【编辑页脚】命令,此时系统会自动切换到页眉/页脚编辑状态,功能区中增加并显示【页眉和页脚工具—设计】选项卡。

3.6.3.2　编辑页眉/页脚

如果一篇文档含有很多页,为了打印后便于排列和阅读,应添加页码。有时还要在每一页中添加诸如时间、日期、数字签名、图形标志等对象。

编辑页眉/页脚并添加各种对象的方法与步骤如下:

(1)在页眉/页脚处于编辑状态时,可以直接编辑页眉和页脚的内容。

(2)在【页眉和页脚工具—设计】选项卡中,单击【页眉和页脚】功能组中的【页码】按钮,在弹出的下拉列表中选择需要插入页码的位置及页码样式,即可在页眉或页脚上插入页码;若在下拉列表中选择【设置页码格式】命令,则可设置页码的格式。

(3)在【插入】功能组中,单击【日期和时间】、【图片】或【剪贴画】等按钮,可在页眉或页脚上插入相应的内容,如图3-91所示。

(4)在功能区的【位置】组中可以设置页眉和页脚距页面顶端或底端的距离,默认单位是厘米。

(5)如果要为文档的奇数页、偶数页和首页分别设置不同的页眉和页脚,就要勾选功能区【选项】组中的【首页不同】、【奇偶页不同】等选项,再分别对奇偶页添加页码。

(6)设置完毕,单击功能区右侧的【关闭】按钮,即可回到文档编辑状态。

3.6.3.3　删除页眉/页脚

删除页眉/页脚的方法与步骤如下:

(1)打开要操作的目标文档,切换到【插入】功能选项卡或【设计】功能选项卡,找到【页眉和页脚】功能组,单击【页眉】按钮或【页脚】按钮。

(2)在弹出的下拉列表中,选择【删除页眉】或【删除页脚】命令,即可删除页眉或页脚。

3.6.4　设置页面背景

给Word文档加上丰富多彩的页面背景,或者添加上水印背景效果,可以使文档更加生动、美观与别致。

3.6.4.1　设置页面背景颜色

Word 2010 提供了几十种颜色作为主题颜色，可以选择这些颜色作为文档的页面背景颜色，也可以自定义其他的颜色或选择填充效果作为背景。

设置页面背景颜色效果的方法与步骤如下：

(1)切换到【页面布局】选项卡，在【页面背景】功能组中，单击【页面颜色】按钮，在弹出的下拉列表框中选择要使用的主题颜色即可。

(2)如果所选颜色不符合要求，可以选择【其他颜色】命令选项，在【颜色】对话框中自定义颜色样式。

(3)也可以选择【填充效果】命令选项，在如图 3-92 所示的【填充效果】对话框中，自定义渐变背景效果、纹理背景效果、图案背景效果及图片背景效果等。

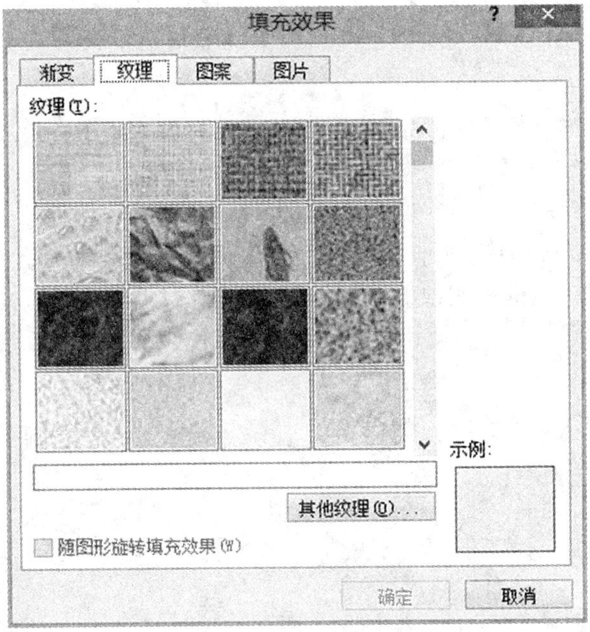

图 3-92　【填充效果】对话框

3.6.4.2　设置水印效果

水印是显示在页面上的一种透明的花纹，水印在页面上以灰色显示，成为正文的背景，从而起到美化文档的作用。水印可以是一段文本，一幅图片、一个图形或一种艺术字体。

用户可以从水印文本库中插入系统的内置水印，也可以插入自定义的水印。

插入水印的方法与步骤如下：

(1)切换到【页面布局】选项卡，在【页面背景】功能组中，单击【水印】按钮，在弹出的下拉列表框中选择要使用的水印样式即可。

(2)如果系统内置的水印样式不符合要求，可以在下拉列表框中单击【自定义水印】命令选项，打开如图 3-93 所示的【水印】对话框。

(3)在对话框中定义所需的水印样式，单击【确定】按钮，即可在文档中生成自定义的水印效果。

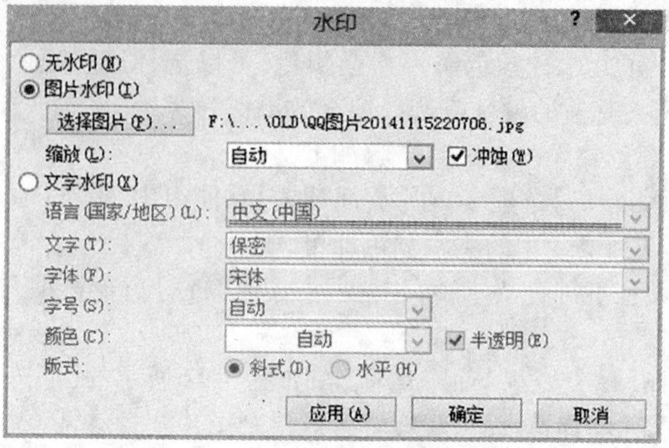

图 3-93 【水印】对话框

3.6.4.3　设置页面边框

可以给整个页面添加一个页面边框，该边框可以是普通的边框，也可以是艺术型边框。边框使得文档更加活泼与美观。

设置页面边框的方法与步骤如下：

(1)切换到【页面布局】选项卡，在【页面背景】功能组中，单击【页面边框】按钮，在弹出的下拉列表中选择【边框和底纹】命令，弹出如图 3-94 所示的【边框和底纹】对话框。

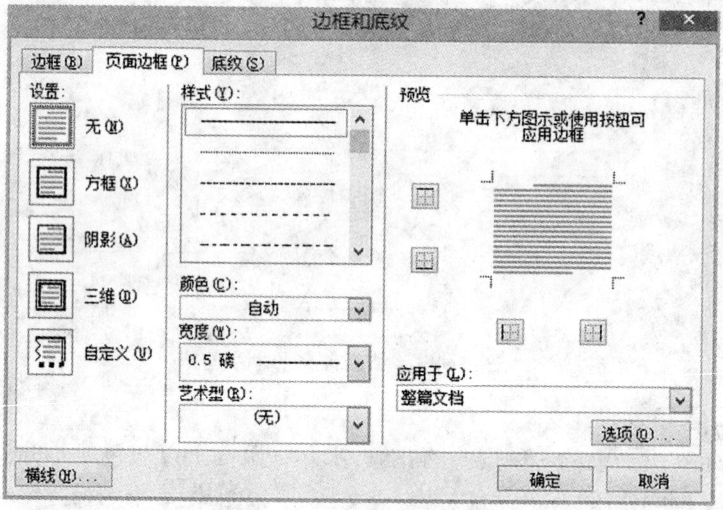

图 3-94 【边框和底纹】对话框

(2)切换到【页面边框】选项卡，分别设置边框的样式、颜色、宽度、应用范围等。

(3)如果要使用艺术型页面边框，从【艺术型】下拉列表框中，选择需要的艺术型边框，如图 3-95 所示。

(4)单击【确定】按钮即可。

3.6.5　打印输出文档

Word 2010 提供了非常强大的打印功能，可以按要求轻松地将文档打印出来。在正

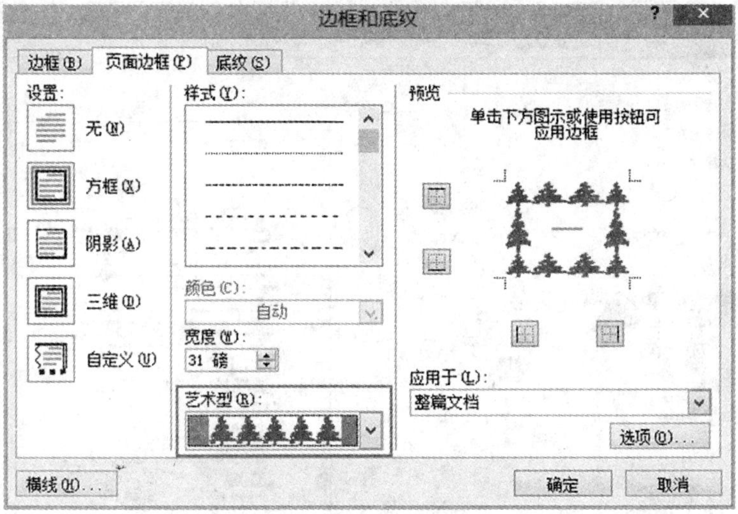

图 3-95　在【边框和底纹】对话框中设置艺术型边框

式打印文档前,通常会先提前观察一下文档的打印效果。

3.6.5.1　预览文档的打印效果

打印预览功能显示模拟打印的效果,打印浏览的效果与实际打印的真实效果非常相近。打印预览可以在一个缩小的尺寸范围内显示全部页面内容。如果对文档中的某些地方不满意,可返回编辑状态对其进行修改;可以在预览窗格中对文档进行编辑修改,以得到满意的效果,从而避免因不适当的设置而造成的纸张和时间上的浪费。

预览文档的方法与步骤如下:

(1)打开要打印预览的 Word 文档,启动【文件】选项卡,单击 Backstage 视图左侧窗格的【打印】命令,在右侧的预览窗格中可以预览打印的效果,如图 3-96 所示。

(2)如果看不清楚预览的文档,可以通过单击预览窗格下方的显示比例控制栏上的比例调节按钮,用合适的缩放比例进行查看。比例调节按钮可以调整文档预览效果的显示比例,甚至可以以多页方式显示文档效果。另外,拖动滑块同样可以对文档的显示比例进行调整。

3.6.5.2　打印文档的内容

确认文档的各项设置都没有问题后,就可以联上打印机,进行实际的打印输出了。

文档打印的方法与步骤如下:

(1)保证打印机与计算机连接正常,装好打印纸,打开打印机开关。

(2)打开要打印的 Word 文档,启动【文件】选项卡,单击 Backstage 视图左侧窗格的【打印】命令。

(3)在中间窗格的【份数】微调框中可设置打印份数,在【页数】文本框上方的下拉列表中可设置打印的范围。

(4)相关参数设置完成后,单击【打印】按钮,打印机便开始打印该文档。

图 3-96 【打印】命令运行界面

习　题

1. Word 2010 的主窗口界面主要包括哪些组成部分?
2. 最常用文档视图方式有哪些? 各有什么特点?
3. 文档中插入图片主要插入哪几种类型的图片?
4. Word 2010 的图片环绕方式有哪些? 各有什么特点?
5. 如何实现图文混排功能?
6. 在 Word 2010 中,文本的对齐方式有哪些? 各有什么特点?
7. 制作表格有哪些方法?
8. 如何在表格中制作斜线?
9. SmartArt 图形的作用是什么? 如何插入 SmartArt 图形?
10. 如何插入公式? 如何使用公式编辑器创建公式?
11. 如何在页脚中插入页码?
12. 文本编排结束之后,打印输出之前,还要进行哪些设置?

第 4 章　电子表格软件 Excel 2010

Excel 2010 是微软公司推出的一款功能强大的电子表格应用软件，具有强大的数据计算、分析处理和图形图表功能，可以制作财务表格和进行经济信息分析，被广泛应用于金融、经济、财会、审计和统计等领域。Excel 2010 具有亲切的图形化操作界面，简明易用，信息表达更清晰。

4.1　Excel 2010 简介

4.1.1　Excel 2010 的启动

(1)在 Windows 操作系统下，单击【开始】按钮，选择【所有程序】，单击菜单中的【Microsoft Office】选项，在弹出的选项中单击【Microsoft Excel 2010】即可以启动电子表格软件 Excel 2010。

(2)通过双击桌面快捷方式启动 Excel 2010。

(3)通过打开 Excel 2010 文件启动。

(4)通过【开始】菜单中的【运行】命令(在【运行】对话框中输入“excel”)启动，如图 4-1 所示。

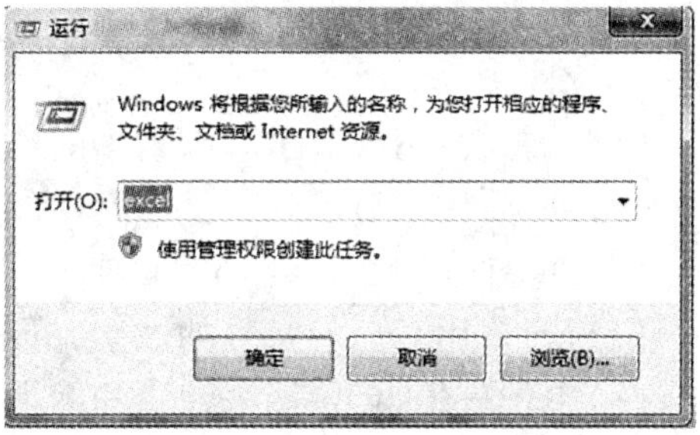

图 4-1　运行 Excel 2010 程序

4.1.2　Excel 2010 的窗口界面

启动 Excel 2010 后，操作界面如图 4-2 所示。

操作界面介绍如下：

(1)快速访问工具栏：Excel 2010 的快速访问工具栏中包含用户最常用操作的快捷按钮。单击快速访问工具栏右侧的按钮，可以自定义快速访问工具栏，执行相应的功能，方便用户操作。

(2)【文件】选项：打开【文件】菜单选项，用户可以利用其中的命令进行保存、打开、新建、打印等操作。

(3)功能区：Excel 2010 工作界面中的功能区，取代了旧版本中的菜单栏与工具栏，以选项卡的形式分组列出常用的功能操作命令。功能区包含【文件】、【开始】、【插入】、【页面布局】、【公式】、【数据】、【审阅】和【视图】8 个选项卡。当单击某个选项卡时，功能区中就会显示出与之对应的功能命令。每个功能区根据功能的不同又分为若干个组。

(4)名称框：显示当前所选单元格的地址(也称单元格的名称)。

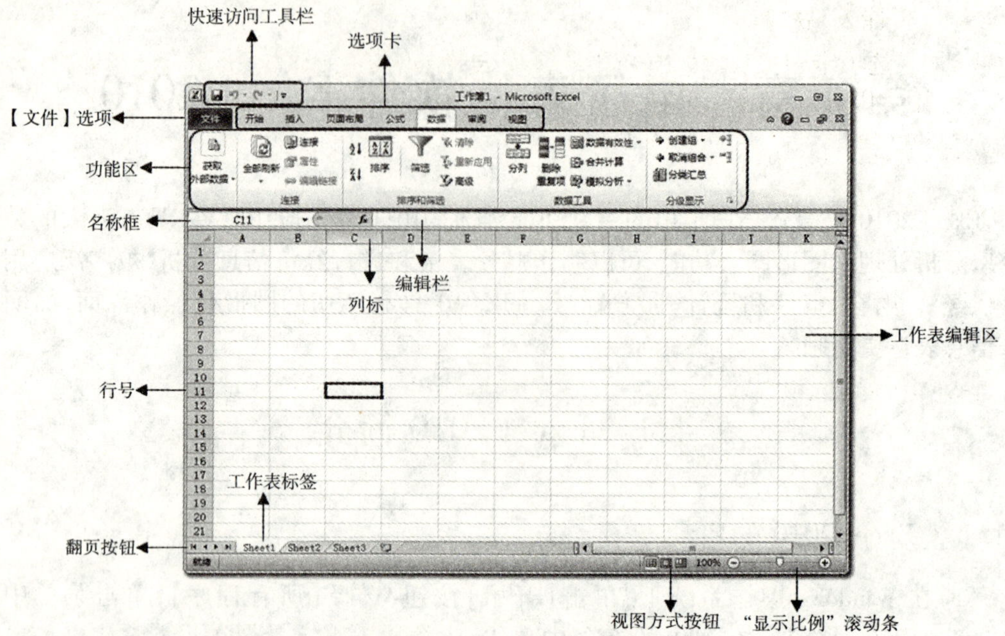

图 4-2 Excel 2010 工作窗口

(5)编辑栏:用来显示和编辑当前单元格中的数据或公式。

(6)列标:用于显示列数的字母,单击列标可以选择整列。列标从 A、…、Z、AA、…、AZ、BA、…一直到 XFD,共 16384 列。

(7)行号:用于显示行号的数字,单击行号可以选择整行。行号从 1 到 1048576。

(8)工作表编辑区:用来建立和编辑表格和图表。

(9)工作表标签:显示工作表的名称,如 Sheet1 就是工作表的名称。可用于切换工作表,单击某个工作表标签可切换到对应的工作表。

(10)翻页按钮:当工作表数目较多时,通过该按钮可以查看前面或后面等多个工作表标签。

(11)视图方式按钮:主要用来切换工作表的视图模式,包括普通、页面布局与分页预览。

下面重点介绍选项卡和功能区的功能。

4.1.2.1 【开始】选项卡

【开始】选项卡中包括【剪贴板】、【字体】、【对齐方式】、【数字】、【样式】、【单元格】和【编辑】七个组,主要用于帮助用户对 Excel 2010 表格中的数据进行编辑和格式设置,是用户最常用的选项卡,如图 4-3 所示。

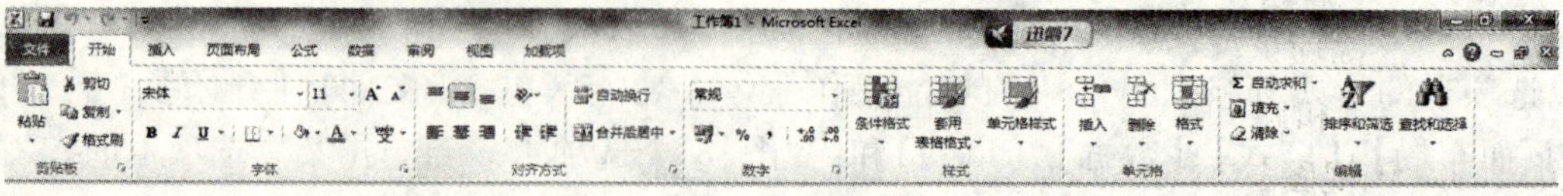

图 4-3 【开始】选项卡

4.1.2.2 【插入】选项卡

【插入】选项卡包括【表格】、【插图】、【图表】、【链接】、【文本】、【符号】等组，主要用于在 Excel 2010 表格中插入各种元素，如图 4-4 所示。

图 4-4 【插入】选项卡

4.1.2.3 【页面布局】选项卡

【页面布局】选项卡包括【主题】、【页面设置】、【调整为合适大小】、【工作表选项】、【排列】5 个组，用于帮助用户设置 Excel 2010 表格页面样式，如图 4-5 所示。

图 4-5 【页面布局】选项卡

4.1.2.4 【公式】选项卡

【公式】选项卡包括【函数库】、【定义的名称】、【公式审核】、【计算】4 个组，用于帮助用户对 Excel 2010 表格中的数据进行函数或公式计算，如图 4-6 所示。

图 4-6 【公式】选项卡

4.1.2.5 【数据】选项卡

【数据】选项卡包括【获取外部数据】、【连接】、【排序和筛选】、【数据工具】、【分级显示】5 个组，用于帮助用户对 Excel 2010 表格中的数据进行组织、管理、处理等操作，如图 4-7所示。

图 4-7 【数据】选项卡

4.1.2.6 【审阅】选项卡

【审阅】选项卡包括【校对】、【语言】、【批注】、【更改】4 个组，主要用于对 Excel 2010 表格进行校对和修订等操作，如图 4-8 所示。

4.1.2.7 【视图】选项卡

【视图】选项卡包括【工作簿视图】、【显示】、【显示比例】、【窗口】和【宏】几个组，主要用于帮助用户设置 Excel 2010 操作窗口的视图类型，以方便操作，如图 4-9 所示。

图 4-8 【审阅】选项卡

图 4-9 【视图】选项卡

4.1.2.8 【加载项】选项卡

【加载项】选项卡仅包括【菜单命令】组。加载项可以为 Excel 2010 安装附加属性,如自定义的工具栏或其他命令扩展。【加载项】选项卡可以在 Excel 2010 中添加或删除加载项。

4.1.3 Excel 2010 的退出

Excel 2010 操作结束后,要退出 Excel 2010 电子表格软件系统。有以下几种退出方法:

(1)单击标题栏最右端的关闭按钮;

(2)使用【文件】菜单中的【退出】命令。

(3)双击 Excel 2010 窗口中标题栏最左端的控制菜单图标。

(4)单击标题栏最左端的控制菜单图标,再单击其中的【关闭】命令。

(5)使用快捷键【Alt】+【F4】。

4.1.4 Excel 中的基本概念

在使用 Excel 2010 软件时,要特别弄清楚几个概念:工作簿、工作表、单元格、表格。

4.1.4.1 工作簿

工作簿是 Excel 2010 专门用来存放并处理数据的文件,启动 Excel 后,系统自动打开一个新的空白工作簿,并自动命名为“工作簿 1”,工作簿名就是文件名,其扩展名为 . xlsx。用户在 Excel 中处理的各种数据最终都以工作簿文件的形式存储在磁盘上。

工作簿是由工作表组成的,每个工作簿都可以包含一个或多个工作表,工作表不能单独存盘,工作簿能以文件的形式存盘。通常所说的 Excel 文件指的就是工作簿文件。

4.1.4.2 工作表

工作表(Sheet)通常称为电子表格,是一个由行和列交叉排列的二维表格,可以对数据进行编辑、处理和分析。每个工作表有 1048576 行、16384 列。纵向为列,每一列的列标用字母标识,从 A、B、…、AA、AB、…、BA、BB、…一直到 XFD。横向为行,每一行的行号用数字标识,数字范围为 1 ~ 1048576。

Excel 2010 启动后,系统默认打开的工作表数目是 3 个,系统默认的工作表的名称为:Sheet1、Sheet2 和 Sheet3,用户可以为工作表重命名。如果需要更改工作簿默认的工作表数量,可在 Excel 窗口中单击【文件】选项卡,然后在左侧窗格中单击【选项】命令,弹出【Excel 选项】对话框,单击左侧列表框中的【常规】,在右侧的【新建工作簿时】栏中的【包含的工作表数】设置工作表数量,设置完成后单击【确定】按钮即可。下次新建工作簿时,设置生效。

尽管一个工作簿文件可以包含许多个工作表,由于工作表标签区域有限,只能显示部分工作表名,可以利用工作表名称栏左边的工作表控制按钮  来显示其他的工作表。单击某个工作表名,它就呈高亮度显示,成为当前(活动)工作表。同一时刻,用户只能在一张工作表上进行工作,通常把该工作表称为活动工作表或当前工作表。

4.1.4.3　**单元格**

工作表中,每个行列交叉部分称为单元格,单元格是工作表中最基本的数据单元,也是处理数据的最小单位。

单元格的(名称)地址由列标和行号来标识,列标在前,行号在后,例如:B5,表示该单元格在第 5 行、第 B 列位置。在工作表中被选中的单元格称为活动单元格,此时可以在该单元格中输入和编辑数据。

由多个相邻单元格形成的矩形区域称为单元格区域。表示方法:该区域左上角单元格地址:右下角单元格地址。例如,单元格区域 A1:E5 表示的是从左上角 A1 开始到右下角 E5 结束的一片矩形区域,如图 4-10 所示。

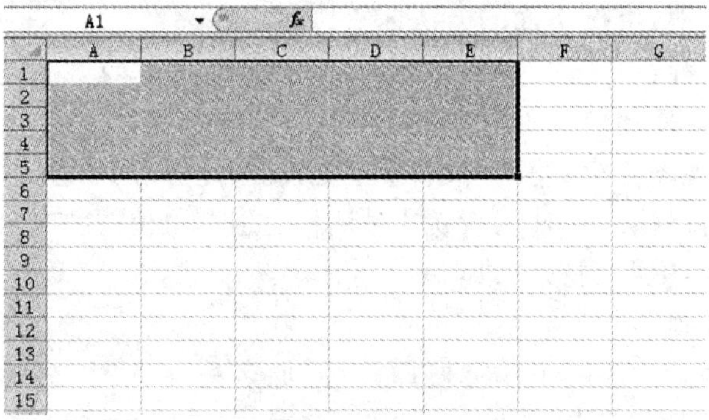

图 4-10　选定单元格区域窗口

4.1.4.4　**数据表**

数据表是工作表中若干个连续单元格组成的区域,一个工作表内可以建多个表述不同含义的数据表。比如,在同一工作表内一个区域可以建立一个销售表,同时可以在另一区域建立一个利润损益表等。

4.2　工作表的建立与编辑

4.2.1　工作簿的基本操作

工作簿的基本操作主要包括新建工作簿、保存工作簿、打开工作簿、关闭工作簿等操作。

4.2.1.1　新建工作簿

(1)在启动 Excel 2010 后,将自动建立一个新的工作簿 1。

(2)在 Excel 2010 窗口中,按快捷键【Ctrl】+【N】,直接创建空白工作簿。

(3)在 Excel 2010 窗口中,单击【文件】选项卡,在左侧窗格中单击【新建】命令,在【可用模板】栏中选择【空白工作簿】选项,然后单击【创建】按钮即可。

(4)在 Excel 2010 中,根据用户的不同需要,系统提供了多种类型的模板,用户可以直接调用这些模板,创建不同类型的工作簿。Excel 2010 模板是包含有特定内容的已经设置好格式的特殊文件(扩展名为 .xltx),通过模板创建工作簿,可有效减少内容输入及格式设置的工作量,从而提高工作效率。通过模板创建工作簿的方法如下:

单击【文件】选项卡,在左侧窗格中单击【新建】命令,在【可用模板】栏中选择模板类型,如【样本模板】,在打开的【样本模板】界面中选择需要的模板样式,再单击【创建】按钮即可。

若要获得更多工作簿模板,可以从 Office.com 下载。在【可用模板】栏中的【Office.com 模板】栏下,选中一个特定的模板类别,然后双击要下载的模板即可。

4.2.1.2　保存工作簿

当完成工作簿的编辑和修改后,需要对它进行保存,有以下几种方法:

1.保存新建工作簿

要保存新建工作簿,可按下面的方法之一进行。

通过命令按钮保存:单击快速访问工具栏中的保存按钮。

通过快捷键保存:使用快捷键【Ctrl】+【S】或【Shift】+【F12】。

使用 Backstage 视图保存:使用【文件】选项卡中的【保存】命令。

使用上述方法后,将会弹出【另存为】对话框,此时,可设置文档的保存路径、文件名及保存类型,然后单击【保存】按钮即可。

2.保存已有的工作簿

如果要将编辑和修改后的工作簿按原路径、原名称保存,直接单击【文件】选项卡中的【保存】命令或点击快速访问工具栏中的保存按钮,或者按快捷键【Ctrl】+【S】即可。

如果要将修改后的工作簿存为另一个文件,则需单击【文件】选项卡中的【另存为】命令,在弹出的【另存为】对话框中,选择保存位置,输入文件名,单击【保存】按钮即可完成保存。

3.自动保存恢复信息

Excel 2010 可以自动保存工作簿,避免因突然断电或死机造成的信息丢失。

方法是:单击【文件】选项卡中的【选项】命令,弹出【Excel 选项】对话框,选择【保存】选项卡,在右侧的【自定义工作簿的保存方法】窗口中,【保存自动恢复信息时间间隔】复选框默认为勾选状态,此时只需在右侧的微调框中设置自动保存的时间间隔,单击【确定】即可,如图 4-11 所示。

4.2.1.3　打开工作簿

要打开已保存过的工作簿,具体操作步骤如下:

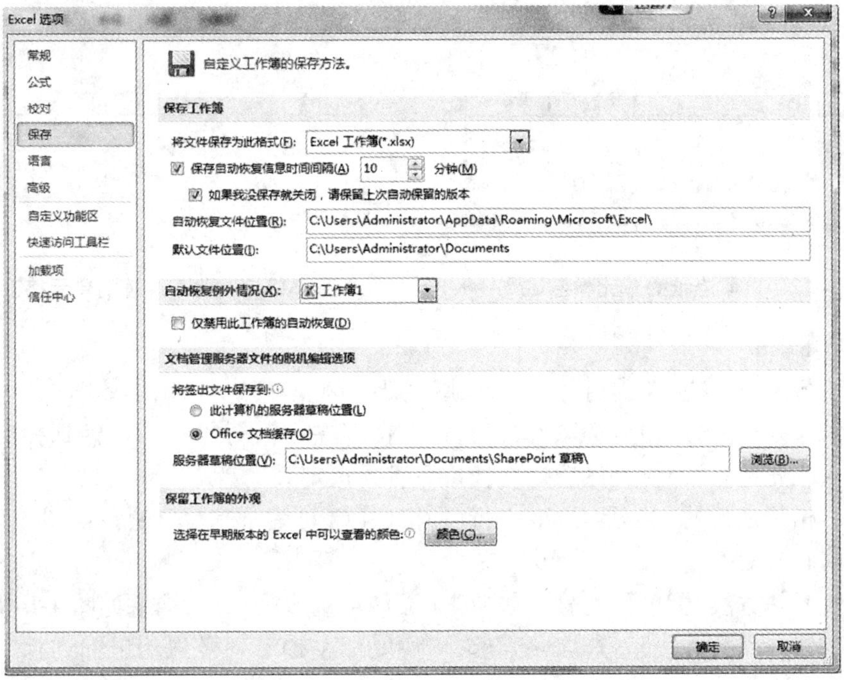

图 4-11　设置自动保存时间

(1)单击【文件】选项卡,切换到 Backstage 视图,单击【打开】命令,弹出【打开】对话框,选择查找范围,选定要打开的文件名,单击【打开】按钮即可打开所选工作簿。

(2)单击【文件】选项卡,切换到 Backstage 视图,单击【最近所用文件】,然后在左侧窗格中单击要打开的文件。

(3)若在快速访问工具栏中添加了【打开】按钮,则单击【打开】按钮,弹出【打开】对话框,选择查找范围,选定要打开的文件名,单击【打开】按钮即可打开所选工作簿。

(4)使用快捷键【Ctrl】+【O】或【Ctrl】+【F12】打开。

4.2.2　在工作表中输入和编辑数据

4.2.2.1　选取工作表区域

1. 选取单个单元格

新建工作表的默认活动单元格为 A1 单元格。选取单个单元格的方法是:用鼠标指针单击相应单元格或用键盘上的方向键移动到相应的单元格。

2. 选取单元格区域

选取单元格区域是指选取多个单元格。这些单元格可以是连续的,也可以是不相邻的。连续单元格的选取方法是:单击选定该区域的第一个单元格,然后按住鼠标左键拖动至最后一个单元格,释放鼠标即可。如选取 A1 到 E5 的连续单元格,如图 4-12 所示。

如要选取较大的单元格区域,在单击选取该区域的第一个单元格后,移动滚动条到合适的位置,按住【Shift】键的同时单击区域中的最后一个单元格即可。

不相邻单元格的选取方法是:先选定第一个单元格或单元格区域,然后按住【Ctrl】

键,再选取其他的单元格或单元区域。例如选取 A1 到 B2 区域,C3,D4,E2 到 E4 区域,结果如图 4-13 所示。

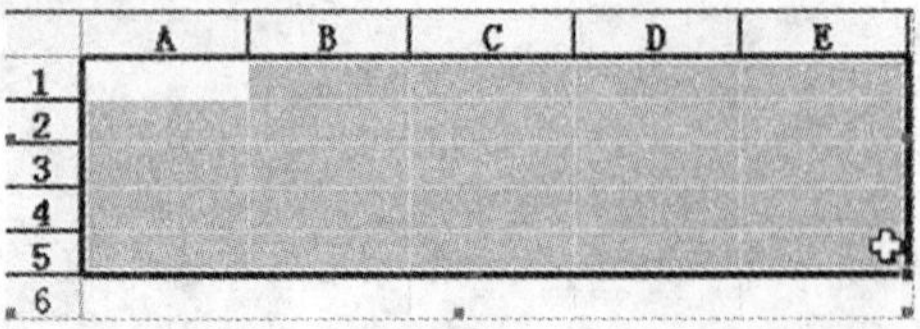

图 4-12　选取连续的单元格区域

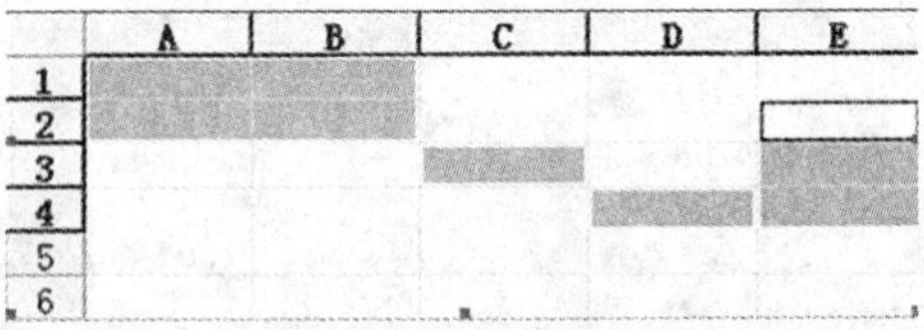

图 4-13　选取不连续的单元格区域

3. 选取整行

选取整行的方法是:单击行号。如单击 2 便可选取第二行,结果如图 4-14 所示。

选取相邻多行的方法是:选取一行后,按住鼠标左键沿行号拖动鼠标到相应行,释放左键即可。或先选定第一行,然后按住【Shift】键再选定其他行。

选取不相邻多行的方法是:选取一行后,按住【Ctrl】键,选取其他行,如图 4-15 所示。

4. 选取整列

选取整列的方法是:单击列号。如单击 B 便可选取第二列,结果如图 4-14 所示。

选取相邻多列的方法是:选取一列后,按住鼠标左键沿列号拖动鼠标到相应列,释放左键即可。或先选定第一列,然后按住【Shift】键再选定其他列。

选取不相邻多列的方法是:选取一列后,按住【Ctrl】键,选取其他列,如图 4-15 所示。

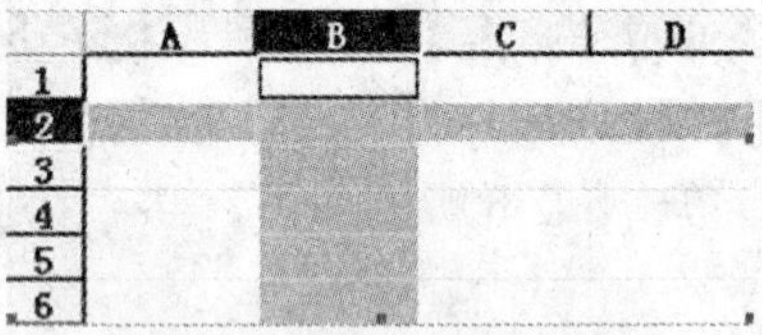

图 4-14　选取单列、单行

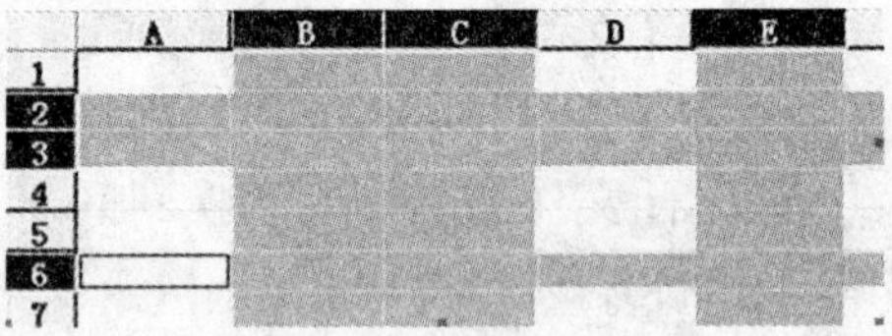

图 4-15　选取多列、多行

5. 选取整个工作表

选取整个工作表的方法是:单击工作表左上角的全选按钮(列号 A 左面和行号 1 上面的方块按钮)。

6. 取消选取区域

取消所选区域的方法是:在所选区域外的任一个地方单击鼠标左键。

4.2.2.2　**输入数据**

向单元格中输入或编辑数据的方法有以下几种:

(1) 单击选择需要输入数据的单元格,然后直接输入数据。输入的内容将直接显示在单元格内和编辑栏中。

(2) 单击单元格,然后单击编辑栏,可在编辑栏中输入或编辑当前单元格的数据。

(3) 双击单元格,单元格内出现插入光标,移动光标到所需位置,即可进行数据的输入或编辑修改。

(4) 如果要同时在多个单元格中输入相同的数据,可先选定相应的单元格,然后输入数据,按【Ctrl】+【Enter】键,即可向这些单元格同时输入相同的数据。

Excel 2010 能够接受的数据类型可以分为文本（或称字符、文字）、数字（值）、日期和时间、公式与函数等。在数据的输入过程中，系统自行判断所输入的数据是哪一种类型并进行适当的处理。在输入数据时，必须按照 Excel 2010 的规则进行。

1. 输入文本

在 Excel 2010 中，文本可以是字母、汉字、数字、空格和其他字符，也可以是它们的组合。

1）输入普通文本

单击需要输入数据的单元格，一般文字如字母、汉字等直接输入即可。如单击 A2 单元格，输入“计算机基础”。在默认状态，所有文本在单元格中均为左对齐，如图 4-16 所示。

	A	B	C	D	E	F
1			数值型数据	文本型数据		
2	计算机基础		3.7083E+17	370830198205160020		
3	123		90145001	090145001		
4				=3+8		
5						
6						

图 4-16　文本和数值默认对齐方式

2）输入数字型文本

在实际工作中，单元格里有时要输入身份证号、手机号等数据，这些数据虽然是数字，但在数据类型上为文本，当直接输入身份证号、手机号时，Excel 会自动把它们当作数值型数据处理。如在 C2 单元格中输入身份证号 370830198205160020，系统会因为数值较大，自动使用科学计数法 3.7083E+17 显示。还有一些以 0 开头的数字文本，在输入以后，前面的 0 会自动消失，如在 C3 单元格中输入学生学号 090145001，结果如图 4-16 所示。

解决上述问题的方法如下：

（1）在输入数字前，先输入一个英文输入法状态（或中文半角状态）下的单引号，再输入数字。

（2）首先选中要输入这些特殊数据的单元格区域，然后单击【开始】选项卡，选择【单元格】组中的【格式】菜单，在下拉菜单中选择【设置单元格格式】命令，在弹出的【设置单元格格式】对话框窗口中，选择【数字】选项卡，在下边的【分类】里选择【文本】，如图 4-17 所示，单击【确定】按钮，再输入的数据就是文本类型了。如在 D2 单元格中输入身份证号 370830198205160020，在 D3 单元格中输入学生学号“090145001”，在 D4 单元格中输入“=3+8”，正确结果如图 4-16 所示。

2. 输入数值型数据

（1）在 Excel 2010 中，数字只可以为下列字符，如 0～9 数字，%、$、/、-、，等。如单击 A3 单元格，输入“123”。在默认状态，所有数字在单元格中均为右对齐，如图 4-16 所示。

（2）输入数字型数据时，应注意以下几点：

输入分数时，应在分数前输入 0（零）及一个空格，如分数“2/3”应输入“0 2/3”。如果直接输入“2/3”或“02/3”，则系统将把它视作日期，认为是 2 月 3 日。

（3）输入负数时，应在负数前输入负号，或将其置于括号中。如 -8 应输入 -8 或（8）。

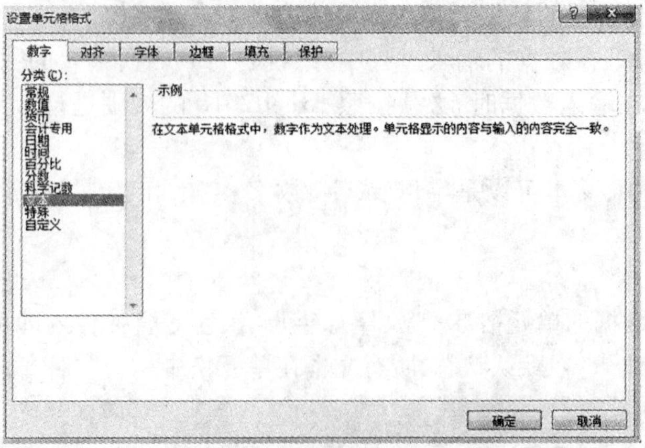

图 4-17　【设置单元格格式】对话框

在数字间可以用千分位号“,”隔开,如输入“13,005”。

在单元格中输入超过 11 位的数字时,Excel 会自动使用科学计数法来显示该数字。例如,在单元格中输入数字“123456789098”,则该数字将显示“1. 23457E + 11”。

无论显示的数字的位数如何,Excel 2010 都只保留 15 位的数字精度。如果数字长度超出了 15 位,则 Excel 2010 会将多余的数字位转换为 0(零)。

3. 输入日期和时间

Excel 2010 将日期和时间视为数字处理。在默认状态下,日期和时间型数据在单元格中右对齐。如果 Excel 2010 不能识别输入的日期或时间格式,输入的内容将被视作文本,并在单元格中左对齐。在键入了 Excel 2010 可以识别的日期或时间型数据后,单元格格式显示为某种内置的日期或时间格式。输入时注意以下几点:

(1)一般情况下,日期分隔符使用“/”或“ - ”。例如:2015/5/16、2015 - 5 - 16、16 - May - 2015、都表示 2015 年 5 月 16 日。

(2)如果只输入月和日,Excel 2010 就取计算机内部时钟的年份作为默认值。例如:在当前单元格中输入 5 - 16 或 2/16,按【回车】键后显示 5 月 16 日,当再把刚才的单元格变为当前单元格时,在编辑栏中显示 2015 - 5 - 16(假设当前是 2015 年)。

(3)时间分隔符一般使用冒号“:”。例如,输入 8:0:1 或 8:00:01 都表示 8 点零 1 秒。

(4)如果要输入当天的日期,则按【Ctrl】+【;】(分号)。如果要输入当前的时间,则按【Ctrl】+【Shift】+【:】(冒号)。

4.2.2.3　自动填充数据

Excel 2010 有自动填充功能,可以自动填充一些有规律的数据。如:填充相同数据,填充数据的等比数列、等差数列和日期时间序列等,还可以输入自定义序列。

1. 填充相同数据

初值为纯数字型数据或普通文本时,拖动填充柄可在相应单元格中填充相同数据。初值为日期时间型数据及具有增减可能的数字型文本时,若拖动填充柄的同时按住【Ctrl】键,则在相应单元格中填充相同数据。

将光标置于所选单元格的右下角,当光标变为+时,向右填充,按住左键向右拖动(或拖动填充柄的同时按住【Ctrl】键);向下填充,按住左键向下拖动(或拖动填充柄的同时按住【Ctrl】键)即可。如图 4-18 所示。

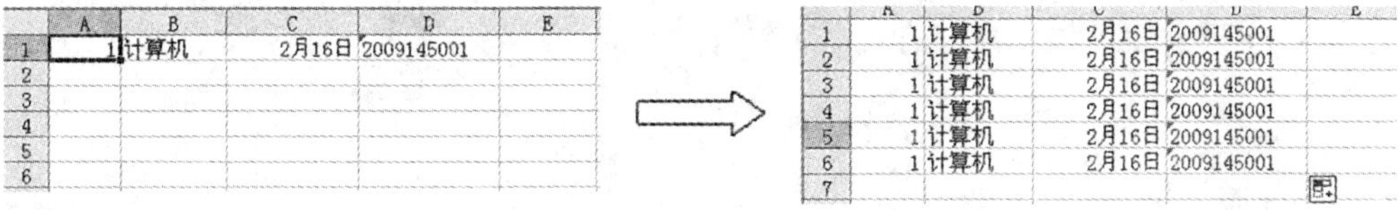

图 4-18　填充相同数据

2. 填充递增数据

初值为文字型数据和数字型数据混合体,填充时文字不变,数字递增。如初值为 A1,则填充值为 A2、A3、A4 等。若初值为日期时间型数据及具有增减可能的数字型文本,则自动增 1。初值为纯数字型数据,若拖动填充柄的同时按住【Ctrl】键,则自动增 1。

将光标置于所选单元格的右下角,当光标变为+时,按住左键向下拖动(或拖动填充柄的同时按住【Ctrl】键)即可,如图 4-19 所示。

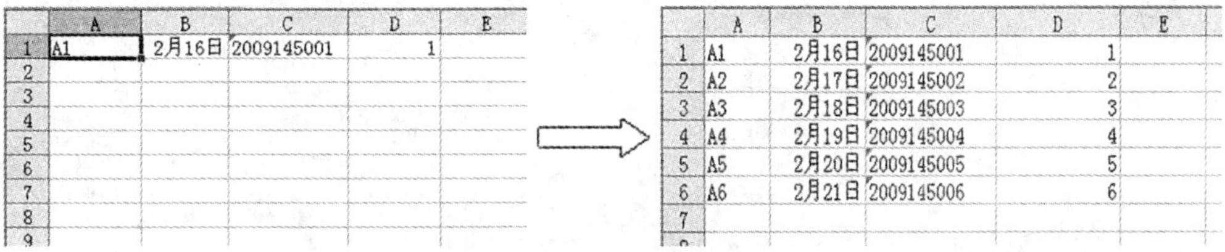

图 4-19　填充递增数据

3. 填充复杂序列

先选取一个输入起始数字的单元格,如 A1 单元格内输有数字 1,单击【开始】选项卡【编辑】组中的【填充】按钮,选择【序列】命令,弹出如图 4-20 所示的【序列】对话框。在该对话框中,根据需要设置相应参数,单击【确定】即可完成相应序列。

例如:在【序列】对话框中,设置序列产生在列,类型为等差序列,输入步长值 3 和终止值 16,单击【确定】按钮后,结果如图 4-21 所示。

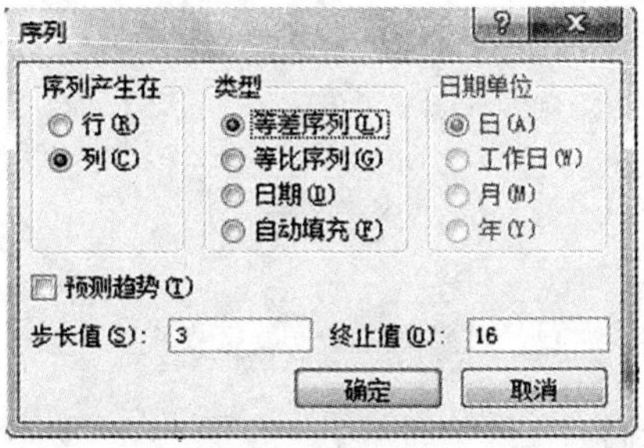

图 4-20　【序列】对话框

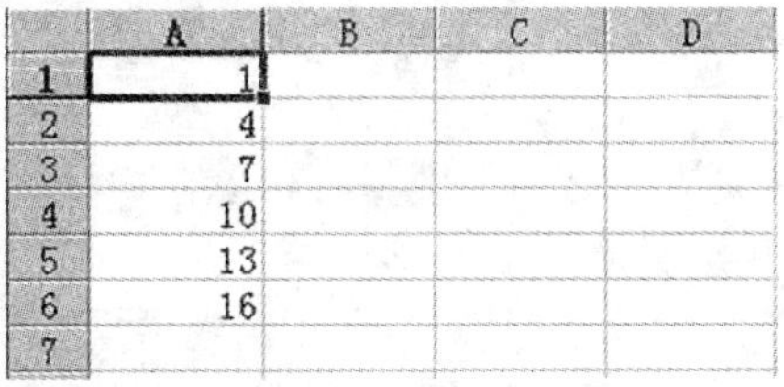

图 4-21　使用序列填充的效果

4.2.2.4　创建自定义序列

用户可以通过工作表中现有的数据项或输入序列的方式创建自定义序列,并可以保存起来供以后使用。自定义序列可通过【自定义序列】对话框实现。

单击【文件】选项卡切换到 Backstage 视图,单击【选项】弹出【Excel 选项】对话框,选择【高级】选项,在【常规】栏内单击【编辑自定义列表】按钮,如图 4-22 所示。

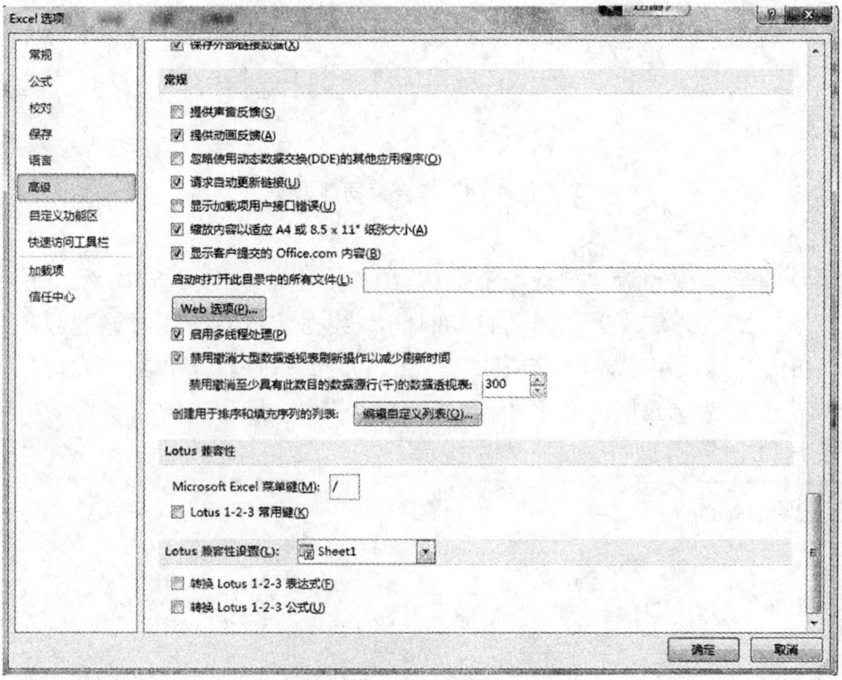

图 4-22　【Excel 选项】对话框

弹出【自定义序列】对话框,如图 4-23 所示。

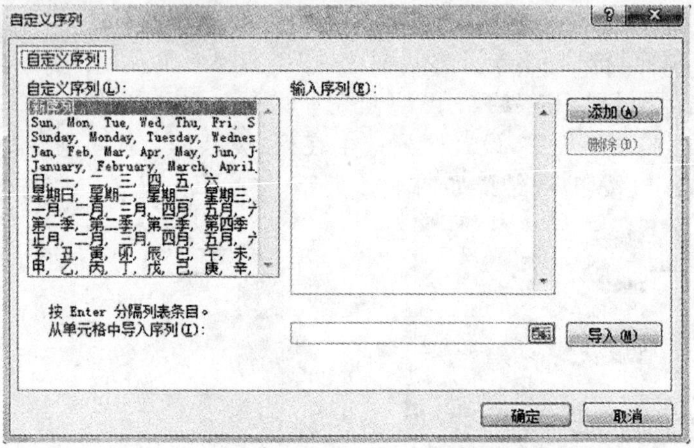

图 4-23　【自定义序列】对话框

1. 利用现有数据创建自定义序列

如果已经输入了将要用作填充序列的数据清单,则可以先选定工作表中相应的数据区域,在【自定义序列】对话框中单击【导入】按钮,即可使用现有数据创建自定义序列;或者在

【自定义序列】对话框中,单击按钮,切换到 Excel 编辑环境,此时【自定义序列】对话框缩小为非模式对话框状态,如图 4-24 所示。选定工作表中相应的数据区域,然后单击图 4-24中右侧的按钮,返回【自定义序列】对话框,单击【导入】按钮即可,如图 4-25 所示。

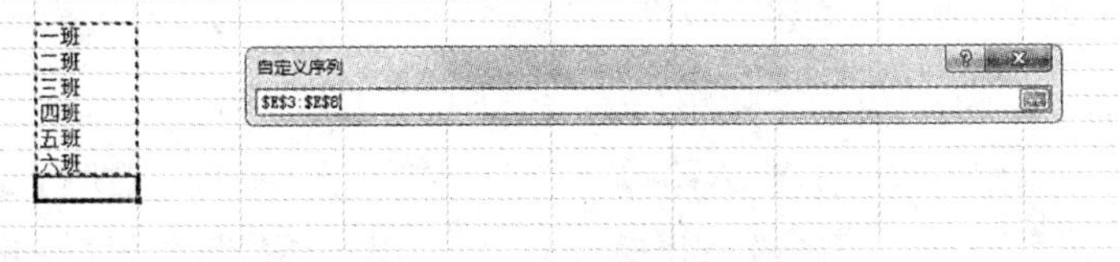

图 4-24　缩小的【自定义序列】对话框

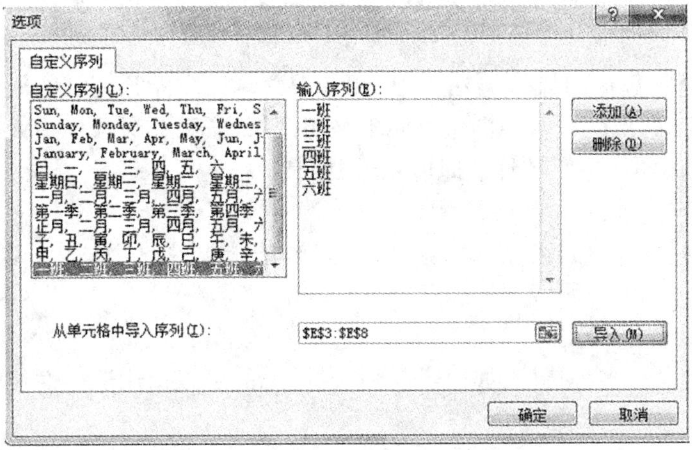

图 4-25　使用现有数据创建自定义序列

2. 利用输入序列方式创建自定义序列

选择图 4-23 中【自定义序列】列表框中的【新序列】选项,然后在【输入序列】编辑列表框中,从第一个序列元素开始输入新的序列。在输入每个元素后,按【回车】键,整个序列输入完毕后,单击【添加】按钮。

4.2.2.5　数据删除和清除

1. 数据清除

在 Excel 2010 中,数据清除指的是清除单元格格式、单元格中的内容及格式、批注、超链接等,单元格本身并不受影响。在【开始】选项卡的【编辑】组中,单击【清除】菜单,在级联菜单中选择【清除格式】、【清除内容】、【清除批注】、【清除超链接】命令将分别只取消单元格的格式、内容、批注或超链接;选择【全部清除】命令将单元格的格式、内容、批注等全部取消,数据清除后单元格本身仍保留在原位置不变,如图 4-26 所示。

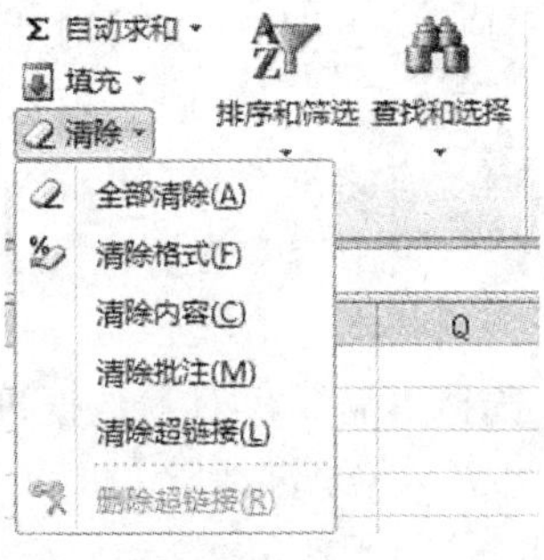

图 4-26　数据清除命令菜单

注意:选定单元格或单元格区域后按【Del】键,相当于选择【清除内容】命令。

2. 数据删除

在 Excel 2010 中,数据删除的对象是单元格、行或列,即单元格、行或列的删除。删除后,选取的单元格、行或列连同里面的数据都从工作表中消失。

4.2.2.6　数据复制和移动

1. 数据复制

Excel 数据的复制可以利用剪贴板,也可以用鼠标拖放操作。

用剪贴板复制数据与 Word 中的操作相似,不同的是在源区域执行复制命令后,区域周围会出现闪烁的虚线。只要闪烁的虚线不消失,粘贴可以进行多次,虚线消失则粘贴无法进行。如果只需粘贴一次,在目标区域直接按【回车】键即可。

选择目标区域时,可选择目标区域的第一个单元格,或选择与源区域一样大小的单元格区域。

鼠标拖动复制数据的操作方法与 Word 有所不同:选择源区域的同时按下【Ctrl】键后,鼠标指针应指向源区域的四周边界而不是源区域内部,此时鼠标指针右上角带有一个“+”号,拖动鼠标到目标区域释放即可完成复制数据。

2. 数据移动

数据移动与复制类似,可以利用剪贴板先剪切再粘贴的方式,也可以用鼠标拖动,但不按【Ctrl】键。

3. 选择性粘贴

一个单元格含有多种特性,如内容、格式、批注等,可以使用选择性粘贴复制它的部分特性。

选择性粘贴的操作步骤为:先将数据复制到剪贴板,再选择待粘贴目标区域中的第一个单元格,在【开始】选项卡的【剪贴板】组中,单击【粘贴】按钮的下拉箭头,在下拉列表中选择【选择性粘贴】命令,出现如图 4-27 所示的对话框。选择相应选项后,单击【确定】按钮即可完成选择性粘贴。

4.2.2.7　数据有效性

通过设置数据有效性,可以使操作人员在单元格中输入有效的数据。对单元格中的数据进行有效性的限制,可以避免一些输入错误,提高输入数据的速度和准确度。

1. 创建数据有效性

创建数据有效性的方法:单击【数据】选项卡,在【数据工具】组中单击【数据有效性】命令,弹出【数据有效性】对话框,如图 4-28 所示。

单击【设置】选项卡,根据对单元格中数据的限制,确定【允许】下拉列表框中的选项及数据对应的条件。在【输入信息】、【出错警告】、【输入法模式】等选项卡中可以根据需要确定相关内容和设置。

2. 删除数据有效性

选择不需要再对其数据进行验证的单元格,然后在【数据有效性】对话框的【设置】选项卡中单击【全部清除】即可,如图 4-28 所示。

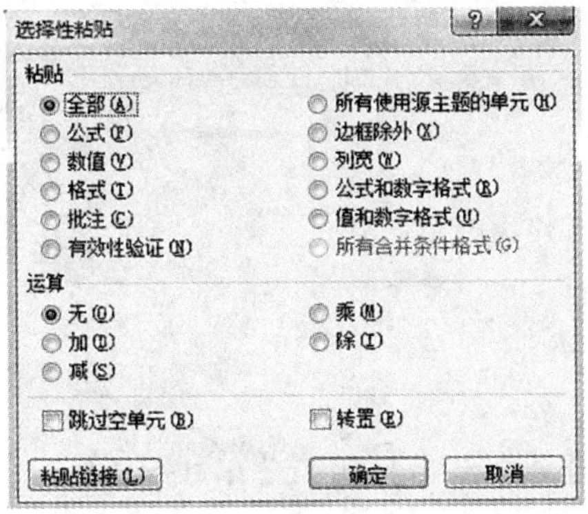

图 4-27　【选择性粘贴】对话框

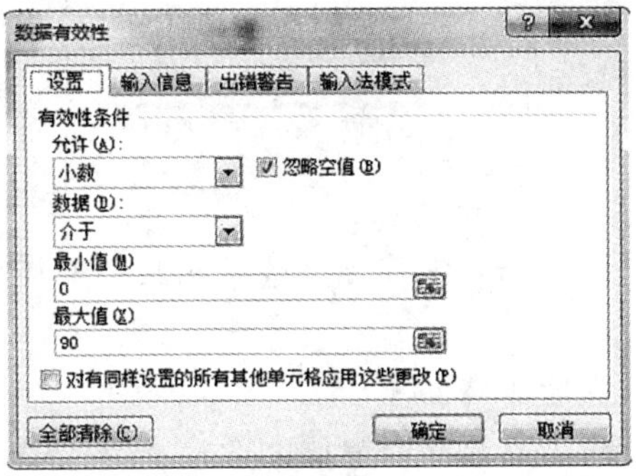

图 4-28　【数据有效性】对话框

4.2.3　工作表的编辑与修改

4.2.3.1　工作表间的切换

工作表标签(或工作表的名称):\Sheet1/Sheet2/Sheet3/显示在工作簿窗口底部。活动工作表也称当前工作表,其名称以单下划线显示,新建工作簿默认 Sheet1 为活动工作表。从一个工作表切换到另一个工作表,可以通过单击工作表标签来实现。按住【Ctrl】键分别单击工作表标签,可同时选择多个工作表。

如果工作表太多,不能在屏幕上一一显示,可以单击工作表名称栏左边◀◀ ◀ ▶ ▶▶中的◀ ▶进行左右移动。若单击◀◀则移到第一张工作表,单击▶▶则移到最后一张工作表。

4.2.3.2　插入工作表

在编辑工作表时有时要在工作表之前或之后的位置插入工作表,如要在 Sheet1 前插入工作表,其方法是:先单击 Sheet1,然后单击【开始】选项卡,在【单元格】组中单击【插入】菜单,选择【插入工作表】按钮;或右击 Sheet1,在弹出的快捷菜单上单击插入(I)命令,在弹出的【插入】对话框中选择【工作表】,就可在 Sheet1 前插入一空白工作表 Sheet4,结果为\Sheet4/Sheet1/Sheet2/Sheet3/。

如果要添加多张工作表,则同时选定与待添加工作表相同数目的工作表标签,然后操作同上。

4.2.3.3　重命名工作表

方法一:将鼠标指针指向工作表标签,右击 Sheet1,在弹出的快捷菜单中选择【重命名】命令,输入新的名称即可。如输入"课程表",则 Sheet1 变成\课程表/。

方法二:将鼠标指针指向工作表标签,如单击 Sheet1,选择【开始】选项卡,单击【单元格】组中的【格式】菜单,选择【组织工作表】中的【重命名工作表】,即可重命名。

方法三:双击要重命名的工作表标签,如图 4-29 所示,输入"计算机"后按【回车】键,替换 Sheet1 即可。

4.2.3.4　移动或复制工作表

用户既可以在一个工作簿中移动或复制工作表,也可以在不同工作簿之间移动或复制工作表。

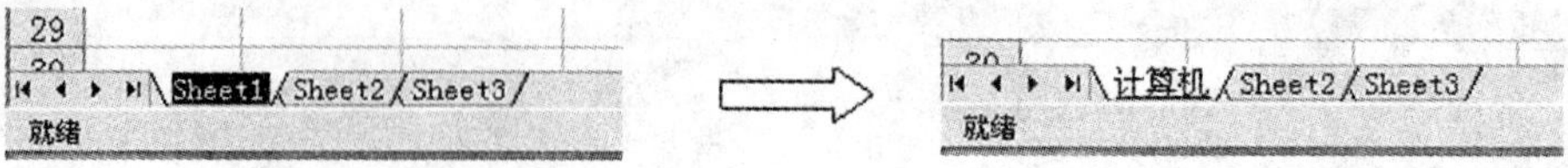

图 4-29　重命名工作表

1. 在一个工作簿中移动或复制工作表

1) 方法一

操作步骤如下:

单击要移动或复制的工作表 Sheet2,选择【开始】选项卡,单击【单元格】组中的【格式】菜单,选择【组织工作表】中的【移动或复制工作表】命令,或右键单击工作表 Sheet2,在弹出的快捷菜单中选择【移动或复制工作表】命令,弹出【移动或复制工作表】对话框。如图 4-30 所示。

在 下列选定工作表之前(B): 的列表框中选(移至最后),不选 □建立副本(C) 复选框,为移动工作表,结果为 Sheet1 / Sheet3 / Sheet2 /;如选 ☑建立副本(C) 复选框,为复制工作表,结果为 Sheet1 / Sheet2 / Sheet3 / Sheet2 (2) /。

单击【确定】按钮,关闭对话框。

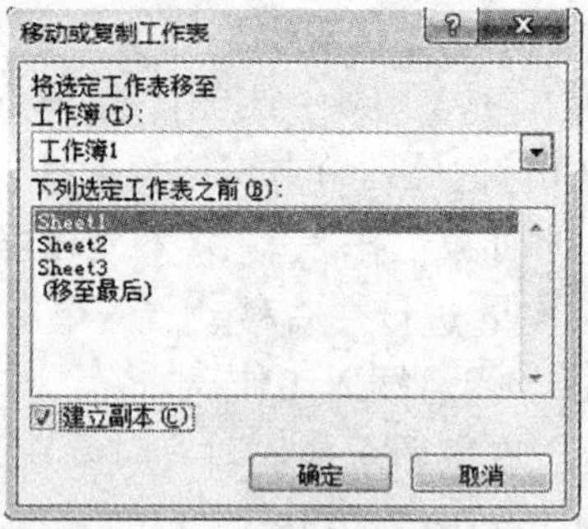

图 4-30

2) 方法二:通过拖动鼠标的方式移动或复制工作表

如要移动 Sheet2 到 Sheet3 之后,只需把鼠标指针指向 Sheet2,按住左键向右拖动,拖到 Sheet3 后松开鼠标左键,如图 4-31 所示。如要复制 Sheet2 到 Sheet3 之后,只需把鼠标指针指向 Sheet2,按住左键向右拖动的同时按住【Ctrl】键,拖到 Sheet3 后松开鼠标左键即可。

2. 在不同工作簿之间移动或复制工作表

如果要将工作表移动或复制到已有的工作簿中,则需要先打开用于接收工作表的工作簿。

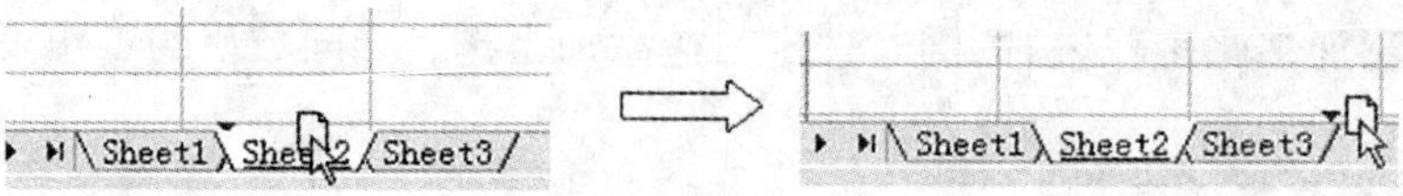

图 4-31　移动工作表效果

1) 方法一

操作步骤如下:

单击要移动或复制的工作表 Sheet2,选择【开始】选项卡,单击【单元格】组中的【格式】菜单,选择【组织工作表】中的【移动或复制工作表】命令,或右键单击工作表 Sheet2,在弹出的快捷菜单中选择【移动或复制工作表】命令,弹出【移动或复制工作表】对话框。如图 4-30 所示。

在【将选定工作表移至工作簿】下拉列表中选定用于接收工作表 Sheet2 的工作簿,在 下列选定工作表之前(B): 的列表框中单击需要在其前面插入移动或复制 Sheet2 的工作表,不选□建立副本(C)复选框，为移动工作表，选☑建立副本(C)复选框，为复制工作表。

单击【确定】按钮，关闭对话框。

2）方法二

通过拖动鼠标的方式移动或复制工作表。

打开要进行操作的两个工作簿，在【视图】选项卡的【窗口】组中，选择【全部重排】命令，弹出【重排窗口】对话框，这里选择【垂直并排】，如图 4-32 所示，然后单击【确定】按钮，结果如图 4-33 所示。拖动工作表标签即可在不同的工作簿之间实现移动或复制操作，方法与上面相同。

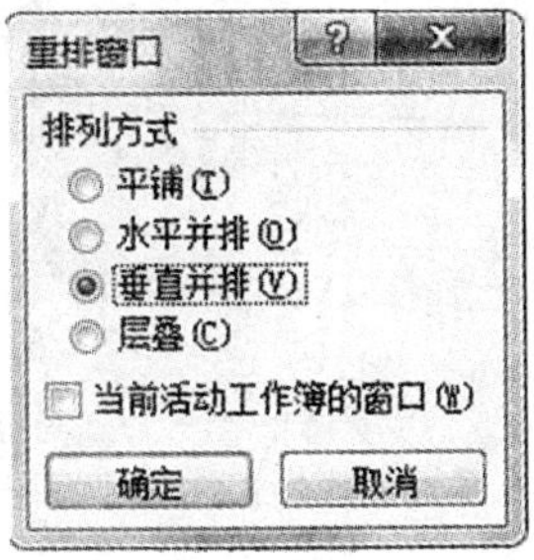

图 4-32　【重排窗口】对话框

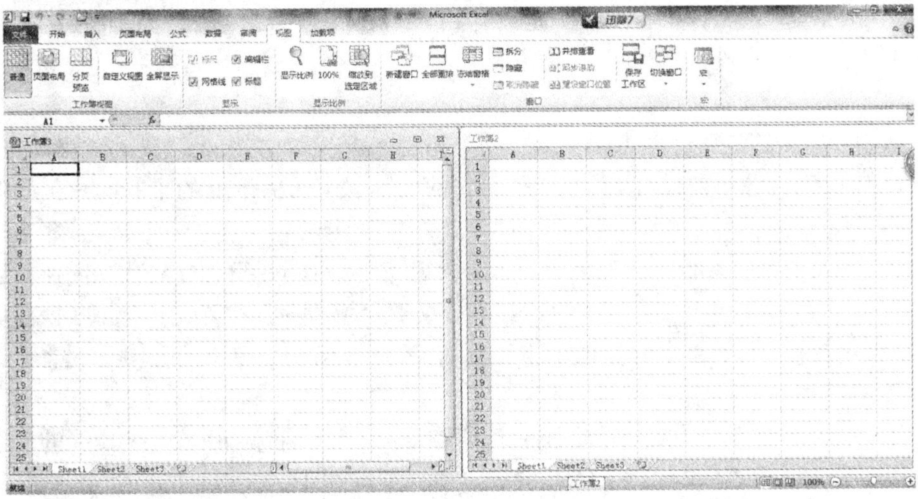

图 4-33　垂直并排窗口

4.2.3.5　删除工作表

工作表一旦删除，就不能再恢复，故删除工作表一定要慎重。其具体操作步骤如下：

（1）右击需要删除的工作表标签，在弹出的快捷菜单中单击【删除】命令。

（2）选中需要删除的工作表，在【开始】选项卡的【单元格】组中，单击【删除】按钮，在弹出的下拉列表中单击【删除工作表】选项。

删除工作表是永久删除，无法撤销删除操作，其右侧的工作表将成为当前工作表。

4.2.3.6　工作表中单元格、行、列的插入

1. 插入单元格

方法一：选定需插入单元格的位置，在【开始】选项卡的【单元格】组中，单击【插入】按钮下方的下拉按钮，在弹出的下拉列表（如图 4-34 所示）中选择【插入单元格】，弹出【插入】对话框，如图 4-35 所示。

对话框中 4 个单选项的作用如下：

（1）活动单元格右移：在当前单元格的左侧插入一个或多个单元格。

（2）活动单元格下移：在当前单元格的上方插入一个或多个单元格。

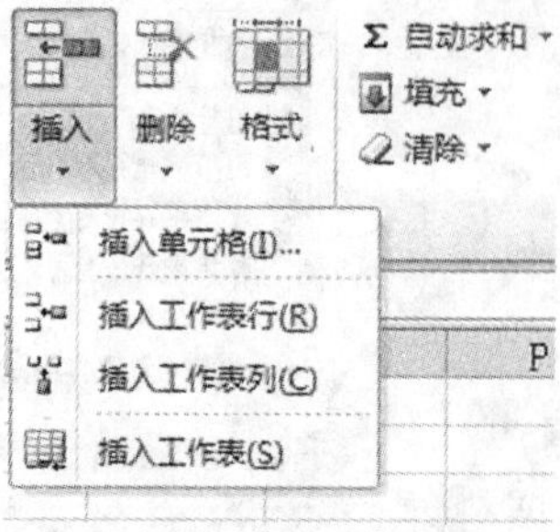

图 4-34 【插入】选项

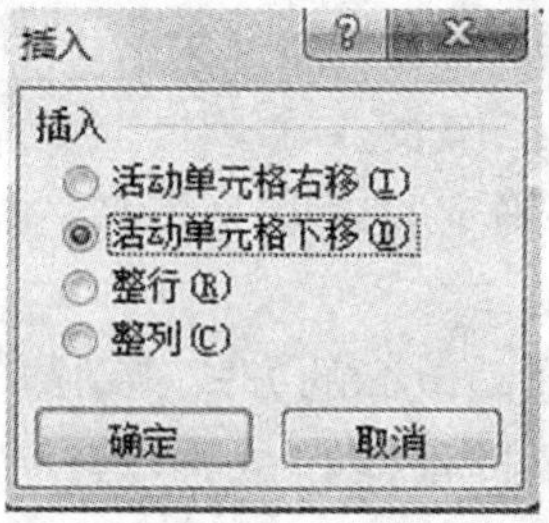

图 4-35 【插入】对话框

(3)整行:在当前单元格的上方插入一行或多行。

(4)整列:在当前单元格的左侧插入一列或多列。

方法二:选定需插入单元格的位置,然后右击,在快捷菜单中选择【插入】命令,弹出如图 4-35 所示的【插入】对话框,选择相应的选项。

2. 插入整行

方法一:如果要在某行上方插入一行,则选定该行或其中的任意单元格,在【开始】选项卡的【单元格】组中,单击【插入】按钮下方的下拉按钮,在弹出的下拉列表(如图 4-34 所示)中选择【插入工作表行】,或单击鼠标右键,在弹出的菜单中选择【插入】命令。

方法二:如果要在某行上方插入 N 行,则选定需要插入的新行之下相邻的 N 行,在【开始】选项卡的【单元格】组中,单击【插入】按钮下方的下拉按钮,在弹出的下拉列表(如图 4-34 所示)中选择【插入工作表行】,或单击鼠标右键,在弹出的菜单中选择【插入】命令。

3. 插入整列

方法一:如果只需要插入一列,则选定需要插入的新列右侧相邻列或其中的任意单元格,在【开始】选项卡的【单元格】组中,单击【插入】按钮下方的下拉按钮,在弹出的下拉列表(如图 4-34 所示)中选择【插入工作表列】,或单击鼠标右键,在弹出的菜单中选择【插入】命令。

方法二:如果需要插入 N 列,则选定需要插入的新列右侧相邻的 N 列,在【开始】选项卡的【单元格】组中,单击【插入】按钮下方的下拉按钮,在弹出的下拉列表(如图 4-34 所示)中选择【插入工作表列】,或单击鼠标右键,在弹出的菜单中选择【插入】命令。

4.2.3.7 工作表中单元格、行、列的删除

1. 删除单元格

方法一:选定要删除的单元格,在【开始】选项卡的【单元格】组中,单击【删除】按钮下方的下拉按钮,在弹出的下拉列表(如图 4-36 所示)中,选择【删除单元格】,弹出【删除】对话框,如图 4-37 所示。

对话框中 4 个单选项的作用如下:

(1)右侧单元格左移:删除当前单元格后,右侧单元格会移至该处。

(2)下方单元格上移:删除当前单元格后,下方单元格会移至该处。

(3)整行:可删除当前单元格所在的整行。

(4)整列:可删除当前单元格所在的整列。

方法二:选定要删除的单元格,然后右击,在快捷菜单中选择【删除】命令,弹出【删

除】对话框,如图 4-37 所示,选择相应的选项即可。

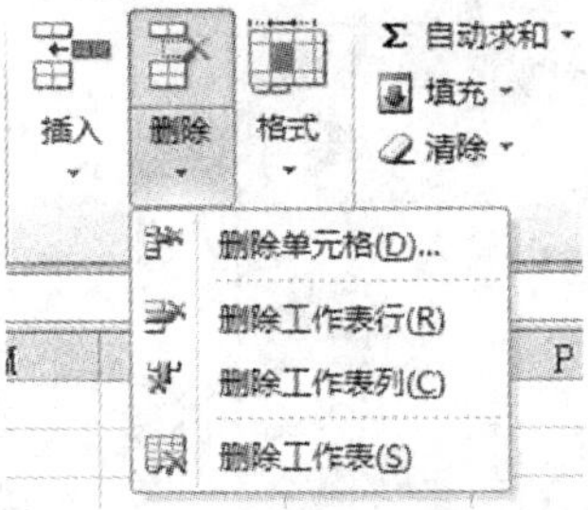

图 4-36　【删除】选项

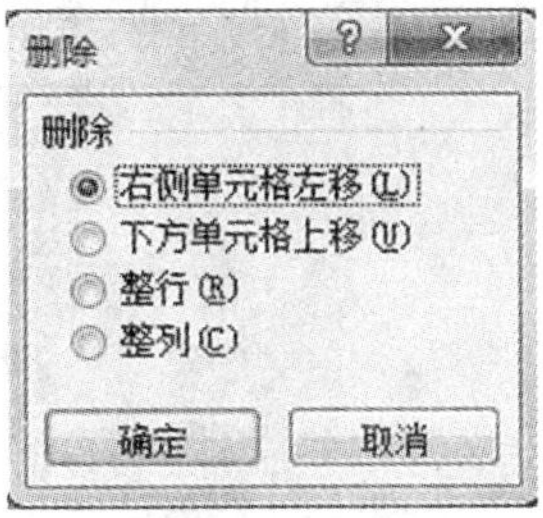

图 4-37　【删除】对话框

2. 删除行或列

方法一:选定需删除行或列的任意单元格,在【开始】选项卡的【单元格】组中,单击【删除】按钮下方的下拉按钮,在弹出的下拉列表(如图 4-36 所示)中,选择【删除工作表行/列】,即可。

方法二:选定需删除的行或列,在选取的行或列上单击右键,在快捷菜单上单击【删除】命令。

注意:要删除多行、多列或多个单元格,则需要同时选中多行、多列或多个单元格。

4.3　表格格式化

Excel 2010 表格功能很强,系统提供了丰富的格式化命令。利用这些命令,可以完成对工作表内的数据进行数字显示格式设置,文字的字形、字体、字号和对齐方式的设置,表格边框、底纹、图案颜色设置等多种操作。

4.3.1　单元格的格式化

单元格数据的格式化操作必须先选择要进行格式化的单元格或单元格区域,然后才能进行相应的格式化操作。单元格的数据格式化操作包括数字格式、对齐、字体、边框、填充和保护。

单元格或单元格区域的格式化操作必须先选择要进行格式化的单元格或单元格区域,然后通过【设置单元格格式】对话框,浮动工具栏,【开始】选项卡中【字体】组、【数字】组、【对齐方式】组、【单元格】组中的相关命令或格式刷等几种方法来实现。

通过组命令和格式刷实现格式化的方法与 Word 2010 操作方法相似,此处不再赘述。这里简单介绍一下【设置单元格格式】对话框和浮动工具栏的使用。

4.3.1.1　设置数字格式

在 Excel 2010 中数字格式包括常规格式、货币格式、日期格式、百分比格式、文本格式、会计专用格式等。

具体操作步骤如下:

(1)选定要进行格式化的数字单元格区域,如图 4-38 所示。

(2)在【开始】选项卡的【数字】组中,单击右下角的按钮,弹出【设置单元格格式】对

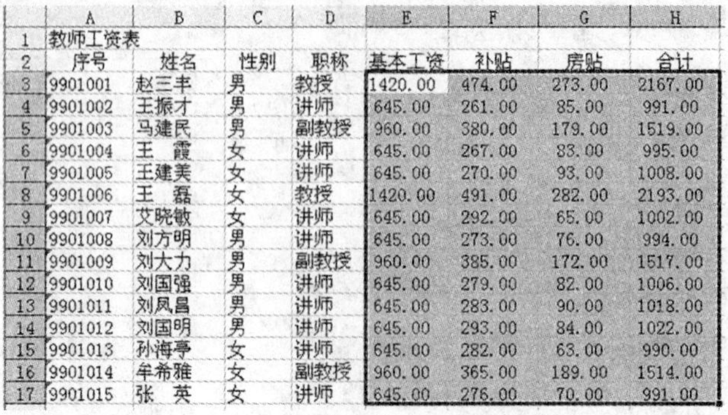

	A	B	C	D	E	F	G	H
1	教师工资表							
2	序号	姓名	性别	职称	基本工资	补贴	房贴	合计
3	9901001	赵三丰	男	教授	1420.00	474.00	273.00	2167.00
4	9901002	王振才	男	讲师	645.00	261.00	85.00	991.00
5	9901003	马建民	男	副教授	960.00	380.00	179.00	1519.00
6	9901004	王　霞	女	讲师	645.00	267.00	83.00	995.00
7	9901005	王建美	女	讲师	645.00	270.00	93.00	1008.00
8	9901006	王　磊	女	教授	1420.00	491.00	282.00	2193.00
9	9901007	艾晓敏	女	讲师	645.00	292.00	65.00	1002.00
10	9901008	刘方明	男	讲师	645.00	273.00	76.00	994.00
11	9901009	刘大力	男	副教授	960.00	385.00	172.00	1517.00
12	9901010	刘国强	男	讲师	645.00	279.00	82.00	1006.00
13	9901011	刘凤昌	男	讲师	645.00	283.00	90.00	1018.00
14	9901012	刘国明	男	讲师	645.00	293.00	84.00	1022.00
15	9901013	孙海亭	女	讲师	645.00	282.00	63.00	990.00
16	9901014	牟希雅	女	副教授	960.00	365.00	189.00	1514.00
17	9901015	张　英	女	讲师	645.00	276.00	70.00	991.00

图 4-38　选取单元格区域

话框,单击【数字】选项卡,如图 4-39 所示。以选择【货币】类型,加货币符号,小数位数为 2 位为例。

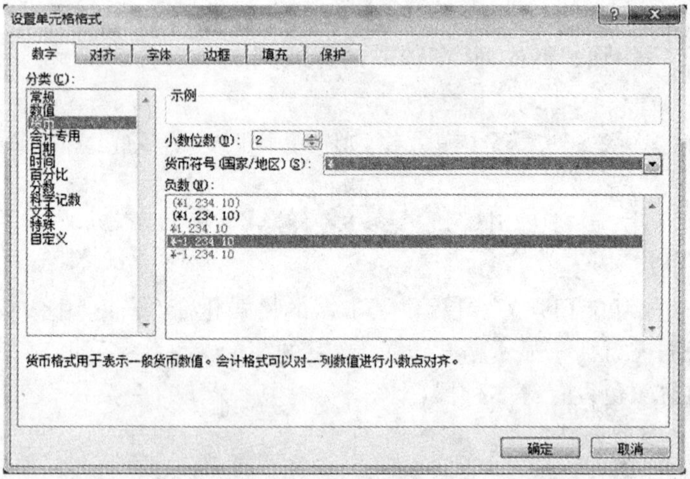

图 4-39　单元格格式对话框

(3)在【分类】列表框中单击“货币”选项,在【小数位数】框中选择“2”,在【货币符号】框中选择一种货币符号,在【负数】框中选择一种货币负数的显示方式。

(4)单击【确定】按钮,所选单元格数据全部被货币显示方式代替,如图 4-40 所示。

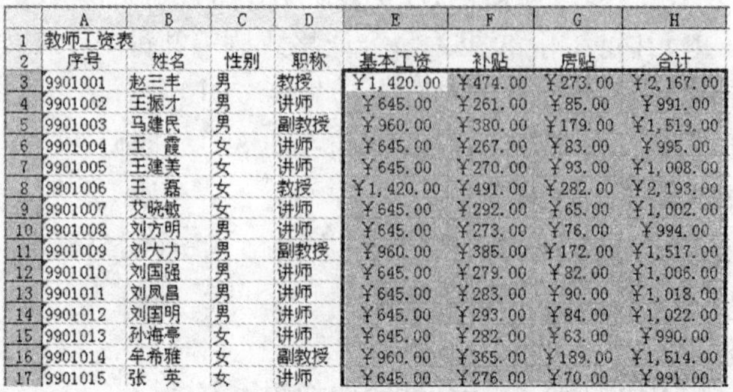

	A	B	C	D	E	F	G	H
1	教师工资表							
2	序号	姓名	性别	职称	基本工资	补贴	房贴	合计
3	9901001	赵三丰	男	教授	¥1,420.00	¥474.00	¥273.00	¥2,167.00
4	9901002	王振才	男	讲师	¥645.00	¥261.00	¥85.00	¥991.00
5	9901003	马建民	男	副教授	¥960.00	¥380.00	¥179.00	¥1,519.00
6	9901004	王　霞	女	讲师	¥645.00	¥267.00	¥83.00	¥995.00
7	9901005	王建美	女	讲师	¥645.00	¥270.00	¥93.00	¥1,008.00
8	9901006	王　磊	女	教授	¥1,420.00	¥491.00	¥282.00	¥2,193.00
9	9901007	艾晓敏	女	讲师	¥645.00	¥292.00	¥65.00	¥1,002.00
10	9901008	刘方明	男	讲师	¥645.00	¥273.00	¥76.00	¥994.00
11	9901009	刘大力	男	副教授	¥960.00	¥385.00	¥172.00	¥1,517.00
12	9901010	刘国强	男	讲师	¥645.00	¥279.00	¥82.00	¥1,006.00
13	9901011	刘凤昌	男	讲师	¥645.00	¥283.00	¥90.00	¥1,018.00
14	9901012	刘国明	男	讲师	¥645.00	¥293.00	¥84.00	¥1,022.00
15	9901013	孙海亭	女	讲师	¥645.00	¥282.00	¥63.00	¥990.00
16	9901014	牟希雅	女	副教授	¥960.00	¥365.00	¥189.00	¥1,514.00
17	9901015	张　英	女	讲师	¥645.00	¥276.00	¥70.00	¥991.00

图 4-40　使用货币格式的效果

4.3.1.2　设置单元格字体

设置单元格字体可以使单元格的文字更加美观、具体。其具体操作步骤如下：

(1)选取进行单元格格式设置的文字单元格区域，如图 4-41 所示。

	A	B	C	D	E	F	G	H
1	教师工资表							
2	序号	姓名	性别	职称	基本工资	补贴	房贴	合计
3	9901001	赵三丰	男	教授	¥1,420.00	¥474.00	¥273.00	¥2,167.00
4	9901002	王振才	男	讲师	¥645.00	¥261.00	¥85.00	¥991.00
5	9901003	马建民	男	副教授	¥960.00	¥380.00	¥179.00	¥1,519.00
6	9901004	王　霞	女	讲师	¥645.00	¥267.00	¥83.00	¥995.00
7	9901005	王建美	女	讲师	¥645.00	¥270.00	¥93.00	¥1,008.00
8	9901006	王　磊	女	教授	¥1,420.00	¥491.00	¥282.00	¥2,193.00
9	9901007	艾晓敏	女	讲师	¥645.00	¥292.00	¥65.00	¥1,002.00
10	9901008	刘方明	男	讲师	¥645.00	¥273.00	¥76.00	¥994.00
11	9901009	刘大力	男	副教授	¥960.00	¥385.00	¥172.00	¥1,517.00
12	9901010	刘国强	男	讲师	¥645.00	¥279.00	¥82.00	¥1,006.00
13	9901011	刘凤昌	男	讲师	¥645.00	¥283.00	¥90.00	¥1,018.00
14	9901012	刘国明	男	讲师	¥645.00	¥293.00	¥84.00	¥1,022.00
15	9901013	孙海亭	女	讲师	¥645.00	¥282.00	¥63.00	¥990.00
16	9901014	牟希雅	女	副教授	¥960.00	¥365.00	¥189.00	¥1,514.00
17	9901015	张　英	女	讲师	¥645.00	¥276.00	¥70.00	¥991.00

图 4-41　选取文字单元格区域

(2)在【开始】选项卡的【字体】组中，单击右下角的按钮，弹出【设置单元格格式】对话框，单击【字体】选项卡，如图 4-42 所示。

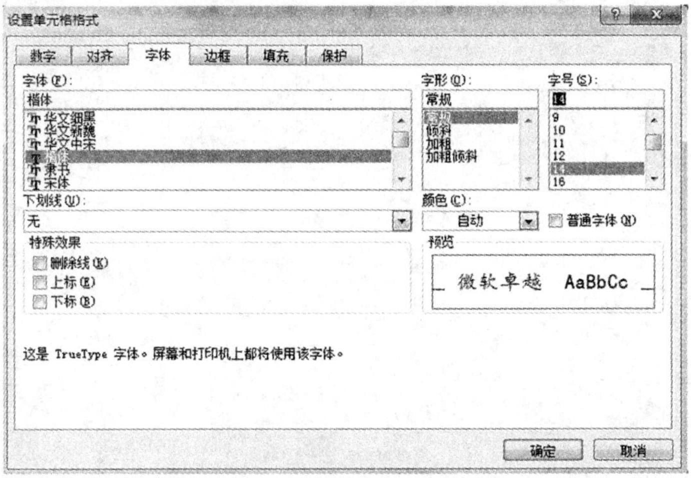

图 4-42　【字体】选项卡

(3)在【字体】框内选择楷体，在【字形】框中选择常规，在【字号】框中选择 14 号，在【下划线】列表中选择无，在【颜色】列表中选择自动，在【特殊效果】下不选择。

(4)单击【确定】按钮，结果如图 4-43 所示。

4.3.1.3　合并居中单元格

(1)选中要合并的多个单元格，如图 4-44 所示。

(2)在【开始】选项卡的【对齐方式】组中，单击合并及居中按钮。如图 4-45 所示。或者在【设置单元格格式】对话框，单击【对齐】选项卡，在【文本控制】中选择【合并单元格】，在【文本对齐方式】中，选择水平对齐为居中，如图 4-46 所示。

这样，即可把选中的单元格及单元格内容合并及居中了。更改字体同上，结果如图 4-44所示。

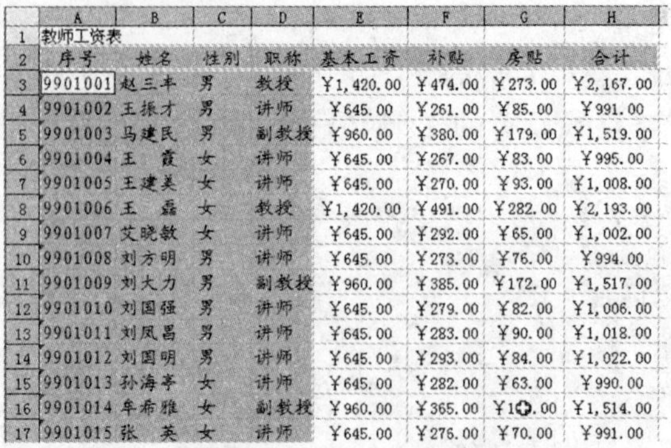

	A	B	C	D	E	F	G	H
1	教师工资表							
2	序号	姓名	性别	职称	基本工资	补贴	房贴	合计
3	9901001	赵三丰	男	教授	¥1,420.00	¥474.00	¥273.00	¥2,167.00
4	9901002	王振才	男	讲师	¥645.00	¥261.00	¥85.00	¥991.00
5	9901003	马建民	男	副教授	¥960.00	¥380.00	¥179.00	¥1,519.00
6	9901004	王　霞	女	讲师	¥645.00	¥267.00	¥83.00	¥995.00
7	9901005	王建美	女	讲师	¥645.00	¥270.00	¥93.00	¥1,008.00
8	9901006	王　磊	女	教授	¥1,420.00	¥491.00	¥282.00	¥2,193.00
9	9901007	艾晓敏	女	讲师	¥645.00	¥292.00	¥65.00	¥1,002.00
10	9901008	刘方明	男	讲师	¥645.00	¥273.00	¥76.00	¥994.00
11	9901009	刘大力	男	副教授	¥960.00	¥385.00	¥172.00	¥1,517.00
12	9901010	刘国强	男	讲师	¥645.00	¥279.00	¥82.00	¥1,006.00
13	9901011	刘凤昌	男	讲师	¥645.00	¥283.00	¥90.00	¥1,018.00
14	9901012	刘国明	男	讲师	¥645.00	¥293.00	¥84.00	¥1,022.00
15	9901013	孙海亭	女	讲师	¥645.00	¥282.00	¥63.00	¥990.00
16	9901014	牟希雅	女	副教授	¥960.00	¥365.00	¥1[illegible].00	¥1,514.00
17	9901015	张　英	女	讲师	¥645.00	¥276.00	¥70.00	¥991.00

图 4-43　文字格式设置效果

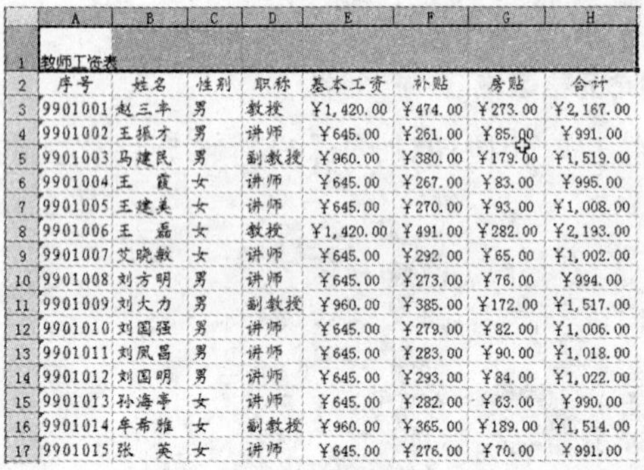

	A	B	C	D	E	F	G	H
1	教师工资表							
2	序号	姓名	性别	职称	基本工资	补贴	房贴	合计
3	9901001	赵三丰	男	教授	¥1,420.00	¥474.00	¥273.00	¥2,167.00
4	9901002	王振才	男	讲师	¥645.00	¥261.00	¥85.00	¥991.00
5	9901003	马建民	男	副教授	¥960.00	¥380.00	¥179.00	¥1,519.00
6	9901004	王　霞	女	讲师	¥645.00	¥267.00	¥83.00	¥995.00
7	9901005	王建美	女	讲师	¥645.00	¥270.00	¥93.00	¥1,008.00
8	9901006	王　磊	女	教授	¥1,420.00	¥491.00	¥282.00	¥2,193.00
9	9901007	艾晓敏	女	讲师	¥645.00	¥292.00	¥65.00	¥1,002.00
10	9901008	刘方明	男	讲师	¥645.00	¥273.00	¥76.00	¥994.00
11	9901009	刘大力	男	副教授	¥960.00	¥385.00	¥172.00	¥1,517.00
12	9901010	刘国强	男	讲师	¥645.00	¥279.00	¥82.00	¥1,006.00
13	9901011	刘凤昌	男	讲师	¥645.00	¥283.00	¥90.00	¥1,018.00
14	9901012	刘国明	男	讲师	¥645.00	¥293.00	¥84.00	¥1,022.00
15	9901013	孙海亭	女	讲师	¥645.00	¥282.00	¥63.00	¥990.00
16	9901014	牟希雅	女	副教授	¥960.00	¥365.00	¥189.00	¥1,514.00
17	9901015	张　英	女	讲师	¥645.00	¥276.00	¥70.00	¥991.00

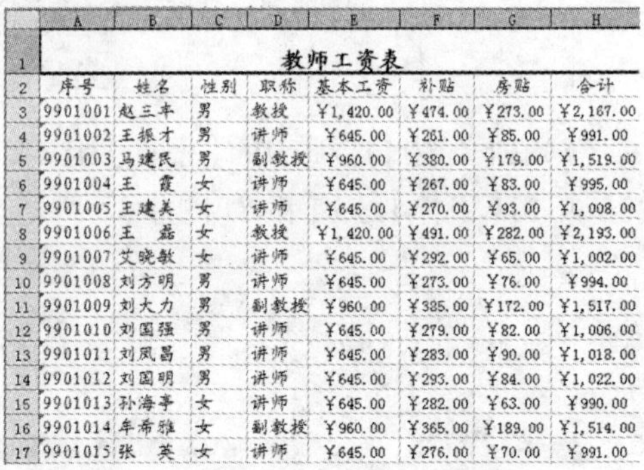

	A	B	C	D	E	F	G	H
1	教师工资表							
2	序号	姓名	性别	职称	基本工资	补贴	房贴	合计
3	9901001	赵三丰	男	教授	¥1,420.00	¥474.00	¥273.00	¥2,167.00
4	9901002	王振才	男	讲师	¥645.00	¥261.00	¥85.00	¥991.00
5	9901003	马建民	男	副教授	¥960.00	¥380.00	¥179.00	¥1,519.00
6	9901004	王　霞	女	讲师	¥645.00	¥267.00	¥83.00	¥995.00
7	9901005	王建美	女	讲师	¥645.00	¥270.00	¥93.00	¥1,008.00
8	9901006	王　磊	女	教授	¥1,420.00	¥491.00	¥282.00	¥2,193.00
9	9901007	艾晓敏	女	讲师	¥645.00	¥292.00	¥65.00	¥1,002.00
10	9901008	刘方明	男	讲师	¥645.00	¥273.00	¥76.00	¥994.00
11	9901009	刘大力	男	副教授	¥960.00	¥385.00	¥172.00	¥1,517.00
12	9901010	刘国强	男	讲师	¥645.00	¥279.00	¥82.00	¥1,006.00
13	9901011	刘凤昌	男	讲师	¥645.00	¥283.00	¥90.00	¥1,018.00
14	9901012	刘国明	男	讲师	¥645.00	¥293.00	¥84.00	¥1,022.00
15	9901013	孙海亭	女	讲师	¥645.00	¥282.00	¥63.00	¥990.00
16	9901014	牟希雅	女	副教授	¥960.00	¥365.00	¥189.00	¥1,514.00
17	9901015	张　英	女	讲师	¥645.00	¥276.00	¥70.00	¥991.00

图 4-44　合并及居中前后

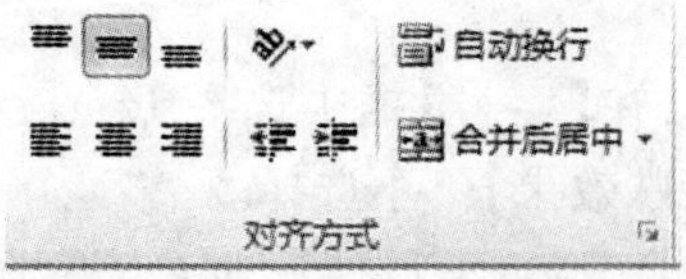

图 4-45　【对齐方式】组

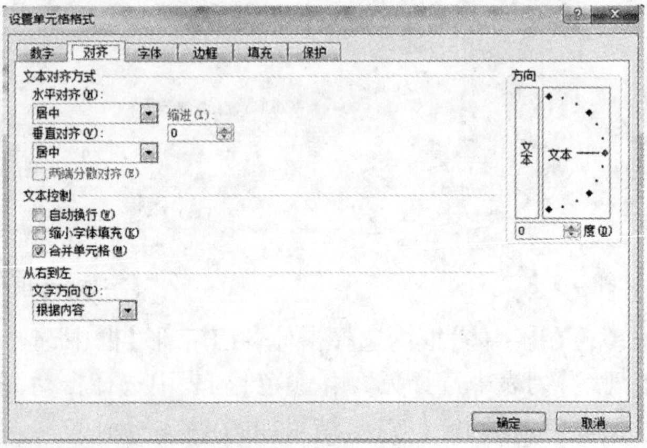

图 4-46　【对齐】选项卡

4.3.1.4　单元格文本对齐方式

在 Excel 中,默认状态下,单元格中数据的水平对齐方式表现为文字左对齐、数字右对齐,垂直对齐方式文字和数字都是靠下对齐。这样的表格对齐方式,不能满足所有用户的需要,所以 Excel 提供了更改对齐方式的功能。具体操作步骤如下:

(1)选取进行对齐格式设置的单元格区域,如图 4-47 所示。

(2)在【设置单元格格式】对话框中,单击【对齐】选项卡,如图 4-46 所示。

(3)在【水平对齐】框内选择居中,在【垂直对齐】框中选择居中。

(4)单击【确定】按钮,结果如图 4-48 所示。

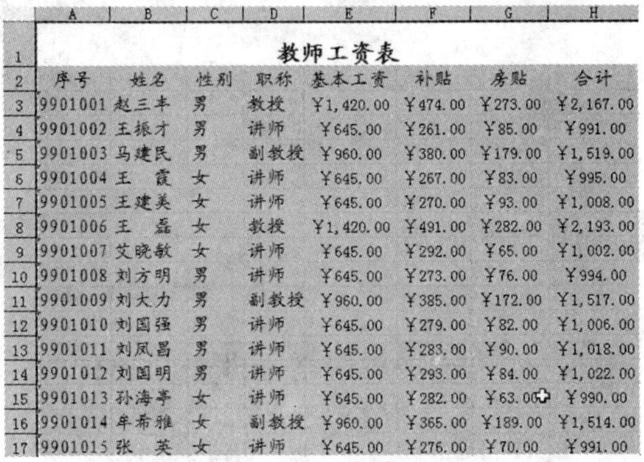

教师工资表

序号	姓名	性别	职称	基本工资	补贴	房贴	合计
9901001	赵三丰	男	教授	￥1,420.00	￥474.00	￥273.00	￥2,167.00
9901002	王振才	男	讲师	￥645.00	￥261.00	￥85.00	￥991.00
9901003	马建民	男	副教授	￥960.00	￥380.00	￥179.00	￥1,519.00
9901004	王　霞	女	讲师	￥645.00	￥267.00	￥83.00	￥995.00
9901005	王建美	女	讲师	￥645.00	￥270.00	￥93.00	￥1,008.00
9901006	王　磊	女	教授	￥1,420.00	￥491.00	￥282.00	￥2,193.00
9901007	艾晓敏	女	讲师	￥645.00	￥292.00	￥65.00	￥1,002.00
9901008	刘方明	男	讲师	￥645.00	￥273.00	￥76.00	￥994.00
9901009	刘大力	男	副教授	￥960.00	￥385.00	￥172.00	￥1,517.00
9901010	刘国强	男	讲师	￥645.00	￥279.00	￥82.00	￥1,006.00
9901011	刘凤昌	男	讲师	￥645.00	￥283.00	￥90.00	￥1,018.00
9901012	刘国明	男	讲师	￥645.00	￥293.00	￥84.00	￥1,022.00
9901013	孙海亭	女	讲师	￥645.00	￥282.00	￥63.00	￥990.00
9901014	牟希雅	女	副教授	￥960.00	￥365.00	￥189.00	￥1,514.00
9901015	张　英	女	讲师	￥645.00	￥276.00	￥70.00	￥991.00

图 4-47　选取单元格区域

教师工资表

序号	姓名	性别	职称	基本工资	补贴	房贴	合计
9901001	赵三丰	男	教授	￥1,420.00	￥474.00	￥273.00	￥2,167.00
9901002	王振才	男	讲师	￥645.00	￥261.00	￥85.00	￥991.00
9901003	马建民	男	副教授	￥960.00	￥380.00	￥179.00	￥1,519.00
9901004	王　霞	女	讲师	￥645.00	￥267.00	￥83.00	￥995.00
9901005	王建美	女	讲师	￥645.00	￥270.00	￥93.00	￥1,008.00
9901006	王　磊	女	教授	￥1,420.00	￥491.00	￥282.00	￥2,193.00
9901007	艾晓敏	女	讲师	￥645.00	￥292.00	￥65.00	￥1,002.00
9901008	刘方明	男	讲师	￥645.00	￥273.00	￥76.00	￥994.00
9901009	刘大力	男	副教授	￥960.00	￥385.00	￥172.00	￥1,517.00
9901010	刘国强	男	讲师	￥645.00	￥279.00	￥82.00	￥1,006.00
9901011	刘凤昌	男	讲师	￥645.00	￥283.00	￥90.00	￥1,018.00
9901012	刘国明	男	讲师	￥645.00	￥293.00	￥84.00	￥1,022.00
9901013	孙海亭	女	讲师	￥645.00	￥282.00	￥63.00	￥990.00
9901014	牟希雅	女	副教授	￥960.00	￥365.00	￥189.00	￥1,514.00
9901015	张　英	女	讲师	￥645.00	￥276.00	￥70.00	￥991.00

图 4-48　文字对齐格式设置效果

图 4-46 所示的对话框中,【自动换行】复选框,用于对输入的文本根据单元格列宽自动换行;【缩小字体填充】复选框,用于减小单元格中的字符大小,使数据的宽度与列宽相同;【合并单元格】复选框,用于将多个单元格合并成一个单元格;【方向】框,用来改变单元格中文本旋转角度,角度范围为 $-90°$ 到 $90°$。

另外,设置单元格水平对齐方式中的左对齐、居中、右对齐,也可使用【对齐方式】组中的按钮。

4.3.1.5　单元格边框设置

在 Excel 默认状态下,工作表内显示的横线和竖线实际上是虚线,这些线在打印预览状态或在打印时不会显示。因此,根据需要用户可以给工作表内的表格加上边框,其具体操作步骤如下:

(1)选取进行边框格式设置的单元格区域,如图 4-47 所示。

(2)在【设置单元格格式】对话框中,单击【边框】选项卡,如图 4-49 所示。

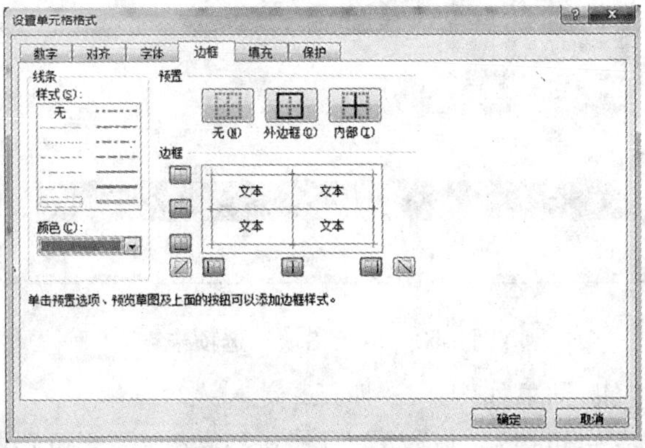

图 4-49　【边框】选项卡

(3)先选择线条样式,单击【预置】选项及【边框】按钮可以添加边框,并可预览草图;

单击【颜色】下拉列表可以更改边框颜色。在【线条样式】框中选择细线型,在【线条颜色】框中选择某种颜色,在【预置】框内选择外边框和内边线,给所选区域中的所有单元格都加上指定颜色的细边框线。

(4)单击【确定】按钮,结果如图 4-50 所示。

也可以使用【开始】选项卡【字体】组中的边框按钮 ,来设置边框。

4.3.1.6　单元格底纹设置

(1)选取进行底纹格式设置的单元格区域,如图 4-51 所示。

	A	B	C	D	E	F	G	H
1	教师工资表							
2	序号	姓名	性别	职称	基本工资	补贴	房贴	合计
3	9901001	赵三丰	男	教授	¥1,420.00	¥474.00	¥273.00	¥2,167.00
4	9901002	王振才	男	讲师	¥645.00	¥261.00	¥85.00	¥991.00
5	9901003	马建民	男	副教授	¥960.00	¥380.00	¥179.00	¥1,519.00
6	9901004	王　霞	女	讲师	¥645.00	¥267.00	¥83.00	¥995.00
7	9901005	王建美	女	讲师	¥645.00	¥270.00	¥93.00	¥1,008.00
8	9901006	王　磊	女	教授	¥1,420.00	¥491.00	¥282.00	¥2,193.00
9	9901007	艾晓敏	女	讲师	¥645.00	¥292.00	¥65.00	¥1,002.00
10	9901008	刘方明	男	讲师	¥645.00	¥273.00	¥76.00	¥994.00
11	9901009	刘大力	男	副教授	¥960.00	¥385.00	¥172.00	¥1,517.00
12	9901010	刘国强	男	讲师	¥645.00	¥279.00	¥82.00	¥1,006.00
13	9901011	刘凤昌	男	讲师	¥645.00	¥283.00	¥90.00	¥1,018.00
14	9901012	刘国明	男	讲师	¥645.00	¥293.00	¥84.00	¥1,022.00
15	9901013	孙海亭	女	讲师	¥645.00	¥282.00	¥63.00	¥990.00
16	9901014	牟希雅	女	副教授	¥960.00	¥365.00	¥189.00	¥1,514.00
17	9901015	张　英	女	讲师	¥645.00	¥276.00	¥70.00	¥991.00

图 4-50　单元格边框格式设置效果

	A	B	C	D	E	F	G	H
1	教师工资表							
2	序号	姓名	性别	职称	基本工资	补贴	房贴	合计
3	9901001	赵三丰	男	教授	¥1,420.00	¥474.00	¥273.00	¥2,167.00
4	9901002	王振才	男	讲师	¥645.00	¥261.00	¥85.00	¥991.00
5	9901003	马建民	男	副教授	¥960.00	¥380.00	¥179.00	¥1,519.00
6	9901004	王　霞	女	讲师	¥645.00	¥267.00	¥83.00	¥995.00
7	9901005	王建美	女	讲师	¥645.00	¥270.00	¥93.00	¥1,008.00
8	9901006	王　磊	女	教授	¥1,420.00	¥491.00	¥282.00	¥2,193.00
9	9901007	艾晓敏	女	讲师	¥645.00	¥292.00	¥65.00	¥1,002.00
10	9901008	刘方明	男	讲师	¥645.00	¥273.00	¥76.00	¥994.00
11	9901009	刘大力	男	副教授	¥960.00	¥385.00	¥172.00	¥1,517.00
12	9901010	刘国强	男	讲师	¥645.00	¥279.00	¥82.00	¥1,006.00
13	9901011	刘凤昌	男	讲师	¥645.00	¥283.00	¥90.00	¥1,018.00
14	9901012	刘国明	男	讲师	¥645.00	¥293.00	¥84.00	¥1,022.00
15	9901013	孙海亭	女	讲师	¥645.00	¥282.00	¥63.00	¥990.00
16	9901014	牟希雅	女	副教授	¥960.00	¥365.00	¥189.00	¥1,514.00
17	9901015	张　英	女	讲师	¥645.00	¥276.00	¥70.00	¥991.00

图 4-51　选择设置底纹的单元格

(2)在【设置单元格格式】对话框中,单击【填充】选项卡,可以设置背景颜色、图案颜色、图案样式,其中【填充效果】框用于设置渐变背景色。

例如:在【背景色】的颜色框中选择蓝色;在【图案颜色】框中选择灰色,在【图案样式】框中选择 12.5% 灰色,如图 4-52 所示。

图 4-52　单元格填充选项卡

(3)单击【确定】按钮,结果如图 4-53 所示。

以上这些格式设置,也可以通过浮动工具栏进行:选中需要设置文本格式的单元格或单元格区域,单击鼠标右键,将显示浮动工具栏,在其中单击相应按钮可设置相应的格式,如图 4-54 所示。

	A	B	C	D	E	F	G	H
1	教师工资表							
2	序号	姓名	性别	职称	基本工资	补贴	房贴	合计
3	9901001	赵三丰	男	教授	¥1,420.00	¥474.00	¥273.00	¥2,167.00
4	9901002	王振才	男	讲师	¥645.00	¥261.00	¥85.00	¥991.00
5	9901003	马建民	男	副教授	¥960.00	¥380.00	¥179.00	¥1,519.00
6	9901004	王　霞	女	讲师	¥645.00	¥267.00	¥83.00	¥995.00
7	9901005	王建美	女	讲师	¥645.00	¥270.00	¥93.00	¥1,008.00
8	9901006	王　磊	女	教授	¥1,420.00	¥491.00	¥282.00	¥2,193.00
9	9901007	艾晓敏	女	讲师	¥645.00	¥292.00	¥65.00	¥1,002.00
10	9901008	刘方明	男	讲师	¥645.00	¥273.00	¥76.00	¥994.00
11	9901009	刘大力	男	副教授	¥960.00	¥385.00	¥172.00	¥1,517.00
12	9901010	刘国强	男	讲师	¥645.00	¥279.00	¥82.00	¥1,006.00
13	9901011	刘凤昌	男	讲师	¥645.00	¥283.00	¥90.00	¥1,018.00
14	9901012	刘国明	男	讲师	¥645.00	¥293.00	¥84.00	¥1,022.00
15	9901013	孙海亭	女	讲师	¥645.00	¥282.00	¥63.00	¥990.00
16	9901014	卑希雅	女	副教授	¥960.00	¥365.00	¥189.00	¥1,514.00
17	9901015	张　英	女	讲师	¥645.00	¥276.00	¥70.00	¥991.00

图 4-53　单元格底纹格式设置效果

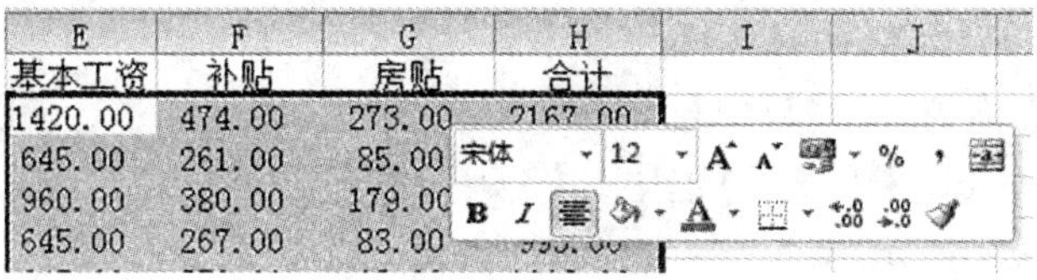

图 4-54　浮动工具栏

4.3.2　行高、列宽的调整

当建立一张新工作表时，所有的单元格都有相同的宽度和高度，有时不能满足用户的需要，这就要求用户根据实际需要适当调整列宽、行高。

4.3.2.1　调整列宽

(1)选择待调整列宽的列。

(2)在【开始】选项卡的【单元格】组中单击【格式】按钮，在弹出的下拉列表(如图 4-55所示)中，单击【列宽】选项，会弹出【列宽】对话框，如图 4-56 所示，在文本框内输入合适的列宽值，单击【确定】即可。

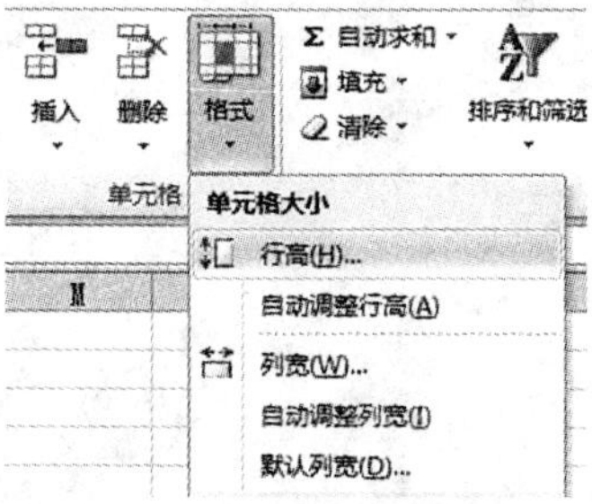

图 4-55　格式下拉列表

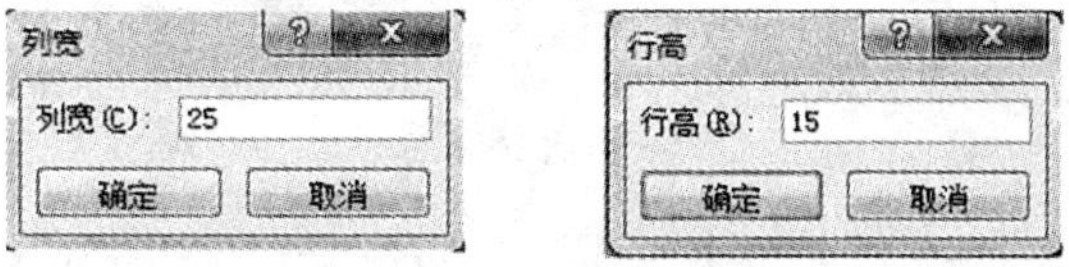

图 4-56　列宽、行高对话框

用鼠标来调整列宽，方法是：把鼠标指针移到列与列的交界处，如 D ✛ E ，当指针变成✛时，按下左键向左或向右拖动鼠标，释放左键即可把列调窄或调宽。

4.3.2.2　调整行高

(1)选择待调整的行。

(2)在【开始】选项卡的【单元格】组中单击【格式】按钮,在弹出的下拉列表(如图4-55所示)中,单击【行高】选项,会弹出【行高】对话框,如图4-56所示,在文本框内输入合适的行高值,单击【确定】即可。

用鼠标来调整行高,方法是:将鼠标指针放到行与行交界处时会变成 ,按下左键向上或向下拖动鼠标,释放左键即可。

在【格式下拉列表】(如图4-55所示)中,可以选择【自动调整行高】或【自动调整列宽】对表格进行自动调整。

4.3.3　自动套用表格

对于工作表的格式化,还可以使用Excel提供的自动套用表格功能。比如以图4-57为例,进行表格自动套用格式,具体操作如下:

(1)选定要格式化的单元格区域。

(2)执行【开始】选项卡【样式】组中的【套用表格格式】命令,在其下拉列表中选择某个选项即可,如图4-57所示。

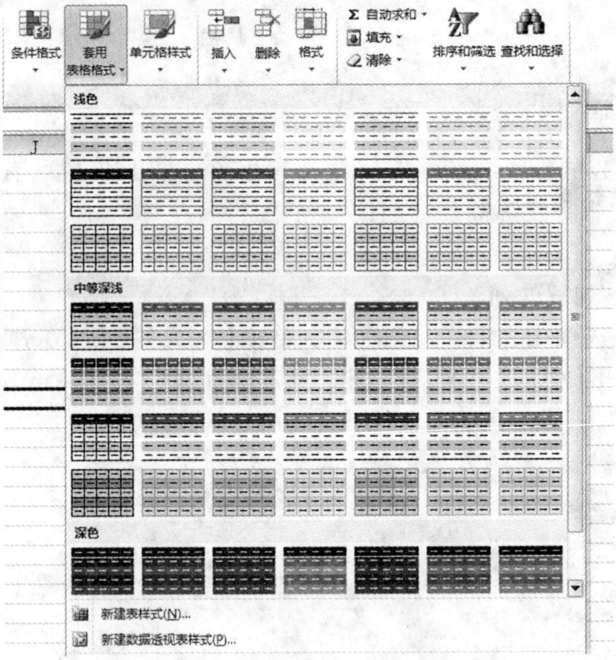

图4-57　自动套用格式选项

4.3.4　条件格式化

Excel提供的条件格式化功能,用于对选定区域的各单元格中的数值,设置一定的条件,对满足条件的单元格设置格式。

例如:在图 4-58 所示的表格中,对季度销售额不足 400000 的用红色表示。

操作方法是:选定要设置格式的数值区域,在【开始】选项卡的【样式】组中选择【条件格式】按钮,如图 4-59 所示。

在【突出显示单元格规则】中选择【小于】,弹出如图 4-60 所示的对话框,在文本框中输入条件值(400000),然后单击【设置为】右侧的下拉按钮,选择红色文本,单击【确定】按钮。

本年度各商场销售额

商场名称	一季度	二季度	三季度	四季度
东方商场	￥500,000.00	￥450,000.00	￥480,000.00	￥520,000.00
华北商场	￥420,000.00	￥380,000.00	￥440,000.00	￥400,000.00
天都商场	￥360,000.00	￥420,000.00	￥370,000.00	￥480,000.00
丰润商场	￥480,000.00	￥510,000.00	￥600,000.00	￥700,000.00

图 4-58

图 4-59　条件格式选项

图 4-60　条件格式【小于选项】对话框

4.4　公式与函数

4.4.1　公式的输入

公式可以以工作表中的数值进行加、减、乘、除等运算。输入公式的操作类似数据输入,不同的就是在单元格中输入公式时必须先输入"="，然后才是公式的表达式。

4.4.1.1　公式中的运算符类型

Excel 2010 包含四类运算符:算术运算符、比较运算符、文本运算符和引用运算符。

1. 算术运算符

算术运算符有 +(加号)、-(减号或负号)、*(星号或乘号)、/(除号)、%(百分号)、^(乘方)。完成基本的数学运算,返回值为数值。例如,在单元格中输入"=2+5^2"后回车,结果为 27。

2. 比较运算符

比较运算符有 =(等号)、>(大于)、<(小于)、>=(大于等于)、<=(小于等于)、

< >(不等于),用以实现两个值的比较,结果是一个逻辑值 True 或 False。例如:在单元格中输入"=3 < 8",结果为 True。

3. 文本运算符

文本运算符为"&",用来连接一个或多个文本数据以产生组合的文本。例如,在单元格中输入"="职业"&"学院""(注意文本输入时须加英文引号)后回车,将产生"职业学院"的结果。

4. 引用运算符

单元格引用运算符为":"(冒号),用于合并多个单元格区域。例如,B2:E2 表示引用 B2 到 E2 之间的所有单元格。

4.4.1.2 公式中的运算顺序

公式中的运算符运算优先级为:

:(冒号)、空格、,(逗号)→ %(百分比)→ ^(乘方)→ *(乘)、/(除)→ +(加)、-(减)→ &(连接符)→ = 、< 、>、< = 、> = 、< >(比较运算符)

其中空格用于输入分数与日期、时间:如输入分数时,应先输入 0(零)及空格作为前导符,然后再输入分数;当同时输入日期与时间时,中间必须以空格相隔。逗号则用作数字的千分位号,如 8,250。

对于优先级相同的运算符,则从左到右进行计算。如果要修改计算的顺序,则应把公式中需要首先计算的部分括在圆括号内。

4.4.1.3 公式的创建

在单元格中输入公式的具体操作步骤如下:

(1)选择要输入公式的单元格,例如 B9 单元格。

(2)先输入 =,然后单击 B5 单元格;再输入 +,单击 B6 单元格;再输入 +,单击 B7 单元格;再输入 +,单击 B8 单元格。实际是求 B5 至 B8 单元格数值的和,这样就创建了一个简单的公式。输入的公式如图 4-61 所示。

	A	B	C	D	E	F
1						
2	本年度各商场销售额					
3						
4	商场名称	一季度	二季度	三季度	四季度	
5	东方商场	¥500,000.00	¥450,000.00	¥480,000.00	¥520,000.00	
6	华北商场	¥420,000.00	¥380,000.00	¥440,000.00	¥400,000.00	
7	天都商场	¥360,000.00	¥420,000.00	¥370,000.00	¥480,000.00	
8	丰润商场	¥480,000.00	¥510,000.00	¥600,000.00	¥700,000.00	
9	合计	=B5+B6+B7+B8				

图 4-61　输入公式

(3)按下【回车】键,或单击公式编辑栏上的输入按钮 ✔,确定公式的创建。B9 单元格中显示出相加的结果,如图 4-62 所示。

注意:求单元格区域中数值的计算值,在输入公式时,尽量不要将单元格中填充的内容(如 500000)输入公式,必须输入数值对应的单元格名称(如 B5)。因为只有输入单元格名称,才能在单元格内数据发生变化时,合计总额自动发生变化。

本年度各商场销售额				
商场名称	一季度	二季度	三季度	四季度
东方商场	￥500,000.00	￥450,000.00	￥480,000.00	￥520,000.00
华北商场	￥420,000.00	￥380,000.00	￥440,000.00	￥400,000.00
天都商场	￥360,000.00	￥420,000.00	￥370,000.00	￥480,000.00
丰润商场	￥480,000.00	￥510,000.00	￥600,000.00	￥700,000.00
合计	￥1,760,000.00			

图 4-62　公式计算结果

4.4.1.4　公式的编辑

1. 修改公式

创建公式后，有时需要对公式进行修改，方法是：直接双击含有公式的单元格，例如双击图 4-62 表格中的 B9 单元格，就可在 B9 单元格中修改公式了；还可以单击含有公式的单元格，在显示该公式的公式编辑栏中进行修改。

2. 复制公式

复制单元格的公式，就是选定带有公式的单元格，单击复制按钮，再选定需要粘贴公式的单元格，单击粘贴按钮，即可完成公式复制。公式复制后，其公式中的单元格名称会因公式所在单元格的改变而相应改变名称。例如，在 B9 单元格中输入的公式为 = B5 + B6 + B7 + B8，那么将 B9 中的公式复制到 C9 单元格后，C9 中的公式就会变成 = C5 + C6 + C7 + C8。

如多个单元格在求值时的对应关系相同，则可以使用成批复制公式的方法，也可称之为“相对引用”。如图 4-63 中的表格，如在 C9、D9、E9 中都求上面四个单元格的和，则其对应关系即与 B9 求值的对应关系一致，就可使用成批复制公式的方法，具体步骤如下：

(1) 选定复制出公式的单元格，如 B9 单元格。

(2) 鼠标指针移到此单元格的右下角，指向填充柄，变成形状时，按住左键拖动鼠标到 E9 单元格，松开左键，即完成复制，如图 4-63 所示。

注意：复制带有公式的单元格，只是将单元格中的公式进行复制和粘贴，而不是将单元格中的实际填充内容进行复制和粘贴。

本年度各商场销售额				
商场名称	一季度	二季度	三季度	四季度
东方商场	￥500,000.00	￥450,000.00	￥480,000.00	￥520,000.00
华北商场	￥420,000.00	￥380,000.00	￥440,000.00	￥400,000.00
天都商场	￥360,000.00	￥420,000.00	￥370,000.00	￥480,000.00
丰润商场	￥480,000.00	￥510,000.00	￥600,000.00	￥700,000.00
合计	￥1,760,000.00	￥1,760,000.00	￥1,890,000.00	￥2,100,000.00

图 4-63　成批复制的结果

3. 删除公式

如果要删除单元格中的计算结果和公式，选定该单元格，直接按键盘上的【Delete】键即可。

4.4.1.5　相对引用和绝对引用

Excel 单元格的引用方式有相对引用、绝对引用和混合引用。默认方式为相对引用。

1. 相对引用

相对引用是指单元格地址会随公式所在位置的变化而改变,公式的值将会依据更改后的单元格地址的值重新计算。例如,在图 4-61 中,在单元格 B9 中输入 = B5 + B6 + B7 + B8后回车,得到的结果为 1760,然后选定 B9,再将鼠标指针指向填充柄,拖动填充柄到 C9、D9、E9,公式相应改变为 = C5 + C6 + C7 + C8、= D5 + D6 + D7 + D8、= E5 + E6 + E7 + E8,结果分别为 1760、1890、2100。

2. 绝对引用

绝对引用是指公式中的单元格或单元格区域地址不随公式位置的改变而发生改变。公式中所引用的单元格或单元格区域指的是其在工作表中的确切位置,不随公式所在单元格的改变而改变。绝对引用的形式是在每一个列标及行号前加一个“$”符号,例如,输入公式 = 12 * $ C $ 4。

3. 混合引用

混合引用是指单元格或单元格区域的地址既有相对引用,又有绝对引用,如$ C3、C $ 3。

4. 三维地址引用

在 Excel 中,不但可以引用同一工作表中的单元格,还可以引用不同工作簿中工作表中的单元格,引用格式为:[工作簿名] + 工作表名! + 单元格。例如,在工作簿 Book1 中引用工作簿 Book2 的 Sheet1 工作表中的第 2 行第 3 列单元格,可表示为:[Book2] Sheet1! C2。

4.4.1.6　自动求和

在表格的运算中,求和是使用最频繁的。Excel 对一些常用的快速运算设置了按钮 Σ ▾,例如求和、平均数、计数、最大、最小。下面以自动求和为例说明其用法,具体操作步骤如下:

(1)选定需要求和的一组数(行或列),但要在数字末尾多选一个空白单元格,以便存放求出的结果。如选定 A1:E1 区域,E1 为空白单元格,如图 4-64 所示。

(2)单击【公式】选项卡中的【自动求和】按钮,结果即可在 E1 单元格里显示,如图 4-65所示。

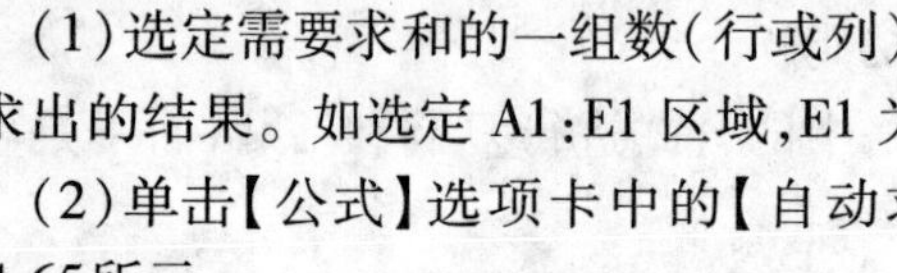

A1　fx 86

	A	B	C	D	E
1	86	45	56	37	
2	72	82	63	49	
3	58	84	65	23	

图 4-64　选定区域

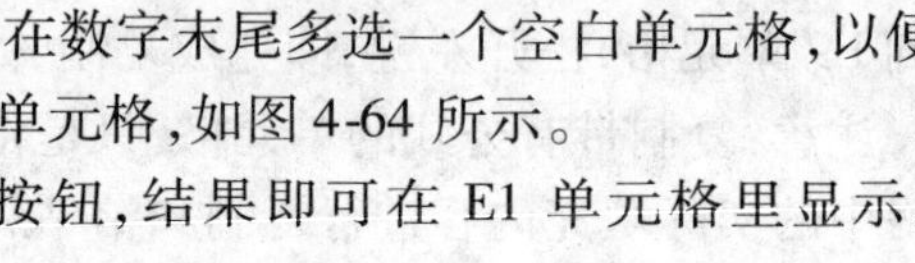

A1　fx 86

	A	B	C	D	E
1	86	45	56	37	224
2	72	82	63	49	
3	58	84	65	23	

图 4-65　求和结果

另外,Excel 在状态栏右侧也提供了一个显示自动求和结果的地方。当用户选定如图 4-64所示区域时,在状态栏就会显示 求和: 224。但这个结果是系统自动求出并显示出来的,用户不能进行编辑。在该位置同时还显示 平均值: 56　计数: 4。

4.4.2　函数的使用

4.4.2.1　函数的概念与分类

为方便用户对数据进行计算，Excel 2010 提供了许多内置的函数。利用函数进行计算大大提高了工作效率，函数的构成分为函数名和参数，常用的函数有 SUM（求和）、AVERAGE（求平均值）、COUNT（统计）、MAX（求最大值）、MIN（求最小值）等。参数根据函数计算功能的不同可以是数字、文本、逻辑值、数组、错误值或单元格引用，也可以是常量、公式或其他函数。指定的参数都必须为有效参数值。

Excel 2010 中的函数可分为数据库函数、日期与时间函数、工程函数、财务函数、信息函数、逻辑函数、查询和引用函数、数学和三角函数、统计函数、文本函数和用户自定义函数等十几大类函数。

4.4.2.2　函数的应用

由于函数太多，用户很难全部记住，所以通常使用【插入函数】对话框来插入函数，具体操作步骤如下：

（1）选定要使用函数的单元格，如选中图 4-61 中的 B9 单元格。

（2）在【公式】选项卡的【函数库】组中，单击【插入函数】按钮，或单击公式编辑栏左边的插入函数按钮 fx ，弹出【插入函数】对话框，如图 4-66 所示。

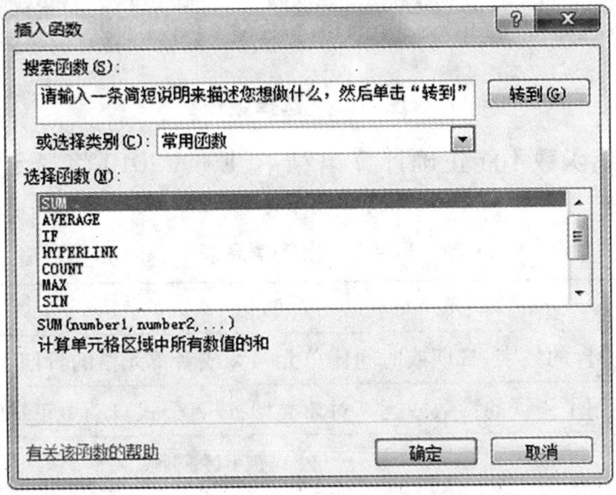

图 4-66　插入函数对话框

（3）默认状态下，在【或选择类别】列表框中显示为【常用函数】，用户可以单击下拉按钮选择其他类别。例如，选择【常用函数】，在【选择函数】列表框中选择求和函数“SUM”，单击【确定】按钮，弹出如图 4-67 所示的【函数参数】对话框。

（4）在【Number1】框中输入引用的单元格区域，或单击【Number1】框右边的按钮，可暂时折叠起数据添加框，露出工作表，如图 4-68 所示。

（5）拖动鼠标，选择 B5:B8 单元格区域，在数据添加框内显示【B5:B8】，B9 单元格内显示【=SUM(B5:B8)】。单击数据添加框右边的按钮，返回如图 4-67 所示的【函数参数】对话框，单击【确定】按钮，即可在所选单元格中填入计算结果。

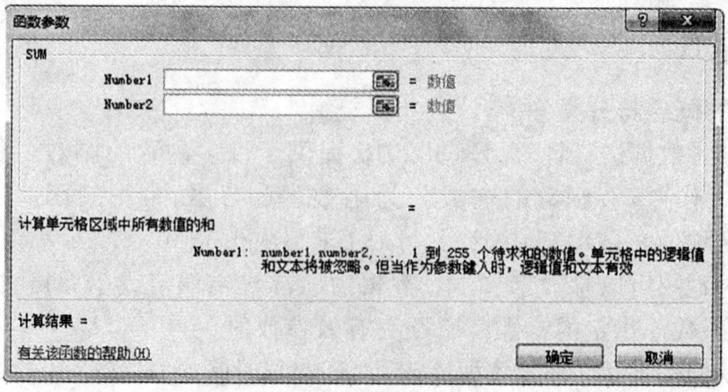

图 4-67　【函数参数】对话框

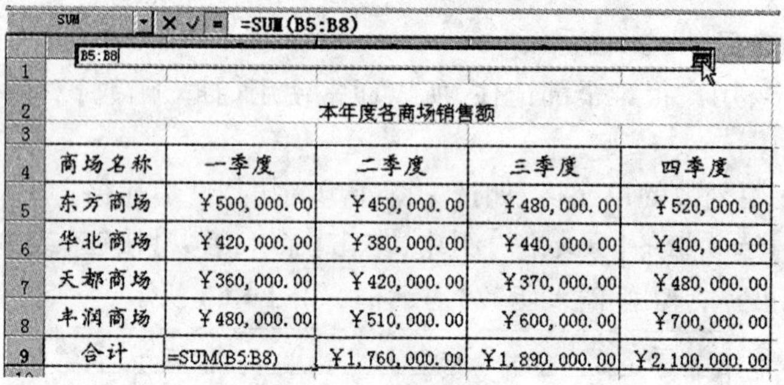

图 4-68　选择数据

注意:如果公式或函数不能正确计算出结果,Excel 2010 将显示一个错误值。表 4-1 列出了常见的出错信息。

表 4-1　出错信息表

错误值	可能的原因
#####	单元格所含的数字、日期或时间比单元格宽或者单元格的日期时间公式产生一个负值
#VALUE!	使用了错误的参数或运算对象类型,或者公式自动更正功能不能更正公式
#DIV/0!	公式被 0(零)除
#NAME?	公式中使用了 Excel 2010 不能识别的文本
#N/A	函数或公式中没有可用数值
#REF!	单元格引用无效
#NUM!	公式或函数中的某个数字有问题
#NULL!	试图为两个并不相交的区域指定交叉点

4.4.2.3　常用函数介绍

函数作为 Excel 处理数据的一个最重要手段,功能十分强大,在生活和工作实践中应用广泛。这里仅介绍一些常用函数的功能及用法,更多详细信息请参阅 Excel 2010 帮助。

1. 求和函数 SUM

求和函数 SUM 的语法格式为 SUM（number1，number2，…），其中 number1、number2、…为需要求和的参数。如果参数为数组或引用，只有其中的数字被计算，数组或引用中的空白单元格、逻辑值、文本或错误值将被忽略。如果参数为错误值或不能转换成数字的文本，将会导致错误。

2. 单条件求和函数 SUMIF

单条件求和函数 SUMIF 的语法格式为 SUMIF(range，criteria，[sum_range])，用于对区域中符合指定条件的值求和。

其中 range 参数必选，用于指定条件计算的单元格区域。每个区域中的单元格都必须是数字或名称、数组或包含数字的引用，空值和文本值将被忽略。

criteria 参数必选，用于确定对哪些单元格求和的条件，其形式可以为数字、表达式、单元格引用、文本或函数。例如，条件可以表示为 32、">32"、B5、"32" 或 TODAY（）等。任何文本条件或任何含有逻辑或数学符号的条件都必须使用半角的双引号括起来。如果条件为数字，则无需使用双引号。

sum_range 参数可选，指要求和的实际单元格。如果 sum_range 参数被省略，Excel 会对 range 参数中指定的单元格（即应用条件的单元格）求和。

在条件中可以使用通配符，即问号（?）和星号（*）。问号匹配任意单个字符，星号匹配任意一系列字符。若要查找实际的问号或星号，请在该字符前键入波形符（~）。条件不区分大小写。

3. 求平均值函数 AVERAGE

求平均值函数 AVERAGE 的语法格式为 AVERAGE（number1，number2，…），其中 number1、number2、…为要计算平均值的参数。参数可以是数字或涉及数字的名称、数组或引用。如果数组或单元格引用参数中有文字、逻辑值或空单元格，则忽略其值；如果单元格包含零值则计算在内。

4. COUNT 函数

COUNT 函数计算包含数字的单元格以及参数列表中数字的个数。使用函数 COUNT 可以获取区域或数字数组中数字输入项的个数。

COUNT 函数语法格式为 COUNT(value1，[value2]，…)，其中 value1 参数是必选项，指要计算其中数字个数的第一个项、单元格引用或区域。value2，…参数可选，指要计算其中数字个数的其他项、单元格引用或区域，最多可包含 255 个。

例如，若【=COUNT(A1:A10)】的返回值为 3，说明该区域中有 3 个单元格包含数字。

如果参数为数字、日期或者代表数字的文本（例如，用引号引起的数字，如"1"），则将被计算在内。逻辑值和直接键入到参数列表中代表数字的文本被计算在内。如果参数为错误值或不能转换为数字的文本，则不会被计算在内。如果参数为数组或引用，则只计算数组或引用中数字的个数，不会计算数组或引用中的空单元格、逻辑值、文本或错误值。

5. COUNTIF 函数

COUNTIF 为统计区域中满足给定条件单元格个数的函数，其语法格式为 COUNTIF（range，criteria），range 代表要统计的单元格区域，criteria 表示指定的条件表达式，其形式可以为数字、表达式、单元格引用或文本,使用方法可参考 SUMIF 函数。

例如:【 =COUNTIF (C2:C15,"女")】用于计算单元格区域 C2:C15 中女生人数;

【 =COUNTIF(E2:E16," >1000")】用于计算单元格区域 E2:E16 中,数值大于 1000 的人数。

6. 排序函数 RANK

排序函数 RANK 的语法格式为 RANK(number,ref,order),其中 number 为参加排序的数字,ref 为包含一组数字的数组或引用,order 为一数字,用来指明排位的方式。如果 order 为零或省略,则 Excel 将 ref 当作按降序排列的数据清单进行排位;如果 order 不为零,Excel 将 ref 当作按升序排列的数据清单进行排位。RANK 函数对重复数的排位相同,但重复数的存在将影响后续数值的排位。

例如,公式【 =RANK(K2,$K$2:$K$15)】用于计算 K2 单元格中的数据在 K2:K15区域内的排名。其中,【$K$2:$K$15】表示绝对引用,所有参与排序的数据都在这个单元格区域范围内排序。

7. MAX、MIN 函数

MAX、MIN 函数分别用来求解数据集中的最大值、最小值。

函数的语法格式为 MAX 或 MIN(number1,number2,…),其中 number1、number2、…为需要找出最大或最小数值的参数区域。参数中的空白单元格、逻辑值或文本将被忽略,因此如果逻辑值和文本不能忽略,应使用带 A 的函数 MAXA 或者 MINA 来代替。

8. AND、OR 函数

AND 函数语法格式为 AND(logical1,logical2,…)。所有参数的逻辑值为真时,返回 True;只要一个参数的逻辑值为假,即返回 False。

OR 函数语法格式为 OR(logical1,logical2,…)。所有参数的逻辑值为假时,返回 False;只要一个参数的逻辑值为真,即返回 True。

参数必须是逻辑值 True 或 False,或者包含逻辑值的数组或引用。参数中的文本或空白单元格将被忽略。如果指定的单元格区域内包括非逻辑值,则 AND 将返回错误值 #VALUE!。

9. IF 函数

IF 函数语法格式为 IF(logical_test,[value_if_true],[value_if_false]),其中 logical_test 参数为必选项,是计算结果可能为 True 或 False 的任意值或表达式;value_if_true 参数是计算结果为 True 时所要返回的值;value_if_false 参数是计算结果为 False 时所要返回的值。

10. 取字符串子串函数 LEFT、RIGHT、MID

LEFT、RIGHT、MID 都是字符串提取函数。

LEFT 和 RIGHT 函数语法格式为 LEFT(text,num_chars)、RIGHT(text,num_chars)。

第一个参数 text 是文本,是包含要提取字符串的文本字符串,可以是一个字符串,或是一个单元格引用。第二个参数 num_chars 是想要提取的个数。LEFT 函数是从左向右提取,RIGHT 函数是从右向左提取。

比如,【 =LEFT(A1,2)】是从 A1 单元格的文本里,从左边第一位开始,向右提取 2

位。如果 A1 是【高职院校】,则得到的结果是【高职】。

MID 函数语法格式为 MID (text,start_num,num_chars),也是从左向右提取,但不一定是从第一个起,可以从任意一个开始。第一个参数是 text,是包含要提取字符串的文本字符串,可以是一个字符串,或是一个单元格引用。第二个参数 start_num 是要提取的开始字符,第三个参数 num_chars 是要提取的个数。例如,【 =MID(A1,3,2)】是从 A1 单元格的文本里,从左边第 3 位开始,向右提取 2 位。如果 A1 是【高职院校】,则得到的结果是【院校】。

4.5 工作表的数据处理

Excel 2010 与其他的数据管理软件一样,拥有强大的排序、筛选和分类汇总等数据管理功能,具有广泛的应用价值。全面了解和掌握数据管理方法有助于提高工作效率和数据管理水平。

4.5.1 数据清单

Excel 2010 的数据清单具有类似数据库的特点,可以实现数据的排序、筛选、分类汇总、统计和查询等操作,具有数据库的组织、管理和处理数据的功能,因此 Excel 数据清单也称 Excel 数据库。

数据清单的第一行必须为文本类型,是对应列的名称。在此行的下面是连续的数据区域,每一列包含相同类型的数据。数据清单中的列是数据库中的字段,数据清单中的列标题对应数据库中的字段名称,数据清单中的每一行对应数据库中的一条记录。

4.5.2 排序

排序是数据库的基本功能之一,为了方便数据查找,往往需要对数据进行排序。Excel 2010提供了多种对工作表区域进行排序的方法,用户可以根据需要按行或列、按升序或降序或自定义序列来排序。

4.5.2.1 单个关键字排序

如图 4-69 所示表格,按“基本工资”进行排序。选中【基本工资】数据列表中的任意一个单元格,单击【数据】选项卡,在【排序和筛选】组中,单击【升序】按钮,则按“基本工资”从小到大排序,若单击【降序】按钮,则按“基本工资”从大到小排序。

4.5.2.2 多个关键字排序

若要按多关键字排序,则在【排序和筛选】组中单击【排序】按钮,弹出【排序】对话框,如图 4-70 所示。

在对话框的【主要关键字】下拉列表框中选择关键字,在设置好主要关键字后,可以对【排序依据】进行设置(如,数值、单元格颜色、字体颜色、单元格图标),最后对【次序】进行设置,在【次序】下拉列表中选择升序、降序或自定义序列。

对图 4-69 所示的表格数据,先按“基本工资”升序排序,基本工资相同的,再按“补贴”升序排序。操作步骤如下:

	A	B	C	D	E	F	G
1	序号	姓名	性别	职称	基本工资	补贴	房贴
2	9901001	张　三	男	教授	1420.00	474.00	273.00
3	9901002	李　斯	男	讲师	645.00	261.00	85.00
4	9901003	王　力	男	副教授	960.00	380.00	179.00
5	9901004	王　霞	女	讲师	645.00	267.00	83.00
6	9901005	王建美	女	讲师	645.00	270.00	93.00
7	9901006	张　瑞	女	教授	1420.00	491.00	282.00
8	9901007	张小云	女	讲师	645.00	292.00	65.00
9	9901008	刘国明	男	讲师	645.00	273.00	76.00
10	9901009	王大力	男	副教授	960.00	385.00	172.00
11	9901010	赵国强	男	讲师	645.00	279.00	82.00
12	9901011	黎　明	男	讲师	645.00	283.00	90.00
13	9901012	肖　云	男	讲师	645.00	293.00	84.00
14	9901013	李海婷	女	讲师	645.00	282.00	63.00
15	9901014	张建钢	女	副教授	960.00	365.00	189.00
16	9901015	张　英	女	讲师	645.00	276.00	70.00

图 4-69　选择数据

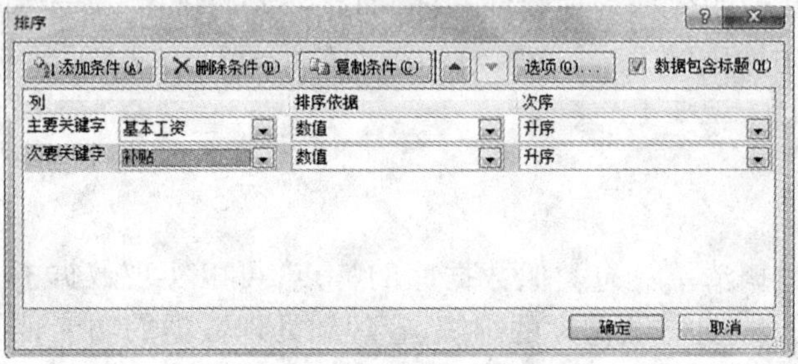

图 4-70　【排序】对话框

(1)选择数据清单中的任意一个单元格,单击【排序】按钮。

(2)在【排序】对话框的【主要关键字】下拉列表框中选择【基本工资】,【排序依据】选择【数值】,【次序】选择【升序】。

(3)单击【添加条件】按钮,此时在对话框中显示【次要关键字】选项,在【次要关键字】下拉列表框中选择【补贴】,【排序依据】选择【数值】,【次序】选择【升序】,单击【确定】,如图 4-70 所示。排序结果如图 4-71 所示。

	A	B	C	D	E	F	G
1	序号	姓名	性别	职称	基本工资	补贴	房贴
2	9901002	李　斯	男	讲师	645.00	261.00	85.00
3	9901004	王　霞	女	讲师	645.00	267.00	83.00
4	9901005	王建美	女	讲师	645.00	270.00	93.00
5	9901008	刘国明	男	讲师	645.00	273.00	76.00
6	9901015	张　英	女	讲师	645.00	276.00	70.00
7	9901010	赵国强	男	讲师	645.00	279.00	82.00
8	9901013	李海婷	女	讲师	645.00	282.00	63.00
9	9901011	黎　明	男	讲师	645.00	283.00	90.00
10	9901007	张小云	女	讲师	645.00	292.00	65.00
11	9901012	肖　云	男	讲师	645.00	293.00	84.00
12	9901014	张建钢	女	副教授	960.00	365.00	189.00
13	9901003	王　力	男	副教授	960.00	380.00	179.00
14	9901009	王大力	男	副教授	960.00	385.00	172.00
15	9901001	张　三	男	教授	1420.00	474.00	273.00
16	9901006	张　瑞	女	教授	1420.00	491.00	282.00

图 4-71　排序结果

若有更多关键字要排序,则依次单击【添加条件】,并进行相应设置。在 Excel 2010 中,排序条件最多可以支持 64 个关键字。若要删除排序条件,则选中要删除的条件,在【排序】对话框单击【删除条件】按钮。

4.5.3　筛选

筛选数据只是将数据表中满足条件的记录显示出来，将不满足条件的记录暂时隐藏。Excel 提供了两种筛选方式：自动筛选和高级筛选。自动筛选适用于简单条件的筛选，高级筛选适用于复杂条件的筛选。

4.5.3.1　自动筛选

自动筛选数据的具体步骤如下：

（1）选取数据清单中的任一单元格。

（2）选择【数据】选项卡，在【排序和筛选】组中单击【筛选】按钮，在数据清单中的字段名右侧出现一个下拉箭头▼，如图 4-72 所示，单击【职称】右侧下拉箭头，可在出现的列表中（如图 4-73 所示）设置筛选条件、删除筛选条件或自定义自动筛选条件。

	A	B	C	D	E	F	G	H
1	序号	姓名	性别	职称	基本工	补贴	房贴	合计
2	9901002	李　斯	男	讲师	645.00	261.00	85.00	991.00
3	9901004	王　霞	女	讲师	645.00	267.00	83.00	995.00
4	9901005	王建美	女	讲师	645.00	270.00	93.00	1008.00
5	9901008	刘国明	男	讲师	645.00	273.00	76.00	994.00
6	9901015	张　英	女	讲师	645.00	276.00	70.00	991.00
7	9901010	赵国强	男	讲师	645.00	279.00	82.00	1006.00
8	9901013	李海婷	女	讲师	645.00	282.00	63.00	990.00
9	9901011	黎　明	男	讲师	645.00	283.00	90.00	1018.00
10	9901007	张小云	女	讲师	645.00	292.00	65.00	1002.00
11	9901012	肖　云	男	讲师	645.00	293.00	84.00	1022.00
12	9901014	张建钢	女	副教授	960.00	365.00	189.00	1514.00
13	9901003	王　力	男	副教授	960.00	380.00	179.00	1519.00
14	9901009	王大力	男	副教授	960.00	385.00	172.00	1517.00
15	9901001	张　三	男	教授	1420.00	474.00	273.00	2167.00
16	9901006	张　瑞	女	教授	1420.00	491.00	282.00	2193.00

图 4-72

（3）在图 4-73 左侧列表中选择【教授】，单击【确定】，筛选结果如图 4-74 所示。

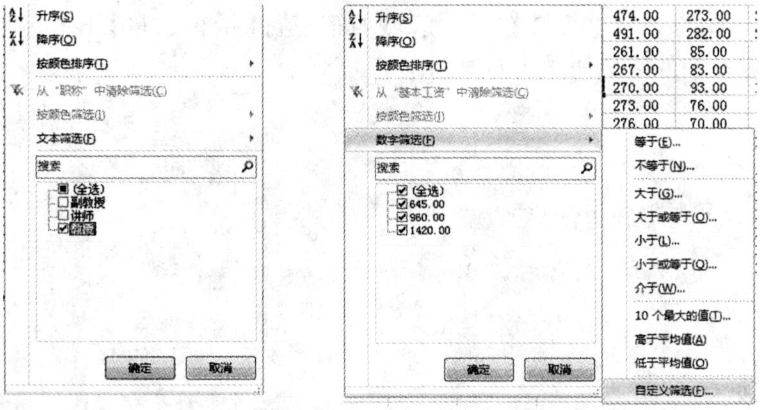

图 4-73　自动筛选条件设置列表

	A	B	C	D	E	F	G	H
1	序号	姓名	性别	职称	基本工	补贴	房贴	合计
15	9901001	张　三	男	教授	1420.00	474.00	273.00	2167.00
16	9901006	张　瑞	女	教授	1420.00	491.00	282.00	2193.00

图 4-74　自动筛选结果显示

选中图 4-73 中的【从职称中清除筛选】,将取消筛选,数据恢复到初始状态。

如果单元格填充了颜色,使用 Excel 2010 还可以按照颜色进行筛选。

在图 4-72 中可以选择【基本工资】右侧的箭头,如图 4-73 右侧的列表,在列表中选择【数字筛选】下拉列表中的选项,进行自定义自动筛选,如图 4-75 所示。

图 4-75　自定义自动筛选

注意:若多个字段都设置了筛选条件,则多个字段的筛选条件之间是“与”的关系;单击【清除】按钮,清除所有筛选条件;对设置了筛选条件的数据清单,再单击【筛选】按钮则取消自动筛选,数据恢复到初始状态。

4.5.3.2　高级筛选

如果条件比较复杂,可以使用高级筛选。使用高级筛选功能可以一次把想要看到的数据都找出来。

例如,把图 4-76 所示数据清单中所有的高教出版社和销售数量大于等于 20 的记录都筛选出来。具体操作步骤如下:

(1)先设置一个条件区域,条件区域和数据清单之间要间隔一个以上的空行或空列,在条件区域的第一行输入筛选的字段名称【出版社】和【销售数量】,在条件区域的第二行【出版社】下方输入条件【高教】,在条件区域的第三行【销售数量】下方输入条件【 > = 20】。这样建立的条件区域如图 4-77 所示。

	A	B	C	D
1		某书店一天销售计算机类图书情况表		
2	出版社	图书系列	销售数量	销售单价
3	人民	操作系统	28	¥36
4	科学	计算机文化基础	50	¥25
5	高教	VB	26	¥31
6	清华	VC	18	¥46
7	人民	计算机文化基础	19	¥26
8	高教	操作系统	20	¥38
9	科学	VB	18	¥36
10	人民	VB	16	¥35
11	高教	VC	19	¥45
12	清华	计算机文化基础	30	¥28

图 4-76　数据清单

	A	B	C	D
1		某书店一天销售计算机类图书情况表		
2	出版社	图书系列	销售数量	销售单价
3	人民	操作系统	28	¥36
4	科学	计算机文化基础	50	¥25
5	高教	VB	26	¥31
6	清华	VC	18	¥46
7	人民	计算机文化基础	19	¥26
8	高教	操作系统	20	¥38
9	科学	VB	18	¥36
10	人民	VB	16	¥35
11	高教	VC	19	¥45
12	清华	计算机文化基础	30	¥28
13				
14	出版社	销售数量		
15	高教			
16		>=20		

图 4-77　设置条件区域

(2)选中数据清单中的任一单元格,单击【数据】菜单中的【排序和筛选】组中的【高级】命令,弹出如图 4-78 所示【高级筛选】对话框,在【列表区域】中输入参与筛选的区域地址,也可单击【列表区域】框中的按钮,选择单元格区域,一般 Excel 会自动选择参与筛选的区域；单击【条件区域】框中的按钮，选中刚才设置的条件区域，再单击【条件区域】框中的按钮，返回【高级筛选】对话框，单击【确定】按钮，筛选结果如图 4-79 所示。

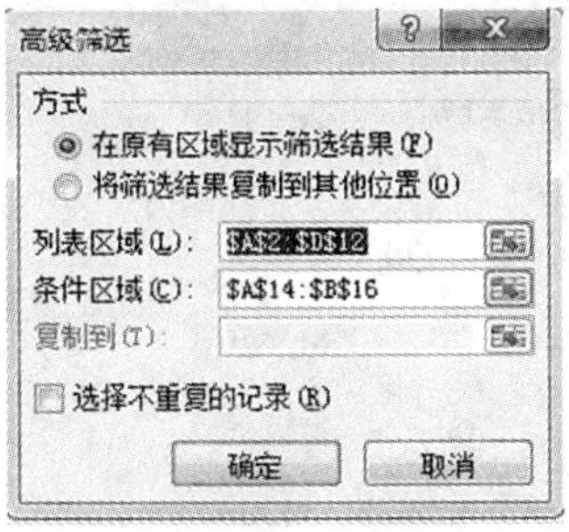

图 4-78 【高级筛选】对话框

	A	B	C	D
1	某书店一天销售计算机类图书情况表			
2	出版社	图书系列	销售数量	销售单价
3	人民	操作系统	28	¥36
4	科学	计算机文化基础	50	¥25
5	高教	VB	26	¥31
8	高教	操作系统	20	¥38
11	高教	VC	19	¥45
12	清华	计算机文化基础	30	¥28
13				
14	出版社	销售数量		
15	高教			
16		>=20		

图 4-79 高级筛选结果显示

设置高级筛选的条件区域时应注意：高级筛选的条件区域至少有两行，第一行是字段名，下面的行放置筛选条件，这里的字段名一定要与数据清单中的字段名完全一致；在条件区域的设置中，同一行上的条件认为是"与"条件，而不同行上的条件认为是"或"条件。

4.5.4 分类汇总

分类汇总是把数据清单中的数据分门别类地进行统计处理。在 Excel 2010 中，它能够快速地以某一个字段为分类项，对数据清单中的数据进行各种统计操作，如求和、平均值、最大值、最小值、乘积以及计数等。分类汇总前，需要对数据清单按分类字段进行排序。

下面以统计出版社的销售总额为例介绍分类汇总的使用方法。

例如：对图 4-80 中的数据清单，按出版社分类，对出版社的总销售额进行汇总，具体步骤如下：

(1)先选择【出版社】列中的任意单元格对出版社进行排序(升序或降序)。

(2)在【数据】选项卡的【分级显示】组中单击【分类汇总】按钮，弹出【分类汇总】对话框，如图 4-81 所示。

	A	B	C	D	E
1	某书店一天销售计算机类图书情况表				
2	出版社	图书系列	销售数量	销售单价	总销售额
3	人民	操作系统	28	¥36	¥1,008
4	科学	计算机文化基础	50	¥25	¥1,250
5	高教	VB	26	¥31	¥806
6	清华	VC	18	¥46	¥828
7	人民	计算机文化基础	19	¥26	¥494
8	高教	操作系统	20	¥38	¥760
9	科学	VB	18	¥36	¥648
10	人民	VB	16	¥35	¥560
11	高教	VC	19	¥45	¥855
12	清华	计算机文化基础	30	¥28	¥840

图 4-80 【出版社】排序前

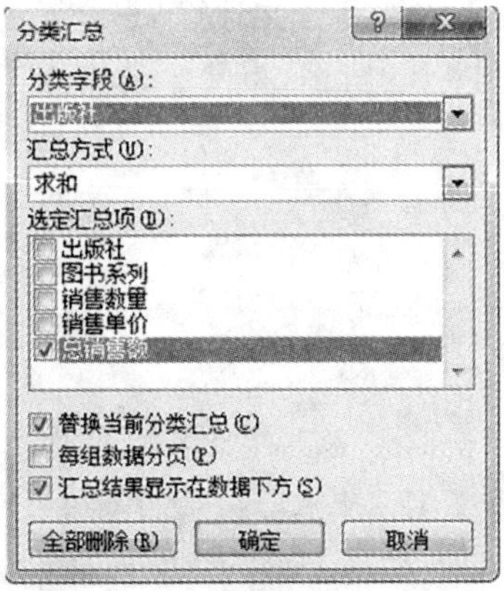

图 4-81 【分类汇总】对话框

(3)在【分类字段】中选择【出版社】，在【汇总方式】中选择【求和】，在【选定汇总项】

中选择【总销售额】,最下面三个复选框根据实际情况进行选择,单击【确定】。结果如图 4-82所示。

	A	B	C	D	E
1	某书店一天销售计算机类图书情况表				
2	出版社	图书系列	销售数量	销售单价	总销售额
3	高教	VB	26	¥31	¥806
4	高教	操作系统	20	¥38	¥760
5	高教	VC	19	¥45	¥855
6	**高教 汇总**				¥2,421
7	科学	计算机文化基础	50	¥25	¥1,250
8	科学	VB	18	¥36	¥648
9	**科学 汇总**				¥1,898
10	清华	VC	18	¥46	¥828
11	清华	计算机文化基础	30	¥28	¥840
12	**清华 汇总**				¥1,668
13	人民	操作系统	28	¥36	¥1,008
14	人民	计算机文化基础	19	¥26	¥494
15	人民	VB	16	¥35	¥560
16	**人民 汇总**				¥2,062
17	**总计**				¥8,049

图 4-82　分类汇总结果显示

如果要删除汇总信息,可在【分类汇总】对话框中单击【全部删除】按钮,数据表即恢复到原来状态。

4.5.5　合并计算

Excel 的合并计算功能可以汇总或者合并多个数据源区域中的数据,具体方法有两种:一是按类别合并计算,二是按位置合并计算。

合并计算的数据源区域可以是同一工作表中的不同单元格区域,也可以是同一工作簿中不同工作表中的数据,还可以是不同工作簿中的工作表数据。

进行合并计算前,先选中一个单元格,作为合并计算后结果的存放起始位置,然后使用【合并计算】对话框完成合并计算过程。

下面以计算图书销售数量为例介绍合并计算的使用方法。

4.5.5.1　按类别合并计算

如图 4-83 所示,将两个销售表中的图书合并计算。操作步骤如下:

	A	B	C	D	E	F	G
1	销售表一				销售表二		
2	图书系列	销售数量	销售总额		图书系列	销售数量	销售总额
3	操作系统	20	806		计算机文化基础	30	560
4	VC	19	760		VB	16	743
5	计算机文化基础	50	855		VC	30	398
6	VB	18	950		操作系统	28	867

图 4-83　合并计算示例数据

(1)选中 A9 单元格,在【数据】选项卡的【数据工具】命令组中,单击【合并计算】命令按钮,弹出【合并计算】对话框,如图 4-84 所示。

(2)单击【引用位置】编辑框右侧的按钮,选中销售表一的 A2:C6 单元格区域,然后在【合并计算】对话框中单击【添加】按钮,所引用的单元格区域地址会出现在【所有引用位置】列表框中。使用同样的方法将销售表二的 E2:G6 单元格区域添加到【所有引用位置】列表框中。依次勾选【首行】复选框和【最左列】复选框，确定标签位置，如图 4-85 所示，然后单击【确定】按钮，即可生成合并计算结果表，如图 4-86 所示。

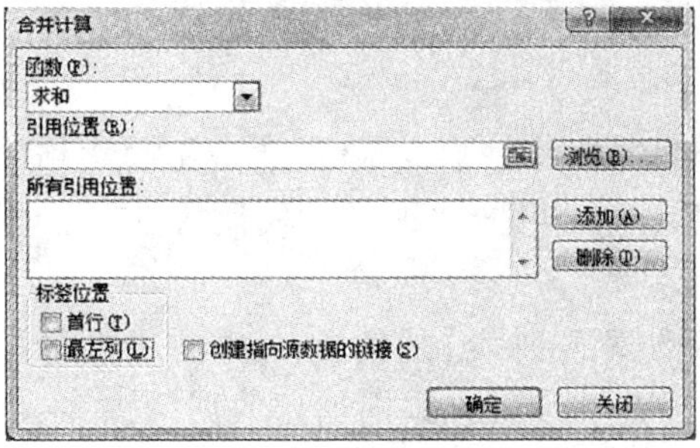

图 4-84　【合并计算】对话框

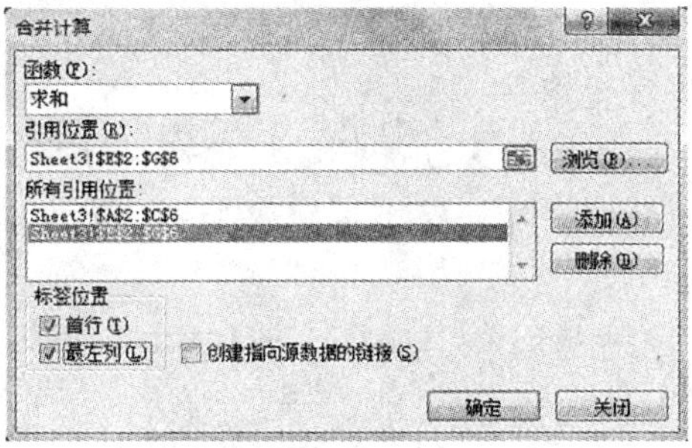

图 4-85　合并计算参数设置

	A	B	C	D	E	F	G
1	销售表一				销售表二		
2	图书系列	销售数量	销售总额		图书系列	销售数量	销售总额
3	操作系统	20	806		计算机文化基础	30	560
4	VC	19	760		VB	16	743
5	计算机文化基础	50	855		VC	30	398
6	VB	18	950		操作系统	28	867
7							
8							
9		销售数量	销售总额				
10	操作系统	48	1,673				
11	VC	49	1,158				
12	计算机文化基础	80	1,415				
13	VB	34	1,693				
14							

图 4-86　按类别合并计算结果

4.5.5.2　按位置合并计算

按数据表的数据位置进行合并计算就是在按类别合并计算的步骤中不选【首行】和【最左列】复选框，合并后的结果如图 4-87 所示。

	A	B	C	D	E	F	G
1	销售表一				销售表二		
2	图书系列	销售数量	销售总额		图书系列	销售数量	销售总额
3	操作系统	20	806		计算机文化基础	30	560
4	VC	19	760		VB	16	743
5	计算机文化基础	50	855		VC	30	398
6	VB	18	950		操作系统	28	867
7							
8							
9		销售数量	销售总额				
10	操作系统	48	1,673			50	1,366
11	VC	49	1,158			35	1,503
12	计算机文化基础	80	1,415			80	1,253
13	VB	34	1,693			46	1,817
14							

图 4-87　按类别、位置合并计算结果

按位置合并时不关心多个数据源表的行和列标题是否相同，而是将相同位置上的数据进行简单的合并计算。这种合并方式适合数据源表结构完全相同的情况下的合并。若数据源表结构不同，合并结果可能无意义。

4.5.6　数据透视表

数据透视表是一种对大量数据快速汇总和建立交叉列表的交互式动态表格,能帮助用户分析、组织数据。建好数据透视表后,可以对数据透视表重新安排,以便从不同的角度查看数据。

数据透视表功能能够将筛选、排序和分类汇总等操作依次完成,并生成汇总表格。下面以公司产品地区销售情况为例,如图 4-88 所示,介绍数据透视表的使用方法。操作步骤如下:

(1)在【插入】选项卡的【表格】组中,单击【数据透视表】按钮,弹出【创建数据透视表】对话框,如图 4-89 所示。默认选择 Excel 工作表中的所有数据创建数据透视表,创建数据透视表的位置选择【新工作表】。单击【确认】按钮,弹出图 4-90 所示对话框。

	A	B	C	D
1	公司产品销售情况			
2	销售时间	产品名称	销量	销售地区
3	2014年5月1日	彩电	218	北京
4	2014年5月1日	冰箱	131	上海
5	2014年5月1日	洗衣机	976	山东
6	2014年5月1日	空调	649	广东
7	2014年5月2日	彩电	159	北京
8	2014年5月2日	冰箱	362	上海
9	2014年5月2日	洗衣机	534	山东
10	2014年5月2日	空调	653	广东
11	2014年5月3日	彩电	216	北京
12	2014年5月3日	冰箱	298	上海
13	2014年5月3日	洗衣机	327	山东
14	2014年5月3日	空调	429	广东

图 4-88　数据透视表示例数据

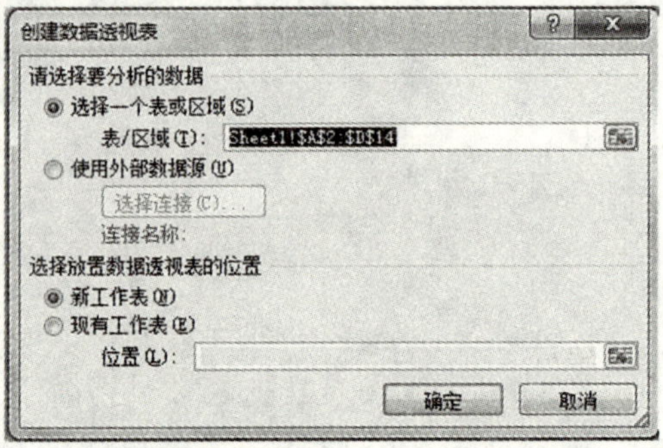

图 4-89　【创建数据透视表】对话框

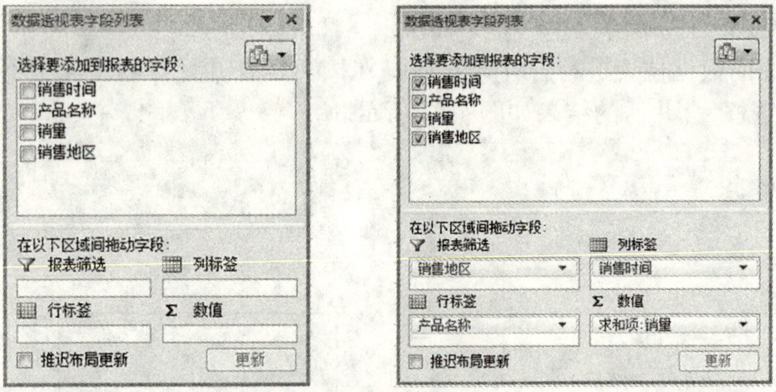

图 4-90　数据透视表字段列表

(2)在【数据透视表字段列表】中,选择要添加到报表的字段,再将字段依次拖到相应的区域,生成的数据透视表如图 4-91 所示。

若想得到其他数据统计显示格式,只要按自己的需求进行字段的拖放即可。

4.5.7　获取外部数据

在 Excel 2010 中,可将 Access、文本文件、SQL Server、XML 等多种数据格式转换到

	A	B	C	D	E
1	销售地区	(全部)			
2					
3	求和项:销量	列标签			
4	行标签	2014年5月1日	2014年5月2日	2014年5月3日	总计
5	冰箱	131	362	298	791
6	彩电	218	159	216	593
7	空调	649	653	429	1731
8	洗衣机	976	534	327	1837
9	总计	1974	1708	1270	4952

图 4-91　生成的数据透视表

Excel 工作表中,这样就可以利用 Excel 的功能对数据进行整理和分析。

单击【数据】选项卡,通过【获取外部数据】组中的相应命令即可将相应格式的数据导入到 Excel 工作表中。【获取外部数据】组的命令如图 4-92 所示。

图 4-92　【获取外部数据】组

4.5.8　模拟分析

模拟分析是指通过更改单元格中的值来查看这些更改对工作表中公式结果的影响过程。Excel 2010 中包含三种模拟分析工具:方案、模拟运算表和单变量求解。

方案和模拟运算表根据各组的输入值来确定可能的结果。单变量求解与方案和模拟运算表的工作方式不同,它获取结果并确定生成该结果的可能的输入值,即如果已知单个公式的预测结果,而用于确定此公式结果的输入值未知,则可以使用单变量求解功能。

4.6　图表的创建与编辑

Excel 2010 提供了强大的图表制作功能,通过创建不同类型的图表,可以更直观地分析工作表中的结果。图表是基于工作表中的数据建立的。为工作表中的数据建立了图表后,图表和建立图表的数据就建立了一种动态链接关系:工作表中的数据发生变化时,图表中对应项的数据系列自动变化;改变图表中的数据系列时,与系列对应的工作表数据也会发生相应的变化。

图表的分类:按照图表的存放位置,Excel 中的图表分两种:一种是嵌入式图表,它和创建图表的数据源放置在同一张工作表中,打印时同时打印;另一种是独立图表,它是一个独立的图表工作表,打印时也将与数据表分开打印。

4.6.1　图表的创建

4.6.1.1　通过【插入图表】对话框创建

(1)选取要创建图表的数据区域,如图 4-93 所示。

	A	B	C	D	E
1	商场名称	一季度	二季度	三季度	四季度
2	东方商场	¥500,000.00	¥450,000.00	¥480,000.00	¥520,000.00
3	华北商场	¥420,000.00	¥380,000.00	¥440,000.00	¥400,000.00
4	天都商场	¥360,000.00	¥420,000.00	¥370,000.00	¥480,000.00
5	丰润商场	¥480,000.00	¥510,000.00	¥600,000.00	¥700,000.00

图 4-93　选择数据区域

(2)单击【插入】选项卡中【图表】组右下角的对话框启动按钮,会弹出【插入图表】对话框,如图 4-94 所示,然后在对话框中选择要创建图表的类型及子类型,单击【确定】。

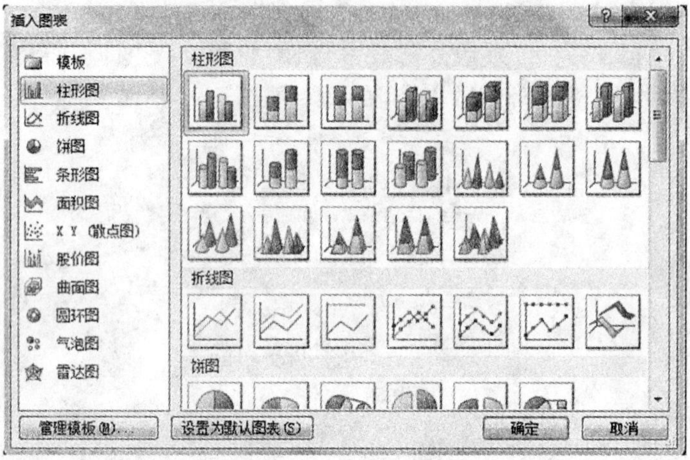

图 4-94　【插入图表】对话框

(3)在图 4-94 中如果选择【三维簇状柱形图】,创建的图表如图 4-95 所示。

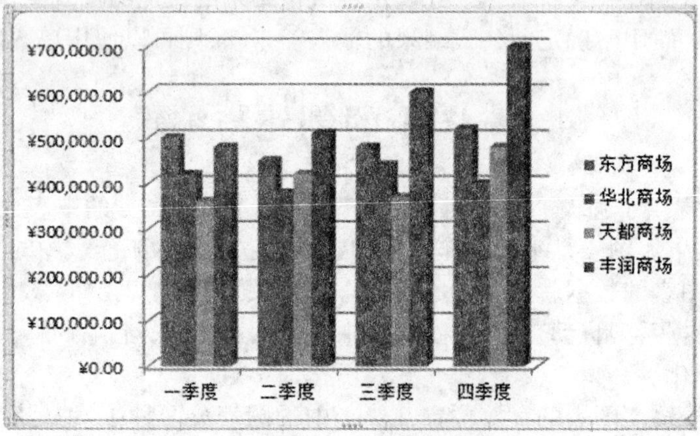

图 4-95　创建的图表

4.6.1.2　**使用【图表】组中的命令创建**

选取数据区域,在【插入】选项卡的【图表】组中选择一种图表类型的下拉按钮,并在下拉列表中选择一种子类型,即可创建一个图表,如图 4-96 所示。

图 4-96　【图表】组工具选项

4.6.2　图表的编辑修改

4.6.2.1　更改图表的布局及样式

新建图表默认的布局样式比较简单,如果要更改图表的布局,选中要修改布局及样式的图表(如图 4-95 中的图表),在功能区中出现扩展选项卡【图表工具】,如图 4-97 所示,包含三个子选项卡,即【设计】、【布局】和【格式】。单击【设计】选项卡,会显示与选中图表对应的【类型】、【数据】、【图表布局】及【图表样式】组等,用户可根据需要选择合适的样式及布局方式。

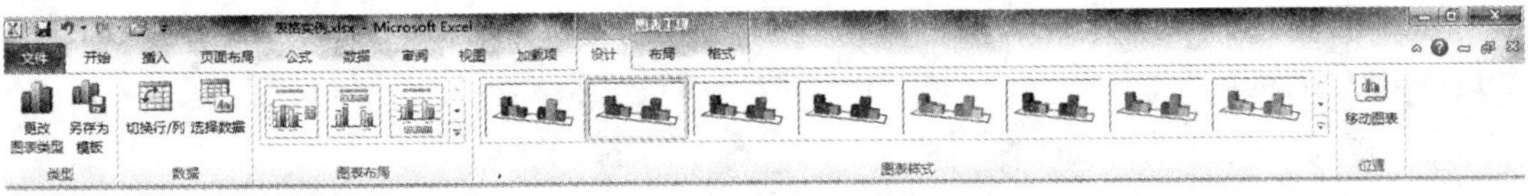

图 4-97　图表工具选项卡

4.6.2.2　更改图表类型

在【图表工具—设计】选项卡的【类型】组中,单击【更改图表类型】命令,或在图表区上右击,出现快捷菜单,选择【更改图表类型】命令,弹出图 4-98 所示的【更改图表类型】对话框,重新选择一种图表类型即可。

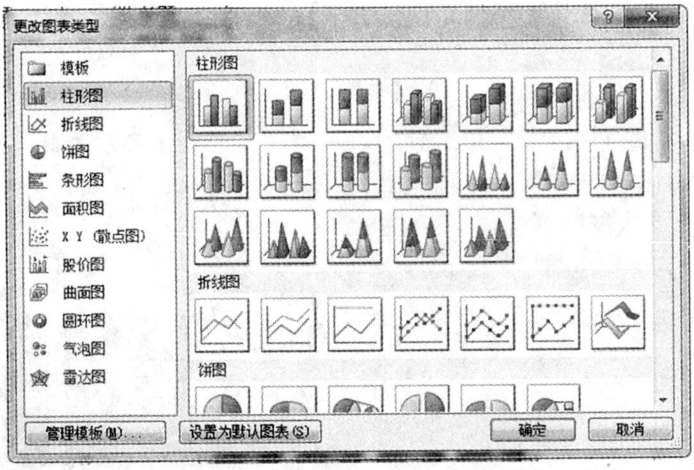

图 4-98　【更改图表类型】对话框

4.6.2.3　改变图表存放位置

创建的图表默认和工作表存放在一起,即图表是嵌入式的。若要将图表单独存放

(独立图表),可在图表区上右击,出现快捷菜单,选择【移动图表】命令,或单击【图表工具—设计】选项卡【位置】组中的【移动图表】按钮,弹出【移动图表】对话框,如图 4-99 所示。选择相应的存放位置后,单击【确定】按钮。将独立图表改为嵌入式图表的操作方法与此类似。

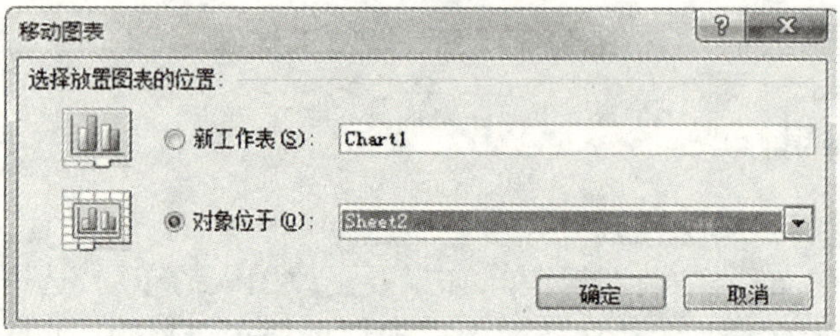

图 4-99　【移动图表】对话框

4.6.2.4　修改图表数据源

方法一:在图表任意位置右击,在弹出的快捷菜单中选择【选择数据】命令,或在【图表工具—设计】选项卡的【数据】组中,单击【选择数据】命令,弹出【选择数据源】对话框,如图 4-100 所示。通过该对话框,可对图表数据源进行整体设计。

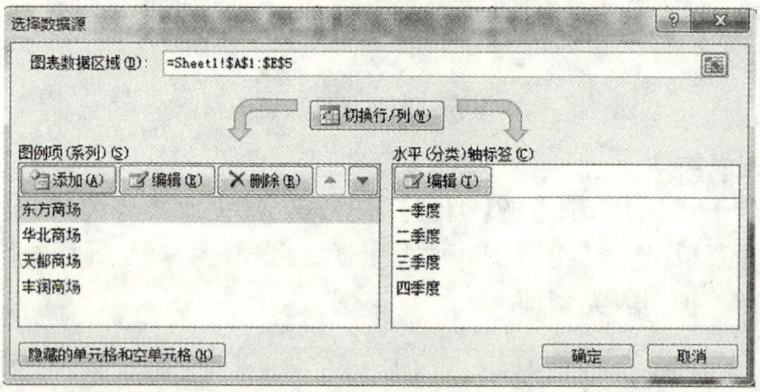

图 4-100　【选择数据源】对话框

方法二:选中图表的绘图区,可看到图表数据源区域周围显示为蓝色边框,如图 4-101 所示。将鼠标指向蓝色边框的四个顶角上,当鼠标指针变成双向箭头时,按下鼠标左键进行拖动,即可改变图表的数据源。

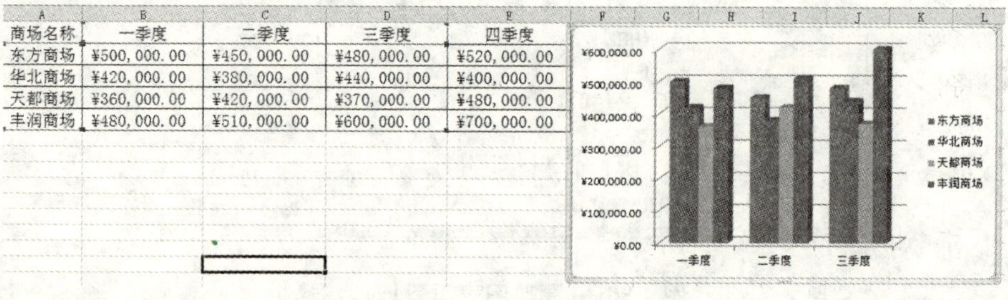

图 4-101　【更改数据源】区域

例如:将图 4-101 所示数据区域中的【四季度】移出数据源,对应图表中的【四季度】

也随之移除。

4.6.2.5　改变数据系列产生的方向

创建 Excel 2010 图表之后,可以更改数据系列在图表中产生的方向。

操作方法:选中图 4-95 所示数据图表,在【图表工具—设计】选项卡的【数据】组中,单击【切换行/列】命令,可以在图表中的数据系列之间进行快速切换。切换完的图表示例如图 4-102 所示。在【选择数据源】对话框(如图 4-100 所示)中,单击【切换行/列】按钮,也可改变数据系列产生的方向。

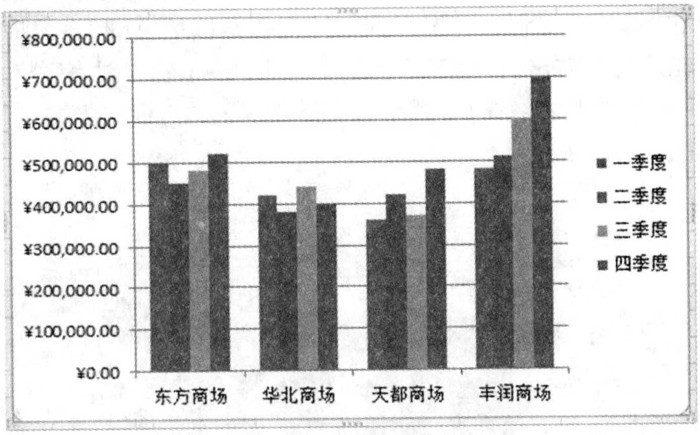

图 4-102　数据系列方向的改变

4.6.2.6　设置图表标题、坐标轴标题、图例,显示或隐藏数据标签

在【图表工具—布局】选项卡的【标签】组中,可设置图表标题、坐标轴标题、图例及显示或隐藏数据标签等,在【坐标轴】组中可设置与坐标轴相关的操作。单击相应命令下的下拉箭头,根据需要选择设置命令即可。如图 4-103 所示。

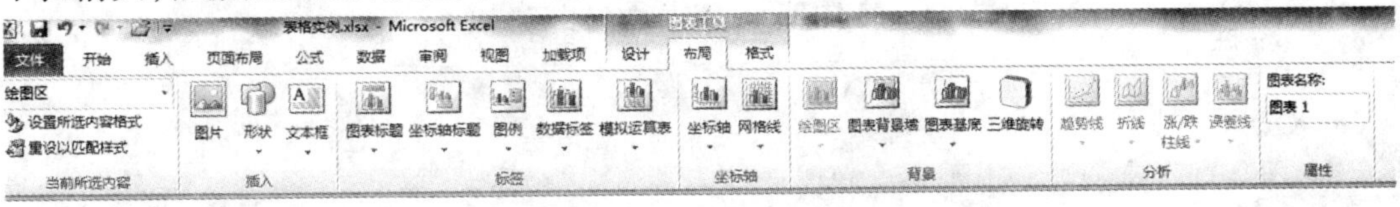

图 4-103　【图表工具—布局】选项卡功能区

4.6.2.7　改变图表大小

要改变图表的大小,可先选定图表,然后使用下列方法:

(1)将鼠标指针指向图表的四个角之一,当鼠标指针变成双箭头时,按住左键进行拖动,即可改变图表的大小。

(2)也可在【图表工具—格式】选项卡的【大小】组中,设置图表的高度和宽度。

4.6.3　格式化图表

可以根据需要对图表外观进行形状样式、填充效果、应用艺术字标题等格式化操作,以达到图表美化的效果。

方法一:选中要格式化的图表,单击【图表工具—格式】选项卡,如图 4-104 所示,用户可根据需要选择该选项卡中的格式化命令,完成对图表的格式化操作。

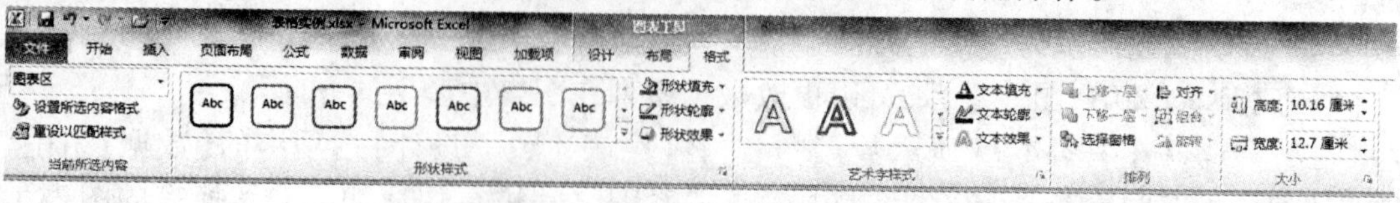

图 4-104　【图表工具—格式】选项卡功能区

方法二:在生成的图表上,鼠标移动到哪里都会显示相应图表元素的名称,通过这些名称可以对图表进行设置。例如,将鼠标指向图表的某区域,此时系统提示【图表区】,如图 4-105 所示。在此位置右击,在出现的快捷菜单中选择【设置图表区格式】命令,弹出如图 4-106 所示的【设置图表区格式】对话框。在该对话框中,根据需要选择要设置的选项及参数,然后单击【关闭】按钮。

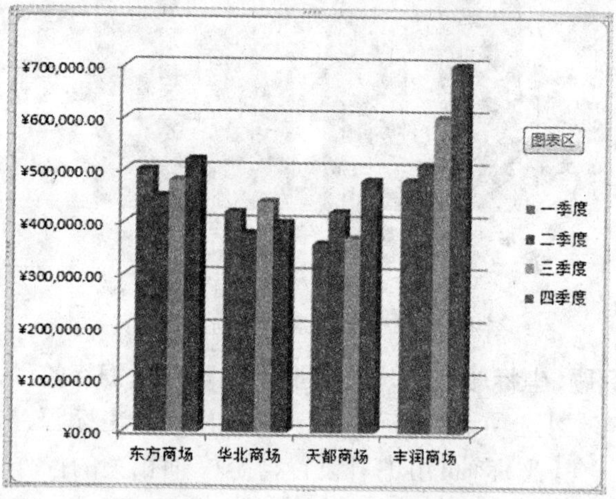

图 4-105　鼠标指向图表区

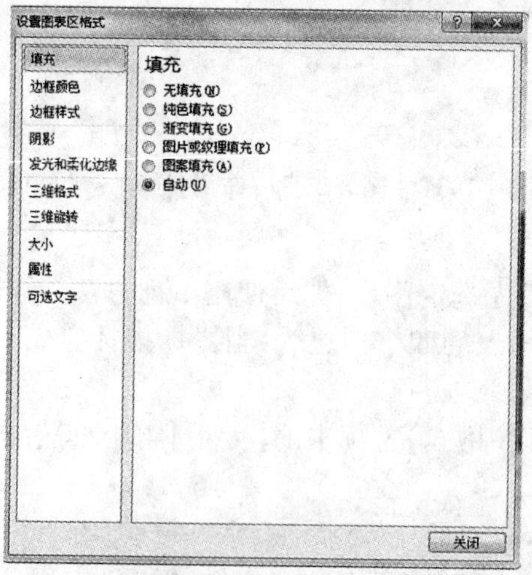

图 4-106　【设置图表区格式】对话框

4.7　工作表的打印

工作表设计结束后，最终要通过打印机输出出来。其步骤一般为先进行页面设置，再进行打印预览，最后打印出来。

4.7.1　页面设置

在【页面布局】选项卡中，单击【页面设置】组右下角的按钮，可弹出【页面设置】对话框，可进行页面参数设置，如图 4-107 所示。

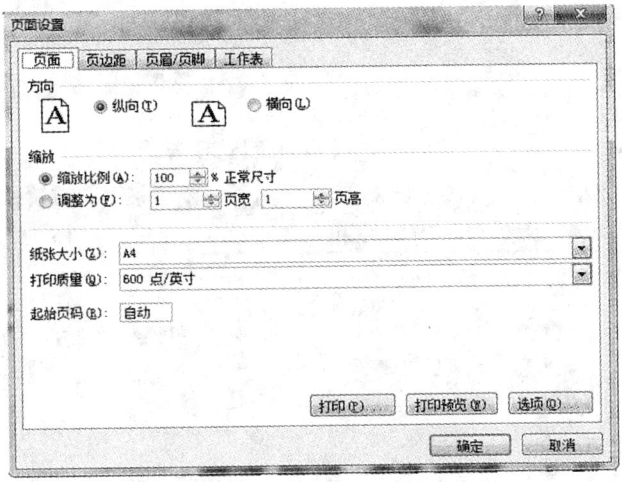

图 4-107　【页面设置】对话框

4.7.1.1　【页面】选项卡

在图 4-107 所示的【页面】选项卡中，可以设置纸张方向、缩放比例、纸张大小、打印质量、起始页码。

4.7.1.2　【页边距】选项卡

在图 4-108 所示的【页边距】选项卡中，用户可进行上、下、左、右边距以及页眉、页脚的上下边距设置。还可对表格的水平居中和垂直居中进行调整。

4.7.1.3　【页眉/页脚】选项卡

在图 4-109 所示的【页眉/页脚】选项卡中，可以设置页眉/页脚内容。

1. 选择内置页眉/页脚

在图 4-109 中，单击页眉(A)和页脚(F)下拉按钮▼，在弹出的下拉列表中选择所需页眉和页脚。

2. 创建自定义的页眉/页脚

在图 4-109 中，单击 自定义页眉(C)... 或 自定义页脚(U)... 按钮，弹出【页眉】或【页脚】对话框，如图 4-110 所示。在【页眉】或【页脚】对话框中，单击左(L)、中(C)、右(R)下面的文本框，然后根据需要选择其上面的按钮，在所需的位置插入页眉或页脚的内容。

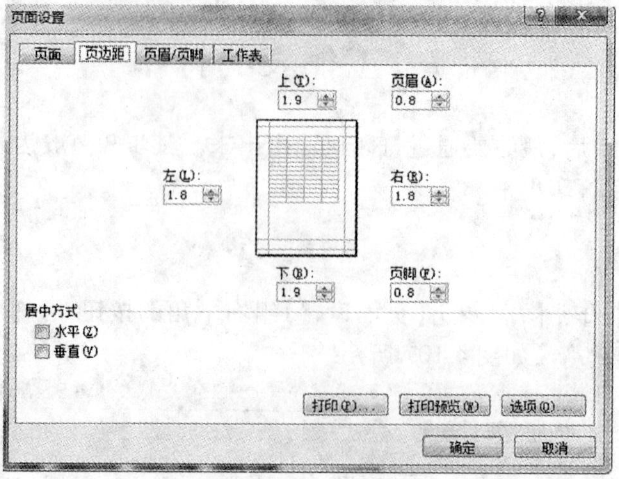

图 4-108　【页边距】选项卡

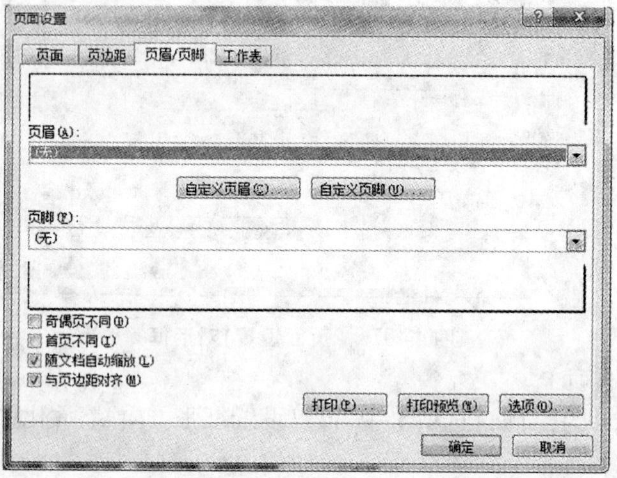

图 4-109　【页眉/页脚】选项卡

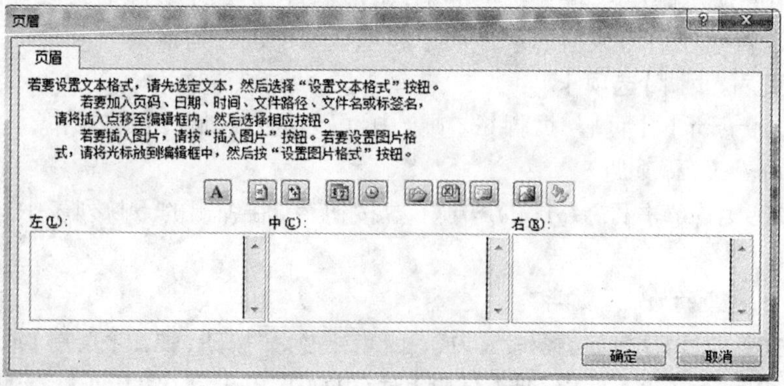

图 4-110　自定义页眉对话框

4.7.1.4 【工作表】选项卡

在图 4-111 所示的【工作表】选项卡中,可以设置打印区域,通过该功能可以只打印工作表中部分内容。设置打印标题,可以使超过一页以上的表格打印出来都带有相同的标题。

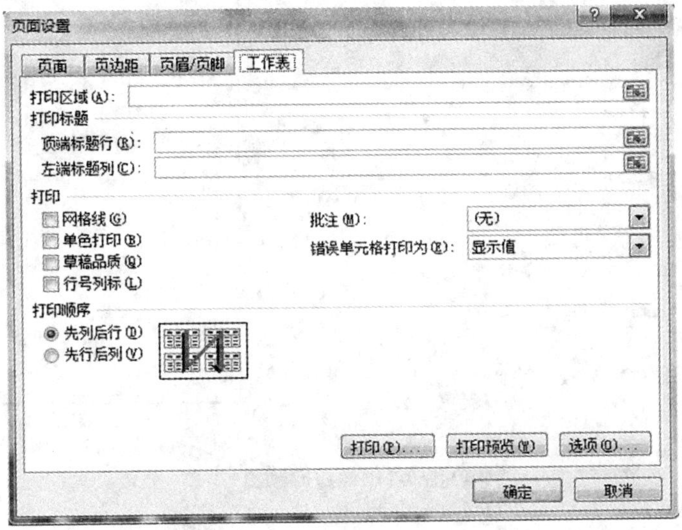

图 4-111　【工作表】选项卡

【打印区域】用于设置打印区域,若不设置,则当前整个工作表为打印区域。

如果需要在每一页上都重复打印行标题(即数据清单中的字段名),则单击图 4-111 中的【顶端标题行】编辑框,然后输入行标题所在行地址,如$ 1:$ 1,即第一行将作为每一页表格的行标题;如果需要在每一页上都重复打印某些列,则单击【左端标题列】编辑框,然后输入打印列的列标区域,如$ A:$ B,即打印的每一页表格都包含前两列。

4.7.2　打印预览

打印工作表之前要先进行打印预览,模拟显示打印效果。如果设置正确,就可在打印机上正式打印出来。

单击【文件】选项卡,选择【打印】命令,即会显示打印预览效果,如图 4-112 所示。

单击【打印活动工作表】右侧的箭头,可选择更多打印范围,如图 4-113 所示。

Excel 2010 默认情况下,按实际大小打印工作表(即无缩放),若想实现缩放打印,可在打印预览屏幕的【设置】区中,单击【无缩放】右侧的箭头,根据需要选择合适的缩放方式,如图 4-114 所示。

所有参数设置完毕,单击图 4-112 中左上角的【打印】按钮即可。

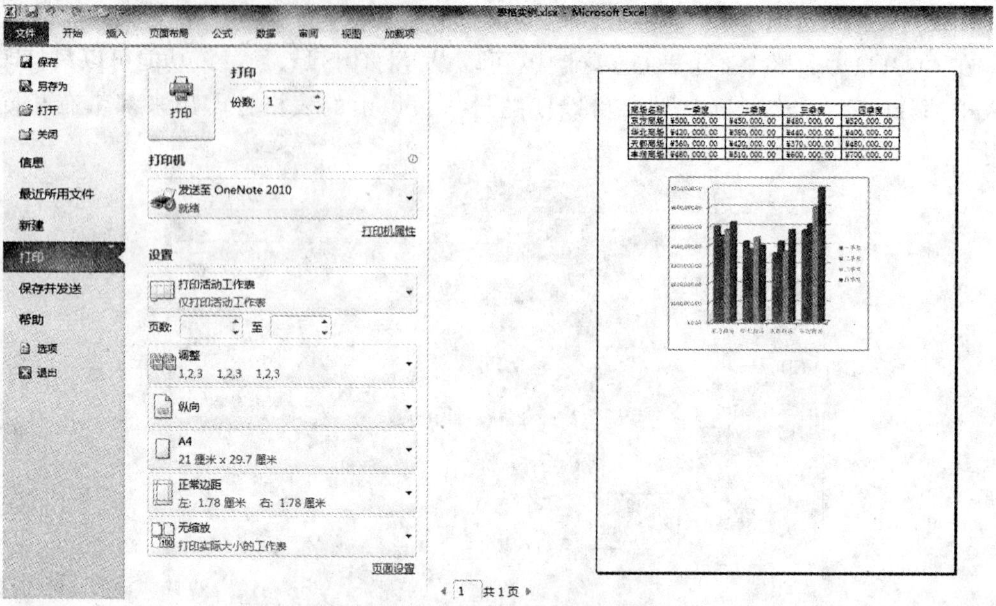

图 4-112 打印预览

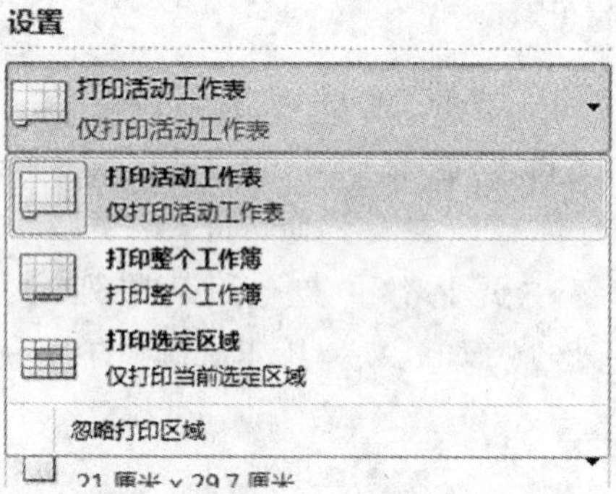

图 4-113 打印范围设置

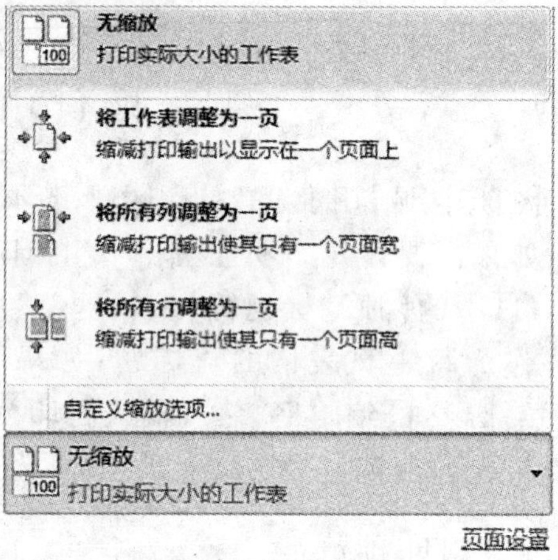

图 4-114 缩放打印

习 题

1. 启动和退出 Excel 2010 各有几种方法?
2. 简述工作簿、工作表、单元格之间的关系。
3. 行高和列宽的调整有几种方法?
4. 如何设置单元格的自动换行功能?
5. 常用的函数有哪些?

6. 相对引用和绝对引用的区别是什么？
7. 在进行数据清单操作中应注意哪些问题？
8. 在数据图表中如何设置数据的误差线？
9. 如何在工作表上设置打印网格线和行号？
10. 手动插入的分页符和自动插入的分页符有什么区别？

第 5 章　演示文稿软件 PowerPoint 2010

PowerPoint 2010 是 Microsoft Office 2010 的重要成员之一，主要适用于设计制作广告宣传、产品演示、教学培训、会议演讲的电子幻灯片，制作的幻灯片通过计算机屏幕、投影机播放，这样可以在向观众播放幻灯片的同时，配以丰富翔实的讲解，使之更加生动形象。随着办公自动化的普及，PowerPoint 的应用也越来越广泛。

通过本章的学习，可以掌握 PowerPoint 2010 的基本操作、演示文稿的创建、图表的插入、背景和配色方案的使用、幻灯片母版应用以及最后的放映及其控制等技术。

5.1　PowerPoint 2010 界面

5.1.1　启动和退出 PowerPoint 2010

Windows 7 启动后，有很多方法可以打开 PowerPoint。这里介绍两种常用的方法。

方法一：选择【开始】→【程序】→【Office 2010】→【PowerPoint 2010】命令；

方法二：双击扩展名为. pptx 的演示文稿，即可打开 PowerPoint 2010 和该演示文稿。

用户也可以用多种方法退出 PowerPoint 2010。可以单击右上角关闭按钮关闭 PowerPoint 2010，也可以选择【文件】→【退出】命令退出该程序。

5.1.2　工作区介绍

PowerPoint 2010 的窗口与其他 Office 2010 系列产品一样拥有典型的 Windows 应用程序的窗口。它拥有与 Word 2010 类似的快速访问工具栏、选项卡、功能区、状态栏，也具有独特的大纲窗格、幻灯片编辑窗格、备注窗格、任务窗格、状态栏、视图切换按钮和显示比例工具等部分，如图 5-1 所示。

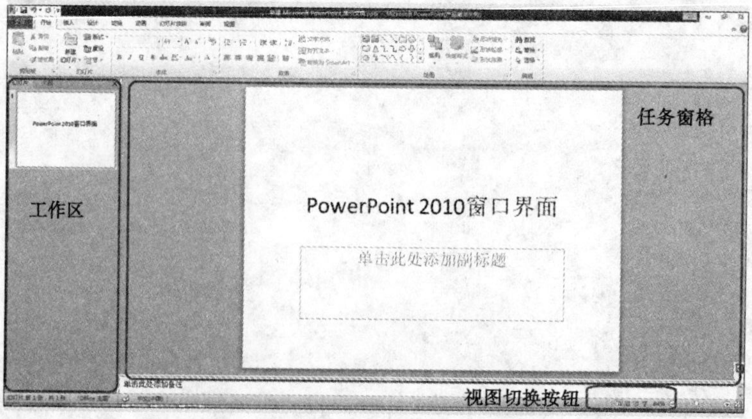

图 5-1　PowerPoint 2010 窗口界面

5.1.2.1　工作区

工作区是编辑幻灯片的区域，不同视图模式下，工作区的显示外观和组成内容不同。

5.1.2.2　任务窗格

任务窗格用于显示某一特定功能的命令。在默认情况下，PowerPoint 2010 的操作界面中不会显示任何任务窗格。只有在执行了相应的操作后，任务窗格才会自动出现。

5.1.2.3　视图切换按钮

视图切换按钮共有 4 个，用于在不同视图间进行切换，分别为普通视图、幻灯片浏览视图、阅读视图和幻灯片放映视图，不同视图下幻灯片的外观变化很大 。

另外，快速访问工具栏、功能区、选项卡等是 Office 2010 的通用部分，在第 3 章 Word 部分已经介绍过，在此不再详细描述。

5.1.3　PowerPoint 2010 的视图

视图是幻灯片的表现方式。除视图切换按钮中包含的 4 种视图外，在【视图】选项卡中，还包含另一种视图方式——备注页视图。

5.1.3.1　普通视图

普通视图是主要的编辑视图，也是 PowerPoint 2010 最常用的视图，默认方式文件以普通视图显示，可用于撰写或设计演示文稿。该视图有 3 个工作区域：左侧为幻灯片/大纲窗格，右侧为幻灯片编辑窗格，底部为备注窗格，如图 5-2 所示。

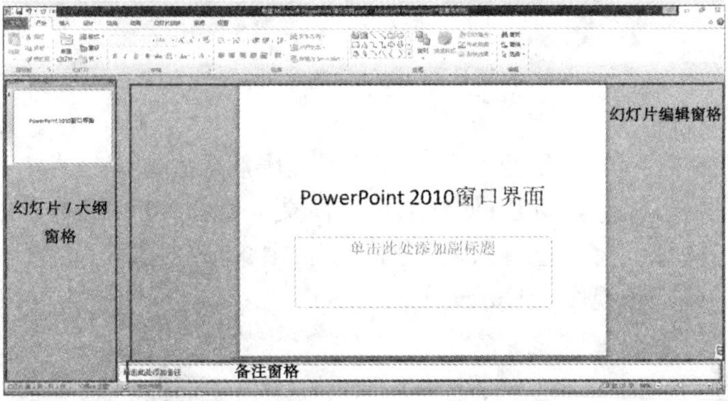

图 5-2　PowerPoint 2010 普通视图

幻灯片/大纲窗格：该窗格包括【幻灯片】选项卡和【大纲】选项卡。其中【幻灯片】选项卡以缩略图的方式显示幻灯片，主要用于添加、排列或删除幻灯片，以及快速查看演示文稿中的任意一张幻灯片。【大纲】选项卡只显示幻灯片的文本部分，不显示图形对象和色彩，可以看到每张幻灯片中的标题和文字内容，并会依照文字的层次缩排，产生整个演示文稿的纲要、大标题和小标题等，利用【大纲】选项卡可有效地整理、组织和扩充文字，能一览文件的大致外观，主要方便对幻灯片内容进行编辑。

幻灯片编辑窗格：在该窗格下可以逐张为幻灯片添加标题、正文，使用绘图工具画出各种图形，添加各种对象，对幻灯片的内容进行编排以及格式化等操作，还可以为各对象添加超链接以及动画等。

备注窗格:添加与每个幻灯片的内容相关的备注,并且在放映演示文稿时将备注内容用作讲解者的参考资料,或者创建希望让观众以打印形式或在网页上看到的备注,尤其在演讲或展示幻灯片时,起到很好的辅助作用。

5.1.3.2　幻灯片浏览视图

在幻灯片浏览视图中,屏幕上可以同时看到演示文稿的多幅幻灯片的缩略图,如图5-3所示。在幻灯片浏览视图模式下可以方便地浏览整个演示文稿中各张幻灯片的整体效果,以此来判断是否要改变幻灯片的版式、设计模式和配色方案等,也可在该模式下排列、添加、复制或删除幻灯片,但不能编辑单张幻灯片的具体内容。

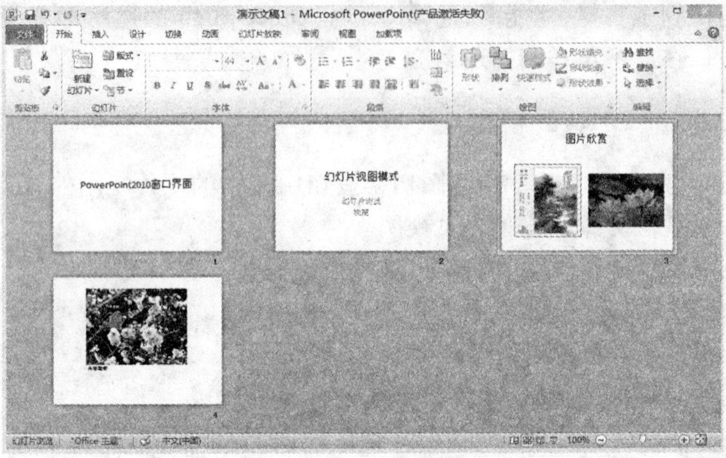

图5-3　幻灯片浏览视图

5.1.3.3　备注页视图

在备注页视图中,上部显示小版本的幻灯片,下部显示备注窗格中的内容,如图5-4所示。在这种视图模式下可以很方便地编辑备注文本内容,也可以对文本进行格式设置。同时,表格、图表、图片等对象也可以插入到备注页中,这些对象会在打印的备注页中显示出来,但不会在其他几种视图中显示。

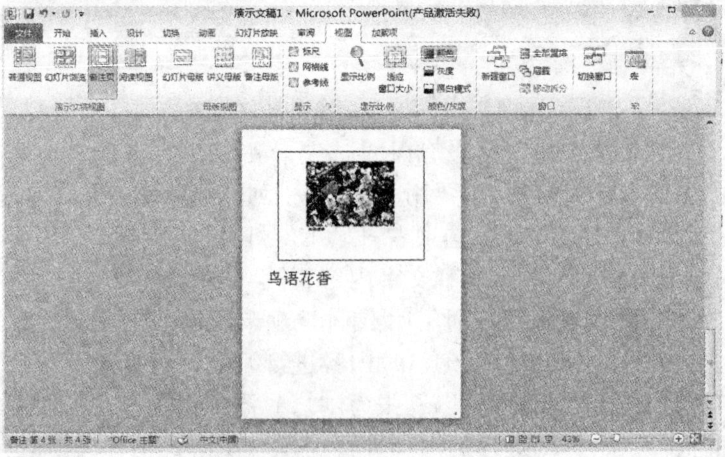

图5-4　备注页视图

5.1.3.4　阅读视图

幻灯片放映时默认是全屏放映,阅读视图可根据当前窗口大小放映幻灯片,而不需要全屏放映,如图 5-5 所示。

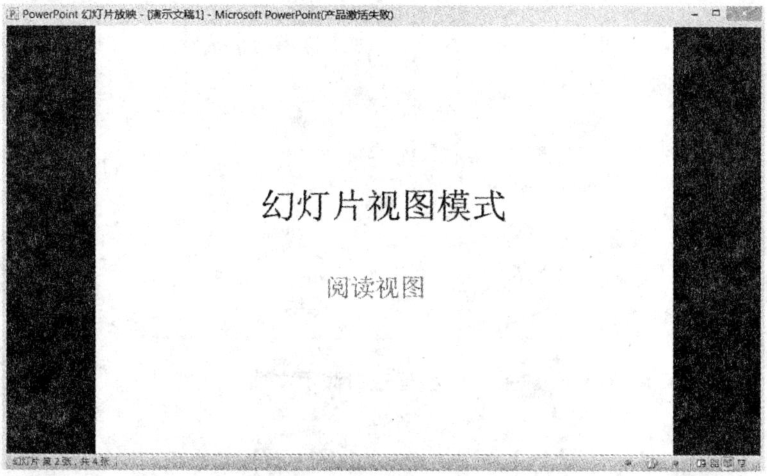

图 5-5　阅读视图

5.1.3.5　幻灯片放映视图

在幻灯片放映视图模式下,用户可以看到演示文稿的演示效果,如图形、计时、音频、视频以及各种动画等。

5.2　创建演示文稿

了解了 PowerPoint 2010 的运行环境后,就可以创建演示文稿。演示文稿是指 PowerPoint 的文件,它默认的后缀是. pptx。演示文稿可以有不同的表现形式,例如幻灯片、大纲、讲义、备注页等,其中幻灯片是最常用的演示文稿形式。在本节中,我们将介绍如何创建一个演示文稿。

5.2.1　创建演示文稿

5.2.1.1　新建空白演示文稿

PowerPoint 2010 启动后默认会新建一个空白的演示文稿,在其中只包含一张幻灯片,不包括其他任何内容,以方便用户进行创作。单击【文件】选项卡,在其中单击【新建】,在【可用的模板和主题】栏中选择【空白演示文稿】选项,再单击【创建】按钮可手动创建空白演示文稿,如图 5-6 所示。

5.2.1.2　利用模板快速创建演示文稿

所谓模板,是指用户根据需要在外观或内容上进行了一些预设的文件。这些模板文件大都是用户经常使用的类型或专业的样式。通过模板创建演示文稿时就不需要用户完全从头开始制作,从而节省了时间,提高了工作效率。

在 PowerPoint 2010 中有可用的模板和主题、Office. com 模板两种类型的模板,它们的

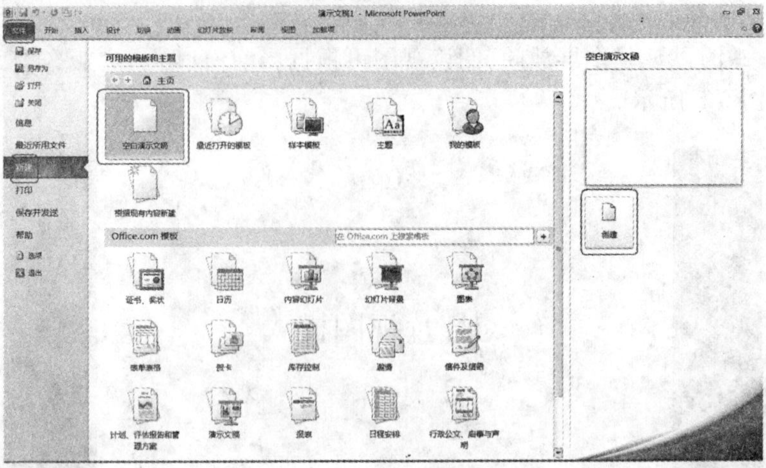

图 5-6　创建空白演示文稿

创建方式如下：

可用的模板和主题：在【文件】选项卡中单击【新建】，在【可用的模板和主题】栏中选择【最近打开的模板】、【样本模板】、【主题】选项都可以快速创建带有样式的演示文稿，选择【我的模板】选项可以打开用户自己设计和保存的模板，图 5-7 为选择【样本模板】选项创建演示文稿，从【样本模板】里任选一项，例如选择【现代型相册】，然后单击【创建】按钮即可。

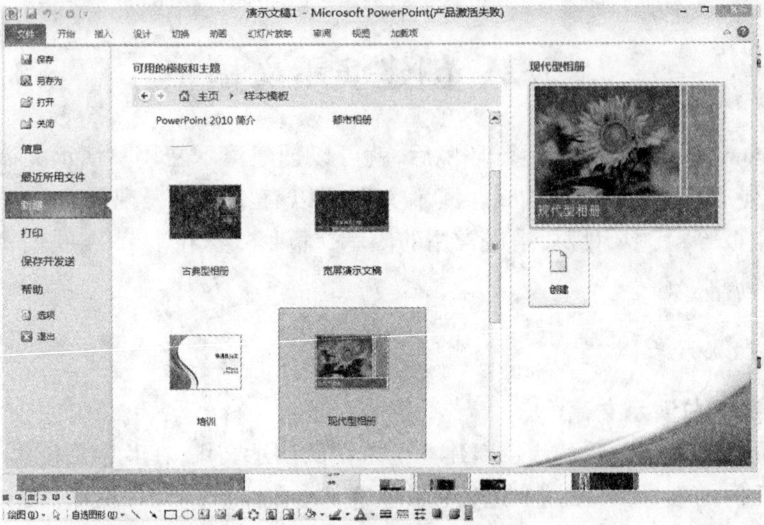

图 5-7　使用【样本模板】创建演示文稿

另外，还可以在【Office. com 模板】栏右侧的文本框中输入关键字，在 Office 网站搜索满足需要的个性化模板。

5.2.2　打开演示文稿

打开已创建的 PowerPoint 演示文稿，方法也有多种。最简单的方法就是直接在资源管理器中找到该演示文稿，双击打开。也可以单击工具栏上的【打开】按钮，或选择【文件】→【打开】命令，弹出【打开】对话框，选择要打开的演示文稿，再单击对话框中的【打开】按钮。

5.3　幻灯片设计

演示文稿创建后，根据内容的需要，幻灯片上不应只有标题和文字，还应有其他对象，如图像、图形、视频、音频、艺术字、图表等。本节将详细介绍如何将这些对象添加到幻灯片中，以及如何编辑和修饰演示文稿中的幻灯片。

5.3.1　新建和组织幻灯片

5.3.1.1　添加新幻灯片

制作演示文稿的基本流程就是先新建一份粗略的演示文稿，然后在其中添加新幻灯片和具体内容，从而完成一份完整的演示文稿。在演示文稿中添加幻灯片有以下几种方法：

1. 从【开始】选项卡插入

首先在【幻灯片】选项卡中选择一张幻灯片，然后单击【开始】选项卡【幻灯片】组中的【新建幻灯片】按钮。该按钮分为上下两部分，若单击上部则直接在被选中的幻灯片后面新建一个与被选中幻灯片版式相同的幻灯片，若单击下部则会弹出下拉菜单让用户选择幻灯片的版式，如图 5-8 所示。

图 5-8　【新建幻灯片】按钮及下拉菜单

另外，在该下拉菜单的下部有【重用幻灯片】命令，该命令可将其他演示文稿中的幻灯片插入到当前演示文稿。单击该命令会弹出【重用幻灯片】窗格，如图 5-9 所示。在该窗格中可单击【浏览】按钮→【浏览文件】，在弹出的【浏览】对话框中找到要插入的演示文稿，单击【打开】按钮，这样该演示文稿中的所有幻灯片都会显示到【重用幻灯片】窗格，单击要插入的幻灯片。

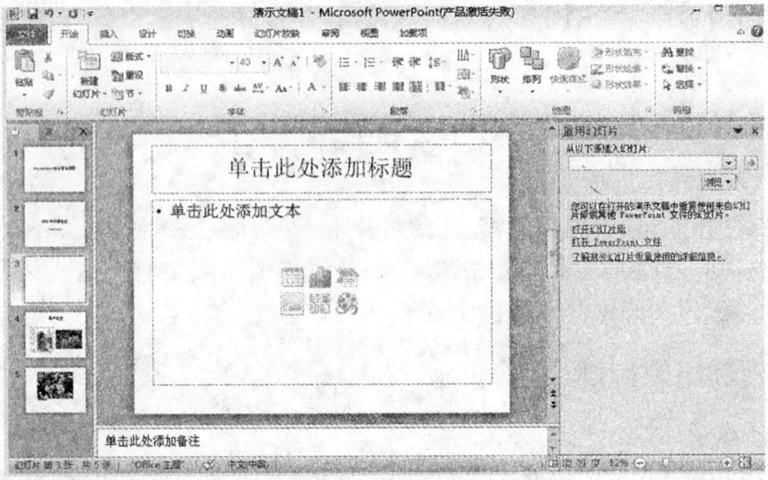

图 5-9 【重用幻灯片】窗格

2. 从幻灯片/大纲窗格插入

在幻灯片/大纲窗格中选择【幻灯片】选项卡,选中一张幻灯片后,单击右键,在弹出的快捷菜单中选择【新建幻灯片】命令,如图 5-10 所示,即可在被选中的幻灯片后新建一张与被选中幻灯片版式相同的幻灯片。

另外,选中幻灯片,然后单击【Enter】键,同样会新建一张幻灯片。

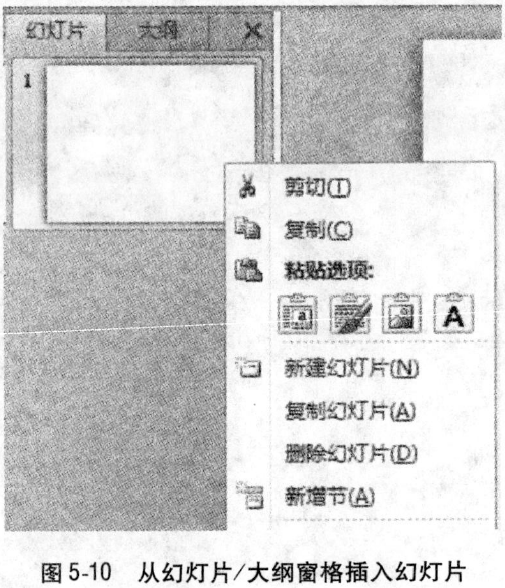

图 5-10 从幻灯片/大纲窗格插入幻灯片

5.3.1.2 浏览幻灯片

在普通视图中,可以通过在【幻灯片】选项卡或【大纲】选项卡中单击想要浏览的幻灯片进行浏览。

5.3.1.3 选择幻灯片

如果选择单张幻灯片,用鼠标在【幻灯片】选项卡或【大纲】选项卡中单击即可。如果选择连续多张幻灯片，可先选中连续多张幻灯片中的第一张，然后按住【Shift】键，再单击连续多张幻灯片中的最后一张；如果选择不连续的多张幻灯片，则按住【Ctrl】键，依次单击要选的幻灯片。

5.3.1.4　**删除幻灯片**

选中要删除的幻灯片，然后按【Del】键，或在要删除的幻灯片上单击右键，在弹出的快捷菜单上选择【删除幻灯片】命令。

5.3.1.5　**移动或复制幻灯片**

1. 通过鼠标移动或复制幻灯片

选中源幻灯片，按住鼠标左键不放进行拖动，此时将出现一条虚线用于标示幻灯片所移至的位置，释放鼠标左键后该幻灯片即被移动。复制幻灯片与移动幻灯片操作类似，选中源幻灯片，按住鼠标左键进行拖动的同时按住【Ctrl】键不放即可。

2. 通过快捷菜单复制幻灯片

选中源幻灯片，在其上单击鼠标右键，在弹出的快捷菜单中有【复制】命令和【复制幻灯片】命令，如图 5-11 所示。

若选择【复制】命令，则源幻灯片被复制到剪贴板，然后再在要粘贴的位置单击鼠标右键，执行【粘贴选项】命令，此时粘贴选项中有 3 个选择项，分别是【使用目标主题】、【保留源格式】和【图片】，如图 5-12 所示。

【使用目标主题】是指被粘贴的幻灯片使用目标位置幻灯片的主题；【保留源格式】是指被粘贴的幻灯片使用其原有的主题；【图片】是指被粘贴的幻灯片以图片形式粘贴到目标位置幻灯片内。

若选择【复制幻灯片】命令，则将被选中的幻灯片复制并粘贴到当前位置的后面。

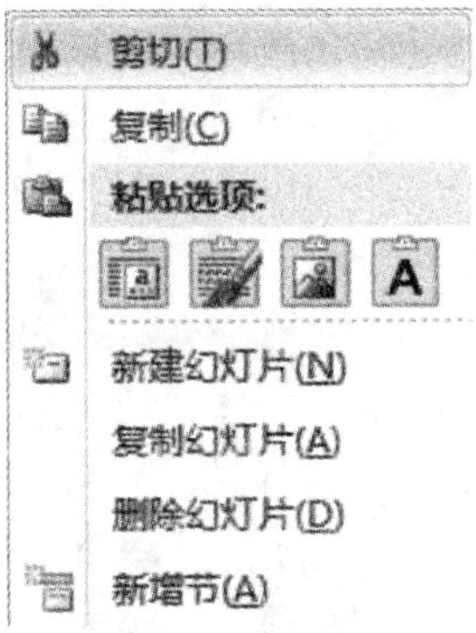

图 5-11　【复制】命令和【复制幻灯片】命令

3. 通过【开始】选项卡移动或复制幻灯片

选中源幻灯片，在【开始】选项卡的【剪贴板】组中选择【剪切】或【复制】命令，然后选中要粘贴的位置执行【剪贴板】组中的【粘贴】命令。需要注意的是【复制】命令有下拉菜单，里面有两个【复制】命令，如图 5-13 所示。

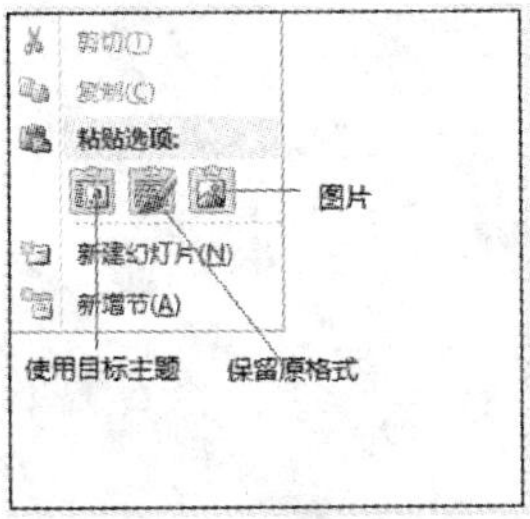

图 5-12　粘贴选项

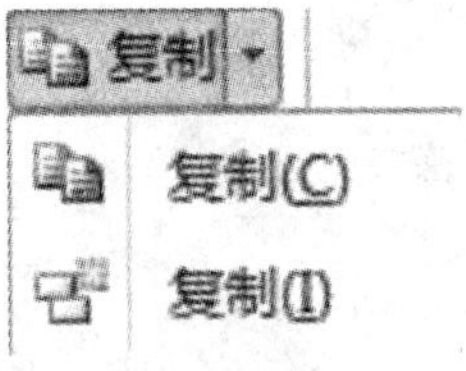

图 5-13　【复制】命令及下拉菜单

上一个【复制】命令只是将选中的幻灯片复制到剪贴板中；下一个【复制】命令则将被

选中的幻灯片复制并粘贴到当前位置的后面,同图 5-11 中的【复制幻灯片】命令。

另外,【开始】选项卡【剪贴板】组中的【粘贴】命令分为上下两部分,如图 5-14 所示。上部为普通的粘贴,下部为选择性粘贴,同图 5-12。

另外,单击【开始】选项卡的【剪贴板】组中的按钮 ,可打开【剪贴板】窗格,PowerPoint 2010 剪贴板可保存 24 次复制内容供用户使用。

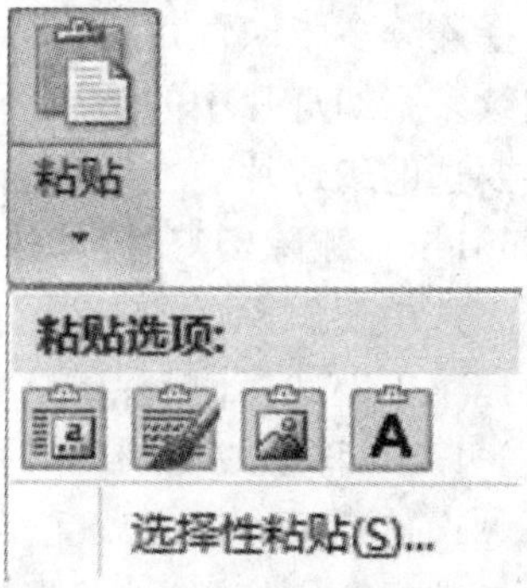

图 5-14　【粘贴】命令及下拉菜单

5.3.1.6　重设幻灯片

若需要取消或修改幻灯片中的样式,则可选中幻灯片,单击右键,在弹出的快捷菜单中选择【重设幻灯片】命令,幻灯片将恢复到初始样式状态,用户再根据实际需要进行设计。

5.3.1.7　隐藏幻灯片

选中目标幻灯片,单击右键,在弹出的快捷菜单中选择【隐藏幻灯片】命令即可。被隐藏的幻灯片在放映状态下被隐藏,但在编辑状态下可见。若要取消隐藏,则选中被隐藏的幻灯片,单击右键,在快捷菜单中再次执行【隐藏幻灯片】命令即可。

5.3.1.8　设置幻灯片版式

通过幻灯片版式的应用,使幻灯片的制作更加整齐、简洁。创建演示文稿后,新建的演示文稿默认包含一张版式为"标题幻灯片"的幻灯片,PowerPoint 2010 主要为用户提供 11 种版式,如标题幻灯片、标题和内容、图片与标题等。

常用的设置幻灯片版式的方法有以下 3 种。

1. 通过新建幻灯片时设置

设置方式与从【开始】选项卡的【幻灯片】组中添加新幻灯片相同。

2. 通过【版式】命令设置

选中目标幻灯片,在【开始】选项卡的【幻灯片】组中单击【版式】,在弹出的下拉菜单中单击要设置的版式即可,如图 5-15 所示。

3. 通过鼠标设置

选中目标幻灯片,单击右键,在弹出的快捷菜单中选择【版式】命令,在弹出的级联菜单中选择要设置的版式即可,如图 5-16 所示。

5.3.2　编辑幻灯片

5.3.2.1　占位符

占位符是一种带有虚线边缘的框,在该框内可以放置标题及正文,或者是图表、表格和图片等对象。

1. 选择占位符

将光标移至占位符的虚线框上,当光标变为四向箭头形状时,单击鼠标左键即可选中该占位符。若单击占位符内部,则表示进入该占位符,可在占位符中输入与编辑文本。

另外,在【开始】选项卡的【编辑】组中单击【选择】命令,在弹出的下拉菜单中选择

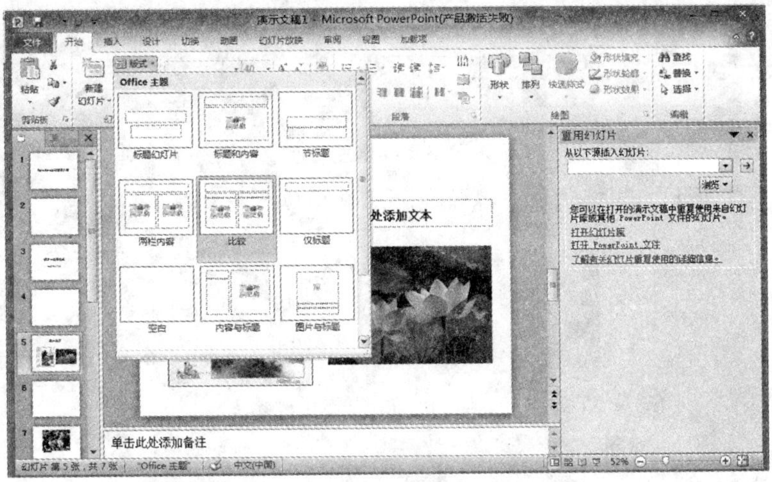

图 5-15　【版式】命令及下拉菜单

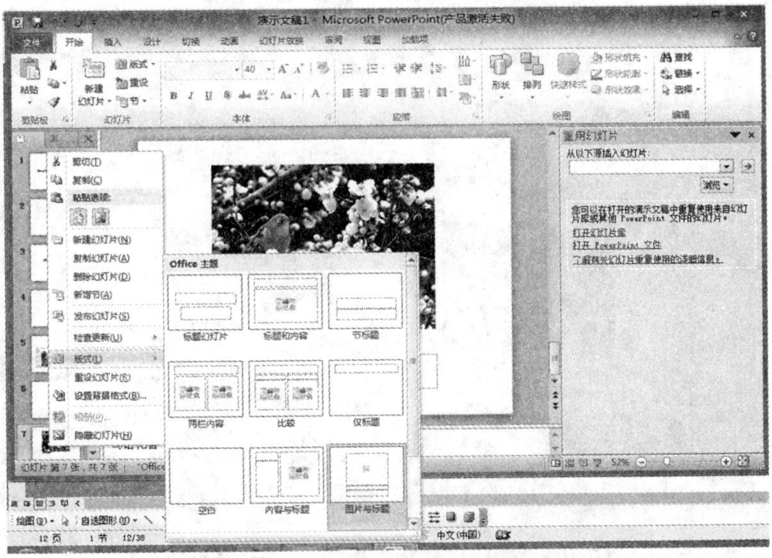

图 5-16　【版式】命令及二级菜单

【选择窗格】命令，如图 5-17 所示，则可弹出【选择和可见性】窗格。

在该窗格内单击占位符，即可在编辑区选中相应的占位符，如图 5-18 所示。

2. 移动占位符

将光标移至占位符的虚线框上，当光标变为四向箭头形状时，按住鼠标左键拖动占位符到目的位置即可。用户也可以先选中占位符，然后使用键盘上的方向键移动占位符至目的位置。

3. 改变占位符大小

选中目标占位符，将光标移动到占位符的控点上，当光标变为双向箭头形状时，按住鼠标左键拖动即可。

4. 复制或移动占位符

选中目标占位符，单击【开始】选项卡的【剪贴板】组中的【复制】或【剪切】命令，然后

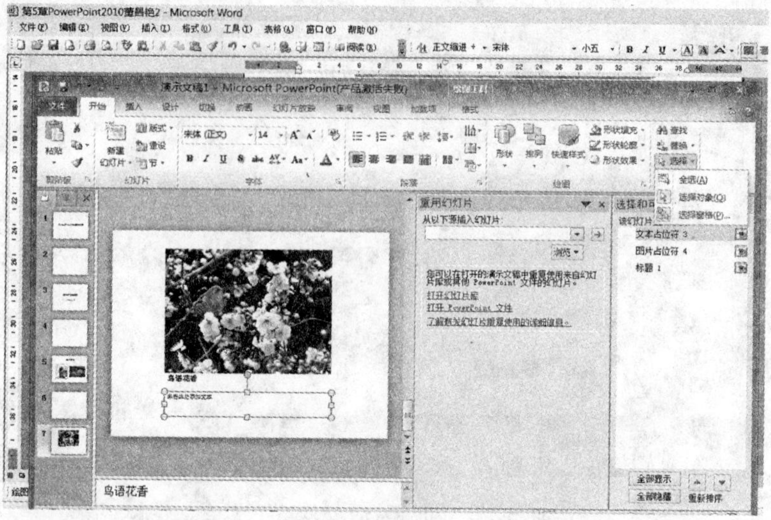

图 5-17　【选择】命令及下拉菜单

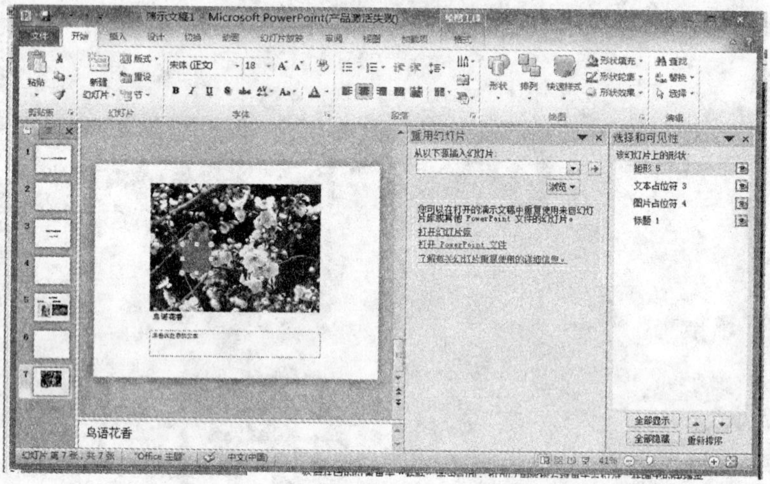

图 5-18　通过【选择和可见性】窗格选择占位符

在目的位置单击【粘贴】命令即可。也可以用鼠标右键单击占位符,在弹出的快捷菜单中执行【复制】、【剪切】或【粘贴】命令。

5. 删除占位符

选中目标占位符,按【Del】键即可。

6. 旋转占位符

选中目标占位符,将光标移动至占位符的圆形控点上拖动鼠标即可。也可选中目标占位符,然后在【绘图工具—格式】选项卡的【排列】组中单击【旋转】命令,在弹出的下拉菜单中选择旋转的角度,如图 5-19 所示。

7. 对齐占位符

选中目标占位符,然后在【绘图工具—格式】选项卡的【排列】组中单击【对齐】命令,在弹出的下拉菜单中选择对齐方式即可,如图 5-20 所示。

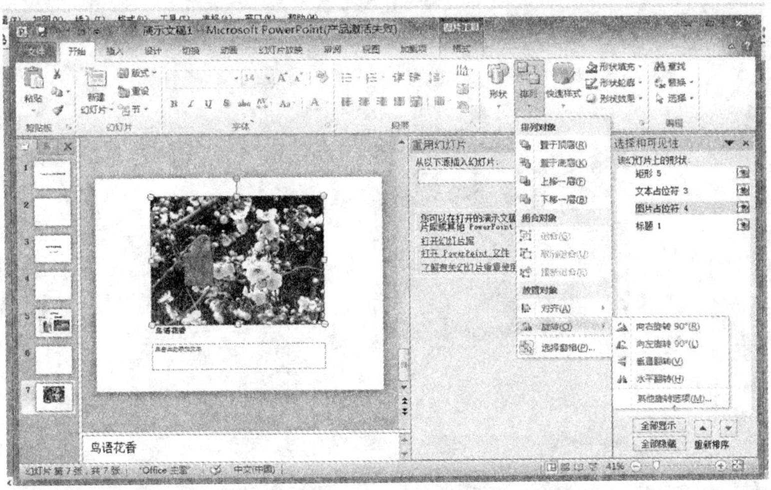

图 5-19 【旋转】命令及下拉菜单

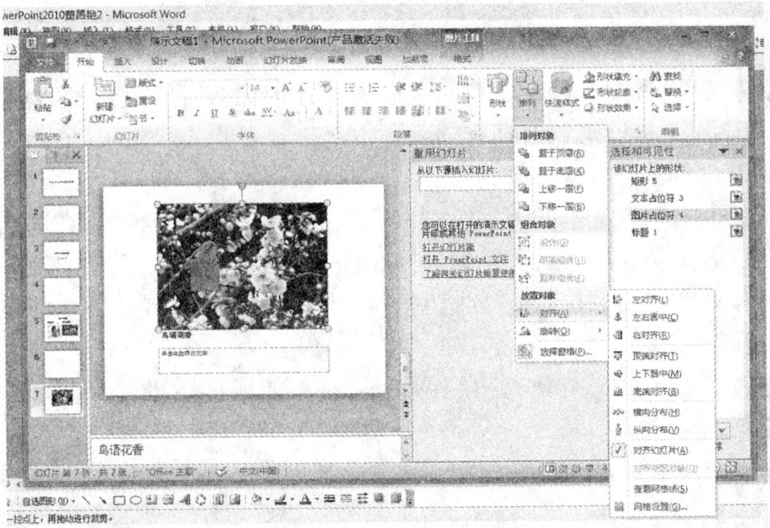

图 5-20 【对齐】命令及下拉菜单

8. 设置占位符样式

选中目标占位符，然后在【绘图工具—格式】选项卡的【形状样式】组中可设置占位符的样式、填充色、轮廓以及形状等，如图 5-21 所示。

5.3.2.2 输入文本

文本内容是幻灯片的基础，在幻灯片中输入文本一般有 4 种方式。

1. 在占位符中输入文本

单击占位符内部，光标变为闪烁的“|”形状时即可输入文本。

2. 在幻灯片/大纲窗格中输入文本

在幻灯片/大纲窗格中选中【大纲】选项卡，将光标定位到需要输入文本的幻灯片后，输入文本即可将文本输入至当前幻灯片的第一个占位符内。若要向其他占位符内输入文本，需要按【Ctrl】+【Enter】组合键，然后输入文本。

图 5-21　设置占位符样式

3. 在文本框中输入文本

首先通过【插入】选项卡的文本框命令向幻灯片内插入一个文本框,然后单击文本框内部,光标变为闪烁的“|”形状时即可输入文本。

4. 将 Word 文本转化为演示文稿

首先在 Word 中调整文本的大纲级别,调整好后保存并关闭,然后在【开始】选项卡的【幻灯片】组中单击【新建幻灯片】命令,在弹出的下拉菜单中执行【幻灯片(从大纲)】命令,如图 5-8 所示,在弹出的【插入大纲】对话框中选择刚才调整好格式的 Word 文档,单击【插入】按钮即可。

注意:Word 文档必须首先进行大纲调整,否则不能成功转化为需要的演示文稿。

5.3.2.3　编辑文本

对文本的修改、复制、剪切、粘贴和删除等操作与在 Word 中的操作完全相同。

5.3.3　编辑幻灯片

5.3.3.1　设置字体格式

选中需要设置字体格式的文本,然后执行【开始】选项卡的【字体】组中的相关命令即可设置文本的字体、字形、字号、颜色以及各种效果等。也可以单击【字体】组右下角的按钮,在弹出的【字体】对话框中进行设置,如图 5-22 所示。

5.3.3.2　设置文本的段落格式

选中需要设置段落格式的文本,然后执行【开始】选项卡的【段落】组中的相关命令即可设置段落的对齐方式、缩进方式、文字方向、行间距、段间距以及分栏、项目符号和编号等。也可以单击【段落】组右下角的对话框启动按钮,在弹出的【段落】对话框中进行设置,如图 5-23 所示。

字体与段落格式化与 Word 相似,在此不再赘述。

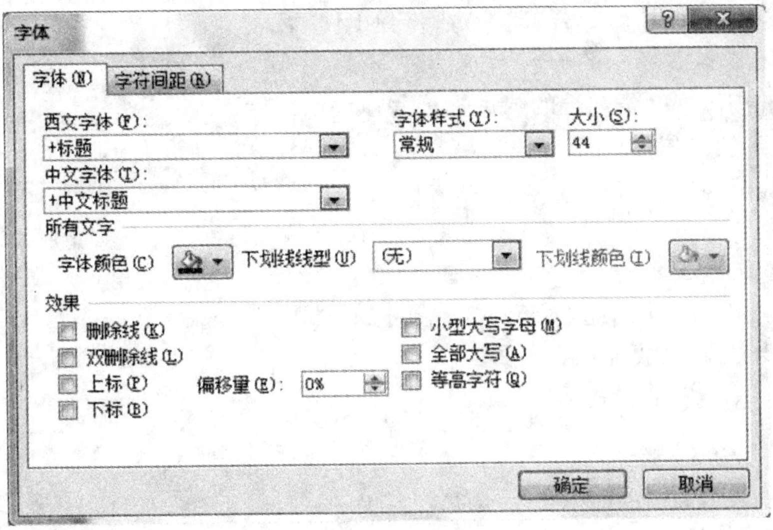

图 5-22 【字体】对话框

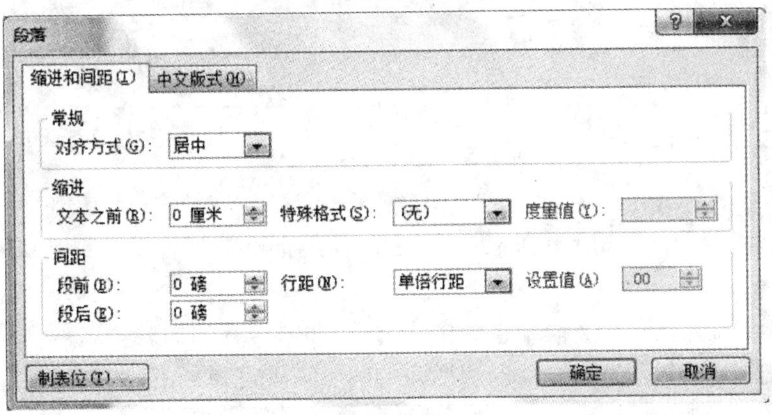

图 5-23 【段落】对话框

5.3.4　使用对象

5.3.4.1　插入文本框、图片、表格、公式、图表和艺术字

使用文本框、图片、表格、公式、图表和艺术字等可以美化幻灯片并增强演示效果。插入这些对象时首先选中目标幻灯片,然后执行【插入】选项卡中的相关命令即可。这些对象的插入与 Word 相同,在此不再赘述。

5.3.4.2　插入音频对象

在 PowerPoint 2010 中还可以插入音频文件以及自己录制的旁白等。

1. 插入音频文件

在【插入】选项卡的【媒体】组中单击【音频】命令,在弹出的快捷菜单中有两种插入音频文件的方式,分别为【文件中的音频】和【剪贴画音频】,如图 5-24 所示。

2. 剪裁音频文件

首先在幻灯片中插入音频文件,选中声音图标,然后切换到【音频工具—播放】选项卡,单击【编辑】组中的【剪裁音频】命令,将弹出【剪裁音频】对话框,如图 5-25 所示。

鼠标左键按住进度条左端的绿色标记并拖动以确定起始播放位置,然后鼠标左键按住进度条右端的红色标记并拖动以确定终止播放位置,设置好后单击【确定】按钮。

3. 设置音频播放方式

在【音频工具—播放】选项卡的【音频选项】组中选择声音的播放方式,播放方式有 3 种:

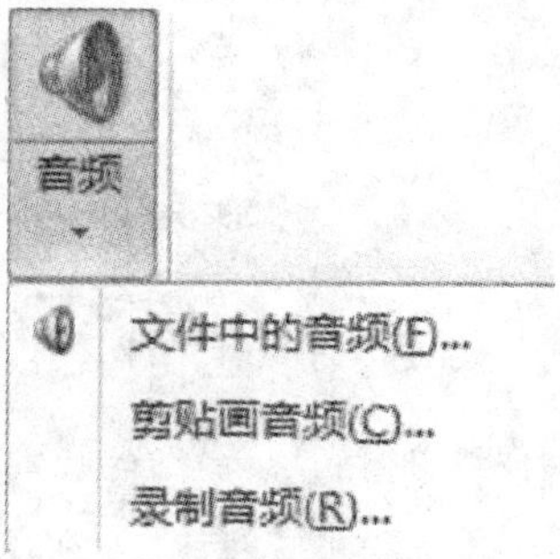

图 5-24 【音频】命令及下拉菜单

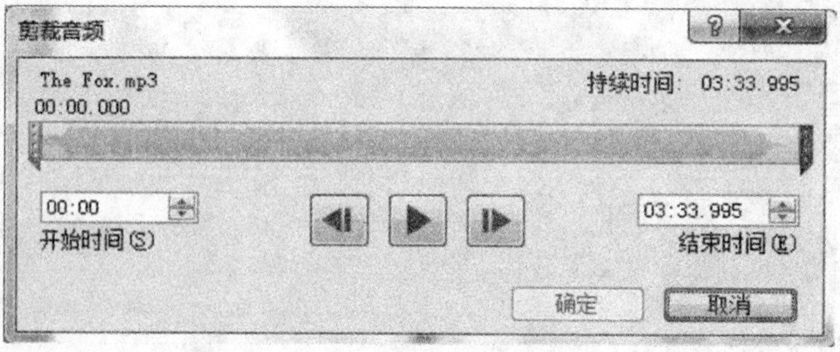

图 5-25 【剪裁音频】对话框

自动:声音将在幻灯片开始放映时自动播放,直到声音结束。

单击时:在幻灯片放映时声音不会自动播放,只有单击声音图标或启动声音按钮时,才会播放声音。

跨幻灯片播放:当演示文稿中包含多张幻灯片时,声音的播放可以从当前幻灯片延续到后面的幻灯片,不会因为幻灯片的切换而中断。需要注意的是,剪裁过的声音若选择跨幻灯片播放方式,则不会只播放剪辑部分,而是播放全部音频文件。

4. 录制音频

PowerPoint 2010 还允许用户自行录制音频。单击【插入】选项卡的【媒体】组中的【音频】命令,在弹出的下拉菜单中选择【录制音频】命令,弹出【录音】对话框,单击●按钮开始录音,再单击●按钮停止录音,最后单击【确定】按钮即可。

5.3.4.3 插入视频对象

1. 插入视频文件

在【插入】选项卡的【媒体】组中单击【视频】命令,在弹出的快捷菜单中有 3 种插入视频文件的方式,分别为【文件中的视频】、【来自网站的视频】和【剪贴画视频】,如图 5-26所示。

2. 剪裁视频文件

首先在幻灯片中插入视频文件,选中插入的视频,然后切换到【视频工具—播放】选项卡的【编辑】组,单击【剪裁视频】命令,将弹出【剪裁视频】对话框,如图 5-27 所示。剪裁视频的操作与剪裁音频的操作相同,在此不再描述。

3. 调整视频的标牌框架

标牌框架是指视频文件在没有正式播放的时候所展示的画面。默认情况下，插入视频的标牌框架为黑色或视频的第一帧画面，用户可根据需要调整视频的标牌框架，用其他图片或视频的预览图像来代替。

选中视频后，切换到【视频工具—格式】选项卡，单击【调整】组中的【标牌框架】命令，在弹出的快捷菜单中选择【文件中的图像】，如图 5-28 所示，打开【插入图片】对话框，找到满足需要的图片插入即可。另外，用户也可以在视频的播放过程中选择【标牌框架】命令下拉菜单中的【当前框架】命令，将截取视频播放过程中的画面作为视频的标牌框架。

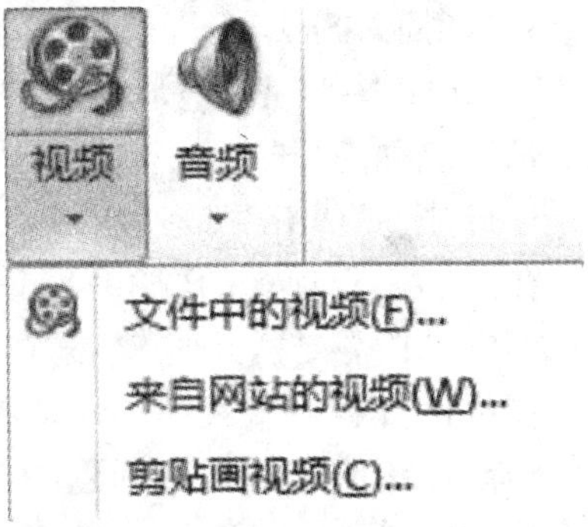

图 5-26 【视频】命令及下拉菜单

图 5-27 【剪裁视频】对话框

4. 设置视频播放方式

在【视频工具—播放】选项卡的【视频选项】组中选择视频的播放方式，操作选项与音频播放方式相似，在此不再赘述。另外，播放视频时还可以全屏播放，只需勾选【全屏播放】复选框即可。

图 5-28 【标牌框架】命令及下拉菜单

5. 设置视频特效

选中视频文件后，在【视频工具—格式】选项卡中还可以设置视频的颜色、对比度、亮度、效果、形状和边框等特效。

5.3.4.4　插入 SmartArt

SmartArt 图形是信息和观点的视觉表示形式，在 PowerPoint 2010 中，所有系统提供的图形都被统称为 SmartArt。

1. 创建 SmartArt 图形

在【插入】选项卡的【插图】组中单击【SmartArt】命令，在弹出的【选择 SmartArt 图形】对话框中选择需要插入的 SmartArt 图形即可，如图 5-29 所示。

在包含【内容】版式的幻灯片内，单击占位符内的【插入 SmartArt 图形】按钮也可以弹出【选择 SmartArt 图形】对话框。

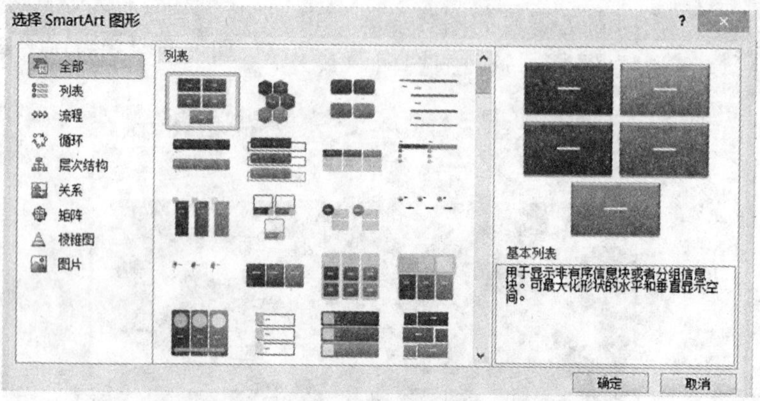

图 5-29　【选择 SmartArt 图形】对话框

2. 在 SmartArt 图形中编辑文本

在 SmartArt 图形中输入文本内容有以下两种方法：

(1) 单击 SmartArt 图形中的【[文本]】直接输入。

(2) 单击 SmartArt 图形左侧的控制按钮，展开【在此处键入文字】窗格，在其中输入文字，如图 5-30 所示。

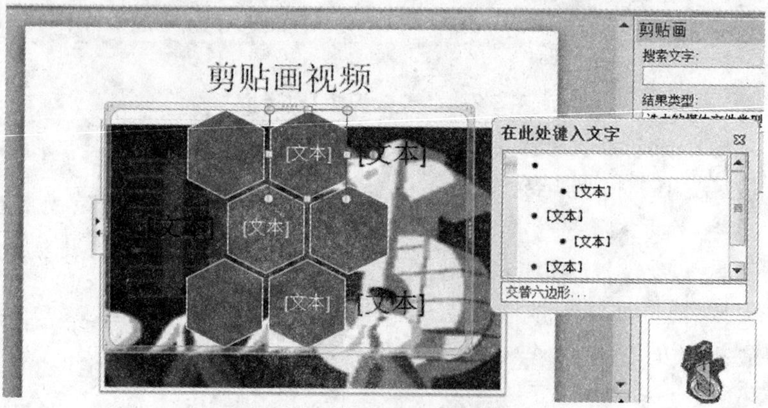

图 5-30　在 SmartArt 图形中输入文字

需要注意的是，有些形状内没有“[文本]”标志，无法直接单击输入文本。要输入文本，需要在这种形状上单击右键，在弹出的快捷菜单中执行【编辑文字】命令，如图 5-31 所示。

文本输入后若要进行格式化设置,只需选中要格式化的文本,PowerPoint 2010 就会弹出浮动字体工具栏,用户也可以通过【SmartArt 工具—格式】选项卡的【艺术字样式】组中的命令对文本进行格式化。

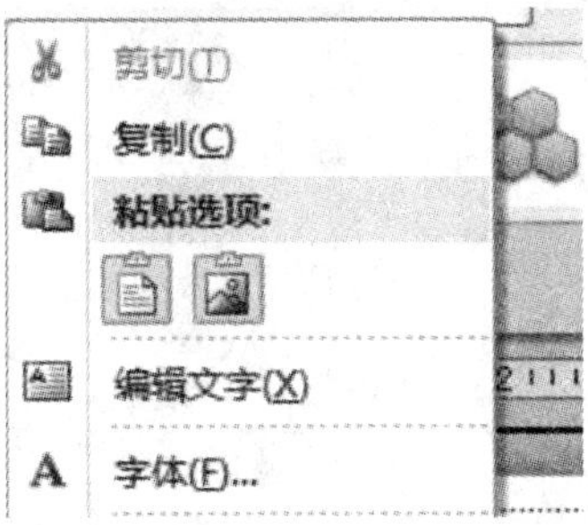

图 5-31　【编辑文字】命令

3. 设置 SmartArt 图形的布局与样式

设置 SmartArt 图形的布局:选中 SmartArt 图形,在【SmartArt 工具—设计】选项卡的【布局】组中单击【其他】按钮,在弹出的下拉菜单中选择满足需要的布局即可。

设置 SmartArt 图形的样式:选中 SmartArt 图形,在【SmartArt 工具—设计】选项卡的【SmartArt 样式】组中单击【其他】按钮,在弹出的下拉菜单中选择满足需要的样式即可。也可单击【更改颜色】命令,改变 SmartArt 图形的颜色。

4. 在 SmartArt 图形中编辑形状

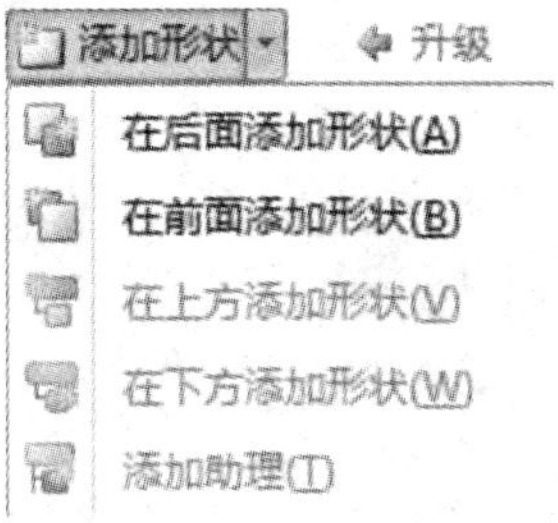

图 5-32　【添加形状】命令及下拉菜单

一般情况下,SmartArt 图形是由一组图形组成的,其中的每一个图形被称为形状。用户可根据需要对形状进行添加、删除或格式化等操作。

(1) 添加形状:选中 SmartArt 图形中的形状后,在【SmartArt 工具—设计】选项卡的【创建图形】组中单击【添加形状】命令,在弹出的下拉菜单中选择合适的添加位置单击即可,如图 5-32 所示。

(2) 删除形状:选中要删除的形状,按【Del】键即可。需要注意的是,有些布局的 SmartArt 图形不允许删除形状。

(3) 格式化形状:选中要格式化的形状,在【SmartArt 工具—格式】选项卡中可更改大小、形状、样式、对齐方式、角度等。

5. SmartArt 图形转换

PowerPoint 2010 还为用户提供了转换 SmartArt 图形的功能,不仅可以将幻灯片中的文本转换为 SmartArt 图形,还可以将 SmartArt 图形转换为文本。

(1) 将文本转换为 SmartArt 图形:选中文本,执行【开始】选项卡的【段落】组中的【转换为 SmartArt】命令即可,如图 5-33 所示。

(2) 将 SmartArt 图形转换为形状或文本:选中 SmartArt 图形,在【SmartArt 工具—设计】选项卡的【重置】组中单击【转换】命令,在弹出的下拉菜单中选择【转换为文本】命令或【转换为形状】命令即可,如图 5-34 所示。

5.3.5　用节管理幻灯片

"节"是 PowerPoint 2010 中新增加的功能,当演示文稿包含的幻灯片较多时,使用节管理幻灯片可以实现对幻灯片的快速导航,还可以对不同节的幻灯片设置不同的背景、主题等。

5.3.5.1　新增节

默认情况下,每一个演示文稿只有一个节,用户要想增加新的节只需要在幻灯片/大

图 5-33　将文本转换为 SmartArt 图形

纲窗格中选中要分节的幻灯片,单击右键,在弹出的快捷菜单中执行【新增节】命令即可。新增节后,第一节默认被称为“默认节”,第二节默认被称为“无标题节”,并显示在幻灯片/大纲窗格中。例如,在第 2 张幻灯片上执行【新增节】命令,结果如图 5-35 所示。

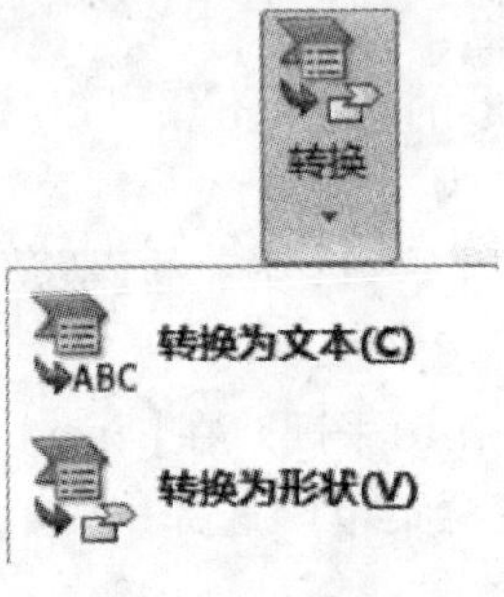

图 5-34　【转换】命令及下拉菜单

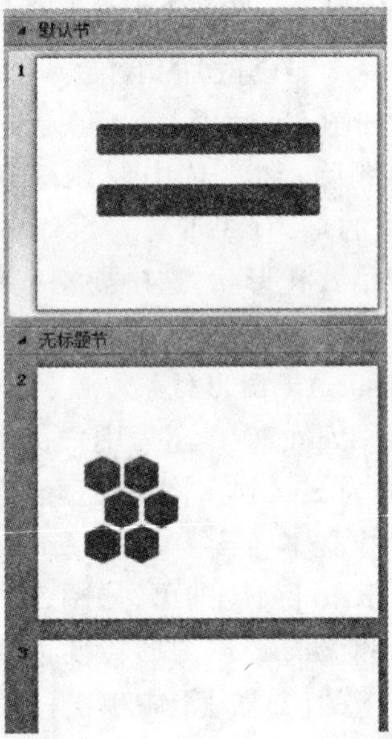

图 5-35　新增节

5.3.5.2　**编辑节**

用户可以在节标题上单击右键,在弹出的快捷菜单中对节进行展开、折叠、重命名、移动或删除操作,如图 5-36 所示。

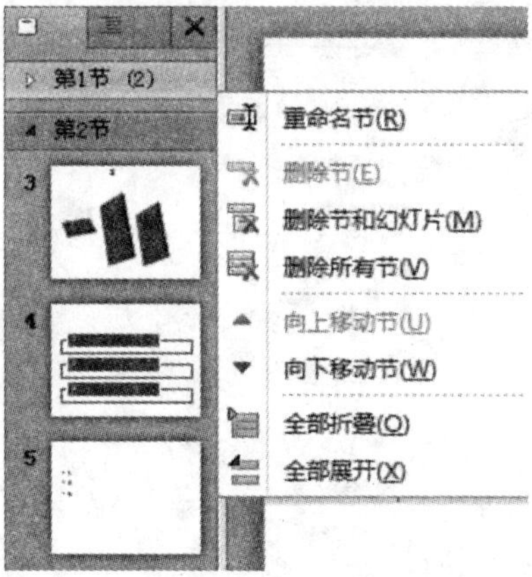

图 5-36　节操作的快捷菜单

5.4　设计幻灯片版式及外观

5.4.1　背景

在 PowerPoint 2010 中可以更改幻灯片、备注页以及讲义的背景色或背景设计。所谓讲义，是指演示文稿的打印版本，它可以在每页中包含多张幻灯片，以便给听众提供一份书面的幻灯片内容，并在每页讲义上留出空间供听众注释。背景既可以是单色块，也可以是渐变过渡色、底纹、图案、纹理或图片。

5.4.1.1　设置幻灯片背景

选中目标幻灯片，单击【设计】选项卡【背景】组中的【背景样式】命令，在弹出的下拉菜单中选择需要的背景即可。也可以单击【设置背景格式】命令，在弹出的【设置背景格式】对话框中进行设置。PowerPoint 2010 提供的背景格式设置方式有纯色填充、渐变填充、图片或纹理填充、图案填充 4 种，如图 5-37 所示。

1. 纯色填充

在【设置背景格式】对话框中选中【纯色填充】，单击【颜色】按钮，在弹出的下拉菜单中选择合适的颜色即可。也可选择【其他颜色】，在弹出的【颜色】对话框中选择合适的颜色。设置好颜色后，单击【关闭】按钮，这时被选中的幻灯片的背景颜色即被设好，若想将其他幻灯片中的背景也做同样设置，则需单击【全部应用】按钮。在其他 3 种设置方式中也是如此操作，下面不再赘述。

2. 渐变填充

在【设置背景格式】对话框中选中【渐变填充】，在【预设颜色】里设置渐变色的基本色调，在【类型】、【方向】和【角度】里设置颜色变化类型、变化方向和变化角度。还可以通过【添加/删除渐变光圈】增减光圈的个数和颜色等。

3. 图片或纹理填充

在【设置背景格式】对话框中选中【图片或纹理填充】，在【纹理】里设置背景的纹理。

图 5-37　【设置背景格式】对话框

若不用图 5-37 所示的【设置背景格式】对话框,想使用系统自带纹理,则可通过【文件】或【剪贴画】按钮查找自己喜欢的图片作为背景。若图片尺寸与幻灯片不符,可勾选【将图片平铺为纹理】复选框,并设置相关平铺选项。

4. 图案填充

在【设置背景格式】对话框中选中【图案填充】,在列表里选择合适的图案。还可以通过【前景色】和【背景色】按钮调整图案的颜色。

另外,在【视图】选项卡的【母版视图】组中选择【幻灯片母版】命令,则会弹出【幻灯片母版】选项卡,在该选项卡中也有【背景样式】命令,设置方式与上述方式相同,在此不再赘述。

5.4.1.2　设置备注页或讲义背景

备注页或讲义背景的设置需要在【视图】选项卡的【母版视图】组中选择【备注母版】命令或【讲义母版】命令,在弹出的【备注母版】选项卡或【讲义母版】选项卡中通过【背景样式】命令设置,设置方式与普通幻灯片背景设置方式相同,在此不再赘述。

5.4.2　主题

主题是演示文稿的颜色搭配、字体格式化以及一些特效命令的集合,使用主题可以大大化简演示文稿的创作过程。PowerPoint 2010 为用户提供了 24 种主题,用户可自由选择,也可以自定义新的主题。

5.4.2.1　应用主题

在【设计】选项卡的【主题】组内单击【其他】按钮,在下拉列表中选择合适的主题单击即可。在默认情况下,应用主题时会同时更改所有幻灯片的主题,若想只更改当前幻灯片的主题,需在主题上单击右键,在弹出的快捷菜单中选择【应用于选定幻灯片】命令,如图 5-38 所示。

5.4.2.2　自定义主题

若用户需要自定义主题,则可以在【设计】选项卡的【主题】组内通过【颜色】、【字体】

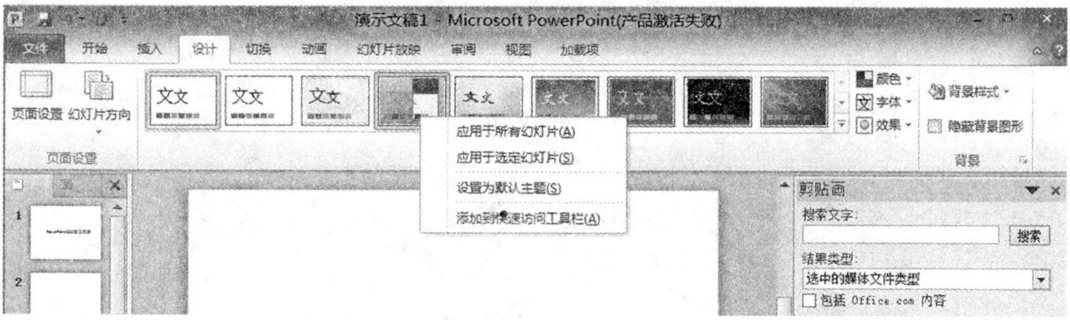

图 5-38　应用主题

和【效果】命令进行自定义。

5.4.3　母版

母版是模板的一部分，主要用来定义演示文稿中所有幻灯片的格式，其内容主要包括文本与对象在幻灯片中的位置、文本与对象占位符的大小、文本样式、效果、主题颜色、背景等信息。PowerPoint 2010 主要提供了幻灯片母版、备注母版和讲义母版 3 种。

5.4.3.1　设置幻灯片母版

1. 编辑版式

在 PowerPoint 2010 中，系统提供了一套幻灯片母版，包括 1 个主版式和 11 个其他版式。在【视图】选项卡的【母版视图】组中单击【幻灯片母版】命令，会弹出【幻灯片母版】选项卡和窗格，选中目标版式，可进行插入、删除、重命名，设置主题、背景、标题、页脚等操作，如图 5-39 所示。

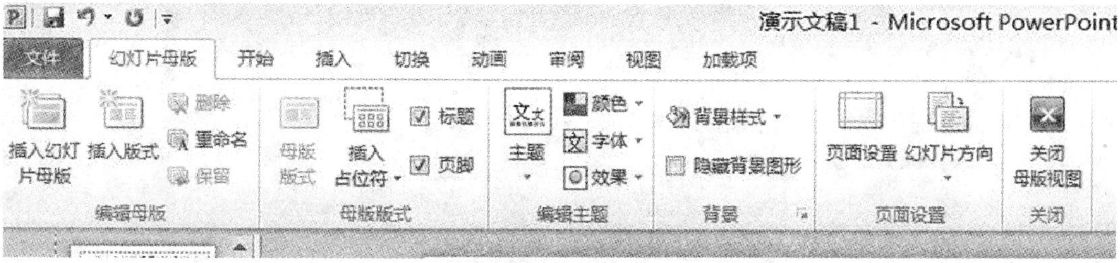

图 5-39　背景样式

选中主版式作格式化设置时，格式化命令会改变所有版式的格式；选中其他 11 个版式作格式化命令，则只会改变选中版式的格式。需要注意的是，“标题”和“标题和内容”这两个版式不允许删除。

2. 编辑幻灯片母版

PowerPoint 2010 允许用户对幻灯片母版进行添加、删除、重命名及设置主题、背景等操作，操作方式与编辑版式相似，唯一区别是操作前用户需要选中幻灯片母版的主版式而不是选中其他某一版式。编辑好版式或幻灯片母版后，关闭母版视图，在【开始】选项卡【版式】命令的下拉列表中可以看到新编辑的版式和幻灯片母版。

3. 幻灯片母版的页面设置

在【幻灯片母版】选项卡中还可以对其进行页面设置。单击【页面设置】组中的【页面设置】命令会弹出【页面设置】对话框,如图 5-40 所示。在该对话框中可设置幻灯片大小、方向、起始编号等。

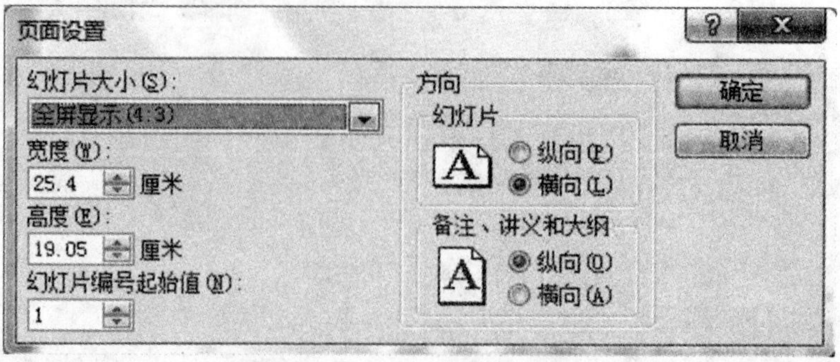

图 5-40　【页面设置】对话框

4. 幻灯片母版的页眉/页脚设置

在【幻灯片母版】选项卡的【母版版式】组中有【页脚】复选框,若将其勾选,则在母版下部出现 3 个并排的文本框,分别代表日期、页脚和编号,如图 5-41 所示。若不勾选,则这 3 个文本框都被隐藏。若只想保留其中的某几个,则需选中不保留的按【Del】键删除。

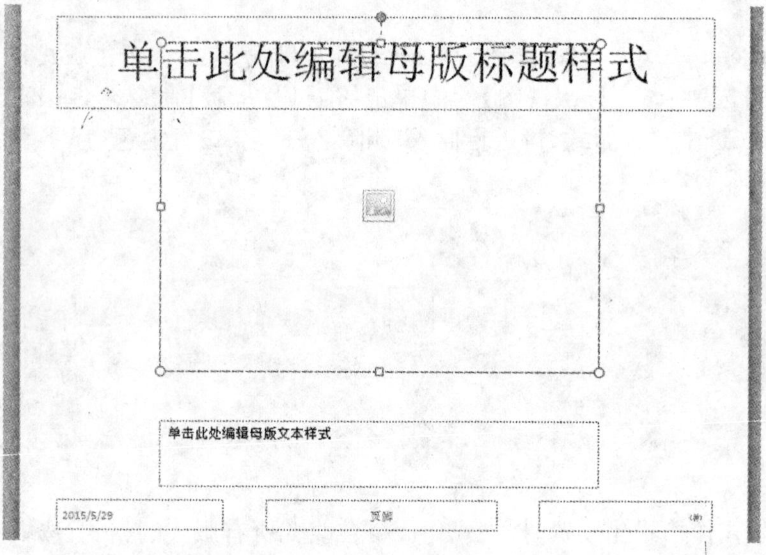

图 5-41　设置页脚

在幻灯片母版中没有专门设置页眉的选项,但用户可在幻灯片母版主版式中插入图片或绘制形状并在其中添加文本,这样就实现了页眉效果,如图 5-42 所示。

5.4.3.2　设置备注或讲义母版

在【视图】选项卡中执行【备注母版】命令或【讲义母版】命令,会弹出【备注母版】选项卡或【讲义母版】选项卡,设置方式与幻灯片母版相同,在此不再赘述。

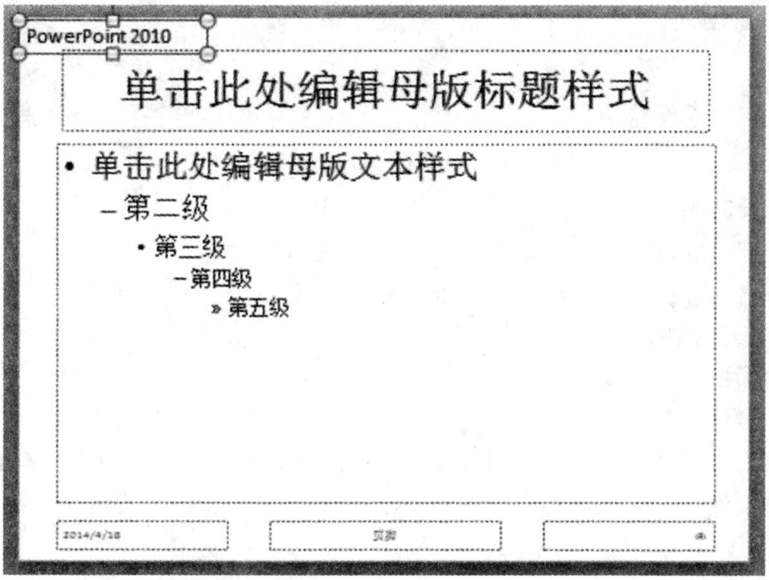

图 5-42　插入页眉

5.5　动画效果和动作设置

5.5.1　设置幻灯片的动画效果

5.5.1.1　插入单个动画

选中要添加动画的对象,选择【动画】选项卡,在【动画】组中选择合适的动画单击即可,如图 5-43 所示。也可以单击【其他】按钮 ,在下拉列表中选择合适的动画。选好动画后,还可以通过【效果选项】命令改变动画的路径。在【动画】选项卡的【计时】组中还可以设置动画的开始方式、动画长度和动画开始播放的延迟时间等。

图 5-43　【动画】组

5.5.1.2　对一个对象插入多个动画

选中要插入多个动画的对象,单击【动画】选项卡的【高级动画】组中的【添加动画】按钮,在弹出的下拉列表中选择合适的动画,这样就添加了一个动画,重复这一步骤即可添加多个动画。单击【动画窗格】按钮会弹出动画窗格,在里面可以看到全部的动画。

5.5.1.3　自定义动画路径

PowerPoint 2010 将所有动画分为进入、退出和强调 3 类,这些动画都有固定的路径,用户若需要自定义动画路径,则可单击【动画】组中的【其他】按钮,在下拉列表的【动作路径】中进行选择,如图 5-44 所示。

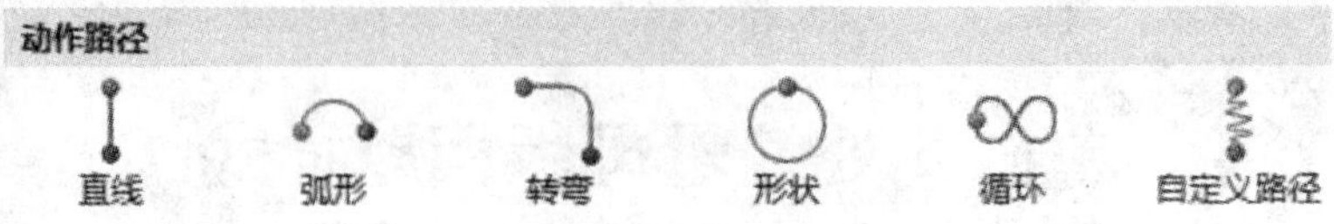

图 5-44　动作路径

5.5.1.4　删除动画

选中要删除动画的对象,则其左上角会出现该对象的所有动画序号按钮,选中要删除的动画序号按钮,按【Del】键即可。也可以在动画窗格里选中要删除的动画,单击右键,在弹出的快捷菜单中执行【删除】命令。

5.5.1.5　动画排序

若一个幻灯片内有多个动画,这些动画默认是按照添加顺序进行播放的。若想改变播放顺序,只需要在动画窗格中选中要改变顺序的动画,然后按住鼠标左键不放上下拖动,拖动时会出现一条黑线表示目的位置,拖动到合适的位置松开左键即可。

5.5.2　设置幻灯片切换效果

选中目标幻灯片,然后切换到【切换】选项卡,在【切换到此幻灯片】组内可添加幻灯片切换方式,添加后还可通过【效果选项】、【声音】、【持续时间】和【换片方式】等命令对当前切换方式进行进一步设置。若要对当前演示文稿中所有幻灯片都使用这种换片方式,则执行该选项卡内的【全部应用】命令即可。

5.5.3　插入超链接和动作

5.5.3.1　超链接

幻灯片中的超链接与网页中的超链接类似,是从一个对象跳转到另一个对象的快捷途径。在幻灯片中添加超链接的对象并没有严格的限制,可以是文本或图形图片,也可以是表格或图示。

插入超链接时,首先选中要插入超链接的对象,然后切换到【插入】选项卡,单击【链接】组中的【超链接】命令,这时会弹出【插入超链接】对话框,如图 5-45 所示。

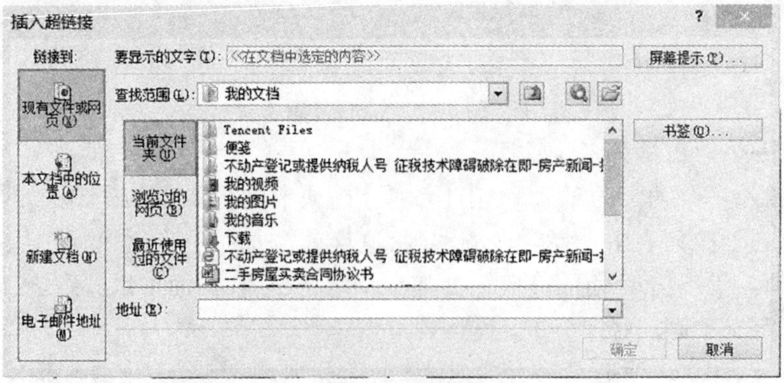

图 5-45　【插入超链接】对话框

现有文件或网页：可链接到已存在的文件上，或者某一个网站。在【插入超链接】对话框中找到要链接的文件或在【地址】文本框中输入网站的网址，再单击【确定】按钮即可。

本文档中的位置：可链接到当前演示文稿中的任何一张幻灯片上，在【请选择文档中的位置】列表框中选择要链接的幻灯片即可，如图 5-46 所示。

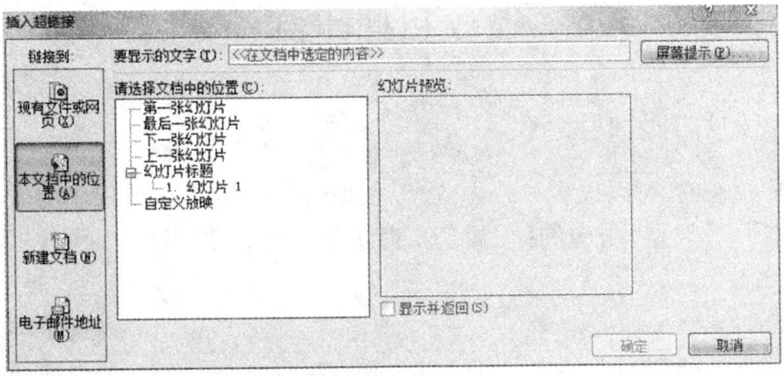

图 5-46　链接到"本文档中的位置"

若要编辑或删除已建立的超链接，可以用鼠标右击用作超链接的对象，在弹出的快捷菜单中选择【编辑超链接】或【删除超链接】命令。

5.5.3.2　动作设置

演示文稿放映时，由演讲者操作幻灯片上的对象去完成下一步的某项既定工作，称为该对象的动作。对象动作的设置提供了在幻灯片放映中人机交互的一个途径，使演讲者可以根据自己的需要选择幻灯片的演示顺序和展示演示内容，可以在众多的幻灯片中实现快速跳转，也可以实现与网络的超链接，甚至可以应用动作设置启动某一个应用程序或宏。

动作设置时首先选中要设置动作的对象，在【插入】选项卡的【链接】组中选择【动作】命令，打开【动作设置】对话框，如图 5-47 所示。

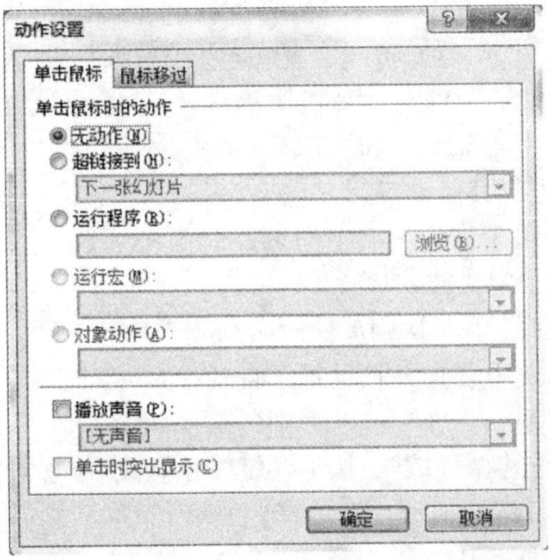

图 5-47　【动作设置】对话框

在【单击鼠标】选项卡中选择【超链接到】单选按钮,在下面的下拉列表框中可以选择超链接的对象,操作方法与前面介绍的超链接的内容基本一致,在此不再赘述。若选择【运行程序】单选按钮,则表示放映时单击对象会自动运行所选的应用程序,用户可在文本框中输入要运行的程序及其完整路径,或单击【浏览】按钮选择。

5.6 播放和打印演示文稿

5.6.1 设置幻灯片放映方式

在幻灯片放映前,可以设置放映方式,以根据具体的情况满足相应的需求。单击【幻灯片放映】选项卡【设置】组中的【设置幻灯片放映】命令,弹出【设置放映方式】对话框,如图 5-48 所示。

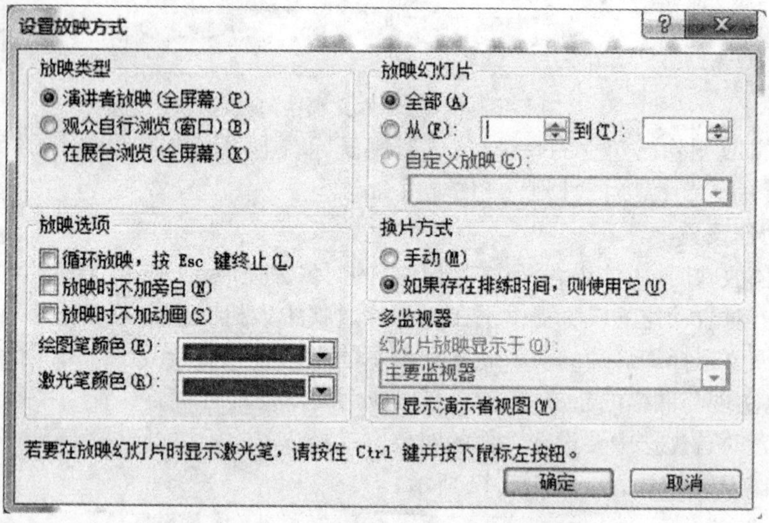

图 5-48 【设置放映方式】对话框

PowerPoint 2010 提供了 3 种在计算机中播放演示文稿的方式,分别是"演讲者放映(全屏幕)""观众自行浏览(窗口)"和"在展台浏览(全屏幕)"。除此之外,在【设置放映方式】对话框中还可以进行其他设置。

(1)放映幻灯片:提供了演示文稿中幻灯片的 3 种播放方式,即播放全部幻灯片、播放指定范围的幻灯片和自定义放映。

(2)换片方式:若选择【手动】,则放映时必须有人为的干预才能切换幻灯片。若选择【如果存在排练时间,则使用它】,并且设置了自动换页时间,则幻灯片在播放时便能自动切换了。

(3)放映选项:若选择【循环放映,按 Esc 键终止】,则在最后一张幻灯片放映结束后,会自动返回第一张幻灯片继续播放。若选择【放映时不加动画】,则在播放幻灯片时原来设定的动画效果将会失去作用。

5.6.2　放映演示文稿

5.6.2.1　直接放映

在任何一种视图下，单击 PowerPoint 2010 主窗口下的视图切换按钮中的【幻灯片放映】按钮，都可以进入幻灯片放映视图，并根据设置的放映方式从当前幻灯片开始播放演示文稿。在幻灯片放映视图中，幻灯片以全屏方式显示，且一直保持在屏幕上，直到用户单击了鼠标或键盘上相应的键为止。

5.6.2.2　控制放映过程的快捷菜单

在幻灯片放映视图中单击鼠标右键，可弹出控制放映过程的快捷菜单，各命令如下：

【下一张】：选择此命令可以切换到下一张幻灯片。

【上一张】：选择此命令可以切换到上一张幻灯片。

【定位至幻灯片】：这是一个子菜单，通过选择该子菜单中的幻灯片标题可以切换到指定的幻灯片。

【指针选项】：这是一个子菜单，用来设置关于鼠标指针的选项。其中，【箭头】命令用来将鼠标指针设置为箭头形状；【圆珠笔】、【毡尖笔】和【荧光笔】命令用来将鼠标指针设置为笔形状，可以在演示过程中对某些内容作标注；【墨迹颜色】命令用于设置绘图笔的颜色；【橡皮擦】和【擦除幻灯片上的所有墨迹】命令用于擦除幻灯片上的墨迹；【箭头选项】命令用于设置箭头是否可见。

【屏幕】：这是一个子菜单。选择【黑屏】或【白屏】使整个屏幕变成黑色或白色，直到单击鼠标为止；选择【显示/隐藏墨迹标记】命令，可控制墨迹的显示或隐藏；选择【演讲者备注】，会显示当前幻灯片的演讲者备注内容；选择【切换程序】命令，可以在放映幻灯片时通过任务栏切换到其他程序。

【结束放映】：选择该命令可以结束演示。实际上，在任何时候，用户都可以按【Esc】键退出幻灯片放映视图。

5.6.3　排练计时

在演示文稿的放映方面，PowerPoint 2010 还提供了排练计时功能。排练计时可以跟踪每张幻灯片的显示时间并相应地设置计时，为演示文稿估计一个放映时间，以用于自动放映。其操作方法为：

执行【幻灯片放映】选项卡中【设置】组的【排练计时】命令，在幻灯片放映视图中，系统会弹出【录制】对话框并自动记录幻灯片的切换时间，如图 5-49 所示。结束放映时或单击【录制】工具栏中的【关闭】按钮时，系统将弹出提示框，单击【是】按钮即可保存排练计时，如图 5-50 所示。

图 5-49　【录制】对话框

图 5-50　提示框

5.6.4　打印演示文稿

打印演示文稿指将制作完成的演示文稿按照要求通过打印设备输出并呈现在纸上。切换到【文件】选项卡,单击【打印】选项卡即可对打印选项进行设置,如图 5-51 所示。

图 5-51　【打印】选项卡

(1)份数:用来设置打印的份数。

(2)打印机:若当前电脑安装了多台打印机,则可在其中选择用哪台进行打印。

(3)打印机属性:单击后会弹出【打印机属性】对话框,可在其中设置纸张大小和打印方向。

(4)打印全部幻灯片:用来设置打印范围,单击后会弹出下拉列表,打印范围包括【全部幻灯片】、【选中幻灯片】、【当前幻灯片】和【自定义范围】。

(5)整页幻灯片:用来设置打印版式以及讲义幻灯片放置方式,单击后会弹出下拉列表,进行设置。

(6)编辑页眉和页脚:用来设置幻灯片的页眉/页脚。单击后会弹出【页眉和页脚】对话框，如图 5-52 所示。

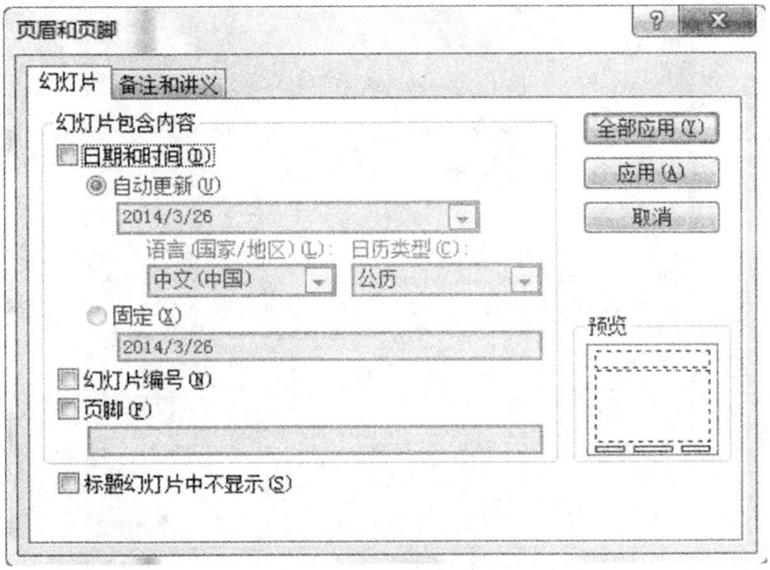

图 5-52 【页眉和页脚】对话框

其中，【日期和时间】包括两种，若选择【自动更新】则显示的日期为每次打开演示文稿的日期，若选择【固定】则显示的日期为设置的固定日期。若不想在标题幻灯片中显示页脚，则勾选【标题幻灯片中不显示】项。若想将整个演示文稿都进行页眉/页脚设置，则需最后单击【全部应用】按钮；若只想设置当前幻灯片，则需单击【应用】按钮。

5.7 PowerPoint 2010 的其他功能

PowerPoint 2010 新增了广播幻灯片功能，使得用户能够与任何人在任何位置轻松共享演示文稿。

打开要共享的演示文稿，切换到【幻灯片放映】选项卡，单击【广播幻灯片】按钮，将弹出【广播幻灯片】对话框，如图 5-53 所示。

在该对话框中选中【PowerPoint Broadcast Service】并单击【启动广播】按钮，将启动广播服务并弹出【连接到 pptbroadcast. officeapps. live. com】对话框，如图 5-54 所示。

这时需要使用 Windows Live ID 登录，若没有该账户则需申请。登录后 PowerPoint 2010 将提供一个公共链接，用户只需将其发给远程观众，收到该广播链接的任何人均可观看广播。

用户可以将制作好的演示文稿发布到 Web，这样用户和访问群体只要连接到 Web，就可以对演示文稿进行查看和编辑。选择【文件】选项卡中的【保存并发送】命令，接着单击【保存到 Web】命令，再单击右侧的【登录】按钮，使用 Windows Live ID 登录，若没有该账户则需申请。

登录成功后在【个人文件夹】栏中单击【另存为】按钮，在弹出的【另存为】对话框中输入文件名，最后单击【保存】按钮开始上传到服务器。将演示文稿上传到服务器后，用

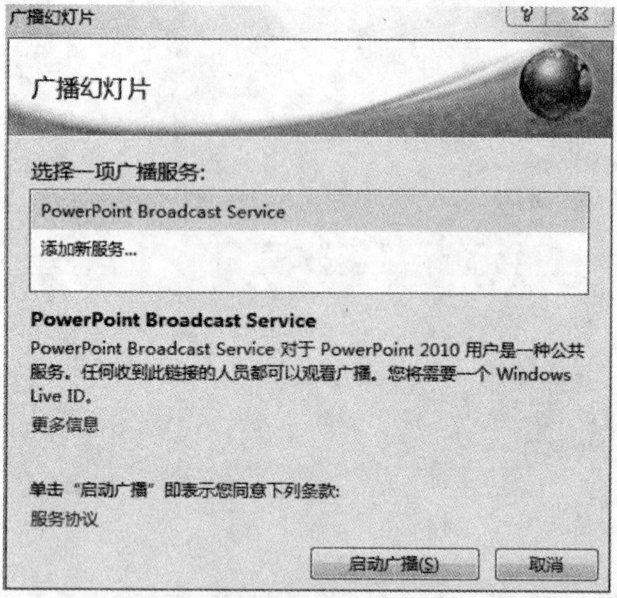

图 5-53 【广播幻灯片】对话框

图 5-54 登录界面

户和其他访问群体登录到服务器就可以查看到最新的更新。

习　题

1. 创建演示文稿有哪几种方法?

2. 演示文稿的文件默认扩展名是什么?

3. 控制演示文稿外观的方法有几种? 如何操作?

4. 在 PowerPoint 中查看文稿视图的方式有几种? 各种视图的特点是什么? 各应用于怎样的情况下?

5. 如何将一个复杂的演示文稿安装到另一台无 PowerPoint 软件的计算机上进行演示?

6. 控制演示文稿外观的方法有几种？如何进行操作？
7. 在幻灯片中如何添加和删除超链接？
8. 在幻灯片中如何进行自定义动画设置？和设置动画方案有什么区别？
9. 简述幻灯片母版的作用。母版和模板有什么区别？
10. 在演示文稿中如何利用排练记时？其作用是什么？
11. 如何将演示文稿文件转换成 Web 页文件？如何浏览转换后的 Web 页文件？
12. 如何设置声音文件作为演示文稿文件的背景音乐？
13. 如何给一个已经存在的演示文稿中的所有页都加上跳转到上一页和下一页？
14. 若要求将演示文稿文件中的幻灯片设置为不同的背景，应怎样操作？
15. 将演示文稿打包有什么优点？打包后将生成哪些文件？

第6章 数据库应用与 Access 2010

数据库技术是研究如何科学而高效地获取、组织、存储与处理数据的技术。数据库技术产生于20世纪60年代末期,是计算机领域中最重要的技术之一,是一种较理想的数据管理技术。数据库技术作为计算机科学的重要分支,在各种计算机应用领域中的地位与作用越来越重要。

Access 是一种关系型的桌面数据库管理系统,作为 Microsoft Office 软件的组件之一,在世界范围内得到广泛使用。Access 具有功能强大和操作简单的特点,特别适合数据库技术的初学者。

6.1 数据库基础

6.1.1 数据库概念

6.1.1.1 数据(Data)

数据是描述事物的有结构的符号记录。作为数据库中存储的基本对象,数据是指能够被输入到计算机中并能被计算机处理的一切符号对象,这些符号对象可以表现为数字、文字等常见形式,也可以表现为声音、图形、图像、视频等多媒体形式,甚至还可以表现为知识、规则、推理等抽象形式。

数据库中的数据记录具有一定的结构,数据记录一般由数据类型(Data Type)和数据值(Data Value)来描述。数据类型用来描述数据记录的值域范围和能够施加的操作类型,数据值则是数据记录当前的有效取值。

下面给出数据的一个实例:

(L05,青岛路, 二级道路,3600)

上例作为一个地物要素的记录,就是一类有结构的数据。然而仅有以上数据的形式,并不能完全表达数据的含义,还需要对此加以解释。对数据含义的解释被称为数据的语义。数据与其语义是不可分割的,只有结合语义的数据,才能够被人理解。

对上例的语义解释为:

数据记录描述了一条线状要素的特征属性,该道路编号为“L05”,道路名称为“青岛路”,道路类型为“二级道路”,道路长度为3600 m。

6.1.1.2 数据库

数据库是指以统一的模式结构长期存储在存储介质内的数据集合。数据库中的数据能够被多个用户共享,由数据库管理程序统一维护与控制。数据库具有完整性、安全性、并发性,较小的数据冗余度和较高的数据独立性。

数据库的前身是文件系统。但文件具有共享性差、冗余度大、数据安全性和独立性不高等缺陷，因而在20世纪60年代，数据库技术替代了文件系统，从而标志着数据管理技术进入了一个全新的阶段。

6.1.1.3　数据库管理系统

数据库管理系统(DBMS)是用来统一管理与控制数据库的一套系统软件，是数据库系统的核心，它为数据库的管理与控制提供了以下功能。

1. 数据库的建立与维护功能

数据库的维护主要包括数据批量装载、数据库转储、数据库的重组织、介质故障恢复及性能监视等。

2. 数据库中数据的定义功能

数据的定义包括数据的逻辑结构(或称为数据模式)的定义及数据物理存储结构的定义。

3. 数据的完整性与安全性的检查与维护功能

数据完整性是指数据的正确性、有效性和相容性，即将数据控制在有效的范围内，或要求数据之间满足一定的关系；数据完整性是用来保证数据正确性的必要条件。数据库的数据可被多种用户共享，因此有必要对数据的读写操作设定一定的控制手段，使不同权限的用户只能按相应的权限，对数据进行访问和处理，从而防止数据的不合法使用而造成的数据泄密及破坏，这就是数据的安全性。

4. 数据的并发控制功能

当多个用户同时并发存取或修改数据库时，可能会发生相互干扰而得到错误的结果，并使得数据库的完整性遭到破坏。数据库的共享与并发特征，要求数据库管理系统对多个应用的并发操作设置一定的控制和协调策略，以保证数据不受破坏，也就是数据库的并发控制。

5. 数据的故障恢复功能

数据库中存储的是非常重要与宝贵的信息资源，计算机系统的硬件故障、软件故障、操作员的失误以及故意的破坏都会影响数据库中数据的正确性，甚至造成数据库部分或全部数据的丢失。数据库管理系统应该具有对遭受破坏的数据及时恢复的能力，这就是数据的故障恢复功能。

6. 数据的操纵功能

数据库管理系统使用户能方便地操纵数据，如对数据进行查询、插入、修改及删除等操作。

6.1.1.4　数据库管理员

数据库管理员是负责数据库的建立、使用和维护的专门技术人员。其主要职责包括：

(1)数据库的设计与实施；

(2)数据库的维护，包括对数据完整性、完全性、并发控制及数据的故障恢复等所进行的维护；

(3)监控并及时调整数据库的运行状态，改善系统性能，使系统保持较高效率与最佳状态。

6.1.1.5　数据库系统

数据库系统是指以数据库为核心的计算机系统,一般由计算机软硬件系统、数据库、数据库管理系统、应用系统、数据库管理员和用户等要素构成。

数据库系统中,数据库和 DBMS 处于核心地位(见图 6-1)。

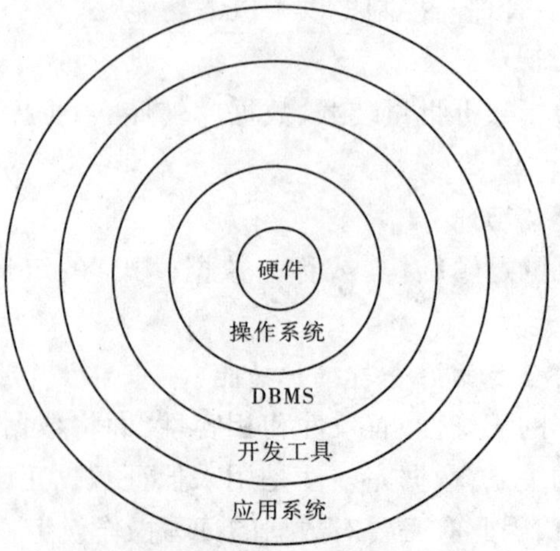

图 6-1　数据库系统组成结构图

6.1.1.6　数据库应用系统

数据库应用系统是指建立在数据库系统基础之上的一个应用系统,它一般由数据库系统、应用开发工具及软件、应用界面三者构成。

6.1.2　数据库的主要特征

数据库系统较之文件系统,具有更强的数据管理与操纵能力。数据库具有以下主要特征。

6.1.2.1　整体数据结构化(或称模型化)

数据的结构化是数据库的主要特征之一,也是数据库与文件系统的根本区别所在。数据库实现的是数据真正的结构化,数据按一定的数据模型组织、描述和储存,无需程序定义和解释。数据在记录内部与记录之间相互关联,用户可通过不同的路径存取数据。

常用的数据模型有三种:层次模型、网络模型和关系模型。

6.1.2.2　采用统一的数据管理与控制

数据库系统由 DBMS 对数据集中控制、维护和管理,从而将数据与程序分离开来,简化了应用程序的编制,减少了应用程序的维护与修改工作量。数据库系统提供的数据管理与控制功能包括:

(1)数据的完整性检查;

(2)数据的安全性检查;

(3)数据的并发控制;

(4)数据的故障恢复。

6.1.2.3　数据共享度高,冗余度低

数据库中的数据可为各种用户、多种应用所共享,数据的高共享性能够极大地降低数

据的冗余度(数据的冗余度是指同一数据重复存储时的重复程度),从而节省存储空间,避免数据间的不一致性,使系统更易于扩充。

6.1.2.4 具有较高的数据独立性

数据独立性是指数据与应用程序间的互不依赖性,即数据的逻辑结构、存储结构与存取方式的改变并不会对应用程序产生影响。数据库的数据独立性包含两个层次:

(1)逻辑独立性:指用户的应用程序与数据库的逻辑结构是相互独立的。数据的逻辑结构改变,应用程序可以不变。

(2)物理独立性:指用户的应用程序与存储在磁盘上的数据库中的数据是相互独立的。当数据的物理存储结构改变了,应用程序不需改变。

6.1.2.5 统一的数据保护功能

在多用户共享数据资源的情况下,DBMS 对用户使用数据有严格的检查,对数据库规定密码或存取权限,拒绝非法用户进入数据库,以确保数据的安全性、一致性和并发控制。

6.2 数据库系统的数据模型

数据模型(Data Model)是对现实世界数据特征的模拟与抽象,是数据库系统中关于数据内容和数据间联系的逻辑组织的形式表示,以抽象的形式描述和反映一个部门或系统的业务活动及信息流程。

6.2.1 数据模型

数据模型是数据库系统的核心与基础,数据库中用数据模型这个工具来抽象、表示和处理现实世界中的数据和信息。数据模型描述数据的结构,定义其上的操作及约束条件,为数据库信息的表达与操作提供一个抽象框架。

数据模型需要满足三种要求:

(1)能够较为真实地模拟现实世界的事物或现象;

(2)易于为人们所理解;

(3)便于在计算机上实现。

6.2.1.1 数据模型的三个层次

选择与建立数据模型的目的是用最佳的方式反映本部门的业务对象及信息流程和以最佳的方式为用户提供访问数据库的逻辑接口。

数据模型按不同的应用层次分为概念数据模型、逻辑数据模型和物理数据模型三个不同的层面:

(1)概念数据模型(Conceptual Data Model),也称概念模型或信息模型,它是按用户的观点来对数据和信息建模。概念模型与数据库管理系统无关,与具体的计算机平台无关。概念模型侧重于现实世界复杂事件的结构描述及它们间内在联系的刻画。

概念模型一般采用 E-R 模型、面向对象模型及谓词模型等手段描述数据与信息。

(2)逻辑数据模型(Logic Data Model),也称逻辑模型,是一种面向数据库系统的模型,是客观世界到计算机世界的中间模型。概念模型只有转换到逻辑模型下,才能最终在数据库中得到表达。逻辑模型中最常用的模型包括层次模型、网状模型、关系模型及面向对象模型等。

(3)物理数据模型(Physical Data Model),也称物理模型,是面向计算机物理表示的模型,给出数据模型在计算机上的物理结构。

6.2.1.2 数据模型的四个世界

数据模型的作用是将复杂的现实世界的数据处理要求反映到计算机数据库的物理世界,这种反映是一个逐步转化的过程,可分为四个不同的阶段,分别被称为现实世界、概念世界、信息世界与计算机世界,每个阶段的转化都是一次质的飞跃与升华,除现实世界客观存在外,其他三个世界都是人为构造出来的。

图6-2反映了四个世界的转化过程。

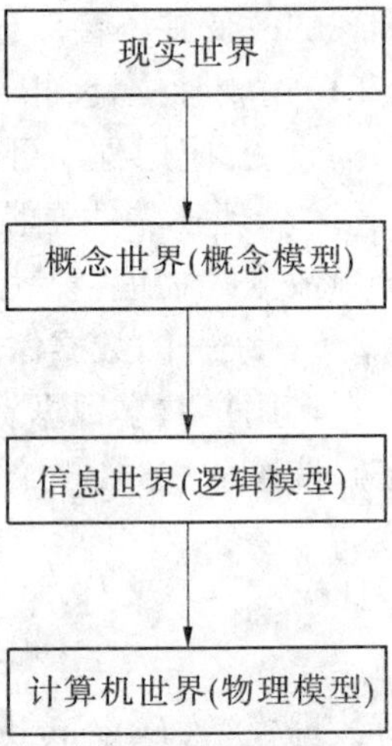

图6-2 数据模型的四个世界转化示意图

6.2.1.3 数据模型的基本内容

数据模型由数据结构、数据操作及数据约束三个基本要素组成。

1. 数据结构

数据结构是指对数据类型、内容、性质及数据之间的联系的一种结构化描述。数据结构是数据模型的基础,是对系统静态特性的描述。

2. 数据操作

数据操作是对数据结构中各种对象所允许执行的操作及有关的操作规则的一种描述,是对系统动态特性的描述。

3. 数据约束

数据约束是对给定数据模型中的数据及其联系所具有的制约和储存规则的描述,用以限定符合数据模型的数据库状态以及状态的变化,以保证数据的正确、有效与相容。

6.2.2 层次模型

现实世界中很多事物是按层次组织起来的。层次模型的提出就是为了模拟这种按层次组织起来的事物或现象。

6.2.2.1 层次模型的数据结构

层次型数据库采用层次模型作为数据的组织方式。这是数据库历史上出现最早、技术比较成熟的一种数据模型。

层次模型的基本结构是一种树形结构,该模型把数据按自然的层次关系组织起来,以反映数据间的隶属关系。层次模型的数据是按记录存取的,其最基本的数据关系是层次关系,代表着两条记录间一对多的关系,也称为双亲子女关系。模型中有且仅有一条记录无双亲,称为根节点。其他记录有且仅有一个双亲。当非根节点还有下层子女时,称之为分支节点;否则称为叶子节点。在层次模型中从一个节点到其双亲的映射是唯一的,所以对每一个记录(除根节点外)只需要指出它的双亲,就可以表示出层次模型的整体结构。

满足下面两个基本条件的数据集合为层次模型,如图 6-3 所示:

(1)有且只有一个根节点,没有双亲节点;

(2)除根节点外的其他节点有且仅有一个双亲节点。

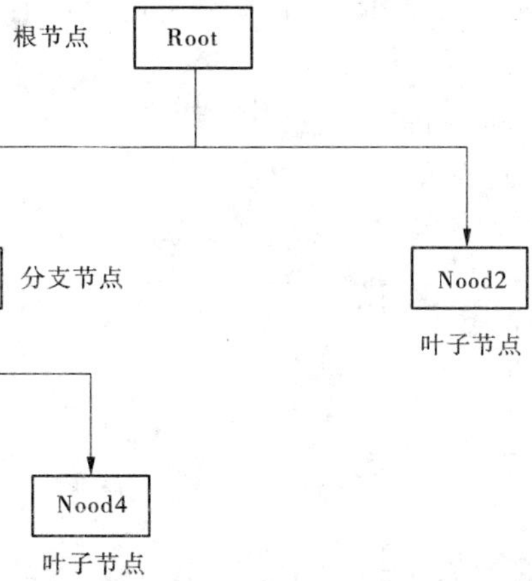

图 6-3 层次模型的数据结构

最典型的层次数据库系统是 IBM 公司 1968 年推出的大型商用数据库系统 IMS (Information Management System)。

6.2.2.2 层次模型的优缺点

1. 层次模型的优点

(1)模型简单,结构清晰,层次分明,对具有一对多的层次关系的模型描述自然、直观,容易理解;

(2)层次模型提供了良好的完整性支持;

(3)层次模型一定程度上支持数据的重构;

(4)性能优于关系模型,不低于网状模型。

2. 层次模型的缺点

(1)对于非层次的联系(如多对多联系等),层次模型表示起来非常笨拙,需要通过引入冗余数据或引入非自然的虚拟节点来解决。

(2)数据独立性较差,数据的一致性不易保证,对插入和删除等更新操作的限制较多:无相应的双亲节点就不能插入子女节点,删除双亲节点,相应的子女节点也要被同时删除。

(3)对任何节点的查询都必须从其层次结构的根节点开始,查询子女节点也必须通过双亲节点,低端节点的查询效率较低,反向查询操作难以实施。

(4)层次命令具有过程化性质,用户须了解数据的物理结构,并在数据操作命令中显式地给出数据的存取路径。

6.2.3 网状模型(Network Model)

网状模型反映了现实世界中更为复杂的联系(多对多的联系),它将数据组织成有向图的结构,由图中的节点代表数据记录,节点间的弧描述数据间的联系。

6.2.3.1 网状模型的数据结构

网状模型是一种比层次模型更具普遍性的结构，它去掉了层次模型的两个限制：网状模型允许任一节点都可与其他多个节点发生关联，节点数据之间没有明显的从属关系；一个节点可以有多个双亲节点，而多个节点也可以没有双亲节点。此外，两个节点之间还允许有多种复合联系。

满足下面两个基本条件的集合为网状模型，如图 6-4 所示：

(1)允许一个以上的节点无双亲；

(2)一个节点可以有多于一个的双亲。

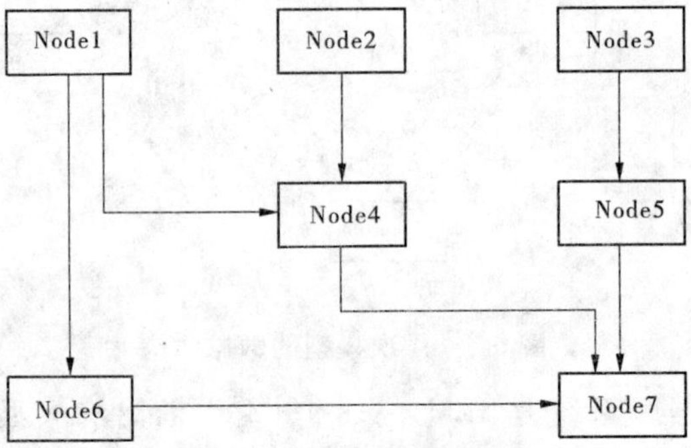

图 6-4 网状模型的数据结构

用网状模型可以间接地表示多对多的联系，其方法为：将多对多联系直接分解成一对多的联系，然后将每个一对多的联系用网状模型描述出来。

最典型的网状数据库模型是 DBTG 系统，亦称 CODASYL 系统，该系统于 20 世纪 70 年代由数据系统语言研究会 CODASYL(Conference on Data System Language)所管辖的数据库任务研究小组 DBTG(Data Base Task Group)提出。

6.2.3.2 网状模型与层次模型的区别

(1)网状模型允许多个节点没有双亲节点；

(2)网状模型允许节点有多个双亲节点；

(3)网状模型允许两个节点之间有多种联系(复合联系)；

(4)网状模型可以更直接地去描述现实世界；

(5)层次模型实际上可以看作是网状模型的一个特例。

6.2.3.3 网状模型的优缺点

1. 网状模型的优点

(1)反映了现实世界中最为普遍的多对多关系，能够更为直接地描述现实世界；

(2)具有较高的数据独立性；

(3)具有良好的共享性能，存取效率较高；

(4)网状模型一定程度上支持数据的重构。

2. 网状模型的缺点

(1)结构比较复杂，用户查询与定位困难，而且随着应用环境的扩大，数据库的结构就变得越来越复杂，不利于最终用户掌握；

(2)网状模型不直接支持对于层次结构的表达;

(3)网状命令具有过程化性质,用户须了解数据的物理结构,并在数据操作命令中显式地给出数据的存取路径。

6.2.4　关系模型

1970 年 6 月,美国 IBM 公司 San Jose 研究室的研究员 E. F. Codd(ACM 图灵奖 1981 年得主)在他的论文《大型共享数据仓库的关系模型》(A Relational Model for Large Shared Data Banks)中,最早提出了关系模型的理论。自此以后,关系模型成为一种最重要的数据模型。20 世纪 80 年代后,关系数据库系统成为最重要、最流行、应用最广泛的数据库系统。

6.2.4.1　关系模型的数据结构

关系模型作为一种非格式化模型,完全不同于前两种数据模型,层次模型与网状模型作为非关系模型,被称为格式化模型。关系模型的基本数据结构是二维表,简称为表(Table),表以行和列的形式存储数据,是同类实体的各种属性的集合,其对应的数学概念称为关系(Relation)。关系模型中对关系的描述一般表示为:

关系名(属性 1,属性 2,…,属性 n)

关系模型中,实体以及实体间的联系都要用关系来表示。

关系模型要求关系必须是规范化的。这些规范化条件中,最基本的一条就是:关系的每一个分量必须是一个不可分的数据项,即不允许表中还包含表。满足一定规范化条件的关系的集合,就构成了一个关系模型。

例如,用名为“Road”的关系来描述“道路”这一类地物要素:

Road(道路编号,道路名称,道路类型,道路长度)

将关系 Road 表达为一张二维表,可得到如表 6-1 所示的结果。

表 6-1　关系“Road”的数据表

道路编号	道路名称	道路类型	道路长度
L01	北京路	一级道路	8000 m
L03	上海路	一级道路	9000 m
L05	青岛路	二级道路	3600 m

在二维表中,每个实体对象对应于表中的一行,称为一个元组(Tuple),元组在关系数据库中又被称为记录(Record);表中的每一列表示同一类属性(Attribute),称为域(Field),域在关系数据库中被称为记录的一个数据项(Data Item)。一组相关的表便组成了数据库。

关系型数据库用户用查询(Query)来检索数据库中的数据。一个查询是一个用于指定数据库中行和列的 SELECT 语句。关系型数据库应用数学方法来处理数据库中的数据。

自关系模型理论提出后,关系型数据库系统的研究取得了巨大的成功。目前性能非常良好的商业化关系型数据库系统不下几十种,较为成功的如 Oracle、Sybase、SQL Server 等。

6.2.4.2　关系模型的优缺点

1. 关系模型的优点

(1)关系模型具有严格的数学基础,具有一定的演绎功能,因而发展很快。目前,关系型数据库系统的理论与技术已经发展得非常成熟。

(2)关系模型概念单一,数据结构简单清晰,用户易懂易用;数据描述具有较强的一致性,各种实体及实体间的联系,都可用关系来表达,对数据的检索结果也是关系。

(3)命令具有过程化性质。关系模型的存取路径对用户透明,简化了程序员的工作和数据库开发建立的工作。

(4)具有更高的数据独立性、更好的安全保密性。

(5)关系模型支持数据的重构。

2. 关系模型的缺点

(1)关系模型的存取路径对用户透明导致查询效率往往不如非关系模型。为了提高性能,必须对用户的查询请求进行优化,增加了开发数据库管理系统的负担。

(2)关系模型对关系的联系需要执行连接操作,而连接操作系统开销较大,从而降低了系统的运行效率。

(3)关系模型模拟与操作复杂对象的能力较弱,无法用递归与嵌套的方式来描述复杂关系的层次与网状结构。

6.2.5　面向对象数据模型

面向对象的基本概念是在 20 世纪 70 年代萌发出来的,到了 80 年代,面向对象的方法在多个领域获得了广泛应用。

6.2.5.1　面向对象的基本思想

面向对象的基本思想是通过对问题领域进行自然的分割,用更接近人类通常思维的方式建立问题领域的模型,并进行结构模拟和行为模拟,从而使设计出的软件尽可能地直接表现出问题的求解过程。因此,面向对象的方法就是以接近人类通常思维方式的思想,将客观世界的一切实体模型化为对象。每一种对象都有各自的内部状态和运动规律,不同对象之间的相互联系和相互作用就构成了各种不同的系统。

面向对象方法的基本特征包括抽象、封装、继承与多态。

1. 抽象

从研究对象中提取与当前目标主题关系最密切的主要方面,而忽略掉与目标无关的那些方面或关系不大的细枝末节,从而更充分地注意与当前目标有关的方面,更明确地突出主题,这就是抽象。面向对象方法具有很强的抽象表达能力,可以将同一类对象抽象成一个类,实现抽象的数据类型,因此对象就是抽象思维的结果,如图 6-5 所示。

抽象的实质是对关注对象的一种抓主放次的研究方法。通过抽象这一手段,人们可以简化与处理复杂的系统。

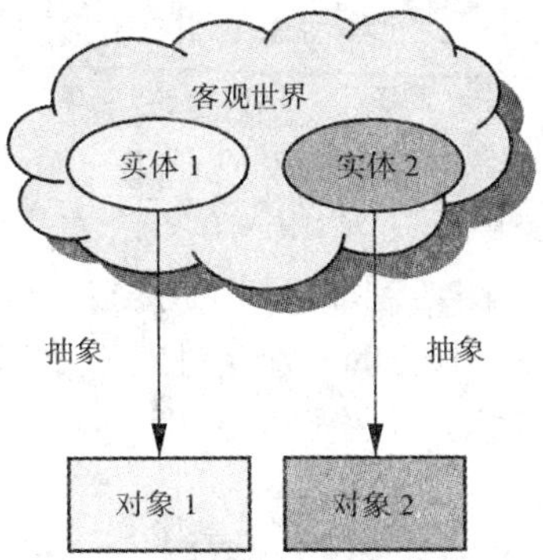

图 6-5　从现实中抽象出对象

2. 封装

封装是通过调用对象的方法来访问与改变对象属性的一种机制。封装实现的核心是将类的属性与相关的操作捆绑起来,包装成不可分割的、独立的对象实体,将内部的数据与实现细节尽可能隐蔽起来,使外部用户不能直接操纵对象的内部信息,只能通过对象对外提供的施加有一定限制的访问接口来使用对象,如图 6-6 所示。

3. 继承

继承是指从已有的类中可以派生出若干个新类,已有类称为基类或父类,新类称为派生类或子类;子类将自动地获得父类的属性与方法,从而不需再重复定义这些属性与方法;当然子类还可以修改父类的方法或增加新的方法,从而使自己更适合特殊的需要。继承展现了类之间的内在联系以及对属性和操作的共享,在继承体系下,子类可以沿用父类的某些特征或某些行为,也可以具有自己独立的属性和操作。

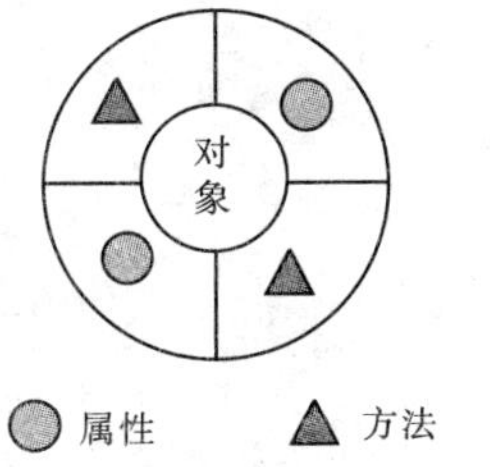

图 6-6　类的封装示意图

继承是现实世界中对象之间的一种独特关系,它使得某对象可以自然地拥有另外一类对象的某些特征和行为功能。

例如直线段类直接继承自曲线类,这种继承称为单一继承;而多边形类则要同时继承曲面类与曲线类的特性,称之为多重继承,详见图 6-7。

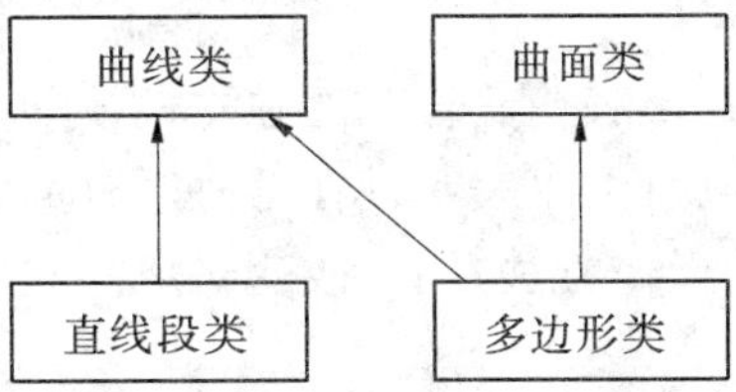

图 6-7　类的继承关系示例

4. 多态

对同一类消息,可以根据对象的不同,采用多种不同的行为方式,即相同的操作可作用于多种类型的对象,并能获得不同的结果。

多态体现在两个方面:

(1)不同的子类对继承自同一父类的属性和方法进行一定的改造,从而使自己的对象具有不同的状态,表现出不同的行为。

(2)不同的对象在收到同一类消息时,可以产生完全不同的响应。

例如,几何图形类具有抽象绘图方法 draw( ),方法的功能为绘制该类对象的几何图形。现有该类的两个子类:矩形类与圆类,分别按自己的应用要求实现了父类的抽象方法 draw( )。矩形对象调用绘图方法时,将绘制出一个以 P1 为左上角控制点、以 P2 为右下角控制点的矩形图形;圆对象调用绘图方法时,将绘制出一个以 PO 为圆心,以 R 为半径的圆。

于是,对于同一个 draw( )方法,不同对象调用时,会得到不同的行为。这就是多态的典型表现,如图 6-8 所示。

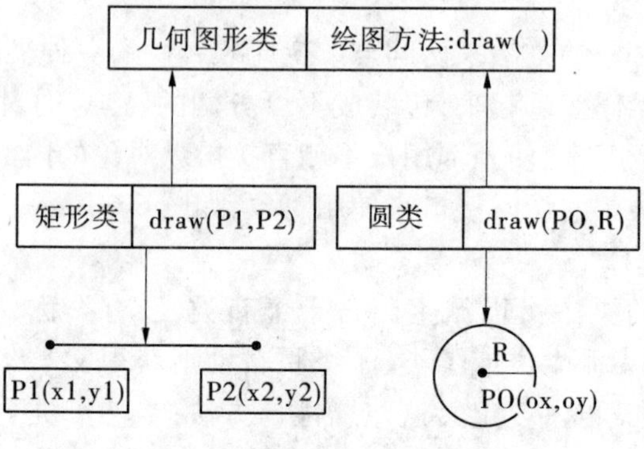

图 6-8 多态的一个实例

6.2.5.2 面向对象的基本概念

1. 对象(Object)

对象是对现实世界中客体的模型化,是具有特定属性(数据)和行为(方法)的描述客观事物的实体,是类的一个特定状态下的实例。

对象也称为类的实例对象或类的实例。例如一条河流的弧段对象,行政区域的多边形对象等。

对象具有如下特征:

(1)具有一个唯一的标识,以表明其存在的独立性;

(2)具有一组描述特征的属性,以表明其在某一时刻的状态;

(3)具有一组表示行为的操作方法,用以改变对象的状态。

2. 类

类是对一组对象的抽象描述,它将该组对象所具有的共同特征及共同行为封装起来表达为一个统一的整体,以说明该组对象的静态性质和动态行为。

类和实例对象之间是抽象和具体的关系:对象是某类的一个具体抽象,类则是多个对象的抽象的总和。

如长江、黄河等所有河流均具有名称、长度、流域面积等共性,并具有相同的操作方法,如查询、计算长度、求流域面积等,从而对这些具体河流进行抽象,可得到河流类,而长江、黄河等均为河流类的实例对象，如图 6-9 所示。

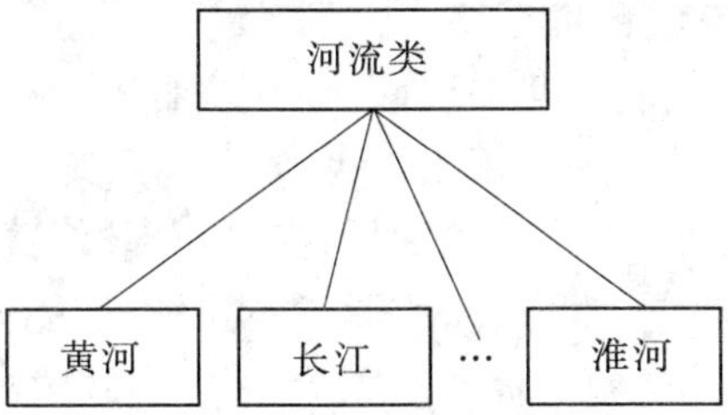

图 6-9　类与类的对象

3. 概括

概括即把一组具有相同特征和操作的对象类归纳在一个更一般的基类中。

例如，多边形对象类和弧段对象类具有一些共同的空间特征，它们可作为空间对象类的子类，而空间对象类则是它们的基类。概括形成了子类和基类之间的 is－a 的语义联系。

4. 聚集

聚集反映了嵌套对象之间的关系，嵌套对象是由一些其他对象组成的、用来描述较高层次对象的一种形式。

例如，图形系统中，一个图层对象类是由多边形对象类、弧段对象类、点对象类等对象类组成的聚集体。此处的这一图层对象就是嵌套对象，多边形对象类与图层对象类之间形成 is－part－of 的语义联系。

6.2.5.3　面向对象数据模型特征

面向对象数据模型简称面向对象模型，是指用面向对象的方法进行统一的抽象，在更高层次上综合利用和管理多种数据结构和数据模型，以达到能够有效描述复杂事物或现象的目的。面向对象数据模型最适合于空间数据的表达和管理，因为它不仅支持变长记录，而且支持对象的嵌套、信息的继承和聚集。面向对象数据模型的核心是对复杂对象的模拟和操纵，其具体实现就是面向对象的数据结构。

面向对象模型允许用户定义对象、定义对象的数据结构并对它进行操作，可根据需要将空间对象定义成合适的空间数据结构与操作。

面向对象数据模型具有以下特征：

(1)能够充分发挥现有数据模型的优点。面向对象的数据模型是一种基于抽象的模型，允许设计者在基本功能上选择最为适用的技术。

(2)具有模拟和操纵复杂对象的能力。传统的数据模型是面向简单对象的，无法直接模拟和操纵复杂实体，而面向对象的数据模型具备对复杂对象进行模拟和操纵的能力。

(3)具有可扩充性。由于对象是相对独立的，因此增加新对象既自然又容易，并且能够按统一的管理机制控制不同类型的对象。

6.2.6　面向对象数据库系统

面向对象数据库系统 OODBS(Object Oriented Data Base System)首先必须是一个数据库系统，同时还要是一个面向对象的系统。面向对象数据库系统的特点是能够直接操纵空间数据和属性数据,并能够实现空间数据和属性数据的统一管理。

6.2.6.1 面向对象数据库系统的准则

面向对象数据库系统必须满足两个层面上的准则:

(1)作为一个数据库系统,它必须提供一般数据库系统所能提供的标准功能,即应该满足以下 6 个准则:①数据的永久性;②数据的存储管理;③数据并发与共享;④具备事务管理和恢复能力,能够保证数据的可靠性;⑤具备实时查询能力;⑥能够进行模式修改。

(2)作为一个面向对象的数据库系统,它应该提供创建类的方法与手段,用以组织与创建对象,通过调用方法来访问特定的对象,支持类的继承性等,即应该满足以下 8 个准则:①支持类/类型的定义;②支持封装性/数据抽象;③支持继承性;④支持多态性;⑤支持计算完备性;⑥支持对象标识;⑦支持复杂对象;⑧可扩充性。

6.2.6.2 面向对象数据库系统的优点

与传统的数据库相比,面向对象数据库系统具有下列优势。

1. 缩小了语义差距

传统数据库设计往往是在问题空间采用某种语义模型(如 E-R 模型),而在求解空间采用关系模型,于是就必须在这两个空间的表达之间作一个转换,这样往往会丢失语义。面向对象数据库系统的优势在于在这两个空间中采用了相同或近似的模型,从而缩小了它们之间的语义差距。

2. 减轻了"阻抗失配"问题

传统数据库应用往往表现为把数据库语句嵌入某种具有计算完备性的程序设计语言中,由于数据库语言和程序设计语言在类型系统和计算模型上往往存在着差异,因此这种结合是不自然的,这种现象称为"阻抗失配"。面向对象数据库系统把需要程序设计语言编写的操作都封装在对象的内部,将问题求解过程表现为一个消息表达式的集合,从而避免或克服了"阻抗失配"问题。

3. 适应非传统应用的需要

面向对象数据库系统能够很好地适应诸如 CAD、CAM 等非传统领域的需要,这种适应性主要表现在能够定义和操纵复杂对象,具备引用共享和并发机制,具备灵活的事务模型(例如长事务模型、嵌套事务模型等),以及支持大量对象的存储和获取功能等。

6.3 数据库系统结构

数据库作为一个异常复杂的系统,其体系结构可分为内部系统结构与外部系统结构两种。前者作为 DBMS 实现的内部结构,一般采用外模式、概念模式和内模式三级模式结构;后者从数据库使用者的角度,将数据库系统结构分为单用户结构、主从式结构、分布式结构、客户/服务器结构等。

6.3.1 数据库内部系统结构——三级模式结构

作为一种数据库系统内部抽象结构体系,三级模式结构早在 1971 年就已提出,其核心为"三级模式,二级映象",如图 6-10 所示。

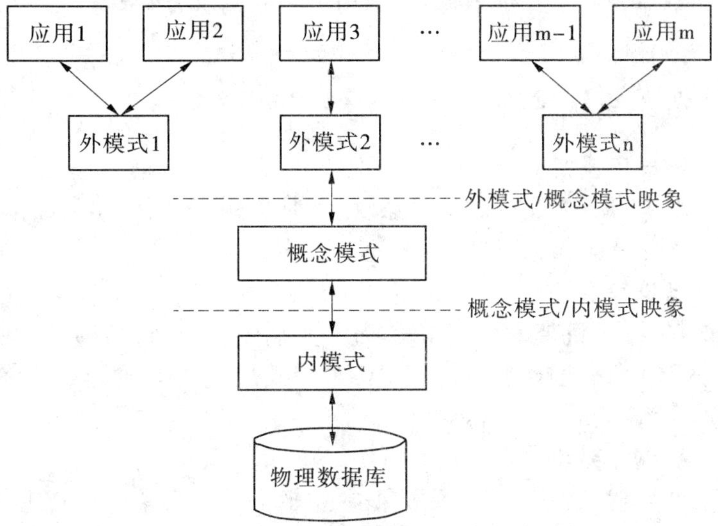

图 6-10　数据库系统的三级模式

(1)在三级模式结构中,外模式又称为子模式或用户模式,是数据库用户(包括应用程序员和最终用户)看见和使用的局部数据的逻辑结构和特征的描述,是数据库用户接口,也是数据库用户的数据视图,是与具体应用有关的数据库的一个子集。每个应用程序只能对应一个外模式,而一个外模式可以对应多个应用程序。

(2)概念模式也称逻辑模式,是数据库中全体数据的逻辑结构和特征的描述,这种描述是在抽象层面上进行的,不涉及具体的硬件与软件环境。概念模式包含数据的逻辑结构定义, 数据间联系的定义,以及与数据有关的安全性、完整性要求的定义。

(3)内模式又称为存储模式,用来描述数据在物理存储器上的具体实现,是数据在数据库内部的表示方式。一个数据库只能有一个内模式。

数据库的三级模式代表了数据的三个级别抽象。其中内模式位于最低层,反映了数据在计算机物理结构中的实际存储形式;概念模式处于中层,反映了设计者的数据全局逻辑要求;外模式处于最外层,反映了用户对数据的局部要求。在数据库系统中,用户所看到的数据和计算机中存放的数据是两回事:用户所理解的是用户自己理解的实体、实体的属性和实体间的关系,即用户只看到了数据库的外层。

数据库系统的三级模式结构将数据库的全局逻辑结构、用户的局部逻辑结构与物理存储结构区分开来,给数据库的组织和使用带来了方便。不同的用户可以有各自的数据视图,所有用户的数据视图集中在一起统一组织,从而能够有效地消除冗余数据,得到全局数据视图。用存储描述语言来定义和描述全局数据视图数据,并将数据存储在物理介质上。

这中间进行了两级映象。两级映象建立在三级模式之上,用来保证数据库系统中数据能够具有较高的独立性。

(1)外模式与概念模式之间的映象:定义了外模式与概念模式之间的对应关系,该映象保证了数据的逻辑独立性。

(2)概念模式与内模式之间的映象:定义了数据的逻辑结构和物理存储之间的对应

关系,使全局逻辑数据独立于物理数据,一般由 DBMS 实现,该映象保证了数据的物理独立性。

6.3.2 数据库外部系统结构

6.3.2.1 单用户数据库系统

在单用户数据库系统中,整个数据库系统(包括应用程序、DBMS、数据等),都装在一台计算机上,为一个用户独占,不同机器之间不能共享数据。

6.3.2.2 主从式数据库系统

这类系统属于一个主机带多个终端的多用户结构。在这种结构中,整个数据库系统都集中存放在主机上,所有处理任务都由主机来完成,各个用户通过各个终端并发地存取数据库,共享数据资源。

6.3.2.3 分布式数据库系统

分布式数据库系统是指数据库中的数据在逻辑上是一个整体,但在物理上分布于计算机网络的不同结点上。网络中的每个结点都可以独立处理本地数据库中的数据,执行局部应用;同时也可以同时存取和处理多个异地数据库中的数据,执行全局应用。

6.3.2.4 客户/服务器(C/S)结构的数据库系统

所谓数据库服务器,是指网络中某些专门用于执行 DBMS 功能的计算机;客户机则是指网络中那些安装了 DBMS 外围应用开发工具并能够支持用户应用的计算机。在 C/S 结构中,客户端的用户请求被传送到数据库服务器,数据库服务器对此请求处理后,只将结果(而不是整个数据)返回给用户,从而显著减少了网络上的数据传输量,提高了系统的性能、吞吐量和负载能力。

6.4 数据库系统设计

在数据库的实际应用中,要根据问题的规模与复杂度来决定如何设计解决方案。本节将介绍 E－R 建模方法与 E－R 图工具,并对数据库系统设计的需求分析、概念设计、逻辑设计、物理设计、数据库实施、数据库运行和维护 6 个阶段的任务作一个大致介绍。

6.4.1 E－R 建模方法与 E－R 图

对于现实中的应用问题,解决的第一步通常是对问题进行适当的抽象,并建立一个简单的、易于理解与验证的模型,这一过程称为问题的建模(Modeling)。E－R 建模方法与 E－R 图工具,是描述应用问题域最常用的方法与手段。

6.4.1.1 E－R 建模方法

数据库应用问题建模的有效方法之一为 E－R 方法(Entity－Relationship Approach),即实体－联系方法,该方法也称为 E－R 模型(Entity－Relationship Model),最早由陈品山(P. S. Chen)博士于 1976 年提出。

E－R 建模方法主要借助 E－R 图来描述实际问题的概念模型。E－R 图(Entity－Relationship Diagram)又称为实体－联系图,提供了描述现实世界中实体、属性和联系的方法，常被用来作为构建抽象的数据架构与辅助数据库概念设计的有效设计工具。这种工具能够清晰地表达所面对的问题，有效地描述所要解决的问题域。

6.4.1.2　E-R 图的基本要素

构成 E-R 图的基本要素是实体、属性和联系。E-R 图三种基本要素的定义与表示方法列举如下。

1. 实体

实体(Entity)是指客观存在并可相互区分的事物。实体既可是具体的物件，也可是抽象的概念，它与数据库中的表是等同的。

E-R 图中的实体用矩形表示，矩形框内标明实体的名称。

2. 属性

属性(Attribute)是实体所具有的某些特性，这些特性综合起来，能够描述出一个实体的本质特征。属性与数据表中的字段列是等同的。

E-R 图中的属性用椭圆形表示，椭圆形框内标明属性的名称；属性与所属的实体之间以无向边连接起来。

3. 联系

联系(Relationship)是指事物间以及事物内部诸要素间相互作用、相互影响、相互制约的关系。E-R 图中的联系包括同一实体内部各属性间的联系与不同实体对象间的联系。不同实体间的联系反映了不同数据表间的参照关系。

实体间的联系分为三种类型：一对一的联系(表示为 1∶1)、一对多的联系(表示为 1∶n)及多对多的联系(表示为 m∶n)。

E-R 图中的联系用菱形表示，菱形框内标明联系的名称；联系与产生联系的各有关实体之间分别以无向边连接起来，无向边旁还要标上联系的类型(即 1∶1或 1∶n 或m∶n)。

以两个实体集 X 与 Y 为例，针对两个实体间的三种联系类型，分别进行说明。

1)1∶1联系

对于 X 中的任何一个实体，在 Y 中都有零个或一个实体与之关联；反之，对于 Y 中的任何一个实体，在 X 中都有零个或一个实体与之关联。此时称 X 与 Y 两个实体集之间具有一对一的联系。

例如，在图书馆的现期期刊阅览室中，读者与期刊之间的阅读关系就是 1∶1的联系(假定读者一次只能借阅单本期刊)。一本期刊在某个时刻只能被某个特定读者阅读，而一名读者在某个时刻最多只能阅读一本期刊。这种一对一联系的 E-R 图表示如图 6-11 所示。

2)1∶n 联系

对于 X 中的任何一个实体，在 Y 中都有 n 个(n 为自然数且 n≥0)实体与之关联；反之，对于 Y 中的任何一个实体，在 X 中都有零个或一个实体与之关联。此时，称 X 与 Y 两个实体集之间具有一对多的联系。

例如，图书馆的图书与读者之间的借阅关系就是 1∶n 的联系(假定读者一次最多可借阅 5 本图书)。一本图书在某个时间段内只能被一名读者借阅，而一名读者一次最多可借阅 5 本图书。这种一对多联系的 E-R 图表示如图 6-12 所示。

3)m∶n 联系

对于 X 中的任何一个实体,在 Y 中都有 n 个(n 为自然数且 n≥0)实体与之关联;反之,对于 Y 中的任何一个实体,在 X 中都有 m 个实体(m 为自然数且 m≥0)与之关联。此时,称 X 与 Y 两个实体集之间具有多对多的联系。

例如,图书馆与图书代理商之间的订购关系就是 m∶n 的联系。一家图书馆可以同时向多家图书代理商订购图书,而一家代理商也可以同时为多家图书馆供应书籍。这种多对多联系的 E－R 图表示如图 6-13 所示。

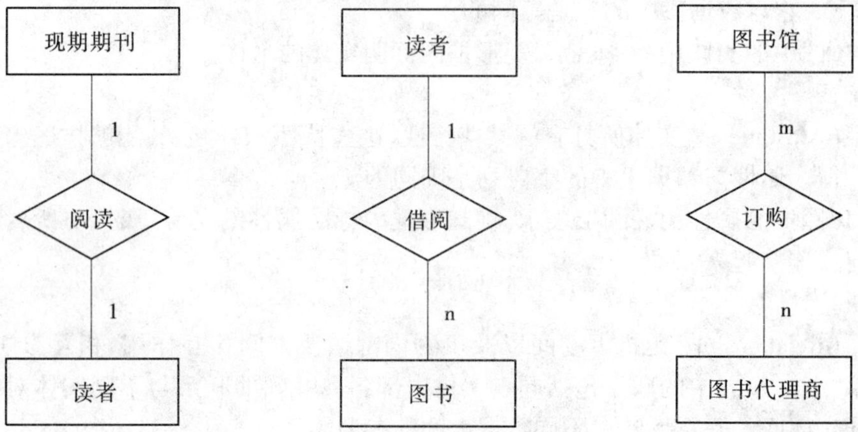

图 6-11 1∶1 联系的 E－R 图　图 6-12 1∶n 联系的 E－R 图　图 6-13 m∶n 联系的 E－R 图

6.4.2 数据库系统设计流程

在数据库及其应用系统的开发过程中,按照规范化设计要求,通常将数据库系统设计分为需求分析、概念设计、逻辑设计、物理设计、数据库实施、数据库运行和维护 6 个阶段。各阶段的任务相对单一化,使数据库系统设计的复杂程度得以降低,便于组织管理。

6.4.2.1 需求分析阶段

需求分析是数据库系统设计的第一步,是整个设计过程的基础,是最困难、最耗时的一步。数据库系统设计首先必须准确了解与分析用户需求,包括数据需求与处理需求。需求分析的结果是否准确反映客户的实际要求,将直接影响到后面各个阶段的设计目标与质量。需求分析做得不好,可能会导致整个数据库系统设计方案的推倒重来。因此,务必高度重视需求分析这一阶段的意义与价值。

需求分析实际上是在确定数据库系统的设计需求与设计目的。首先要确定希望从数据库中得到什么信息,进而要确定需要哪些表与字段来表达这些信息。为此,要完成以下工作:

(1)与数据库的最终用户交流,了解用户希望从数据库中得到什么样的信息。

(2)集体讨论数据库系统所要解决的问题,并描述数据库需要包含的数据表。

(3)收集当前用于记录数据的表格。

(4)参考一些与当前需求类似的成功的数据库设计方案。

总之，在设计数据库之前应进行充分的系统调查和分析，以搜集足够的数据库设计依据。

6.4.2.2　概念设计阶段

概念设计是整个数据库系统设计的关键，它通过对用户需求进行综合、归纳与抽象，形成一个独立于具体 DBMS 的概念模型。在概念设计阶段，设计人员仅从用户角度看待数据及其处理要求和约束，产生一个反映用户观点的概念模式。概念模式能充分反映现实世界中实体间的联系，也是各种基本数据模型的共同基础，易于向关系模型转换。

概念设计通常采用基于 E－R 模型的数据库设计方法，该方法将所设计的对象抽象成 E－R 模型。

6.4.2.3　逻辑设计阶段

逻辑设计阶段的任务是将概念设计阶段得到的概念模型转换为真正的数据表结构。当采用基于 E－R 模型的设计方法时，概念设计阶段的成果就是 E－R 图，逻辑设计阶段的任务就是将 E－R 图转换为数据表。

在 E－R 图转换为数据表的过程中，需遵循如下规则：

(1) 一个实体转换为一个数据表，实体的属性转换为数据表的字段，两个实体对应的数据表依靠外键建立联系。

(2) 两个实体一对一的联系或一对多的联系通常不转换为数据表。

(3) 两个实体多对多的联系转换为一个数据表，表的复合主键为两个实体关键字的组合。

(4) 三个或三个以上实体间多对多的联系也要转换为一个数据表，该数据表的复合主键为各个实体关键字的组合，也可以引入单一字段(如编号)作为主键，把各个实体的主键作为外键。

(5) 处理三个以上实体间的联系时，要先分解出与一对一联系对应的实体。

(6) 具有相同关键字的表可以合并为一个表。

逻辑设计阶段需要完成以下三个主要的任务：

(1) 规划数据库中的表。表是数据库的基本信息结构，每个表应该只包含与一个主题相关的信息，表中不应该包含重复信息，而且信息不应在不同的表之间进行复制。

(2) 确定表中的字段。每个表中都包含一个主题的信息，表中的每个字段则只包含关于该主题的某一项信息。

(3) 确定表间的关系。表间关系的定义主要通过合理地设置主键和外键来实现。

6.4.2.4　物理设计阶段

数据库的物理结构完全依赖于给定的硬件环境和数据库产品。物理设计的主要内容是选择存取方法和存储结构，其中包括确定关系、索引、日志、备份等对象的存储安排和存储结构，确定系统配置等。设计的目标是为逻辑数据模型选取一个最适合应用环境的物理结构，其中包括存储结构和存取方法。

在关系模型系统中，采用单记录类型文件方式，文件仅含索引机制、空间大小、块的大小等内容，因此数据库物理设计相对简单。

6.4.2.5 数据库实施阶段

根据逻辑设计和物理设计的成果,在计算机系统上建立起实际的数据库结构,装入数据,并进行测试和试运行的过程即为数据库的实施阶段。实施阶段主要的任务包括:

(1)建立起实际的数据库结构。

(2)输入数据并创建其他的数据库对象。

(3)进入试运行阶段,测试系统的性能指标是否符合设计目标。

6.4.2.6 数据库运行和维护阶段

数据库系统经过试运行,即可投入正式运行。正式运行标志着数据库系统设计与开发工作的结束和维护阶段的开始。运行和维护阶段的主要任务如下:

(1)维护数据库的安全性与完整性。检查系统安全性是否受到侵犯,及时调整授权和密码,实施系统转储与备份,发生故障后及时恢复系统。

(2)不断监测并改善数据库运行的性能。对数据库的存储空间状况及响应时间进行分析评价,结合用户反馈,确定改进措施。

(3)根据用户要求,对数据库现有的功能进行改良与扩充。

(4)及时纠正运行中发现的系统错误。

6.5 Access 2010 简介

微软的 Access 2010 是一款功能强大、基于关系模型的桌面数据库管理系统,是 Office 2010 中的一个组件。Access 2010 采用了与 Office 2010 一致的操作界面,被许多小型动态网站用来作为 Web 数据库。

Access 1.0 于 1992 年 11 月正式推出,之后,Microsoft 公司就一直在不断地完善 Access的功能,先后推出了 Access 2.0、Access 7.0、Access 97、Access 2000、Access 2003、Access 2007、Access 2010 等版本。

6.5.1 Access 2010 的窗口界面

6.5.1.1 启动 Access 2010

启动 Access 2010 有许多种方法,常用方法有:双击桌面上的快捷图标,双击已有的 Access 文档,使用命令行运行等。

最常用的方法是使用【开始】菜单。具体做法为:单击执行【开始】→【程序】→【Microsoft Office】→【Microsoft Office Access 2010】菜单命令,就可以启动 Access 2010。

6.5.1.2 Access 2010 的工作界面

启动 Access 2010,打开一个名为“School”的数据库文件,可以看到如图 6-14 所示的工作界面。

Access 2010 一改早期版本中的多级菜单与工具栏的模式,采用“选项卡”与“功能区”技术,将各种相关的功能组合在一起,从而能够快捷方便地找到相关的命令组。

Access 2010 的主界面由标题栏、快速访问工具栏、功能区、导航窗格、工作区及状态栏等组成。

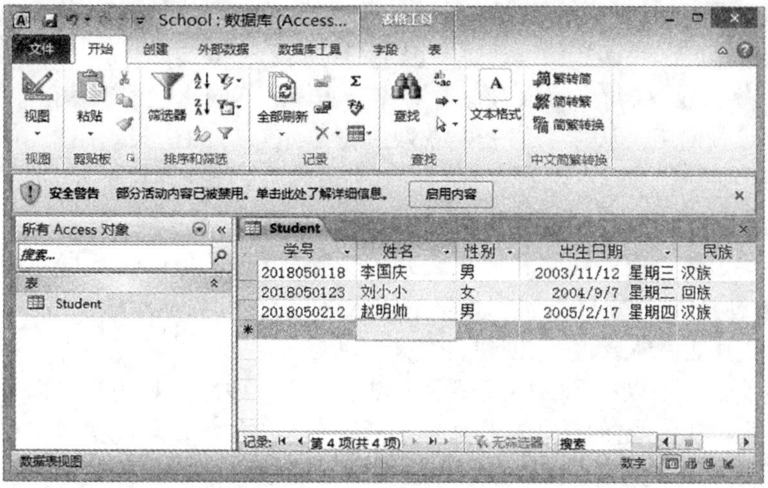

图 6-14 Access 2010 工作界面

功能区是一个横跨窗口顶端的区域,由多个包含命令的选项卡组成,主要的选项卡有【文件】、【开始】、【创建】、【外部数据】、【数据库工具】、【字段】及【表】。

导航窗格用来管理与组织数据库的各种对象。

工作区是用来编辑、修改与处理所有数据库对象的一个工作区域,以选项卡方式显示数据库对象。

6.5.1.3 退出 Access 2010

退出 Access 2010 也有多种方法。

(1)使用【退出】命令:单击执行【文件】→【退出】菜单命令。

(2)使用主窗口右上角的【关闭】按钮。

(3)使用快捷键【Alt】+【F4】。

6.5.2 Access 数据库的结构

Access 2010 将关系数据库系统中的各种功能对象化,称为数据库对象。Access 的数据库对象包括表、查询、窗体、报表、宏和模块等共 6 种,这些数据库对象是数据库的必要组成部分,是数据库管理的核心。

6.5.2.1 数据库对象

Access 2010 中各对象的关系如图 6-15 所示。

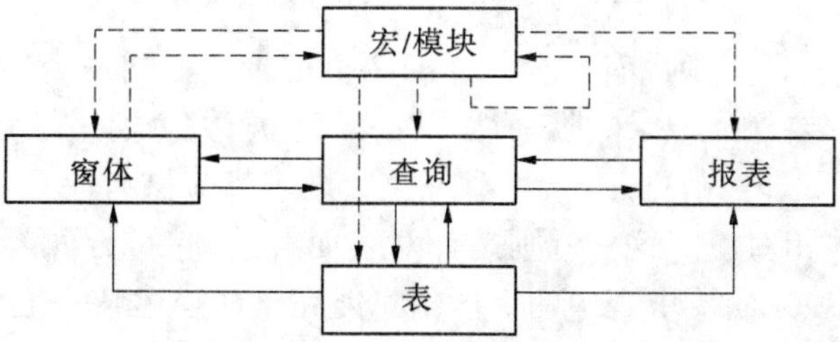

图 6-15 Access 2010 中各对象关系

(1)表。表是有结构的数据集合,是存储数据的“仓库”,是所有其他数据库对象操作的基础。每个表由若干条记录组成,每条记录都对应于一个实体,同一个表中的所有记录都具有相同的字段定义,每个字段存储着对应于实体的不同属性的数据信息。

(2)查询。查询用于从指定的表中获取满足给定条件的记录。用户不用编写程序,而是通过可视化的操作即可生成结构化查询语句。当运行查询对象时,Access 根据用户指定的查询条件从指定的表中获取记录并将其组成动态记录集。

(3)窗体。窗体是应用程序和用户之间的交互式接口,是创建数据库应用系统最基本的对象。通过窗体,用户能够实现数据的输入、维护、控制、显示输出等操作功能;使用窗体,还可打开其他窗体或报表、创建自定义对话框等。

(4)报表。报表是以特定的格式显示用户数据的一种方式。用户可以将表和查询中的数据或各种图表以一定的格式制作成报表,用户可以在报表设计视图窗口中对报表对象的各项内容进行设计和修改,按照用户的需求完成显示与打印工作。

(5)宏。宏是一系列操作的集合,其中每个操作都能实现特定的功能。Access 2010 具有功能更强大的宏设计器和数据宏,使用该设计器可以轻松地创建、编辑和自动处理数据库逻辑,减少编码错误,并轻松地整合更复杂的逻辑以创建功能强大的应用程序。

(6)模块。模块是 Access 数据库中最复杂也是功能最强大的一种对象,是一组相关功能的集合。由 Visual Basic 编制的过程和函数组成,能够实现任务的操作和控制功能。

6.5.2.2 表的结构

Access 数据库是数据库对象的一个容器,而表则是存储相关数据的实际容器。因此,设计一个数据库的关键,就集中在建立数据库的各个基本表上。

每个表都包含一个主关键字,其值能唯一标识出一条记录,以使记录唯一(记录不能重复,它与实体一一对应)。表可以建立索引,以加速数据查询。

具有复杂结构的数据无法用一个表表示,可用多个表表示。表与表之间建立关联。

每一个字段都包含某一类型的信息,这些类型包括文本、数字、日期、货币、OLE 对象(声音、图像)、超链接等。

表的建立包括两个步骤:表结构的建立,表数据(也称为记录)的建立。

6.5.2.3 数据库表设计的原则

关系型数据库不管设计得好坏,都可以存取数据,但是不同的数据库在存取数据的效率上有很大的差别。为了更好地设计数据库中的表,下面提供最基本的设计原则:

(1)字段唯一性。即表中的每个字段只能含有唯一类型的数据信息。在同一字段内不能存放两类信息。

(2)记录唯一性。即表中没有完全一样的两个记录。在同一个表中保留相同的两项记录是没有意义的。要保证记录的唯一性,就必须建立主关键字。

(3)功能相关性。即在数据库中,任意一个数据表都应该有一个主关键字段,该字段与表中记录的各实体相对应。这一规则是针对表而言的,它一方面要求表中不能包含与该表无关的信息,另一方面要求表中的字段信息能完整地描述某一记录。

(4)字段无关性。即在不影响其他字段的情况下,必须能够对任意字段进行修改(非主关键字段),所有非主关键字段都依赖于主关键字。这一规则说明了非主关键字段之间的关联是相互独立的。

6.5.3　Access 数据库基本操作

6.5.3.1　创建数据库

在 Access 2010 中，数据库即为一个扩展名为.accdb 的文件，其中可以包含若干个表、查询、窗体等。这里的一个表，即为一个关系。使用 Access 数据库，一般先建立库，然后在库中建表，再在表中输入数据，最后对表中数据进行各种操作。

数据库的创建有两种方法。如果没有满足需要的模板，或在另一个程序中有要导入 Access 的数据，那么最好的办法是创建空数据库；为了方便用户创建数据库，Access 2010 提供了各式各样的数据库模板，如教职员、项目、任务、学生等，用户可以从中选择一种模板来创建数据库。

6.5.3.2　创建表

表是 Access 数据库中最基本的对象，所有的数据都存放在表中。在数据库中，其他所有对象都是基于表而建立的，对任何数据的操作也是针对表进行的。要创建基本表，首先必须确定表的结构，即确定表中各字段的字段名、字段类型及字段属性。

1. 表的组成

表是由若干行和若干列组成的。

字段：表中的列称为字段，它用于描述某种特征。

分量：行和列相交处存储的数据称为分量。

主键：用于唯一标识每行的一列或一组列，又称为主关键字。每行在主键上的取值不能重复。

外键：引用其他表中的主键的字段。外键配合主键用于表明表之间的关系。Access 使用主键字段和外键字段将多个表中的数据关联起来，从而组合在一起。例如，选课表中的学号引用了学生表中的学号，所以学号是选课表的外键。

2. 字段属性

在确定了数据类型之后，字段还应设定属性，这样才能更准确地描述数据的存储。不同的字段类型有着不同的属性。

字段大小：指定文本型和数字型字段的长度。文本型字段长度为 1 ~ 255 个字符，数字型字段的长度由数据类型决定。

格式：指定字段的数据显示格式。

小数位数：指定小数的位数（只用于数字型和货币型数据）。

标题：用于在窗体和报表中取代字段的名称。

默认值：添加新记录时，自动加入到字段中的值。

有效性规则：字段的有效性规则用于检查字段中的输入值是否符合要求。

有效性文本：当输入数据不符合有效性规则时显示的信息。

索引：可以用来确定某字段是否作为索引，索引可以加快对索引字段的查询、排序、分组等操作。

3. 创建表

在创建新数据库时,系统自动创建一个新表。在现有的数据库中可以通过以下3种方式创建表:

(1)使用数据表视图创建表;

(2)使用设计视图创建表;

(3)从其他数据源(如Excel工作簿、Word文档等)导入或链接到表。

6.5.3.3 创建查询

查询就是从一个或多个表中搜索用户需要字段的一种工具。用户可以将查询得到的数据组成一个集合,这一集合称为查询。

选择查询是最常用的,也是最基本的查询类型,它是根据指定的查询条件,从一个或多个表中获取数据并显示结果。

创建选择查询Access提供了两种方法:使用查询向导和在设计视图中创建查询。

1. 用查询向导创建查询

使用查询向导创建查询是一种最简单的方法,它采用直观的图形方式操作,让用户逐步完成查询的创建,但该方法不够灵活。

2. 在设计视图中创建查询

查询设计视图是创建、编辑和修改查询的基本工具。使用"在设计视图中创建查询"这种方法可以灵活选择数据库中的数据表,灵活地设置查询所需的字段项、条件等。

习 题

1. 什么是数据库?它有什么特点?
2. 数据库主要有哪几个主要的组成结构?
3. 数据库的完整性是如何实现的?
4. DBMS的作用是什么?
5. 请简要说明层次模型、网状模型、关系模型的结构特点。
6. 对象数据模型有什么特点?
7. 实体如何存放在数据库里?
8. 空间数据库系统有哪些类型?
9. 简述基于文件管理的数据模型。
10. 简述分层数据模型。
11. 简述面向对象-关系数据库管理的数据模型。
12. E-R图中实体之间的联系有哪些?各举一实例予以说明。
13. E-R图如何表示实体、属性及实体间的联系?
14. 在数据库系统规范设计方法中,将数据库系统的设计划分为哪几个阶段?
15. 简述如何将E-R图转换为数据表。
16. 简述数据库系统设计过程中需求分析、概念结构设计、逻辑设计三个阶段所要完成的基本任务。

17. 数据库表设计的原则有哪些?
18. Access 2010 包含哪些数据库对象?
19. 数据库与表对象之间有什么关系?
20. 设计关系数据库主要应遵循哪些原则?

第7章　计算机网络与安全

我们所处的时代是以计算机网络为核心的信息时代。计算机网络理论与技术的发展及其广泛应用,已经对人们的生产、生活产生了深远的影响。计算机网络的发展水平反映了一个国家计算机科学和通信的技术水平,更是衡量其国力和现代化程度的标志之一。

7.1　计算机网络概述

计算机网络是利用通信设备和线路将地理位置不同、功能相互独立的多个计算机系统连接起来,以功能完善的网络软件实现网络中的硬件、软件及数据等资源共享和信息传递的系统。简单地说,即连接两台或多台计算机进行通信的系统。

7.1.1　计算机网络的发展

7.1.1.1　Internet 的发展简史

1954年,美国的半自动地面防空系统把远距离的雷达和测控仪器探测到的信息通过通信线路汇集到一台计算机上处理,把处理好的数据再通过通信线路送回到各自的终端。这种以单个计算机为中心、面向终端的网络结构只是计算机网络的雏形。

1968年,美国国防部高级研究计划署(ARPA)主持研制计算机网络,目的是保证在现代化战争中,能够利用具备充分抗故障能力的网络交换信息。次年,ARPA 网诞生。1983年,加入 ARPA 网的用户达到100多个。在20世纪70年代,很多公司推出了自己的网络体系结构,这些体系结构不同的网络很难相互连接起来。为此,国际标准化组织的一个分委员会在1983年提出了开放系统互联(OSI)参考模型,为网络的发展提供了要共同遵守的规则。从此,计算机网络的发展走上了标准化的道路。20世纪90年代,世界各地的计算机和网络实现了互联,形成了覆盖世界的大网络,这就是 Internet。

7.1.1.2　计算机网络的发展趋势

计算机网络的发展方向是 IP 技术 + 光网络。光网络将会演进为全光网络,全光网络是指光信息流在网络中传输及交换始终以光的形式实现,不用经过光和电的相互转换。随着技术的发展、各种新老业务的融合,广泛使用的通信网络、计算机网络和有线电视网络三类网络正逐渐向单一的统一 IP 网络发展,这就是三网合一。

7.1.1.3　IP 地址

Internet 是世界上最大的网络,在这个庞大的系统里交换信息要求网上的每一台计算机和路由器都有一个唯一可标示的地址。TCP/IP 协议族是互联网的基石之一,现有的互联网是在 IPv4 协议的基础上运行的,它由32位二进制数组成,分成四段,每8位二进制数构成一段,每段可以表示的十进制数不能超过255,各段间用“.”隔开。

例如:11001010.10000001.00100100.10000101 是一个 IP 地址,对应的十进制 IP 地

址为202.129.36.133 。IP地址常用A、B、C三类,见表7-1,均由网络号和主机号组成,规定每一段都不能全为0和全为1。IPv4版本的IP协议,理论上约有40亿(2^{32})个地址。互联网的飞速发展,致使IPv4定义的有限地址空间将被耗尽。IPv6是下一代的IP协议,地址位数128位。理论上可以有2^{128}个地址,可以为地球上的每一粒沙子分配一个地址,一劳永逸地解决了地址短缺问题,同时解决了IPv4中端到端IP连接、服务质量、安全性等缺陷。现在,很多网络设备都已经支持IPv6了。

表7-1 IP地址分类

类型	第一字段数字范围	包含主机台数
A	1 ~ 127	16777214
B	128 ~ 191	65534
C	192 ~ 223	254

7.1.2 计算机网络的物理构成

计算机网络中的主体设备称为主机(Host),一般可分为中心站(又称为服务器)和工作站(客户机)两类。服务器是为网络提供共享资源的基本设备,在其上运行网络操作系统,是网络控制的核心。其工作速度、磁盘及内存容量的指标要求都较高,携带的外部设备多且大都为高级设备。

工作站是网络用户入网操作的节点,有自己的操作系统。用户既可以通过运行工作站上的网络软件共享网络上的公共资源,也可以不进入网络,单独工作。用做工作站的客户机一般配置要求不是很高,大多采用个人微机并携带相应的外部设备,如打印机、扫描仪、鼠标等。

简单计算机网络示意图见图7-1。

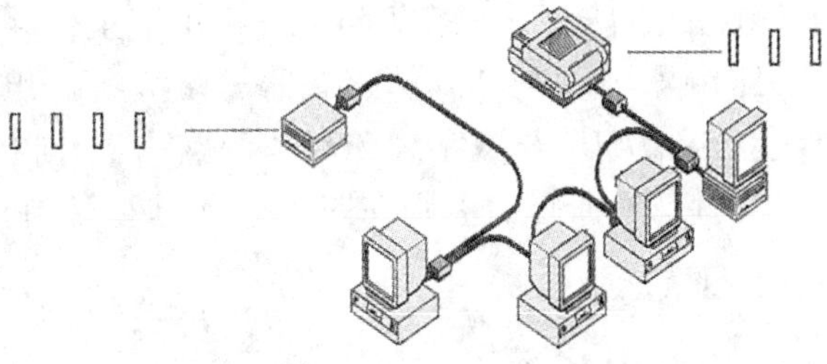

图7-1 简单计算机网络示意图

7.1.2.1 网络的连接设备

1. 网络适配器

网络适配器又称网卡或网络接口卡,它是计算机联网的设备。网络适配器插在计算机主板插槽中,负责将用户要传递的数据转换为网络上其他设备能够识别的格式,如图7-2所示。网卡的作用主要是提供固定的网络地址,每个网卡上都有一个固定的全球唯一的

图7-2 计算机网卡

物理地址。这样,网络中才可以区分出数据是从哪个计算机来的,要到哪个计算机上去。

2. 集线器

集线器(Hub)是计算机网络中连接多台计算机或其他设备的连接设备,如图7-3所示。集线器主要提供信号放大和中转的功能。一个Hub上往往有4个、8个或更多的端口,可使多个用户机通过双绞线电缆与网络设备相连,形成带集线器的总线结构。Hub上的端口彼此相互独立,不会因某一端口的故障影响其他用户。集线器只包含物理层协议。

图7-3　集线器

3. 中继器

任何一种介质的有效传输距离都是有限的,电信号在介质中传输一段距离后会自然衰减并附加有噪声。中继器的作用就是放大电信号,增加信号的有效传输距离。

4. 网桥

网桥是网络中的一种重要设备,它通过连接相互独立的网段,从而扩大网络的最大传输距离。网桥是一种工作在数据链路层的存储—转发设备。作为网段与网段之间的连接设备,它实现数据包从一个网段到另一个网段的选择性发送,即只让需要通过的数据包通过而将不必通过的数据包过滤掉,来平衡各网段之间的负载,从而实现网络间数据传输的稳定和高效。

5. 路由器

路由器属于网间连接设备,它能够在复杂的网络环境中完成数据包的传送工作。它能够把数据包按照一条最优的路径发送至目的网络。路由器工作在网络层,并使用网络层地址(如IP地址等)。路由器可以通过调制解调器与模拟线路相连,也可以通过通道服务单元/数据服务单元(CSU/DSU)与数字线路相连。路由器比网桥功能更强,网桥仅考虑了在不同网段数据包的传输,而路由器则在路由选择、拥塞控制、容错性及网络管理方面做了更多的工作。

6. 交换机

交换机发展迅猛,基本取代了集线器和网桥,并增强了路由选择功能。交换和路由的主要区别在于交换发生在OSI参考模型的数据链路层,而路由发生在网络层。交换机的主要功能包括物理编址、错误校验、帧序列以及流控制等。目前有些交换机还具有对虚拟局域网(VLAN)的支持、对链路汇聚的支持,有的甚至具有防火墙功能。交换机的外观与Hub相似。从应用领域来分,交换机可分为局域网交换机和广域网交换机;从应用规模来分,交换机可分为企业级交换机、部门级交换机和工作组级交换机。

7. 网关

网关又称协议转换器,是软件和硬件的结合产品,主要用于连接不同结构体系的网络或用于局域网与主机之间的连接。网关工作在OSI模型的传输层或更高层,在所有网络互联设备中最为复杂,可用软件实现。网关没有通用产品,必须是具体的某两种网络互联的网关。

目前广域网大多数采用X.25公用数据网,为了能从局域网上访问X.25的资源,就需要有一种设备把X.25和局域网的差别隐藏起来。中继器、网桥或路由器都不足以弥补这两者间巨大的差异,于是引入了网关。

网关的另一种应用是在一些大型企业中,这些企业中昂贵的大型主机或小型机一般不支持诸如NetWare IPX/SPX(网络分组交换协议/序列分组交换协议)这样的网络协议,直接将这些主机联入局域网是不可能的,一种可行的做法是用局域网上的一台工作站作为网关来协调工作站和主机间的通信。这样,局域网里的用户通过网关就能与这些大型主机或小型机通信。

8.服务器

从计算机网络的逻辑组成来看,计算机网络由通信子网和资源子网组成。计算机网络中实现网络通信功能的设备及其软件的集合称为网络的通信子网,前面介绍的这些通信设备都是构成通信子网的重要组成部分。网络中实现资源共享功能的设备及其软件的集合称为资源子网。资源子网主要由服务器、工作站和一些共享设备(如打印机)等组成。其中,服务器(Server)是资源子网中最重要的设备。服务器的功能是通过网络为网络用户提供资源服务。与普通计算机一样,服务器也是由软件和硬件两部分组成的。软件部分的功能是管理服务器上的资源,并为用户提供通信服务,将客户请求的资源发送到客户端。服务器的硬件部分具有较高的计算能力,能够同时让多个用户使用,为多个用户提供服务。服务器与主机不同,主机是通过终端给用户使用的,而服务器是通过网络给客户端用户使用的。

因提供的服务不同,服务器可以分为许多种,如数据库服务器、文件服务器、邮件服务器、Web服务器等。

7.1.2.2　网络的传输介质

网络传输介质是网络中传输数据、连接各网络的物理通路,其中常用的网络传输介质有双绞线、同轴电缆、光纤等。

1.双绞线

双绞线(Twisted Pairwire)是综合布线工程中最常用的一种传输介质。双绞线由两根具有绝缘保护层的铜导线组成。把两根绝缘的铜导线按一定密度互相绞在一起,可降低信号干扰的程度,每一根导线在传输中辐射的电波会被另一根线上发出的电波抵消,"双绞线"的名字也是由此而来。如果把一对或多对双绞线放在一个绝缘套管中,便成为双绞线电缆,如图7-4所示。

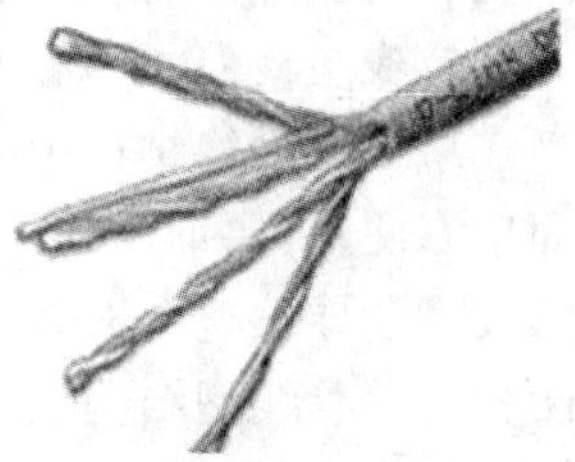

图7-4　双绞线

双绞线分为屏蔽双绞线STP(Shielded Twisted Pair)与非屏蔽双绞线UTP(Unshielded Twisted Pair)。屏蔽双绞线在双绞线与外层绝缘封套之间有一个金属屏蔽层。金属屏蔽层可减少辐射,防止信息被窃听,也可阻止外部电磁的干扰,因此屏蔽双绞线相对于同类的非屏蔽双绞线,价格也更高一些。

另外,美国电子工业协会EIA和电信行业协会TIA定义了多种不同型号的双绞线。计算机网络综合布线使用其中的第3、4、5类。目前使用最为广泛的是第5类及超5类线,提供100 MHz/1000 MHz的频宽,常用在快速以太网及千兆以太网中。在现实应用中,一段双绞线的最大长度为100 m,每端需要一个RJ-45插件(头或座),用于将计算机与集线器或交换机连接起来。

2. 同轴电缆

同轴电缆(Coaxial Cable)以硬铜线为芯,外包一层绝缘材料。这层绝缘材料用密织的网状导体环绕,网外又覆盖一层保护性材料,如图7-5所示。有两种广泛使用的同轴电缆,一种是50 Ω电缆,用于数字信号传输;另一种是75 Ω电缆,用于模拟信号传输。

图7-5　同轴电缆

在局域网发展的初期,曾广泛地使用同轴电缆作为传输介质。但随着技术的进步,在局域网领域基本都采用双绞线为传输介质。目前,同轴电缆主要用在有线电视网络中,高质量的同轴电缆的带宽已接近1 GHz。

3. 光导纤维

光导纤维(Optical Fiber)简称光纤,是一种利用光在玻璃或塑料制成的纤维中的全反射原理而制作的光传导工具。微细的光纤封装在塑料护套中,使得它能够弯曲而不至于断裂。通常,光纤一端的发射装置使用发光二极管(Light Emitting Diode,LED)或一束激光将光脉冲传送至光纤,光纤另一端的接收装置使用光敏元件检测脉冲。光导纤维电缆由一捆纤维组成,简称为光缆。光缆是数据传输中最有效的一种传输介质。

为了在光纤中传输数据,需要通过光缆接口设备将电子信号转换成光信号。在光缆中传输的光脉冲通过光纤到达目的地后,光缆接口再将它们转换为电子信号。与其他传输介质比较,光纤的电磁绝缘性能好、信号衰减较小、频带宽、传输速度快、传输距离大,主要用于要求传输距离较长、布线条件特殊的主干网连接。

7.1.2.3　计算机网络的拓扑结构

网络中各个节点相互连接的方法和形式称为网络拓扑结构。常见的网络拓扑结构有总线型、星型、环型、树型和混合型。

1. 总线型网(Bus Network)

在总线型网络结构中,所有的站点共享一条数据通道,如图7-6所示。总线型网络安装简单方便,需要铺设的电缆最短,成本低,某个站点的故障一般不会影响整个网络,但介质的故障会导致整个网络瘫痪。总线型网安全性低,监控比较困难,增加新站点也不如星型网容易。总线型结构是最经济、最简单、最有效的网络结构之一,具有频带较宽,数据传送不易受干扰的特点,但由于总线结构是由一根电缆连接着所有设备,一段线路断路将导致整个网络运行中断,稳定性较差。

2. 星型网(Star Network)

星型网是指网络中的各节点设备通过一个网络集中设备(如交换机Switch)连接在一起,各节点呈星状分布的网络连接方式,如图7-7所示。这种结构易于维护,采用交换电缆或工作站的简单方法可以很容易地确定网络故障点。另外,由于通道分离,整个网络不会因一个站点的故障而受到影响,网络节点的增删方便、快捷。星型网络结构是现在最常用的网络拓扑结构。

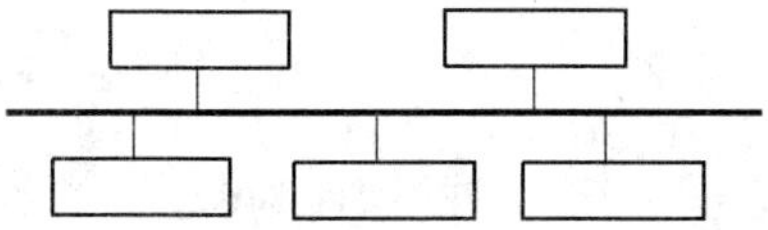

图7-6 总线型

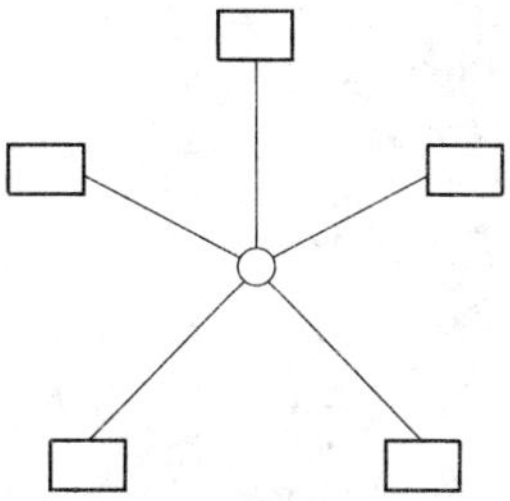

图7-7 星型

3. 环型网(Ring Network)

环型网络结构的各站点通过通信介质连成一个封闭的环形,如图7-8所示。环型网络容易安装和监控,但容量有限,网络建成后,难以增加新的站点。环型结构中各节点通过信息线路组成闭合环路。环中数据沿一个方向传输。其特点是结构简单,容易实现,传输延迟确定。环中任何一个节点出现线路故障,都将造成网络瘫痪。因此,现在组建局域网已经基本上不使用环型网络结构。

4. 树型网(Tree Network)

树型网由总线型拓扑演变而来,其结构看上去像一棵倒挂的树,如图7-9所示。树最上端的节点叫根节点,一个节点发送信息时,根节点接收该信息并向全树广播。树型拓扑易于扩展与故障隔离,但对根节点依赖性太大。

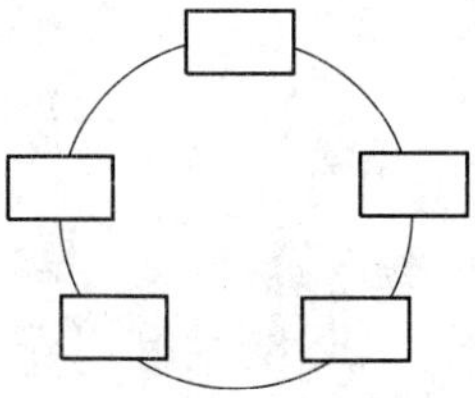

图7-8 环型

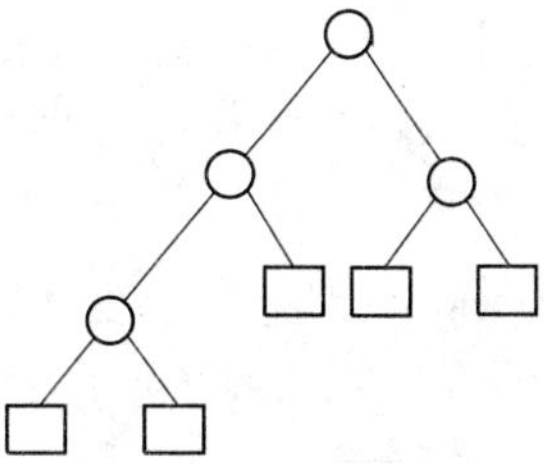

图7-9 树型

7.1.2.4 计算机网络的功能

计算机网络的设计初衷是为了数据通信和资源共享,但是随着网络技术的不断发展,其功能也在不断地进行拓展。计算机网络的主要功能包括如下几个方面。

1. 数据通信

数据通信即实现计算机与终端、计算机与计算机之间的数据传输,是计算机网络的最基本功能,也是实现其他功能的基础,如电子邮件、传真、远程数据交换等。

2. 资源共享

建立计算机网络的主要目的是资源共享。一般情况下,网络中可共享的资源有硬件资源(如打印机、CPU计算资源)、软件资源和数据资源,其中共享数据资源最为普遍。

3. 远程传输

计算机已经由科学计算向数据处理方面发展,由单机向网络方面发展,且发展的速度很快。分布很远的用户可以互相传输数据信息、互相交流,以及协同工作。

4. 集中管理

计算机网络技术的发展和应用,已使得现代办公、经营管理等发生了很大的变化。目前,已经有了许多MIS(管理信息系统)、OA(办公自动化)系统等,通过这些系统可以实现日常工作的集中管理,提高工作效率,增加经济效益。

5. 实现分布式处理

网络技术的发展,使得分布式计算成为可能。对于大型的课题,可以分为许许多多的小题目,由不同的计算机分别完成,然后集中起来解决问题。

6. 负载平衡

负载平衡是指工作均匀地分配给网络上的各台计算机。网络控制中心负责分配和检测,当某台计算机负载过重时,系统会自动转移部分工作到负载较轻的计算机中去处理。

7.1.2.5　计算机网络的分类

计算机网络的分类方法对于网络本身并无实质的意义,只是便于人们从不同角度讨论问题。按照不同的分类标准,可以有多种分类方法。例如:按网络拓扑结构,可分为环型网、星型网、总线型网、树型网等;按通信介质,可分为双绞线网、同轴电缆网、光纤网和无线卫星网等;按信号频带占用方式,可分为基带网和宽带网;按网络规模和覆盖范围,可分为局域网、广域网和城域网等。各种计算机的网络形态各异,因此可以根据不同的分类标准对计算机网络进行分类。常用的分类标准有按网络规模进行分类、按网络的使用者进行分类、按网络的拓扑结构进行分类等。

1. 按网络规模(地理位置)分类

按网络规模,计算机网络可分为局域网、广域网和城域网。

1)局域网(Local Area Network,LAN)

局域网一般用微型计算机或工作站通过高速通信线路相连(100 Mbps以上),但地理上则局限在较小的范围(如1 km左右),如一个办公室或者一个楼层。早期的局域网网络技术都由各个不同厂家所专有,互不兼容。后来,IEEE(国际电气和电子工程师协会)推动了局域网技术的标准化,由此产生了IEEE 802系列标准。这使得在建设局域网时可以选用不同厂家的设备,并能保证其兼容性。这一系列标准覆盖了双绞线、同轴电缆、光纤和无线等多种传输媒介和组网方式,并包括网络测试和管理的内容。随着新技术的不断出现,这一系列标准仍在不断地更新变化之中。

以太网(IEEE 802.3标准)是目前最常用的局域网组网方式。以太网使用双绞线作为传输媒介。在没有中继的情况下,最远可以覆盖200 m的范围。最普及的以太网类型数据传输速率为100 Mbps,更新的标准则支持1000 Mbps的速率。

近年来,随着IEEE 802.11标准的制定,无线局域网的应用大为普及。无线局域网(Wireless LAN,WLAN)是使用无线连接的局域网。它使用无线电波作为数据传送的媒介。传送距离一般为几十米。无线局域网的主干网络通常使用电缆(Cable),无线局域网用户必须配置无线网卡,并通过一个或更多无线接取器(Wireless Access Points,WAP)接入无线局域网。无线局域网现在已经广泛应用于商务区、大学、机场及其他公共区域。无线局域网最通用的标准是 IEEE 定义的 802.11 系列标准。

2）广域网（Wide Area Network，WAN）

当主机之间的距离较远时，例如相隔几十千米或几百千米，甚至几千千米，局域网显然无法完成主机之间的通信任务，这时必须通过广域网来实现远距离的通信。然而，广域网并没有严格的定义。通常广域网是指覆盖范围很广（远远超过一个城市的范围，跨国家或跨洲）的长距离、大范围的网络，例如一家大型公司在各地的分公司的内部网络互相连接组成一个网络。广域网的造价较高，一般都是由国家或较大的电信公司出资建造的。

3）城域网（Metropolitan Area Network，MAN）

城域网的作用范围在广域网和局域网之间，例如作用范围可跨越一个城市的几个街区，甚至整个城市。城域网可以为一个或几个单位所拥有，但也可以是一种公用设施，用来将多个局域网进行互联。城域网的传输速率比局域网更高，作用距离为 5～50 km。从网络的层次看，城域网是广域网和局域网之间的桥接区。城域网因为要和很多的局域网连接，因此必须适应多种业务、多种网络协议，以及多种数据传输速率，并要保证能够很方便地将各种局域网连接到广域网中。

2. 按网络的使用者分类

从网络的使用者来看，计算机网络可划分为公用网（公网）和专用网（专网）。

（1）公用网（Public Network）由电信部门或其他提供通信服务的经营部门组建、管理和控制，网络内的传输和转接装置可供任何部门和个人使用。公用网常用于广域网的构造，支持用户的远程通信，如我国的电信网、广电网、联通网等。

（2）专用网（Private Network）是用户部门为本单位的特殊业务工作的需要而组建经营的网络，不容许其他用户和部门使用。由于投资的因素，专用网通常为局域网，或者是通过租借电信部门的线路组建的广域网。例如军队、铁路、电力等系统均有本系统的专用网，学校组建的校园网、企业组建的企业网等也属于专用网。显然，专用网因其业务性质的重要性，对网络安全的要求更高。因此，当专用网因业务需要而与公用网相连时，必须采取相应的安全措施，例如配置防火墙及其他安全手段，对专用网实施相应的保护。

7.1.2.6　计算机网络体系结构

1. 网络体系结构基本概念

计算机网络是一个非常复杂的系统。两台计算机要通过计算机网络进行有效的通信有许多复杂的问题需要解决，例如如何激活通信线路，如何在网络中有效地识别接收数据的计算机，出现差错或意外事故如何处理等。要想从整体上周密地设计出有效的计算机网络是非常困难的。因此，人们在设计计算机网络时采用了一种“分层”的思想。“分层”可将庞大而复杂的问题，转化为若干较小的局部问题，而这些较小的局部问题就比较易于研究和处理。将整个网络通信过程划分为由高到低若干个层，各层都被分配了一定的功能。每一层在完成了自己的功能之后就将任务递交给自己的下一层，即下一层为上一层提供服务，因此可以说，服务是“垂直的”。采用“分层”思想设计的网络体系结构具有灵活性好、结构上易分割、易于实现和维护、能促进标准化工作等一系列优点。

为进行网络中的数据交换而建立的规则、标准或约定即网络协议（Network Protocal），简称为协议。

网络协议是计算机网络不可缺少的组成部分,它主要由以下 3 个要素组成:

(1)语法:数据与控制信息的结构或格式。

(2)语义:需要发出何种控制信息,完成何种动作及作出何种响应。

(3)同步:事件实现顺序的详细说明。

计算机网络体系结构(Network Architecture)就是计算机网络层次结构模型和各层协议的集合。

基于分层的方法,1974 年美国的 IBM 公司宣布了它研制的系统网络体系结构 SNA,成为一种使用广泛的网络体系结构。不久后,其他一些公司也相继推出本公司的体系结构,并采用了不同的名称,例如 DEC 公司的 DNA。网络体系结构的出现,使得一个公司所生产的网络设备能够很容易地互联成网。但各种网络体系结构互不兼容,采用不同网络体系结构的网络之间就很难互相连接了。这成为计算机网络发展的主要障碍,有必要制定通用的计算机网络体系结构标准,于是出现了网络体系结构的标准 OSI/RM 和 TCP/IP。

2. OSI/RM

国际标准化组织(ISO)于 1977 年成立了专门的机构,研究网络体系结构的标准化问题。不久,他们提出了一个试图使各种计算机在世界范围内互联成网的标准框架,即著名的开放系统互联参考模型(Open System Interconnection/Reference Model, OSI/RM)。1983 年形成了开放系统互联参考模型的正式文件,即著名的 ISO 7498 国际标准,也就是所谓的七层协议的体系结构,它将网络体系结构划分为应用层、表示层、会话层、传输层、网络层、数据链路层、物理层七层,如图 7-10 所示。

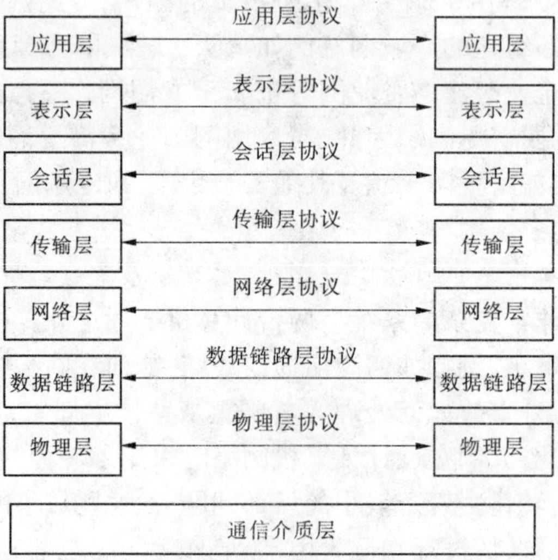

图 7-10　OSI 参考模型

一般来说,网络技术和设备只有符合有关的国际标准才能获得大范围的工程应用。然而,计算机网络体系结构的国际标准却并非如此。尽管 OSI 是网络体系结构的“法律上的国际标准”,但如今规模最大的、覆盖全球的计算机网络 Internet,却并没有使用 OSI

标准。造成这一局面的原因是多方面的。一方面是OSI自身的一些设计缺陷,例如协议实现比较复杂,层次划分不太合理等;另一方面,OSI标准的制定周期太长,在其设计期间,Internet已经抢先在全世界覆盖了相当大的范围,得到了事实上的使用。尽管如此,OSI所取得的理论研究成果还是受到了计算机界和通信界的广泛关注。

3. TCP/IP

Internet采用的网络体系结构是非国际标准的TCP/IP(Transmission Control Protocol/Internet Protocol),因此TCP/IP也被称为"事实上的国际标准"。它将网络体系结构划分为四层(应用层、传输层、网络层、网络接口层),每一层都包含了许多协议,每个协议用来完成特定的功能,如图7-11所示。1983年1月1日,在因特网的前身(ARPA网)中,TCP/IP协议取代了旧的网络核心协议(Network Core Protocol,NCP),从而成为今天的互联网的基石。

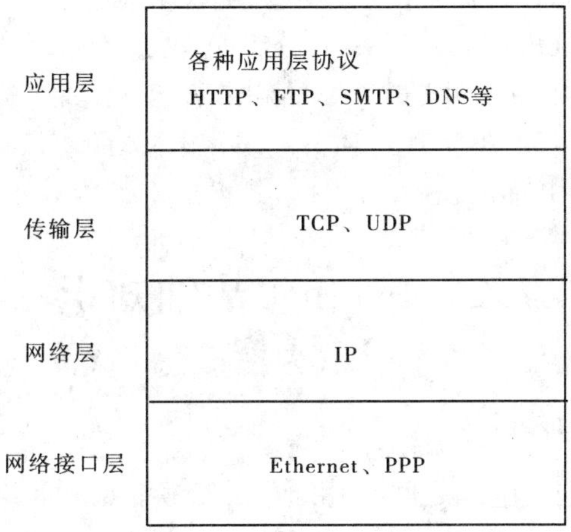

图7-11　TCP/IP网络体系结构

1)应用层(Application Layer)

应用层是体系结构中的最高层。应用层直接为用户的应用进程提供服务。这里的进程就是指正在运行的程序。因特网中的应用层协议很多,如支持万维网应用的HTTP协议、支持电子邮件服务的SMTP协议、支持文件传输的FTP协议等。

2)传输层(Transport Layer)

传输层的任务就是负责为两个主机中的进程之间的通信提供服务。由于一个主机可同时运行多个程序,因此传输层必须有能力识别每一个通信进程,例如通信的源进程和目的进程。传输层是通过端口实现对进程的识别的,每个进程都会有一个标示号,这就是端口号。这样,传输层具有复用和分用的功能。复用就是传输层在用目的端口对多个应用层进程进行区分之后统一使用传输层的服务,分用则是传输层将收到的信息根据不同的目的端口交付给上面应用层中的相应的进程。传输层主要使用两种协议,即TCP协议和UDP协议。

3)网络层(Network Layer)

网络层负责为分组交换网上的不同主机提供通信服务。在发送数据时,网络层将传输层产生的报文段封装成分组或数据包进行传送。在封装数据包时,网络层在数据包头中添加了相关的网络层信息,其中最重要的是源 IP 地址和目的 IP 地址。这样,网络中的路由器可以根据这个目的地址找到相应的路由,并最终找到目的主机。

因特网是一个很大的互联网,它由大量的异构网络通过路由器相互连接而成。因特网最主要的网络层协议就是 IP(Internet Protocol)协议,因此网络层也称为 IP 层。

4)网络接口层(Network Interface Layer)

网络接口层为 TCP/IP 协议的底层,又称为网络访问层,主要负责接收和处理上一层(IP 层)的数据包,并通过特定的网络接口向网络传输介质发送。在接收端,网络接口层通过网络接口,从传输介质上接收数据后,进行处理,并抽取 IP 数据报交给 IP 层。也就是说,被发送的数据在网络接口层才真正脱离主机发送到网络上,而在接收端,被接收的数据在这一层从网络进入主机。网络接口层没有定义自己的协议,但是支持多种逻辑链路控制和媒体访问协议,如各种局域网和广域网协议中能够用于 IP 数据报交换的分组传输协议,包括局域网的 Ethernet、Token Ring,分组交换网的 X. 25 等。

在因特网所使用的各种协议中,最重要的和最著名的就是 TCP 和 IP 两个协议。现在人们经常提到的 TCP/IP 并不单指 TCP 和 IP 这两个具体的协议,而往往表示因特网所使用的整个 TCP/IP 协议族(Protocol Suite)。

7.2　Internet 基础知识

7.2.1　地址和协议的概念

Internet 的本质是电脑与电脑之间互相通信并交换信息,而且大多是"小电脑"从"大电脑"获取各类信息。这种通信跟人与人之间的信息交流一样必须具备一些条件,比如:您给一位美国朋友写信,首先必须使用一种对方也能看懂的语言,然后还得知道对方的通信地址,才能把信发出去。同样,电脑与电脑之间通信首先也得使用一种双方都能接受的"语言"——通信协议,然后还得知道电脑彼此的地址。通过协议和地址,电脑和电脑之间就能进行信息交流,这就形成了网络。Internet 中广泛使用 TCP/IP 协议来进行信息交换。

IP 协议是 Internet 中最重要的协议,对应于 TCP/IP 参考模型的网络层。IP 协议详细定义了 IP 数据报(Datagram)的组成格式。数据报由数据报正文和报头两部分组成,报头包括发送主机的网络地址、接收主机的网络地址、数据报的报头校验和数据报的长度等。

IP 协议的主要功能包括数据报的传输、数据报的路由选择和拥塞控制。IP 协议用统一的 IP 数据报格式在帧格式不同的物理网络之间传递数据,数据报的传递采用一种所谓的"无连接"的方式。这里的"无连接"指两台主机在通信之前不需要建立好确定的连接。一台主机发出一个数据报,如果目的主机是同一子网内的一台计算机,那么它将直接被送到那台计算机上;如果这个数据报是送往子网外的另一台主机上,则该数据报先被送往子网中一台叫路由器的计算机上,然后由路由器送到 Internet 上进行传递。

路由器是 Internet 中负责路由选择的节点设备。路由选择也叫作"寻径",就是在网络中找到一条最适合的传输路径,将分组报文从发送端的子网送到接收端的子网的过程。

路由器接收到一个分组报文后，取出其中报头部分的有关目的地址的信息，根据目的地址将数据报发到合适路径上的下一个路由器。如果这个路由器和目的子网直接相连，那么这个数据报就直接被送到目的主机。就像邮局处理信件一样，路由器并不关心数据报送往目的主机的整个路径，而只是把数据报转发到当前路径的下一站。

TCP/IP 模型由四层组成，如表 7-2 所示。

表 7-2　TCP/IP 协议的主要内容

层次	主要协议
应用层	SMTP、DNS、DSP、FTP、TELNET、GOPHER、WAIS 、HTTP…
传输层	TCP、UDP、DVP…
网络层	IP、ICMP、AKP、PARP、UUCP…
网络接口层	Ethernet、ARPAnet、PDN…

7.2.2　IP 地址

为了研究计算机网络，首先要建立全局的地址系统，解决互联网中主机、路由器及其他设备的全局唯一地址标示问题。

7.2.2.1　IP 地址的构造

TCP/IP 协议的网络层使用的地址称为 IP 地址，是给 Internet 上的每一个主机或路由器的每个接口分配一个在世界范围内唯一的地址。在目前使用的 IPv4 协议版本中，它是一个 32 位的二进制标示符。在 Internet 中，不允许有两个设备具有同样的 IP 地址。每个主机或路由器至少有一个 IP 地址，其中发送信息的主机地址称为源地址，接收信息的主机地址称为目的地址。

7.2.2.2　IP 地址的分类

如果简单地将前 2 个字节划为网络号，那么由于一个网络所包含的主机数量一般都不可能达到 2^{16}(65536)台，许多非常宝贵的地址空间就被浪费了。为了有效地利用有限的地址空间，IP 地址根据头几位划分为 5 类，即 A 类、B 类、C 类、D 类和 E 类，如图 7-12 所示。A 类地址的网络号为 1 个字节，第一位固定为 0，只有 7 位可供使用，可以指派的网络号为 $2^7-2=126$ 个。减 2 的原因是 IP 地址中的全 0 为保留地址，网络号 127 保留用做本地软件回路测试和本机进程间通信。

A 类地址的主机号占有 3 个字节，因此每一个 A 类网络中的最大主机数为 $2^{24}-2=16777214$。减 2 的原因是全 0 的主机号字段是“本主机”所连接到的单个网络地址，全 1 表示该网络上的广播位。IP 地址空间共有 2^{32} 个地址。整个 A 类地址空间共有 2^{31} 个地址，占了整个 IP 地址空间的 50%。

B 类地址的网络号占有 2 个字节，前两位固定为“10”，剩下 14 位可以分配。由于 B 类地址的 128.0.0.0 不指派，所以 B 类地址可以指派的网络数为 $2^{14}-1=16383$。B 类地址每一个网络上最大的主机数是 $2^{16}-2=65534$。整个 B 类地址空间约 2^{30} 个地址，占整个 IP 地址空间的 25%。

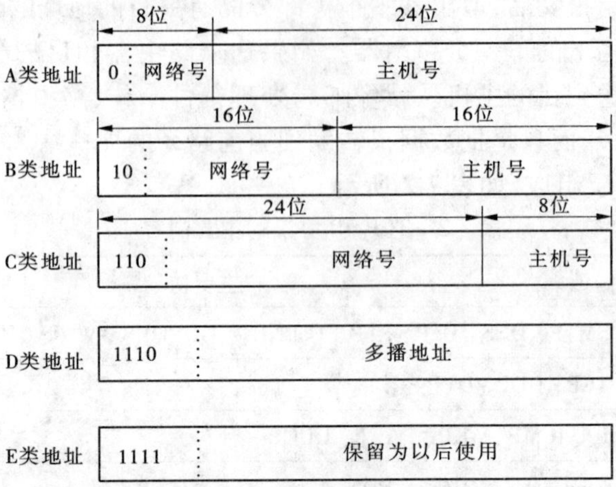

图7-12 IP地址的分类

C类地址有3个字节的网络号,最前面3位是“110”,还有21位可以分配。C类网络地址的192.0.0.0也是不指派的,可以指派的C类最小网络地址是192.0.1.0,因此C类地址可以指派的网络总数是$2^{21}-1=2097151$。每一个C类地址的最大主机数是$2^8-2=254$。整个C类地址空间共有2^{29}个地址,占整个IP地址的12.5%。

D类地址前4位为“1110”,用于多播(一对多通信)。

E类地址前四位为1111,保留为以后使用。

7.2.2.3 私有IP地址

由于IP地址作为一种网络资源,需要花钱购买或租用,所以ICANN(互联网名称与数字地址分配机构)将A、B、C类地址的一部分保留下来,作为私有IP地址,供各类专有网络(如企业小型局域网)无偿使用。私有IP地址段见表7-3 。小型局域网可以选择192.168.0.0地址段,大中型局域网则可以选择172.16.0.0或10.0.0.0地址段。

表7-3 私有IP地址段

类别	IP地址范围	网络号	网络数
A	10.0.0.0~10.255.255.255	10	1
B	172.16.0.0~172.31.255.255	172.16~172.31	16
C	192.168.0.0~192.168.255.255	192.168.0~192.168.255	256

私有IP地址是不可路由的,也就是说,当局域网通过路由设备与广域网连接时,路由设备会自动将该地址段的信号隔离在局域网内部,因此不用担心所使用的私有IP地址与其他局域网中使用的同一地址段的私有IP地址发生冲突(即IP地址完全相同)。同时,意味着这些地址只能在这些局域网中使用,一旦要联入广域网或Internet,还是需要拥有公有IP地址。

7.2.2.4 子网掩码

子网掩码是与IP地址结合使用的一种技术。它的主要作用有两个:①用于确定IP地址中的网络号和主机号;②用于将一个大的IP网络划分为若干个小的子网络。例如C

类 IP 地址,每个网络大约允许有 254 台主机,但有的网络只需要 10 台主机,某些 IP 地址就被浪费掉了。这个时候,就可以借助于子网掩码对网络进行划分。

子网掩码以 4 个字节表示,IP 地址的每一类都具有默认的子网掩码,它定义了在每个地址类别中,IP 地址的多少位用来表示没有子网的网络地址。A 类、B 类、C 类地址默认的掩码见表 7-4。

表 7-4　默认子网掩码

类别	子网掩码(以二进制表示)	子网掩码(以十进制表示)
A	11111111 00000000 00000000 00000000	255.0.0.0.0
B	11111111 11111111 00000000 00000000	255.255.0.0
C	11111111 11111111 11111111 00000000	255.255.255.0

子网掩码中为 1 的部分定为网络号,为 0 的部分定为主机号。因此,当 IP 地址与子网掩码二者相“与”(AND)时,所得结果的非零部分即为网络号,为零部分即为主机号。例如,当 IP 地址为 192.168.1.1,子网掩码为 255.255.255.0 时,计算网络号过程如下。

IP 地址:11000000.10101000.00000001.00000001

子网掩码:11111111.11111111.11111111.00000000

AND 运算:11000000.10101000.00000001.00000000

转化为十进制后为 192.168.1.0,所以网络号为 192.168.1。

既然子网掩码可以决定 IP 地址的哪一部分是网络号,而子网掩码又可以人工进行设定,因此就可以通过修改子网掩码的方式改变原有地址分类中规定的网络号和主机号。即根据实际需要,既可以使用 B 类或 C 类地址的子网掩码(即 255.255.0.0 或 255.255.255.0),将原有的 A 类地址的网络号由一个字节改变为 2 个或 3 个字节,或者使用 C 类地址的子网掩码(即 255.255.255.0),将原有 B 类地址的网络号由 2 个字节改变为 3 个字节,从而增加网络数量,减少每个网络中的主机容量;也可以使用 B 类地址的子网掩码(即 255.255.0.0),将 C 类地址的子网掩码由 3 个字节改变为 2 个字节,从而增加每个网络中的主机容量,减少网络数量。

7.2.3　域名系统 DNS

7.2.3.1　基本概念

IP 地址为 Internet 提供了统一的编址方式,直接使用 IP 地址就可以访问 Internet 中的主机,但是一般用户很难记住 IP 地址。例如,新浪 www 服务器的 IP 地址是 202.108.33.95,用户很难记住这一串数字。但是如果写成 www.sina.com,这样的名字结构有层次,每个字符都有意义,容易理解记忆。

TCP/IP 协议中规定的层次型名字管理机制称为域名系统 DNS,Internet 的域名结构是由 TCP/IP 协议集的域名系统定义的,采用层次结构。

7.2.3.2　域名结构

一个连接在 Internet 上的主机或路由器,可以有一个唯一的层次结构的名字,即域名(Domain Name)。域名的层次结构给域名的管理带来了方便,每一部分授权给某机构管理,该授权机构可以继续划分子域,如二级域、三级域等。

域名的结构由若干个分量组成,各分量之间用点隔开,如 XXX. 三级域名. 二级域名. 顶级域名。各分量分别代表不同级别的域名。每一级的域名都由英文字母和数字组成(不超过 63 个字符,并且不区分大小写字母),级别最低的域名写在最左边,级别最高的顶级域名写在最右边。完整的域名不超过 255 个字符。

顶级域名由 Internet 管理机构规定,可分成如下 3 大类。

国家顶级域名:例如 cn 代表中国,us 代表美国,uk 代表英国。

通用顶级域名:例如 com、net、org、edu 等。

基础结构域名:只有一个:arpa。

在国家顶级域名下注册的二级域名均由该国自行确定。例如我国将教育机构的二级域名确定为 edu。

域名系统不规定一个域名需要包含多少个下级域名,也不规定每一级域名表示什么意思。各级域名由其上一级的域名管理机构管理,而最高的顶级域名则由 Internet 的有关机构管理。这样可以确定每一个名字唯一,并且也容易设置查找域名的机制。

域名只是一个逻辑概念,不代表计算机所在的物理地点。域名中的"点"和十进制 IP 地址中的"点"并无一一对应的关系。十进制 IP 地址中一定包含 3 个"点",但每一个域名中"点"的数目则不一定正好是 3 个。图 7-13 显示了 Internet 域名空间的结构,最高层是顶级域名,顶级域名可往下划分子域,即二级域名。再往下划分就是三级域名、四级域名等。图中列举了一些域名作为例子。一旦某一个单位拥有了一个域名,他就可以自己决定是否要进一步划分其下属的子域,不必由上级机构批准。

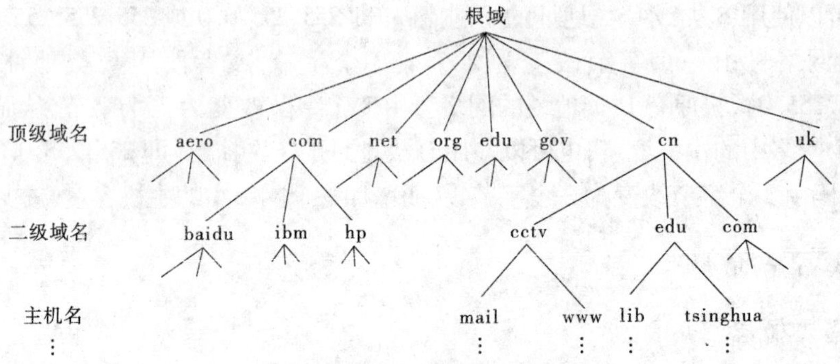

图 7-13 Internet 域名空间的结构

7.2.3.3 域名服务器

域名服务器的作用是将用户输入的域名转换成设备能识别的 IP 地址。域名系统的一个主要特点是允许每个组织为计算机指派域名或改变域名而不必通知中心机构。域名系统允许组织使用特定后缀控制所有域名来帮助完成此功能。所以,域名系统在设计了层次域名的同时提出了与其相对应的域名服务器系统。

整个域名系统以一个大型的分布式数据库的方式工作。大多数具有 Internet 连接的组织都有一个域名服务器。每个服务器包含连向其他域名服务器的信息。这些服务器以多层次的形式连接起来,每个域名服务器都只对域名体系中的一部分进行管辖。

每当需要将域名转换成对应的IP地址时,就发送报文到本地域名服务器,这个服务器的地址存放在网络配置中。

本地域名服务器离用户较近,当所要查询的主机也属于同一个地域范围时,本地域名服务器立刻就能将所查询到的主机名转换为IP地址。

如果在本地域名服务器上查不到信息,它会以DNS(域名系统)客户的身份向它的上层服务器查询。

7.3 Internet 接入方式

接入Internet有两种常见的方式,即电话拨号方式和非电话拨号方式(也称专线方式)。对于学校、企业来说,通过局域网以专线接入Internet是最常见的接入方式。对于住宅小区或个人用户而言,普通电话拨号、PSTN拨号、ADSL(专线方式的一种)则是目前流行的接入方式。

PSTN(Published Switched Telephone Network,公用电话交换网)连接方式是利用PSTN通过调制解调器(Modem)拨号实现用户接入的方式,如图7-14所示。这种接入方式是大家非常熟悉的一种接入方式,目前最高的速率为56 Kbps,已经达到香农定理确定的信道容量极限,这种速率远远不能够满足宽带多媒体信息的传输需求。

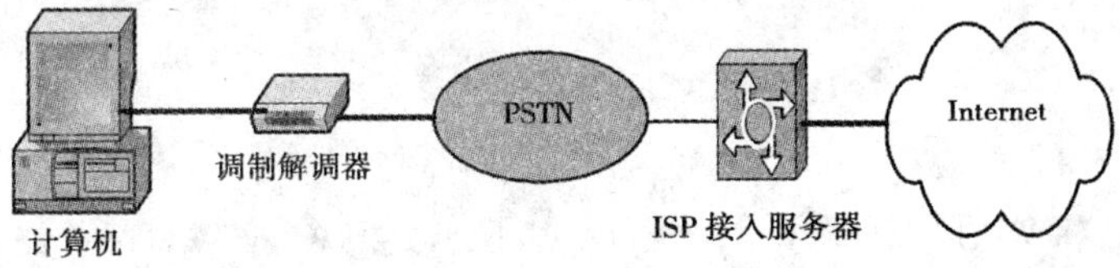

图7-14 PSTN连接方式

但由于电话网非常普及,用户终端设备Modem很便宜,如果家里有电脑,只要到一个提供拨号入网服务的ISP(Internet服务提供者)办理入网手续,申请一个入网账号,把电话线接入Modem就可以直接上网。因此,PSTN拨号接入方式比较经济,至今仍是网络接入的主要手段。

ADSL(Asymmetrical Digital Subscriber Line,非对称数字用户线路)是一种能够通过普通电话线提供宽带数据业务的技术,也是目前极具发展前景的一种接入技术,如图7-15所示。ADSL素有“网络快车”之美誉,因其下行速率高、频带宽、性能优、安装方便、不需交纳电话费等特点而深受广大用户喜爱。

ADSL方案的最大特点是不需要改造信号传输线路,完全可以利用普通铜质电话线作为传输介质,配上专用的Modem即可实现数据高速传输。ADSL支持上行速率640 Kbps ~1 Mbps,下行速率1 ~8 Mbps,其有效的传输距离在3 ~5 km范围以内。在ADSL接入方案中,每个用户都有单独的一条线路与ADSL局端相连,它的结构可以看做是星型结构,数据传输带宽是由每一个用户独享的。

如果用户是通过局域网(LAN)连接Internet的,则不需要调制解调器和电话线路,而

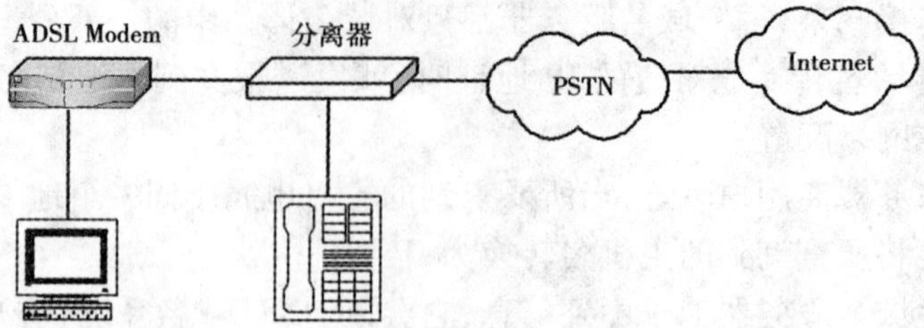

图 7-15 ADSL 连接方式

是需要一个网卡和网络连接线,通过集线器或交换机经路由器接入 Internet。这种方式实际上是将局域网作为一个子网接入 Internet。最近各电信公司以及部分 ISP 都在推出宽带 LAN 接入方式上网,用户 PC 的上网速率可达 2 Mbps(至少确保 512 Kbps)。

由于铺设光纤的费用很高,对于需要宽带接入的用户,一些城市提供无线接入。用户通过高频天线和 ISP 连接,距离在 10 km 左右,带宽为 2 ~ 11 Mbps,费用低廉,性能价格比很高,但是受地形和距离的限制,适合城市里距离 ISP 不远的用户。

无线接入技术主要有以下几种类型:蜂窝技术、数字无绳技术、点对点微波技术、卫星技术、蓝牙技术等。

7.4 Internet 基本服务与操作

7.4.1 WWW

万维网 WWW(World Wide Web),简称 Web,也称 3W 或 W3,是全球网络资源。Web 最初是欧洲核子研究中心 CERN(the European Center for Nuclear Research)开发的,目前已经是 Internet 提供的主要服务。要注意的是,万维网并不是某种物理上的网络,它是一个大规模的、联机式的信息储藏所。

7.4.1.1 文档与链接

互联网上有很多的万维网站点,每个站点上都存放着许多文档供网络用户浏览。在这些文档中有些地方的文字是用特殊方式实现的,例如用不同的颜色,或者有下划线,当鼠标移动到这些位置时,鼠标的箭头就会变成一只手的形状,这就标志这里有一个链接,有时也称为超链接(Hyperlink)。如果这时单击鼠标,就可以从这个文档链接到其他站点的某一个文档,该站点会把被链接的这个文档通过网络传送到计算机并在显示器上显示该文档的内容。这时,在显示器上显示出来的万维网文档称为页面(Page)。万维网上的文档可以分为超文本文档(Hypertext)和超媒体文档(Hypermedia),它们都包含有指向其他文档的链接。二者的区别是文档的内容不同。超文本文档仅包含文本信息,而超媒体文档还包括其他形式的信息,如图形、图像、声音、动画及视频等。

为了将万维网上众多的文档相互区别,万维网使用统一资源定位符 URL(Uniform Resource Locator)标志万维网上的各种文档,并使每个文档在整个互联网的范围内具有唯一的标示符。URL 的一般形式由以下 4 个部分组成:

<协议>://<主机>:<端口>/<路径>

其中,协议是指使用什么协议获取该万维网文档,最常用的协议是 HTTP 协议和 FTP 协议。主机则是指该主机在因特网上的域名。

例如,“新浪网”这一文档的 URL 为 http://www. sina. com. cn/。“http”表示传输协议,“www. sina. com. cn”是 Web 服务器的域名,这里省略了默认的端口号 80。

7.4.1.2　超文本标记语言

为了使任何一台计算机都能显示出万维网服务器上的任何一个页面,就必须解决页面制作的标准化问题。万维网使用了超文本标记语言(Hypertext Markup Language, HTML),它是目前网络上应用最为广泛的语言,也是构成网页文档的主要语言。

HTML 文本是由 HTML 命令组成的描述性文本,HTML 命令可以说明文字、图形、动画、声音、表格、链接等。HTML 的结构包括头部(head)、主体(body)两大部分,其中头部描述浏览器所需的信息,而主体则包含所要说明的具体内容。

由于 HTML 非常易于掌握且实施简单,因此它被提出之后很快就成为了制作万维网页面的标准语言,是万维网的重要基础。

7.4.1.3　客户服务器方式

万维网以客户服务器方式(Client/Server,C/S)工作。在用户主机上运行的是万维网客户程序。万维网文档所驻留的主机则运行服务器程序,所以这个主机也称为万维网服务器。

客户程序向服务器程序发出请求,服务器程序向客户程序送回客户所要的万维网文档。在这个通信过程中,万维网客户程序和万维网服务器程序必须严格遵守通信规则,这就是超文本传送协议 HTTP(Hypertext、Transfer、Protocol)。

HTTP 协议定义了万维网客户怎样向万维网服务器请求万维网文档,以及服务器怎样将文档传送给客户。

目前,使用最多的万维网服务器软件有微软的信息服务器(IIS)和 Apache,而最流行的浏览器有 Internet Explorer、Firefox、Opeira 等。

7.4.2　电子邮件

电子邮件(Electronic Mail,E-mail)是 Internet 应用最广泛的服务。通过电子邮件,用户可以方便快速地交换信息,查询信息。

通过网络的电子邮件系统,用户可以用非常低廉的价格甚至是无偿的,以非常快速的方式,与世界上任何一个角落的网络用户联系,这些电子邮件可以是文字、图像、声音等各种方式。正是由于电子邮件的使用简易、投递迅速、收费低廉、易于保存、全球畅通无阻,电子邮件被广泛地应用,它使人们的交流方式得到了极大的改变。

7.4.2.1　邮件地址

在 Internet 中,邮件地址如同用户自己的身份。Internet 邮件地址的统一格式为“收件人邮箱名@邮箱所在主机的域名”,例如“degor@ sina. com. cn”。其中“@”读作“at”,表示“在”的意思。“收件人邮箱名”又简称为“用户名”,是收件人自己定义的字符串标示符,该标示符在邮箱所在的邮件服务器上必须是唯一的,这就保证了这个电子邮件地址在世界范围内是唯一的。

要使用电子邮件,首先要申请一个邮件地址。有非常多的电子邮件服务商为用户提供有偿的或者免费的电子邮件服务。用户可以根据自己不同的需求有针对性地选择。如果是经常和国外的客户联系,建议使用国外的电子邮箱,如 Gmail、Hotmail、MSN mail、Yahoo mail 等;如果是想当做网络硬盘使用,经常存放一些图片资料等,那么就应该选择存储量大的邮箱,如 Gmail,Yahoo mail,网易 163 mail、126 mail,yeah mail,TOM mail,21CN mail 等;如果自己有计算机,那么最好选择支持 POP/SMTP 协议的邮箱,可以通过 Outlook、Foxmail 等邮件客户端软件将邮件下载到自己的硬盘上,这样就不用担心邮箱的大小不够用,同时能避免别人窃取密码以后偷看自己的信件。

7.4.2.2　邮件传输协议

SMTP 协议和 POP3 协议是电子邮件服务中最常用的两个协议。

1. SMTP 协议

SMTP,即简单邮件传输协议(Simple Mail Transfer Protocol),它是一组用于由源地址到目的地址传送邮件的规则,由它控制信件的中转方式。SMTP 协议属于 TCP/IP 协议族,它帮助每台计算机在发送或中转信件时找到下一个目的地。通过 SMTP 协议所指定的服务器,就可以将电子邮件寄到收信人的服务器上。

2. POP3 协议

POP3,即邮局协议的第 3 个版本(Post Office Protocol 3)。它规定怎样将个人计算机连接到 Internet 的邮件服务器和下载电子邮件。POP3 协议允许用户从服务器上把邮件存储到本地主机(即自己的计算机)上,同时删除保存在邮件服务器上的邮件,而 POP3 服务器则是遵循 POP3 协议的服务器,是用来接收电子邮件的。

7.4.2.3　电子邮件使用方式

通常,在使用电子邮件服务时,有以下两种方式。

1. 基于用户代理的电子邮件

所谓用户代理,实际上就是电子邮件客户端软件,例如 Outlook、Foxmail。通过用户代理,可以撰写电子邮件,然后由它发送到用户设置的邮件服务器上。用户也可以通过用户代理将自己的邮件从邮件服务器上下载到自己的计算机上。

2. 基于万维网的电子邮件

通过万维网浏览器也可以方便地使用电子邮件服务。通过浏览器打开邮件服务的页面,用户可以输入自己的用户名和密码,登录到邮件服务器上,然后撰写和发送自己的邮件。

例如用户 A(a@163.com)向用户 B(b@sina.com)发送邮件。A 可以通过用户代理或者网站登录的方式先撰写邮件,然后发送到 163 的邮件服务器,如图 7-16 所示。但要注意的是,用户代理是采用 SMTP 协议将邮件发送到 163 邮件服务器的,而浏览器 IE 是用 HTTP 协议发送邮件的。然后,163 邮件服务器采用 SMTP 协议将邮件发送到新浪邮件服务器。用户 B 在接收邮件时也可以采用上述两种方式。当使用 Outlook 接收时,采用的是 POP3 协议,当 Outlook 将邮件从邮件服务器下载到本地计算机之后,邮件服务器将自动地把这些邮件从服务器上删除。当利用 IE 浏览或下载邮件时,采用的是 HTTP 协议。

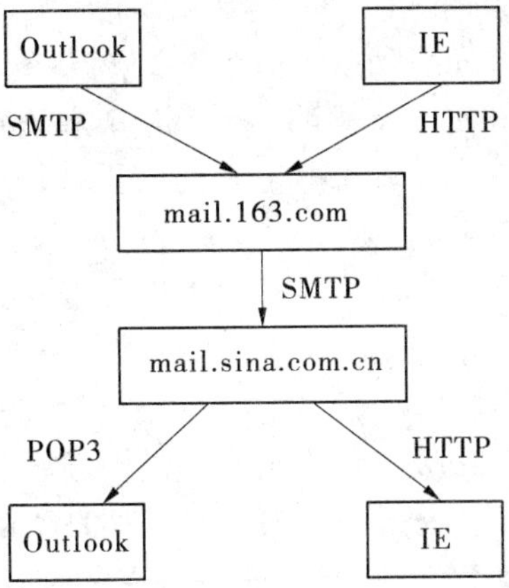

图7-16　邮件的发送与接收

7.4.3　文件传输服务

文件传输服务是由文件传输协议(File Transfer Protocol)完成的,所以又称为FTP服务,它是Internet中最早提供的服务功能之一,目前仍然在广泛地使用中。

7.4.3.1　FTP的功能

FTP的主要功能是在两台联网的计算机之间传输文件。除此之外,FTP还提供登录、目录查询、文件操作、命令执行及其他会话控制功能。

文件传输服务由FTP应用程序提供,FTP应用程序遵循TCP/IP协议族中的文件传输协议,它允许用户将文件从一台计算机传输到另一台计算机,并且能保证传输的可靠性;在Internet中,许多公司、大学的主机上含有数量众多的各种程序与文件,这是Internet巨大、宝贵的信息资源。通过使用FTP服务,用户就可以方便地访问这些信息资源。

FTP服务采用客户机/服务器模式。FTP客户机是请求端,FTP服务器是服务端。FTP客户机根据用户需求发出文件传输请求,FTP服务器响应请求,两者协同完成文件传输任务。一个FTP可以同时为多个客户端进程提供服务。

在FTP的使用中,用户经常遇到两个概念:下载(Download)和上传(Upload)。下载文件就是将文件从FTP服务器中复制到客户计算机上,上传文件就是将文件从客户计算机中复制到FTP服务器上。

7.4.3.2　FTP服务方式

FTP服务方式可分为非匿名FTP服务和匿名FTP服务。对于非匿名FTP服务,用户必须先在服务器上注册,获得用户名和口令。在使用FTP时必须提交自己的用户名和口令,在服务器上获得相应的权限后,才能上传或下载文件。匿名FTP则是这样一种机制:用户可通过它连接到服务器,并从其中下载文件,而无须成为其注册用户。系统管理员建立了一个特殊的用户ID,名为anonymous,Internet上的任何人在任何地方都可使用该用户ID,并用自己的E-mail地址作为口令,使系统维护程序能够记录下来。作为一种安全措施,大多数匿名FTP主机都允许用户从其中下载文件,而不允许用户向其中上传文件。

有很多途径可以使用户登录到FTP服务器并享受FTP服务。例如,打开IE浏览器在地址栏里输入“ftp://ftp. znuel. net”,即可进入到中南财经政法大学的 FTP 服务器,或者在“命令提示符”窗口中输入“ft Pftp. znuel. net”也可以登录该服务器。另外,使用专门软件从 FTP 服务器上下载文件也是常用的途径,例如 NetAnts、FlashGet 等,这些软件采用了断点续传方法,即使遇上网络断线,先前下载的文件片段依然有效,可以等网络联上后继续下载。

7.4.4　搜索引擎

搜索引擎(Search Engine)是指根据一定的策略、运用特定的计算机程序搜集互联网上的信息,在对信息进行组织和处理后,为用户提供检索服务的系统。

从使用者的角度看,搜索引擎提供一个包含搜索框的页面,在搜索框里输入词语,通过浏览器提交给搜索引擎后,搜索引擎就会返回与用户输入的内容相关的信息列表。

下面以目前流行的百度搜索引擎为例,介绍搜索引擎的用法。

百度作为全球最大的中文搜索引擎,致力于让网民更便捷地获取信息。百度容量庞大的中文网页数据库,可以使用户瞬间找到相关的搜索结果。

图 7-17 是百度搜索引擎的主界面,界面简洁,易于操作。主体部分包括一个长长的搜索框、搜索按钮、LOGO 及搜索分类标签。

图 7-17　百度主界面

7.4.4.1　使用具体关键字搜索

百度的默认搜索选项为网页搜索。用户只需要在查询框中输入想要查询的关键字信息,单击【百度一下】按钮,百度搜索引擎就会搜索中文分类条目、资料库中的网站信息以及新闻资料库,搜索完毕后将检索的结果显示出来,单击某一链接可查看详细内容。

7.4.4.2　使用多个关键字

通过使用多个关键字可以缩小搜索范围。例如,如果想要搜索有关计算机等级考试的信息,则输入两个关键字“计算机”和“等级考试”。一般而言,提供的关键字越多,搜索引擎返回的结果越精确。

7.4.4.3　高级搜索

百度还开发了一些高级搜索功能，供有特殊需要的用户使用。高级搜索相当于一个多条件的组合搜索，它可以根据用户的需要更加灵活地按照不同的条件组合进行搜索，如图 7-18 所示。

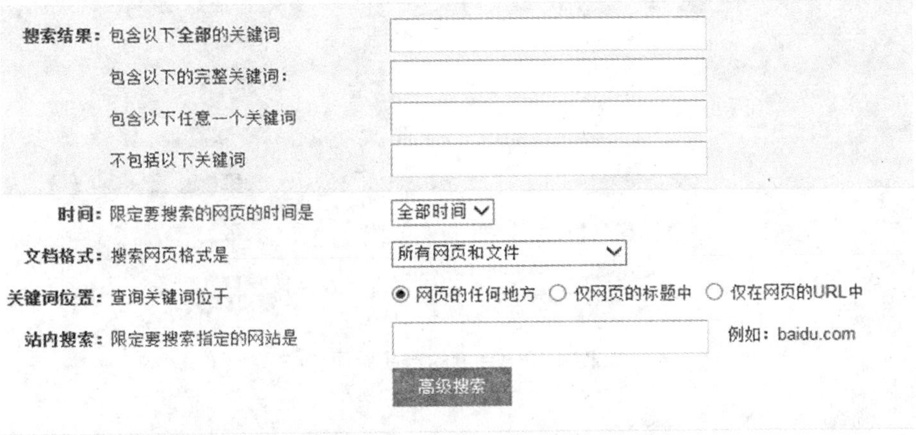

图 7-18　百度高级搜索

7.4.4.4　使用"＋"和"－"进行限制性检索

当需要检索的结果中包含有两个或两个以上的内容时，可以把几个条件之间用"＋"号连接。例如，想查询那英的歌曲《征服》，你可以输入"那英＋征服"。

在查询某个题材时并不希望在这个题材中包含另一个题材，这时你就可以使用"－"号。例如，你想查找"水果"，但又不希望其中包含"苹果"，你就可以输入"水果－苹果"。减号的作用就在于可以使搜索的结果反映你的需求，让你无须为大量无关的搜索结果而头疼。

7.4.4.5　仅搜索网站的网址

在关键字前加"u："，搜索引擎仅会查询网址。例如，在搜索框中输入"u：yahoo. com"，单击搜索按钮，则统一资源定位器中包含"yahoo. com"字符的网址将全部显示出来。

7.4.4.6　仅搜索网站标题

在关键字前加"t："，搜索引擎仅查询网站的名称。例如，在搜索框中输入"t：网络技术"，单击搜索按钮，符合搜索条件的网站标题将显示出来。

7.4.4.7　百度的其他功能

在百度主界面右上角单击【更多产品】→【全部产品】超链接，可以进入到百度的产品页面，如图 7-19 所示。在此页面中，用户可以选择更多百度的搜索产品。

掌握百度搜索引擎的使用方法和技巧，对于我们的工作、学习和生活十分重要，它将极大地提高获取信息的效率。

图7-19　百度的产品界面

7.5　网络信息安全概述

网络信息安全是指网络系统的硬件、软件及其系统中的数据受到保护,不因偶然的或者恶意的原因而遭受到破坏、更改、泄露,系统连续可靠正常地运行,网络服务不中断。网络安全从其本质上来讲就是网络上的信息安全。从广义来说,凡是涉及网络信息的保密性、完整性、可用性、真实性和可控性的相关技术和理论都是网络信息安全的研究领域。

网络信息安全涉及的内容既有技术方面的问题,也有管理方面的问题,两方面相互补充,缺一不可。技术方面主要侧重于如何防范外部非法攻击,管理方面则侧重于内部人为因素的管理。如何更有效地保护重要的信息数据、提高计算机网络系统的安全性已经成为所有计算机网络应用必须考虑和必须解决的一个重要问题。

7.5.1　信息安全面临威胁

信息化进程在加快,信息化的覆盖面在扩大,信息安全问题也就随之日益增多和复杂,其造成的影响和后果也会不断扩大和更趋严重。网络信息系统是一个复杂的计算机系统,它在物理上、操作上和管理上的种种漏洞导致系统安全十分脆弱。

根据性质,信息安全面临的威胁基本上可以分为以下几个方面:

(1)信息泄露:保护的信息被泄露或透露给某个非授权的实体。

(2)破坏信息的完整性:数据被非授权地进行增删、修改或破坏而受到损失。

(3)拒绝服务:信息使用者对信息或其他资源的合法访问被无条件地阻止。

(4)非法使用(非授权访问):某一资源被某个非授权的人,或以非授权的方式使用。

(5)窃听:用各种可能的合法或非法的手段窃取系统中的信息资源和敏感信息。例如对通信线路中传输的信号搭线监听,或者利用通信设备在工作过程中产生的电磁泄露截取有用信息等。

(6)假冒:通过欺骗通信系统或用户,达到非法用户冒充成为合法用户,或者特权小的用户冒充成为特权大的用户的目的。我们平常所说的黑客大多采用的就是假冒攻击。

(7)抵赖:这是一种来自用户的攻击,涵盖范围比较广泛,比如,否认自己曾经发布过的某条消息、伪造一份对方来信等。

(8)计算机病毒:这是一种在计算机系统运行过程中能够实现传染和侵害功能的程序,行为类似病毒,故称作计算机病毒。

(9)信息安全法律法规不完善:由于当前约束信息操作行为的法律法规还很不完善,存在很多漏洞,很多人打法律的擦边球,这就给信息窃取、信息破坏者以可趁之机。

7.5.2　信息安全技术

7.5.2.1　防火墙技术

防火墙是一种用来加强网络之间访问控制,防止外部网络用户以非法手段通过外部网络进入内部网络,访问内部网络资源,保护内部网络操作环境的特殊网络互联设备。它对两个或多个网络之间传输的数据包如链接方式按照一定的安全策略来实施检查,以决定网络之间的通信是否被允许,并监视网络运行状态。

7.5.2.2　杀毒软件技术

杀毒软件肯定是我们见的最多,也用得最为普遍的安全技术方案。随着杀毒软件技术的不断发展,现在的主流杀毒软件可同时预防木马及其他的一些黑客程序的入侵。还有的杀毒软件开发商同时提供了软件防火墙,具有了一定的防火墙功能,在一定程度上能起到硬件防火墙的功效。

7.5.2.3　文件加密和数字签名技术

文件加密与数字签名技术是提高信息系统及数据的安全性和保密性，防止秘密数据被外部窃取、侦听或破坏所采用的主要技术手段之一。随着信息技术的发展，网络安全与信息保密日益引起人们的关注。目前各国除了从法律上、管理上加强数据的安全保护外，从技术上分别在软件和硬件两方面采取措施，推动着数据加密技术和物理防范技术的不断发展。

7.5.2.4　虚拟专用网技术

虚拟专用网(VPN)被定义为通过一个公用网络(通常是因特网)建立一个临时的、安全的连接,是一条穿过混乱的公用网络的安全、稳定的隧道。虚拟专用网是对企业内部网的扩展。虚拟专用网提供加密数据、信息认证和身份认证、访问控制等功能,以保证信息不会泄露,能鉴别用户的身份,并且让不同的用户有不同的访问权限。

7.5.3　计算机犯罪

所谓计算机犯罪,是指行为人利用计算机实施危害计算机信息系统安全和其他严重危害社会的犯罪行为。它应当包括两种形式:一种是以计算机为犯罪工具而进行的犯罪,如利用计算机进行金融诈骗、盗窃、贪污、挪用等犯罪;另一种是以计算机为破坏对象而实施的犯罪,如非法侵入计算机系统罪、破坏计算机信息系统罪等犯罪。前者系因计算机而产生的新的犯罪类型,可称为纯粹意义的计算机犯罪,又称狭义的计算机犯罪;后者系用计算机来实施的传统的犯罪类型,可称为与计算机相关的犯罪,又称广义的计算机犯罪。

7.5.3.1　计算机犯罪的特征

1. 隐蔽性

计算机犯罪及计算机网络犯罪比普通犯罪具有更高的隐蔽性,计算机犯罪没有案发现场,不留作案痕迹。

2. 智能性

计算机犯罪手段的技术性和专业化使得计算机犯罪具有极强的智能性。进行计算机犯罪的犯罪分子需要掌握较高的计算机技术,甚至很多犯罪分子都是同行中的佼佼者。他们熟悉程序设计、网络破解等多种技术,采用先进的工具,洞悉计算机系统的漏洞,对网络系统及各种电子数据、资料等信息进行窃取和破坏。

3. 复杂性

犯罪主体和对象的多样使计算机犯罪具有复杂性。犯罪主体只要通过一台联网的计算机便可以在电脑的终端与整个网络合成一体,调阅、下载、发布各种信息,实施犯罪行为。

4. 国际性

计算机犯罪主体通过网络对各个既定目标进行攻击,可以跨国界、跨地区作案,且作案目标隐蔽,不易侦破,破坏性极大。

5. 社会危害性大

随着社会的网络化,计算机犯罪的对象从金融犯罪到个人隐私、国家安全、信用卡密码、军事机密等,无所不包,且发展迅速,因此计算机犯罪对社会造成的损失仍呈上升趋势。

7.5.3.2　计算机犯罪类型

1. 破坏计算机信息系统罪

破坏计算机信息系统,是指利用各种技术手段,对计算机系统内部的数据进行破坏,导致计算机信息系统及内部资源被破坏的行为。这种行为会直接导致计算机系统不能正常运行,造成系统功能的瘫痪或是系统输出信息的严重错误。

2. 非法侵入计算机系统罪

非法侵入计算机系统是指行为人通过多种手段破解计算机安全系统,非法进入自己无权进入的计算机系统实施破坏活动的行为。非法侵入计算机系统罪的犯罪目的包括两个方面:一种是行为人窃取和篡改信息系统内部数据,从而达到获取不法利益的目的;另一种是出于满足自己的好奇心和争强好胜的心理,以进入和破解计算机信息系统为乐趣,此种危害较小。

3. 窃用计算机服务犯罪

窃用计算机服务犯罪是指无权使用计算机系统者擅自使用,或者计算机系统的合法用户在规定的时间以外以及超越服务权限使用计算机系统的行为。

7.6 计算机病毒

7.6.1 计算机病毒概念与特征

7.6.1.1 计算机病毒定义

《中华人民共和国计算机信息系统安全保护条例》中明确定义,病毒指"编制或者在计算机程序中插入的破坏计算机功能或者破坏数据,影响计算机使用,并能自我复制的一组计算机指令或者程序代码"。

7.6.1.2 计算机病毒特征

(1)繁殖性。计算机病毒可以像生物病毒一样进行繁殖,当正常程序运行时,它也进行运行自身复制,是否具有繁殖、感染的特征是判断某段程序是否为计算机病毒的首要条件。

(2)破坏性。计算机中毒后,可能会导致正常的程序无法运行,计算机内的文件被删除或受到不同程度的损坏,破坏引导扇区及BIOS、硬件环境。

(3)传染性。计算机病毒传染性是指计算机病毒通过修改别的程序将自身的复制品或其变体传染到其他无毒的对象上,这些对象可以是一个程序也可以是系统中的某一个部件。

(4)潜伏性。计算机病毒潜伏性是指计算机病毒可以依附于其他媒体寄生的能力,侵入后的病毒潜伏到条件成熟才发作,会使电脑变慢。

(5)隐蔽性。计算机病毒具有很强的隐蔽性,可以通过病毒软件检查出来少数,隐蔽性计算机病毒时隐时现、变化无常,这类病毒处理起来非常困难。

(6)可触发性。编制计算机病毒的人,一般都为病毒程序设定了一些触发条件,例如,系统时钟的某个时间或日期、系统运行了某些程序等。一旦条件满足,计算机病毒就会"发作",使系统遭到破坏。

7.6.2 计算机病毒类型

7.6.2.1 根据病毒存在的媒体划分

网络病毒:通过计算机网络传播,感染网络中的可执行文件。

文件病毒:感染计算机中的文件,如:COM,EXE,DOC等。

引导型病毒:感染启动扇区(Boot)和硬盘的系统引导扇区(MBR)。

7.6.2.2 根据算法原理划分

伴随型病毒:这类病毒并不改变文件本身,它们根据算法产生EXE文件的伴随体,具有同样的名字和不同的扩展名,加载文件时,伴随体优先被执行到,再由伴随体加载执行原来的EXE文件。

"蠕虫"型病毒:通过计算机网络传播,不改变文件和资料信息,利用网络从一台机器的内存传播到其他机器的内存,计算机将自身的病毒通过网络发送。有时它们在系统存在,一般除了内存不占用其他资源。

寄生型病毒:除了伴随型和"蠕虫"型,其他病毒均可称为寄生型病毒,它们依附在系统的引导扇区或文件中,通过系统的功能进行传播。

7.6.3 常见计算机病毒

7.6.3.1 木马病毒

木马病毒通过特定的程序(木马程序)来控制另一台计算机。木马程序是目前比较流行的病毒文件,与一般的病毒不同,它不会自我繁殖,也并不"刻意"地去感染其他文件,它通过将自身伪装吸引用户下载执行,使施种者可以任意毁坏、窃取被种者的文件,甚至远程操控被种主机。木马病毒的产生严重危害着现代网络的安全运行。常见木马病毒如"灰鸽子""大小姐""冰河"等。

7.6.3.2 蠕虫病毒

蠕虫病毒是自包含的程序,它能传播它自身的拷贝或它的某些部分到其他的计算机系统中(通常是经过网络连接)。它利用网络进行复制和传播,传染途径是网络和电子邮件。

近几年危害很大的"尼姆亚"病毒和QQ群蠕虫病毒就属于蠕虫病毒。

7.6.3.3 脚本病毒

脚本病毒通常是用脚本代码编写的恶意代码,一般带有广告性质,会修改您的IE首页、修改注册表等信息,造成用户使用计算机的不便。

7.6.3.4 宏病毒

宏病毒是一种寄存在文档或模板的宏中的计算机病毒。一旦打开这样的文档,其中的宏就会被执行,于是宏病毒就会被激活。如果其他用户打开了感染病毒的文档,宏病毒又会转移到他的计算机上。

7.6.4 计算机病毒防范

(1)建立有效的计算机病毒防护体系,包括安装单机版或者网络版的杀毒软件,建立硬件与软件结合防病毒系统。

(2)及时安装各种补丁程序。及时更新操作系统,及时安装各种补丁程序是计算机系统防护工作的一个重要环节。目前,许多新型计算机病毒都是利用操作系统的漏洞进行传染的,还有一些病毒是利用IE浏览器的漏洞进行传播的。如果不对操作系统进行及时更新,弥补各种漏洞,计算机即使安装了防毒软件,病毒也会反复感染。

(3)采取必须的安全措施 。为系统使用安全策略,如账户设定、审核策略、网络访问设定、安全选项设定等。使用安全策略不仅可以有效防范病毒,监控系统状态,还可以防范黑客攻击。

7.7 防火墙技术

随着网络技术的发展,网络的安全将成为人们最为关注的问题。目前,保护内部网免遭外部入侵的比较有效的方法为防火墙技术。作为一种应用非常广泛、技术相对比较成熟的网络安全产品，防火墙技术也在不同的企业得到了愈来愈多的重视。

7.7.1　防火墙类型

防火墙是在两个网络间实现访问控制的一个或一组软件或硬件系统。防火墙的最主要功能就是屏蔽和允许指定的数据通信，而该功能的实现主要是依靠一套访问控制策略，由访问控制策略来决定通信的合法性。

如果从防火墙的软、硬件形式来分的话，防火墙可以分为软件防火墙和硬件防火墙以及芯片级防火墙。

现有的防火墙主要有包过滤型、代理服务器型、复合型以及其他类型（双宿主主机、主机过滤以及加密路由器）防火墙。

如果从防火墙结构上分，防火墙主要有单一主机防火墙、路由器集成式防火墙和分布式防火墙三种。

按防火墙的应用部署位置分为边界防火墙、个人防火墙和混合防火墙三大类。

按防火墙性能分为百兆级防火墙和千兆级防火墙两类。

按防火墙使用方法分为网络层防火墙、物理层防火墙和链路层防火墙三类。

7.7.2　防火墙优点

（1）防火墙能强化安全策略。因为 Internet 上每天都有上百万人在那里收集信息、交换信息，不可避免地会出现个别品德不良的人，或违反规则的人，防火墙是为了防止不良现象发生的“交通警察”，它执行站点的安全策略，仅仅容许“认可的”和符合规则的请求通过。

（2）防火墙能有效地记录 Internet 上的活动。因为所有进出信息都必须通过防火墙，所以防火墙非常适用于收集关于系统和网络使用、误用的信息。作为访问的唯一关口，防火墙能在被保护的网络和外部网络之间进行记录。

（3）防火墙限制暴露用户信息。防火墙能够用来隔开网络中一个网段与另一个网段。这样，能够防止影响一个网段的问题通过整个网络传播。

（4）防火墙是一个安全策略的检查点。所有进出的信息都必须通过防火墙，防火墙便成为安全问题的检查点，使可疑的访问被拒之门外。

7.7.3　防火墙缺点

（1）防火墙不能抵抗最新的未设置策略的攻击漏洞。就如杀毒软件与病毒一样，总是先出现病毒，杀毒软件分析出特征码后加入到病毒库内才能查杀。防火墙的各种策略，也是在该攻击方式经过专家分析后给出其特征码进而设置的。如果世界上新发现某个主机漏洞的 cracker 把第一个攻击对象选中了您的网络，那么防火墙也没有办法帮到您。

（2）防火墙对待内部主动发起连接的攻击一般无法阻止。“外紧内松”是一般局域网络的特点，或许一道严密防守的防火墙内部的网络是一片混乱也有可能。通过社会工程学发送带木马的邮件、带木马的 URL 等方式，然后由中木马的机器主动对攻击者连接，可将铁壁一样的防火墙瞬间破坏掉。另外，对于防火墙内部各主机间的攻击行为，防火墙也只有如旁观者一样冷视而爱莫能助。

(3)防火墙不处理计算机病毒。在内部网络用户下载外网带毒文件的时候,防火墙是不为所动的(这里的防火墙不是指单机/企业级的杀毒软件中的实时监控功能,虽然它们不少都叫"病毒防火墙")。

7.8 Windows 7 操作系统安全

Windows 7 被称为是 Windows 操作系统中最安全的平台,事实上也确实如此。在使用中发现 Windows 7 自身安全设置的相关功能比起 XP 和 Vista 系统有了很大的提高,各种设置也更加丰富。可以对系统进行一些安全设置,为系统全面布设安全防线,让 Windows 7更加安全。

7.8.1 账户安全

7.8.1.1 Administrator 账户安全

Administrator 账户可以对电脑进行最高级别的控制,默认拥有管理员权限。管理员账户主要有两类:一类是网民个人创建的,这种账户虽然拥有管理员权限,但对系统重要设置进行更改时,就得使用手动提权(即在弹出账户控制提示时,点击"是")才真正拥有管理员权限;另一类是系统内置(如 Administrator)账户,它对系统重要设置进行更改时无需手动提权,但要对重要系统中文件执行卸载、重命名等操作时,默认情况下仍然"无权"进行。

7.8.1.2 Guest 账户安全

Guest 账户即来宾账户,为系统内置账户,多用于临时访问电脑。使用 Guest 账户登录系统后不可以安装软、硬件,且不可以更改设置或者创建密码。如果你的电脑不是公用电脑,那这个 Guest 用户就设置成禁用,这样设置可以让你的系统更安全。

7.8.1.3 标准账户安全

当您使用标准账户登录到 Windows 7 时,可以执行管理员账户下的几乎所有的操作,但是如果要执行影响该计算机其他用户的操作(如安装软件或更改安全设置),则 Windows 7可能要求您提供管理员账户的密码。标准账户可防止用户做出会对该计算机的所有用户造成影响的更改(如删除计算机工作所需要的文件),从而帮助您保护计算机。根据微软 Windows 7 的帮助文件,使用标准账户可以让 Windows 7 更安全,可以有效地防止用户对系统的修改。建议为每个用户创建一个标准账户。

7.8.2 网络安全策略

7.8.2.1 加强浏览器安全设置

浏览器是我们上网的主要途径,大部分病毒都是通过浏览器而来的,在 Windows 7 中默认内置了 Internet Explorer 8 浏览器(简称 IE 8),安全性得到了大幅度提升,不过要想保护 IE 8 浏览器的安全,常用的设置还是不可或缺的。

首先全面清理个人隐私。浏览网页的过程中,会在地址栏留下网址,历史记录中会有网站地址，某些用户名和密码会保留在 Cookie 中，这些都会泄露你的个人隐私，因此必须进行清理。

打开 IE 8 后，如图 7-20 所示，选择菜单【工具】→【Internet 选项】，切换到【常规】选项卡，单击【浏览历史记录】下的【删除】按钮出现对话框，然后选择要删除的项目（如：Internet临时文件、Cookie、表单数据等），再单击【删除】按钮即可删除。如果感觉每次都要手动删除比较麻烦的话，可选择【浏览历史记录】下的【退出时删除浏览历史记录】，这样上网后关闭 IE，浏览记录就会被删除。

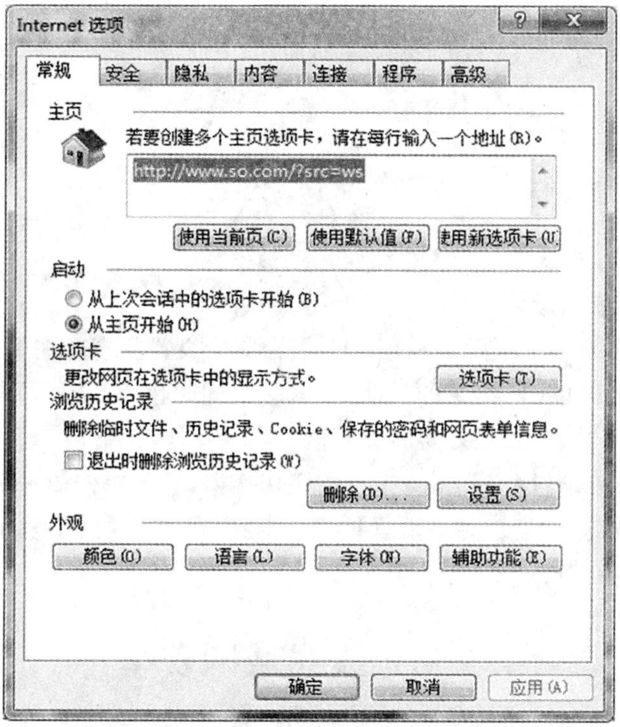

图 7-20　浏览器设置

其次全方位管理插件，很多插件可以增强 IE 的功能，但总有些插件会给 IE 带来安全隐患，从而有可能波及到我们的整个系统。

选择菜单【工具】→【管理加载项】，出现对话框，单击【工具栏和扩展】选项，在这里可以看到 IE 中的各种插件。对于不需要的插件，选中后，单击下方的【禁用】按钮即可。

7.8.2.2　启用系统自带防火墙

在 Windows 7 中，防火墙得到了加强，普通用户足以使用它抵御外部攻击，当系统中有软件试图连接网络时，防火墙就会弹出“Windows 安全警报”窗口，给系统加上第 一道“防护网”。

进入控制面板，单击【系统和安全】按钮切换窗口，再单击【Windows 防火墙】即可进入防火墙设置界面，见图 7-21。单击左侧的【允许程序或功能通过 Windows 防火墙】，出现对话框，可查看本机上哪些程序或功能会连接到网络，取消选择某个程序则会禁止其连接到网络。如果需要的连接网络的程序没有出现在列表中，可单击【允许运行另一程序…】,然后选择相应程序的启动文件即可。

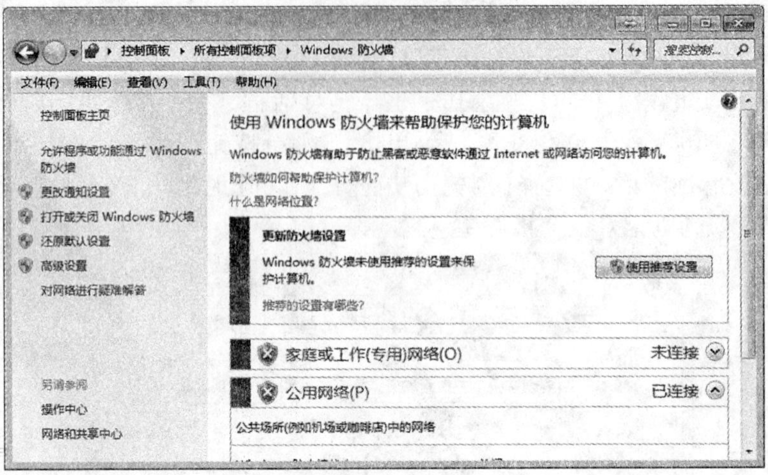

图 7-21　防火墙设置

7.8.2.3　加强共享安全设置

处在局域网中的电脑,为了资源使用方便,常常会设置共享。在 Windows 7 中开启了网络发现后,不仅便于发现网络中的其他共享资源,同时也将自己暴露在共用网络中,因此在长时间无需资源共享时,最好暂时关闭网络发现功能。

进入控制面板,单击【网络和 Internet】按钮切换窗口,再单击【网络和共享中心】按钮进入设置中心,单击【更改高级共享设置】,出现对话框,选择【网络发现】下的【关闭网络发现】,最后单击【保存修改】按钮即可。

7.9　无线局域网安全

随着无线网络的普及,无线网络已渐渐被应用到了各个领域和我们生活的方方面面,无线网络带来了很多的便利,但无线网络也带来了各种安全问题。各种有关无线网络安全的问题不断被发现,为了保护无线网络的安全,要不断完善安全管理的机制,以有效地防范安全风险,促进无线网络安全的健康发展。

7.9.1　无线局域网安全风险

无线网络与有线网络最大的区别在于传输媒介,有线网络是利用网线,而无线网络是利用无线电技术,它的信号在其覆盖范围内是无处不在的,因此对它的威胁也将是无处不在的。

(1)开放性带来的威胁。无线网络会将网络延伸到无线信号所能覆盖到的范围,只要在网络信号范围内,任何客户端都可与其建立连接,从而获得网络的使用权,为窃听、修改、伪造、盗取无线网络中传输的数据提供了条件。

(2)接入点带来的威胁。攻击者可以将无线设备安装到某个企业内部或附近,作为一种欺骗设备让合法用户掉进圈套。

(3)拒绝服务攻击(Denial of Service,DoS)。攻击者很容易对网络中的某一台计算机持续地发送大量的数据包,使其资源耗尽从而造成网络性能下降甚至瘫痪,或者利用干扰无线信号的设备干扰网络信号,使无线网络遭到拒绝服务攻击。

(4)由于疏忽或无知,没有利用无线网络提供某些形式的加密。如果这些数据都没经过加密的话,就可以通过一些数据包嗅探工具来抓包、分析并窥探到其中的隐私。

(5)在无线网络中,若开启了 SSID 广播的无线网络,其路由设备会自动向其有效范围内的无线网络客户端广播自己的 SSID 号, 无线网络客户端接收到 SSID 号后,利用这个 SSID 号可以使用这个网络,这样就相当于自动地打开进入该网络的大门。

7.9.2　无线局域网安全防范

由于无线网络更易遭到入侵,面临更多的威胁,因此必须采取更有效、更全面的技术措施,以维护无线网络免受侵扰,保证其正常运行。建议可以从以下几个方面着手解决可能存在的安全隐患问题:

(1)建立用户认证,路由器或中继器设备不要使用厂商默认的用户名和密码,应将其修改,而且要定期进行变更。

(2)设置 MAC 地址过滤。许多设备都提供对 MAC 地址的操作, 这样可以通过建立自己的标准通过 MAC 地址列表, 来防止非法设备(主机等) 接入网络。

(3)为网络设备分配静态 IP。在成员很固定的家庭网络中,可以通过为网络成员设备分配固定的 IP 地址, 然后在路由器上设定允许接入设备 IP 地址列表, 从而可以有效地防止非法入侵。

(4)启用 Wi - Fi 保护访问(Wi - Fi Protected Access,WPA)。WPA 采用的是一种基于 TKIP 的方法,对密钥进行加密,并包括了可扩展身份验证协议(EAP),以保证只有授权客户端才能访问;WPA2 采用了更高级的 AES 加密方法和动态改变的密钥, 让密钥更难于攻克。

(5)启用入侵检测系统(Intrusion Detection System,IDS)。它通过对网络流量进行收集与分析, 并与 IDS 检测器中的攻击特征文件进行对比,从而寻找出违反安全策略的入侵行为并进行报警。

(6)虚拟专用网(Virtual Private Network,VPN)技术。虚拟专用网(VPN)指的是在一个公共网络上构建的一个临时的、私有的、安全的连接,主要采用的技术包括隧道技术、加密技术、密钥管理技术、访问控制技术及使用者与设备身份认证技术。

习　题

1. 什么是计算机网络? 它的功能是什么?

2. OSI 参考模型与 TCP/IP 参考模型各有什么优缺点?

3. 在 OSI 参考模型中,数据链路层协议的功能与传输层协议的功能有何区别?
4. 集线器与交换机之间的主要区别是什么?
5. 计算机网络有哪些常见的网络拓扑结构?各自的特点有哪些?
6. 计算机网络的硬件和软件都是由什么组成的?
7. 简述 Internet 具备哪些功能与服务。
8. 什么是 WWW?什么是 TCP/IP 协议?什么是 IP 地址和域名?
9. 简述经典浏览器的种类及组成。
10. 使用 IE 浏览器和 360 浏览器浏览网页,并将喜欢的门户网站设置为主页。
11. 练习使用"百度""搜狗"等搜索引擎搜索与 Internet 有关的网页资料。
12. 什么是信息安全?信息安全技术主要包括哪些?其特征是什么?
13. 常见的信息安全威胁主要有哪些?
14. 可以选择哪些措施来保证电子邮件的安全?
15. 加强网络道德建设对维护信息的安全有哪些作用?
16. 计算机犯罪是什么?有哪些特点?
17. 什么是加密和解密?密钥是什么?
18. VPN 是什么?有哪些类型?
19. 什么是计算机病毒?其特点是什么?计算机病毒分为哪些类型?
20. 计算机病毒如何传播?怎样防治?
21. 要采用哪些安全技术才能保证无线局域网的安全性?
22. 无线局域网中有哪些安全隐患?

第 8 章　网页制作

8.1　HTML 简介

HTML 是超文本标记语言(Hypertext Markup Language)的英文缩写,是 WWW 技术的基础。它使用一些约定的标记(Tag)对文本进行标注,定义网页的数据格式,描述 Web 页中的信息,控制文本的显示。

用 HTML 语言编写的文件,称为 HTML 文件。它通常存储在 Web 服务器上,客户端通过浏览器向 Web 服务器发出请求,服务器响应请求并将 HTML 文件发送给浏览器,对文件中的标记作出相应解释,以页面的形式呈现在用户屏幕上。因此,HTML 文档又称为网页(Web Page)。

用 HTML 语言编写的网页实际上是一种文本文件,它以.htm 或.html 为扩展名。HTML文件可用任何文本处理软件(如记事本)编写。

8.1.1　HTML 语言概述

HTML 语言是由世界性的标准化组织 W3C(万维网联盟)制定的,通过 http://www.w3.org 网站可以了解 HTML 标准的最新动态。

8.1.1.1　HTML 文件的基本构成

每一个 HTML 文件都包括 HTML 标记和文本内容两部分。

HTML 标记负责控制文本显示的外观和版式,并为浏览器指定各种链接的图像、声音和其他对象的位置。其一般格式为:

<标记名>文本内容</标记名>

标记名写在"< >"内,多数 HTML 标记同时具有起始标记"< >"和结束标记"</ >",即标记是成对出现的;但也有些 HTML 标记只有开始标记而没有结束标记。HTML 标记不区分大小写。

HTML 标记还具有一些属性,用来指定对象的特性,如背景颜色、文本字体大小、对齐方式等。属性一般放在开始标记中,格式如下:

<标记名 属性 1 = 值 1 属性 2 = 值 2 …>文本内容</标记名>

其中,标记名和属性、属性和属性之间用空格分隔。

8.1.1.2　HTML 网页的结构

下面通过一个简单的 HTML 文件,体会一下用该语言编写网页时的层次结构。

【例 8-1】 用 HTML 语言编写一个简单的网页。

```
<html>
  <head>
```

```
        <title>一个简单的 HTML 页面</title>
    </head>
    <body>
        <h1>欢迎来到 HTML 代码世界</h1>
        <p>h 之间的字符是标题内容,p 之间的内容是一个段落。</p>
        <p>body 元素的内容会显示在浏览器中。</p>
        <p>title 元素的内容会显示在浏览器的标题栏中。</p>
    </body>
</html>
```

将上述代码在文本编辑器中编辑并保存为一个扩展名为.htm(或.html)的文件,双击该文件的图标,浏览器中显示图 8-1 所示的结果。

图 8-1　一个简单的 Web 页

从上例可看出,HTML 文件一般都是以<html>开头,以</html>结束。其文件结构由两部分组成。

1. 头部(head)

HTML 文件的头部由<head>和</head>标记定义。通常文件的标题、语言字符集信息等,都放在头部信息中。最常用的标记是<title>…</title>,它用来定义网页文件的标题。当网页文件被打开后,标题将显示在浏览器的标题栏中。

2. 正文主体(body)

正文主体是 HTML 文件的核心内容,它以<body>开始,以</body>结束。<body>标记具有一些常用的属性,格式如下:

<body bgcolor = #n color = #n>…</body>

其中,bgcolor 为背景颜色,color 为文本颜色,n 为六位十六进制数。

如果网页使用背景图像,格式为:

<body background = "路径/图片文件名">…</body>

HTML 对格式的要求并不严格,当 HTML 文件被浏览器扫描时,所有包含在文件中的空格、回车等均被忽略。因此,可将一条语句写为两行或多行,在浏览器中结果是一样的。

【例 8-2】　用 HTML 语言编写一个简单的网页，分别设置背景颜色和背景图片并查看效果。

```
<html>
  <head>
    <title>我的第一个 HTML 页面</title>
  </head>
  <body bgcolor = "blue" >
    <p>body 元素的内容会显示在浏览器中。</p>
    <p>title 元素的内容会显示在浏览器的标题栏中。</p>
  </body>
</html>
```

效果如图 8-2 所示。

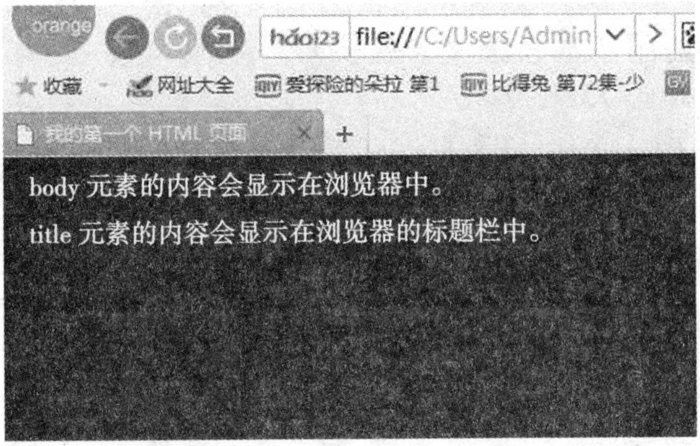

图 8-2　在 <body> 标记中设置背景颜色

修改上述代码如下，查看网页效果如图 8-3 所示。

```
<html>
  <head>
    <title>我的第一个 HTML 页面</title>
  </head>
    <body background = "背景.JPG" >
    <p>body 元素的内容会显示在浏览器中。</p>
    <p>title 元素的内容会显示在浏览器的标题栏中。</p>
  </body>
</html>
```

该案例中设置网页背景图片时，预先准备一幅名为“背景.JPG”的图片。图片保存在和编辑该 HTML 文档的文件同一个文件夹里。否则，编写代码时需要写清楚背景图片的保存位置，网页才能显示正确的效果。

图 8-3 在 <body> 标记中设置背景图片

8.1.2 HTML 语言的基本语法

8.1.2.1 文本布局

1. 段落标记 <p>

用 <p>… </p> 标记指定文档中一个独立的段落。通过设置 align 属性,控制段落的对齐方式,其值可以是 left(左对齐)、enter(居中)、right(右对齐),默认左对齐。左对齐格式如下 <p align = left>… </p>。

2. 换行标记

 标记可以强制文本换行。该标记是单标记,只有开始标记。

3. 水平线标记 <hr>

<hr> 标记用于在网页中插入一条水平线,同样也是单标记。

8.1.2.2 文字格式

1. 标题标记 <hn>

格式:<hn 属性 = 值> 标题文字内容 </hn>。其中 n 说明大小级别,取值范围是 1 ~ 6的数字。把标题分为 6 级,h1 级文字最大,h6 级文字最小。编写如下代码:

【例 8-3】 标题标记的使用

```
<html>
  <head>
    <title>一个简单的 HTML 页面</title>
  </head>
<body>
  <h1>欢迎来到 HTML 代码世界,一号标题</h1>
  <h2>欢迎来到 HTML 代码世界,二号标题</h2>
  <h3>欢迎来到 HTML 代码世界,三号标题</h3>
  <h4>欢迎来到 HTML 代码世界,四号标题</h4>
  <h5>欢迎来到 HTML 代码世界,五号标题</h5>
```

```
    <h6>欢迎来到 HTML 代码世界,六号标题</h6>
  </body>
  </html>
```

浏览器中显示的网页效果如图 8-4 所示。

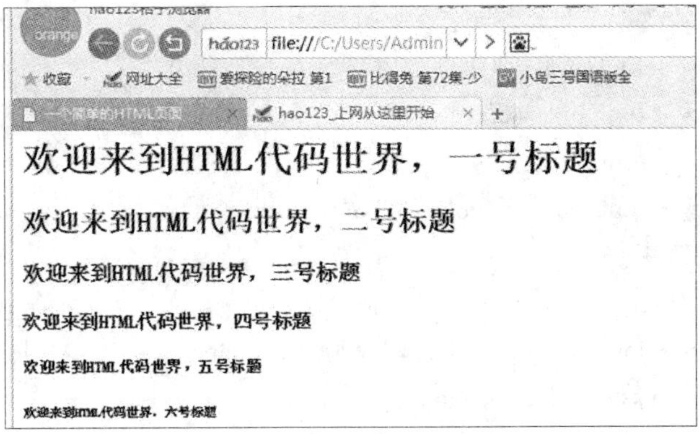

图 8-4 <hn>标记的 HTML 代码效果

2. 字体标记<font>

字体标记主要用来对文字格式进行设置,主要属性如下:

(1)size 属性。用于控制文字的大小。格式如下:

<font size = n>… </font>

其中 n 的取值范围是 1 ~7 的数字,默认值是 3。<font> 标记和<hn>标记都可以控制文字的大小。通常情况下,文章标题用<hn>标记控制,其余文字用<font>标记控制。<font>标记对字体的控制更灵活。

(2)color 属性。作用是控制字体的颜色,格式如下:

<font color = #n 或英文表示的颜色>… </font>

注意事项:其中 n 表示 6 位十六进制数,前两位为红色值,中间两位为绿色值,最后两位为蓝色值。如 FF0000 表示红色,FFFF00 表示黄色,而 00FF00 则表示绿色。

(3)face 属性。用于指明文字使用的字体。格式如下:

<font face = 字体名>… </font>

其中字体名的选择由 Windows 操作系统安装的字体决定,如宋体、楷体、Roman、Arial 等。

3. 字形标记

字形标记用于设置文字的粗体、斜体、上标、下标、下划线等,如表 8-1 所示。

表 8-1 字形标记

标记格式	字形
<b>… </b>	粗体
<i>… </i>	斜体
<u>… </u>	下划线
[…]	上标
_…	下标

【例8-4】　文字格式的设置

```
<html>
  <head>
    <title>我的第一个 HTML 页面</title>
  </head>
  <body background="背景.JPG">
    <p><font size=6 color="red" face=楷体>body 元素的内容会显示
在浏览器中。</font></p>
    <p><font size=6 color="red" face=楷体><b>body 元素的内容
会显示在浏览器中。
  </b></font></p>
    <p><font size=5 color="0000FF" face=宋体>title 元素的内容会
显示在浏览器的标题栏中。</font></p>
    <p><font size=5 color="0000FF" face=宋体><i><u>title 元
素的内容会显示在浏览器的标题栏中。</u></i></font></p>
  </body>
</html>
```

查看网页效果如图8-5所示。

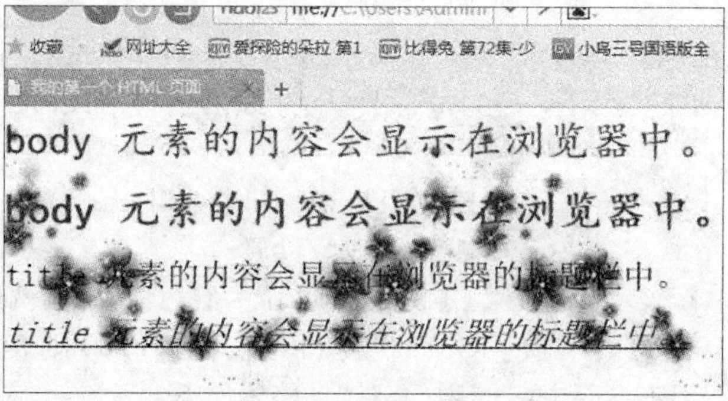

图8-5　设置字体颜色和字形、字号

8.1.2.3　图片格式

<img>标记将图片插入到网页中,用于设置图片的大小及相邻文字的排列方式。该标记的属性有:

(1)src 属性。作用是指明图片文件所在的位置。格式如下:

<img src=URL>

URL 指定图片文件存放的位置。

(2)alt 属性,是图片的文字说明,鼠标指针指向图片时,该图片的说明性文字弹出。格式如下:

<img src=URL alt=说明文字>

(3)width 和 height 属性,作用是设置图片显示区域的宽度和高度。格式如下:

```
< img src = URL width = n1 height = n2 >
```

其中 n1 和 n2 为 width 和 height 属性的取值,可以是像素数或百分比。

(4)border 属性,作用是设置图片文件的边框。格式如下:

```
< img src = URL border = n >
```

其中 n 是像素数。

(5)align 属性,作用是设置图片相对于文本的位置。格式如下:

```
< img src = URL align = 对齐方式 >
```

对齐方式有 top、middle、bottom、left、right、texttop 等。

8.1.2.4　超链接

HTML 语言中,< a >和 < /a >标记可用来设置网页中的超链接,href 属性指明被超链接的文件地址。格式如下:

```
< a href = URL >超链接文本 </a >
```

在浏览器中,被插入超链接的文本一般显示为蓝色并加下划线。鼠标指向该文本时,箭头变为小手形状,且在浏览器状态栏左下方显示该链接的地址。

想要使用图片做超级链接,格式如下:

```
< a href = URL1 > < img src = URL2 > </a >
```

8.1.2.5　使用表格

在网页中可以插入表格。定义表格的标记有:< table > … < /table >:定义表格;< tr > … < /tr >:定义表行;< td > … < /td >:定义表列。用到的属性标记有:border 属性:设置表格边框的宽度;width、height 属性:设置表格或表项的宽度、高度;cellspacing 和 cellpadding 属性:设置单元格之间的间隙和单元格内部的空白;align 属性:设置表格或表项的对齐方式;bgcolor 和 background 属性:设置表格背景的颜色和背景图像。

【例 8-5】　用 HTML 代码插入一表格。

```
<html >
<body >
<p >每个表格由 table 标签开始。行由 tr 标签开始。表格数据由 td 标签
开始。</p >
<table width = "328"  border = "2" >
  <tr >
    <td width = "172"  height = "31" >欢迎来到水利学院;</td >
    <td width = "146" >美丽的海滨城市欢迎你!;</td >
  </tr >
  <tr >
    <td height = "38" >  </td >
    <td >  </td >
  </tr >
  <tr >
    <td height = "38" >信息工程系;</td >
```

```
      <td>计算机应用专业;</td>
    </tr>
  </table>
  </body>
  </html>
```

查看网页效果如图 8-6 所示。

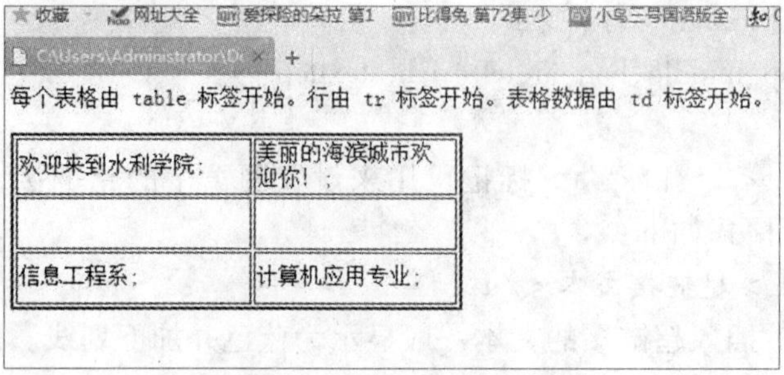

图 8-6　编写代码插入的表格

8.2　Dreamweaver CS5 使用

Dreamweaver CS5 是一款集网页制作和管理网站于一身的所见即所得网页编辑器,是第一套针对专业网页设计师特别开发的视觉化网页开发工具。利用它可以轻而易举地制作出跨越平台限制和跨越浏览器限制的充满动感的网页。

启动 Dreamweaver CS5 后,首先显示的是开始页,如图 8-7 所示。开始页分为“打开最近的项目”、“新建”和“主要功能”3 个栏目。

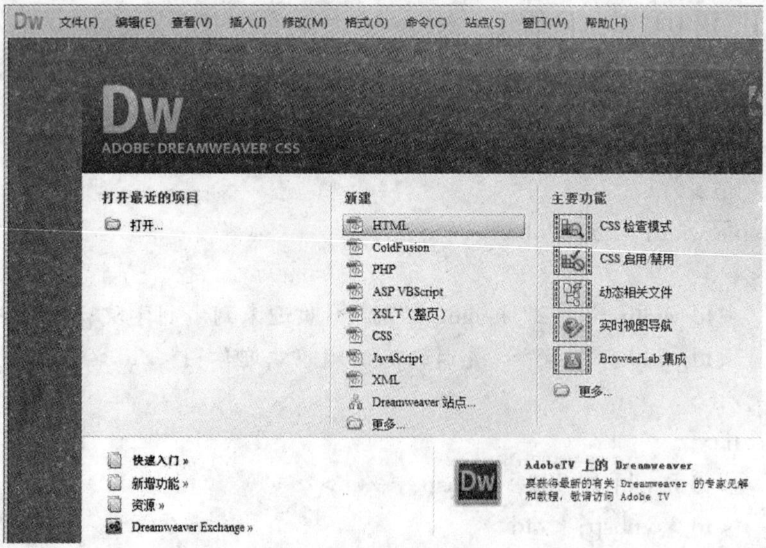

图 8-7　Dreamweaver CS5 的开始页

在开始页中选择【新建】→【HTML】→【创建】命令,就新建了一个空白的网页文档。

同时进入中文版 Dreamweaver CS5 的操作界面。

8.2.1　Dreamweaver CS5 操作界面组成

Dreamweaver CS5 共有 10 组菜单,这些菜单包含了 Dreamweaver 的大部分操作命令。如图 8-8 中区域 1 所示。

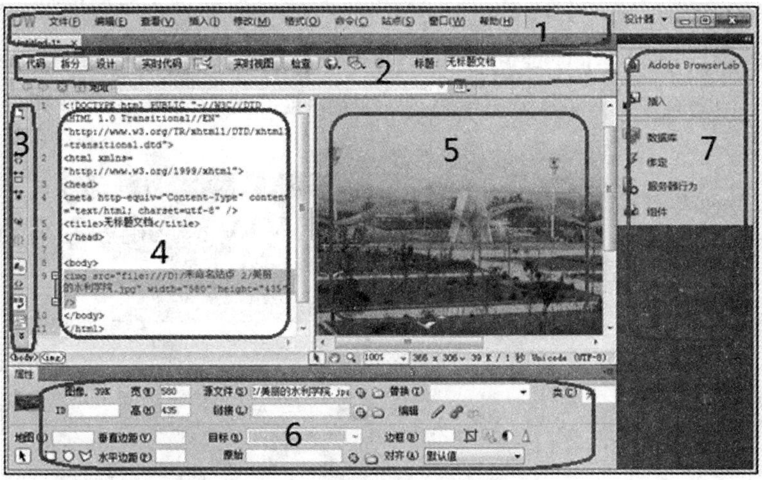

图 8-8　Dreamweaver CS5 操作界面

8.2.1.1　文档工具栏

文档工具栏中包含了多种功能按钮,单击不同按钮可以在不同视图间切换,还可以实时预览网页效果、输入文档标题等。Dreamweaver CS5 有代码视图、拆分视图、设计视图、实时代码视图和实时视图,如图 8-8 中区域 2 所示。

8.2.1.2　编码工具栏

编码工具栏只有在代码视图中可见,它垂直显示在文档窗口的左侧。编码工具栏中包含可用于执行多种标准编码操作的按钮,如图 8-8 中区域 3 所示。

8.2.1.3　文档窗口

文档窗口显示当前所创建和编辑的 HTML 文档内容。默认情况下显示拆分视图,即窗口左边是代码视图,右边是设计视图,如图 8-8 中区域 4 和区域 5 所示。

8.2.1.4　设计视图

设计视图是一个用于可视化页面布局、可视化编辑和快速应用程序开发的设计环境。该视图中,Dreamweaver 显示文档的完全可编辑的可视化表示形式,类似于在浏览器中查看页面时看到的内容。

8.2.1.5　属性面板

在属性面板中显示了文档窗口中选定对象(如表格、文字、图像等)的属性,并可修改这些选中对象的属性,如图 8-8 中区域 6 所示。

8.2.1.6　功能面板组

功能面板组包括了各种可折叠与移动的功能面板,默认情况下显示【CSS 样式】、【插入】和【文件】等功能面板与面板组,如图 8-8 中区域 7 所示。

Dreamweaver CS5 操作界面如图 8-8 所示。

8.2.2　创建网站

创建网站可以点击菜单栏中的【站点】→【新建站点】。在弹出的【站点设置对象】对话框中,如图 8-9 所示,输入站点名称和选择本地站点文件夹的保存位置,单击【保存】按钮后,在【文件】面板中就能看到创建的站点文件。

也可以单击【站点】→【管理站点】命令,弹出【管理站点】对话框,单击【新建】按钮,在弹出的【站点设置对象】对话框中输入站点名和准备使用的站点文件夹。最后点击【保存】→【完成】。

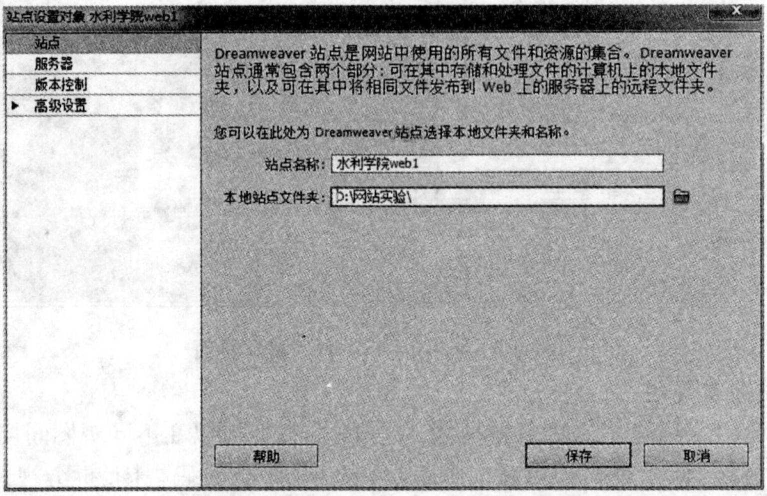

图 8-9　【站点设置对象】对话框

8.2.3　网页编辑

8.2.3.1　新建网页

(1)在菜单栏里选择【文件】→【新建】,在弹出的【新建文档】对话框中,选择需要的选项创建文件。

(2)在【文件】面板中右击一文件夹,选择【新建文件】,可在该文件夹下创建一空白文件。

(3)在欢迎页面的【新建】列表框中选择相应的命令, 就能创建相应类型的文件。

8.2.3.2　打开/保存网页

(1)使用【文件】菜单中的【打开】命令,可选择打开相应的网页文件。

(2)在已经打开的网站中,在【文件】面板中双击网页图标可打开该网页。

(3)使用【文件】菜单中的【保存】命令可保存文件,【另存为】命令可以修改文件名和保存位置后另存网页。

8.2.3.3　预览网页

(1)选择【文件】→【在浏览器中预览】,选择一个浏览器,可预览网页。

(2)按【F12】可以在主浏览器中显示当前文档。

(3)按【Ctrl】+【F12】可以在候选浏览器中显示当前网页。

(4)单击工具栏中的“在浏览器中预览/调试”按钮 下方的小三角,选择一个浏览器,可预览当前网页。

8.2.3.4　设置页面属性

在当前文档中,选择【修改】→【页面属性】,或者在【属性】面板中单击【页面属性】按钮,打开【页面属性】对话框。在该对话框中可以设置外观、链接、标题/编码、跟踪图像等内容。

1. 外观设置

外观主要包括页面的基本属性,如页面文字的大小、字体、颜色以及网页背景样式和页边距等,如图 8-10 所示。

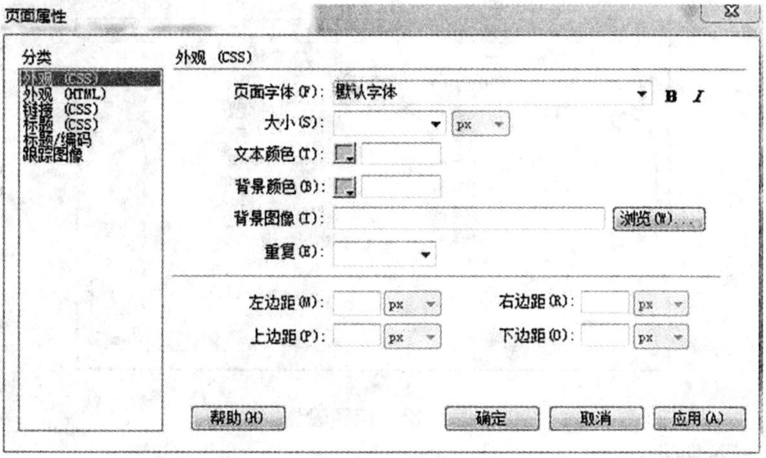

图 8-10　外观设置

2. 链接设置

通过【链接(CSS)】分类,可以设置超级链接文本的字体、大小、链接颜色和下划线样式,如图 8-11 所示。

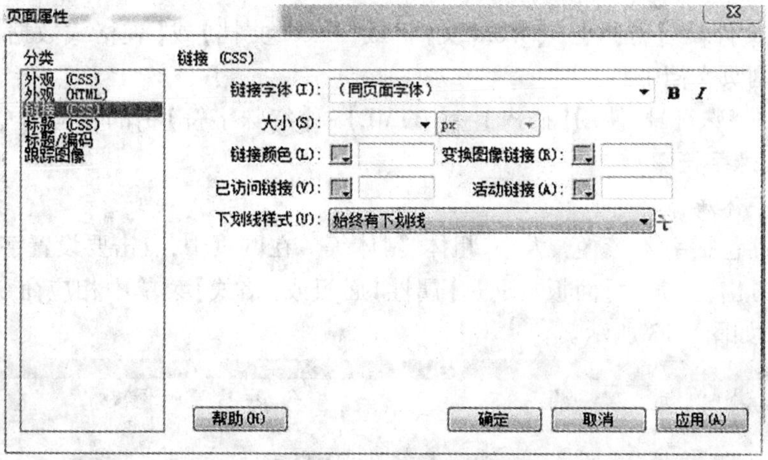

图 8-11　超级链接设置对话框

3. 设置标题

Dreamweaver CS5 提供了6种标题格式,如图8-12所示。可以在【属性】面板的【格式】下拉列表中选择。

1)设置标题/编码

在【标题/编码】分类中,可以设置浏览器标题、文档类型和编码方式。浏览器标题的HTML标签式 <title>…</title>,位于标签 <head>…</head>之间。

2)跟踪图像

在【跟踪图像】分类中,通过【跟踪图像】文本框指定图像文件,可以将设计草图设置成跟踪图像,铺在编辑的网页下面作为参考图。还可以设置跟踪图像的透明度,透明度高,跟踪图像显示得越明显。

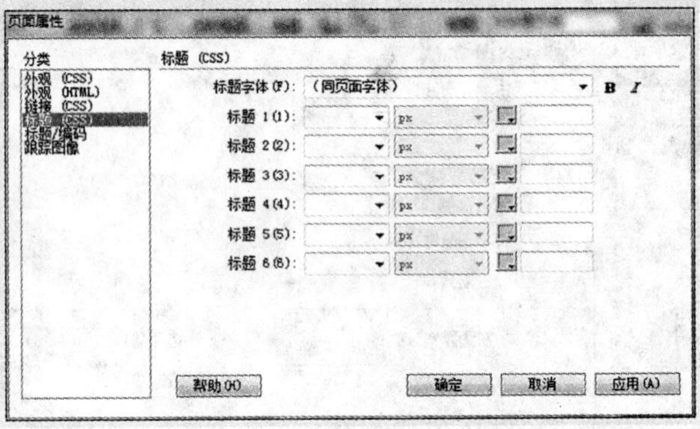

图8-12　标题设置

8.2.3.5　设置文本格式

1. 添加文本

网页文档中,添加文本的方法有:

(1)设计视图中,用光标定位后,使用键盘直接输入。

(2)从其他位置复制后粘贴至文档中。

(3)由【文件】→【导入】→【Word文档】或【Excel文档】或【表格式数据】命令直接将数据导入到网页文档中。

(4)添加特殊符号:使用【插入】→【HTML】→【特殊字符】中的相应命令可以插入版权、商标等特殊字符。

2. 设置字体属性

字体属性包括字体、颜色、大小、粗体、斜体等。在网页中,点击要设置字体的文字,网页窗体的下方出现【属性】面板。通过【属性】面板或【格式】菜单中相应命令对选定的文本设置属性,如图8-13所示。

图8-13　字体属性设置

8.2.3.6　**设置段落格式**

文档中输入文本，回车后即可形成一个新的段落，按【Shift】+【Enter】键或者选择【插入】→【HTML】→【特殊字符】→【换行符】命令，可在段落中换行。段落的 HTML 标签是"<p>"。

通过 HTML【属性】面板的【格式】下拉列表，可以设置正文的段落格式，也可以选择【格式】→【段落格式】菜单中的相应命令去设置。

8.2.4　插入对象

8.2.4.1　**插入日期**

点击【插入】→【日期】命令打开【插入日期】对话框，设置日期参数。选中【储存时自动更新】复选框，能在网页更新时自动更新日期，如图 8-14 所示。

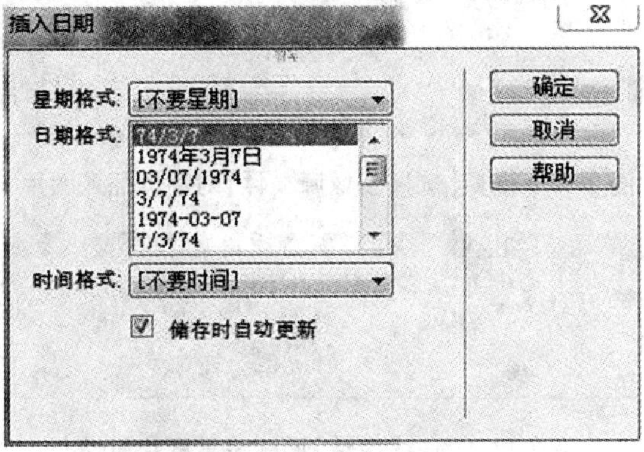

图 8-14　【插入日期】对话框

8.2.4.2　**插入水平线**

执行【插入】→【HTML】→【水平线】命令，可插入水平线。选定水平线后，在【属性】面板中可以设置其属性，如图 8-15 所示。

图 8-15　设置水平线属性

8.2.4.3　**插入空格**

执行【插入】→【HTML】→【特殊字符】→【不换行空格】命令或按住【Ctrl】+【Shift】+【Space】组合键可以插入空格。输入连续的空格，要在【首选参数】的【常规】分类中选择【允许多个连续的空格】复选框，否则只能插入一个空格。

8.2.4.4　**插入图片**

网页中可以插入的图片格式有 GIF 格式、JPEG 格式、PNG 格式。可拖动图片到文档中，也可以执行【插入】→【图像】命令，在弹出的【选择图像源文件】对话框中，选择图像后点击【确定】，如图 8-16 所示。

网页中插入的图片，可以设置其属性，如图像名称、ID、宽度和高度等，如图 8-17 所示。

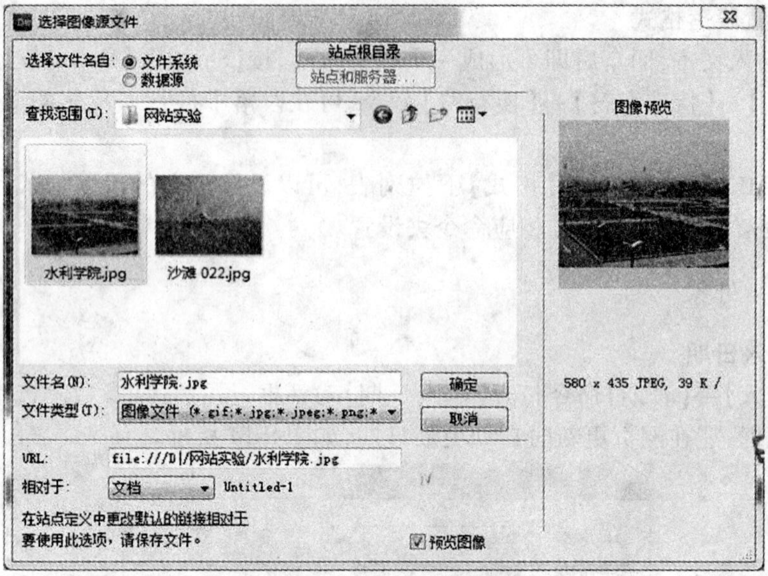

图 8-16 使用【选择图像源文件】对话框插入图片

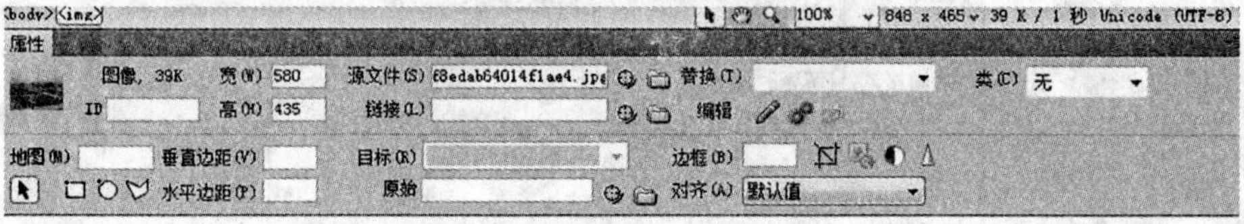

图 8-17 通过【属性】面板设置图片属性

8.2.5 超链接

在网页和网站中,超链接是指一个网页指向一个目标的链接关系,这个目标可以是另一个网页,也可以是同一个网页的不同位置,还可以是图片、文件、邮件地址等。

超链接由链接载体和链接目标两部分组成。文本、图片等页面元素都可以作为链接载体,链接目标可以是任意网络资源,比如程序、电子邮件地址、图片、页面或网站等。

8.2.5.1 创建文本超链接

文本超链接是在文本上定义的超链接,单击文本超链接,会跳转到指向的链接目标。

1. 使用【超级链接】对话框创建超链接

光标置于要插入超链接的位置,选择【插入】→【超级链接】命令,或者在【插入】→【常用】面板中单击【超级链接】按钮,弹出【超级链接】对话框,如图 8-18 所示。

2. 通过 HTML【属性】面板(见图 8-19)创建超链接

选中文本,在 HTML【属性】面板的【链接】组合框中输入链接目标地址。

8.2.5.2 创建图片超链接

图片超链接的建立和文本超链接一样,只是链接载体由文本变成了图像。图片超链接不像文本超链接一样会发生许多提示性的变化,图片本身不发生变化,只是在鼠标指向图片超链接时变成手形。

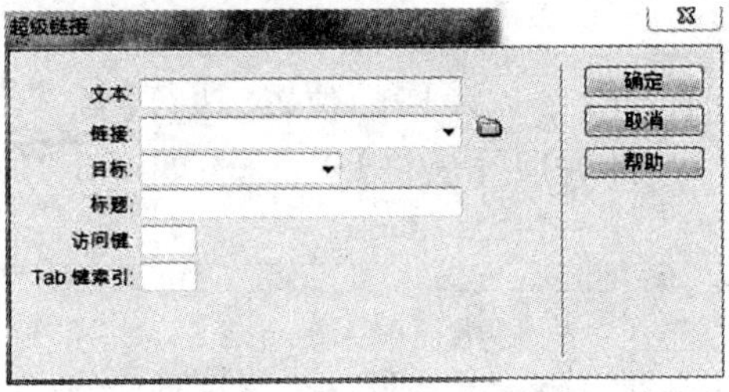

图 8-18　【超级链接】对话框

图 8-19　通过 HTML【属性】面板创建超链接

8.2.5.3　创建邮件超链接

电子邮件超链接允许用户书写电子邮件内容,并发往指定地址。

具体操作步骤如下:执行【插入】→【电子邮件链接】命令,在弹出的对话框中输入在文档中显示的信息,在 E－mail 文本框中输入邮箱的完整地址,单击【确定】,创建完成,如图 8-20 所示。

图 8-20　创建邮件超链接

8.2.5.4　创建下载超链接

想要在网站中提供资料下载功能,需要创建下载超链接。下载超链接并不是一种特殊的链接,只需要在【超级链接】对话框中设置链接对象为需要下载的文件即可。

8.2.6　网页布局

网页的布局一般使用表格或框架来实现,是将文字、图片等元素根据特定的内容和主题,在网页所限定的范围中进行视觉的关联和配置来表现设计意图。

表格布局是最常用的一种页面布局技术,它的最大的好处在于可以根据需要把整个页面分成任意大小的单元格,且在单元格内可以嵌入任何网页对象。对每个单元格内的对象单独操作时,不影响其他单元格中的对象。

框架布局将浏览器分成多个框架,每个框架中显示一个页面。框架布局最大的优点是可以随意调整各个框架在页面中所占的比例。

8.2.6.1　**创建和使用表格**

在网页文档中,将光标置于要插入表格的位置,执行【插入】→【表格】命令或者按组合键【Ctrl】+【Alt】+【T】,都可以打开【表格】对话框,如图 8-21 所示。

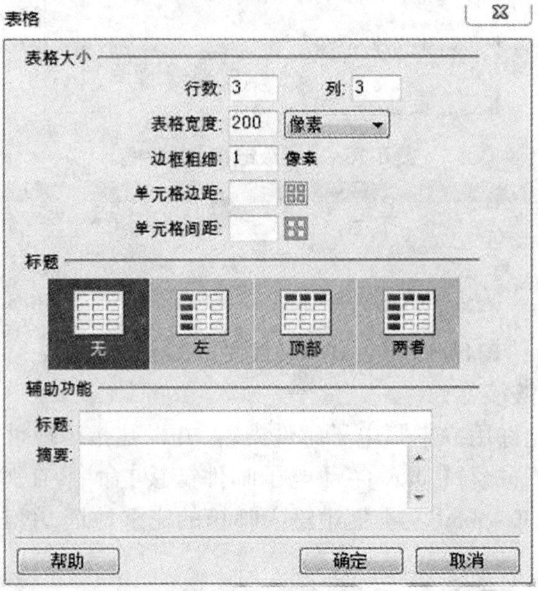

图 8-21　【表格】对话框

(1)在设计视图中对表格设置格式时,可以设置整个表格或表格中选定的行或单元格的属性。表格格式设置的顺序是先设置单元格,然后设置行,最后设置表格。

(2)设置表格属性:选择表格后,表格【属性】面板如图 8-22 所示。

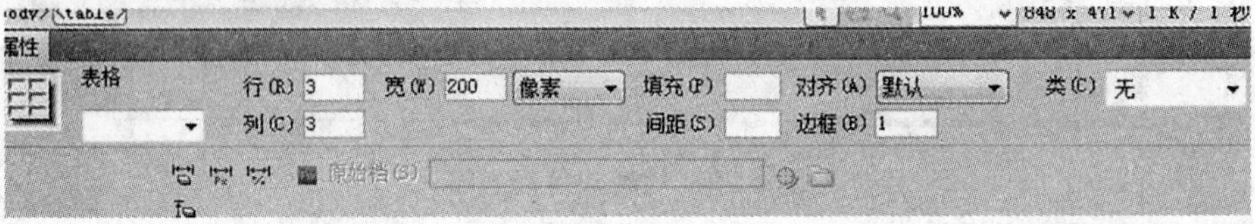

图 8-22　表格【属性】面板

8.2.6.2　**创建和使用 Spry 构件**

Spry 构件是预置的常用用户界面组件,可以使用 CSS 自定义这些组件,并将其添加到网页中。Spry 菜单栏是一组可导航的菜单按钮,将鼠标悬停在其中的某个按钮上时,将显示相应的子菜单。

1. 创建菜单栏

执行【插入】→【Spry】→【Spry 菜单栏】命令,打开其对话框,选择菜单栏的布局模式。单击【确定】,在文档中插入一个 Spry 菜单栏构件,如图 8-23 所示。

2. 添加 Spry 菜单栏

确保 Spry 菜单栏构件处于选中状态,在【属性】面板中,从左至右的 3 个列表框分别用来定义一、二、三级菜单项,均使用右侧的【文本】、【链接】、【标题】和【目标】四个文本框来设置每个菜单项,如图 8-24 所示。

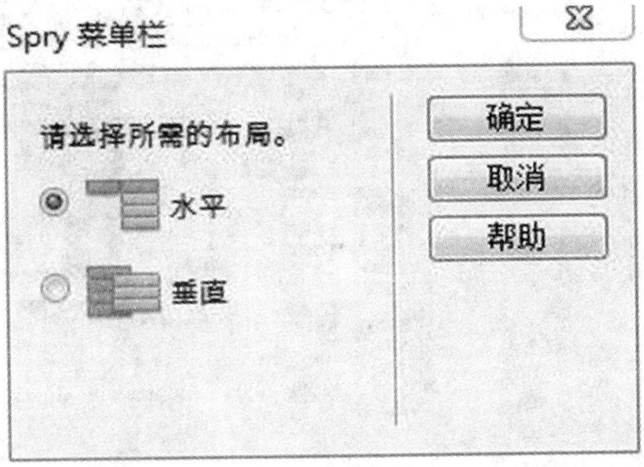

图 8-23　创建 Spry 菜单栏

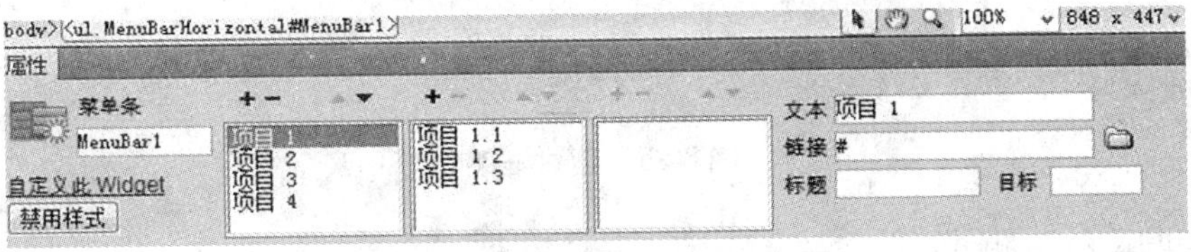

图 8-24　Spry【属性】菜单面板

3. 创建和使用框架

框架是指网页在一个浏览器窗口下分割为几个不同区域的形式。利用该技术，能将不同文档显示在同一个浏览器窗口中。构建这些显示在同一窗口中的文档之间的相互链接关系，实现文档间的相互控制。框架集是框架的集合，框架集实际上就是一个页面，是用于定义在一个文档窗口中显示多个文档的框架结构。

1）创建框架

执行【文件】→【新建】命令，弹出【新建文档】对话框，选择【示例中的页】选项，在【示例文件夹】列表框中选择【框架页】选项，在右侧【示例页】列表框中选择相应选项，如图 8-25所示。另一种创建框架的方法是在当前网页中，执行【插入】→【HTML】→【框架】命令，选择框架网页类型。

2）对框架或框架集操作前，要先对其选择

可在【框架】面板中或在编辑窗口中选择框架或框架集。执行【窗口】→【框架】命令，打开【框架面板】，直接单击相应框架即可选择该框架，单击框架集边框即可选择该框架集。按住【Alt】键不放，在相应的框架内单击鼠标左键就选择了该框架。

3）保存框架

在保存框架时，因为一个框架集会包含多个文件，所以保存框架网页时，要将所有的框架网页文档都保存下来。

4）拆分和删除框架

当框架集不满足要求时，可在需要预定义框架集基础上拆分框架或手动自定义框架集的结构。执行【修改】→【框架集】菜单中的【拆分左框架】、【拆分右框架】、【拆分上框架】或【拆分下框架】命令来拆分框架。执行【查看】→【可视化助理】→【框架边框】命令显示当前网页的边框，鼠标置于框架最外层边框线上，可拖动鼠标至合适的位置创建新框架。

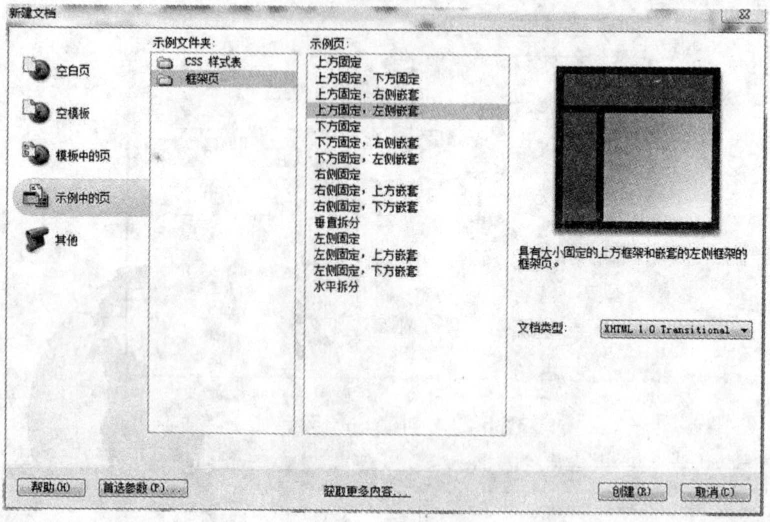

图 8-25 创建框架

8.2.7 创建表单页面

表单的作用是收集用户的输入信息,实现网站与用户的交互,是 Web 服务器和客户交互的手段。

表单中至少要包含一个供用户输入信息的域、一个可以把信息发送给服务器的【提交】按钮、一个清除域中现有内容的【重置】按钮。单击【提交】按钮后,表单里的信息被发送到服务器,服务器程序将对这些信息进行处理。执行【插入】→【表单】→【表单】命令,插入一个表单标签,再在表单标签中插入各种表单对象。设计视图中,表单的轮廓线是红色虚线。

8.2.7.1 插入文本域

文本域是可以输入文本内容的表单对象。

执行【插入】→【表单】→【文本域】命令,将在文档中插入文本域。单击并选定文本域,在显示的【属性】面板中,通过设置【类型】为【单行】或【多行】,可在文本域和文本区域两种表单对象之间进行转换。

8.2.7.2 插入单选按钮和单选按钮组

执行【插入】→【表单】→【单选按钮】命令,在文档中插入单选按钮。执行【插入】→【表单】→【单选按钮组】命令,一次性在表单中插入多个单选按钮。单击并选定一个单选按钮,将显示其【属性】面板。设置单选按钮属性需要依次选中各个单选按钮。

8.2.7.3 插入复选框

执行【插入】→【表单】→【复选框】命令,将在文档中插入复选框。复选框常用于有多个选项可以被同时选择的情况。每个复选框都是独立的。设置复选框属性时,需要依次选中各个复选框分别设置。

8.2.7.4 插入按钮

按钮可以控制表单的操作,使用按钮将表单数据提交服务器,或者重置表单。插入按钮方法:执行【插入】→【表单】→【按钮】命令,将插入一个按钮。

8.2.7.5 插入图像

表单中插入图像需要使用图像域。

方法:【插入】→【表单】→【图像域】命令,打开【选择图像源文件】对话框,选择图像并单击【确定】,如图 8-26 所示。

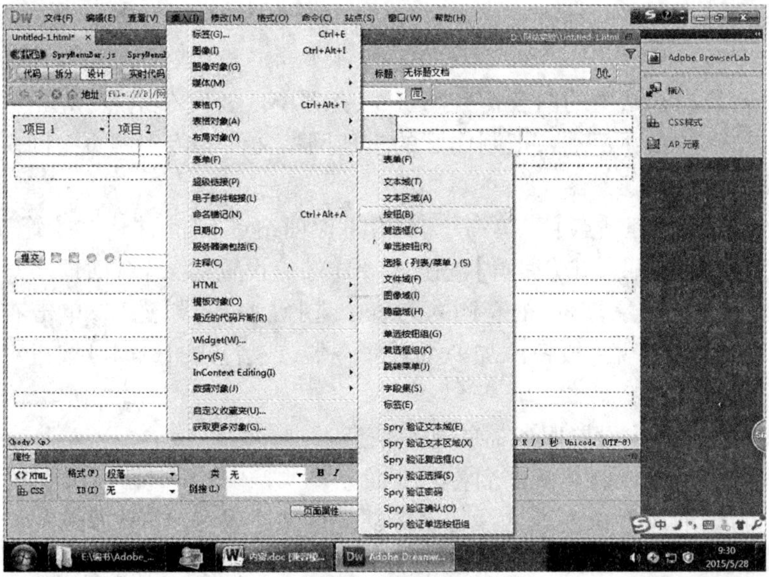

图 8-26 插入图像

8.2.7.6 插入验证表单

表单提交到服务器前需要验证输入数据的合法性,验证方法是使用【检查表单】命令。验证示例:在页面插入表单,选中【提交】按钮,执行【窗口】→【行为】命令,弹出【行为】面板,单击加号按钮,在弹出的下拉列表中执行【检查表单】命令,弹出其对话框。设置文本域的验证规则,制定输入月份的文本域只能接收 1 ~ 12 的数字,输入日期的文本域只能接收 1 ~ 31 的数字。添加行为:当事件为 onClick 时,验证表单。保存页面,表单提交后验证程序自动启动。

8.2.8 网页发布

8.2.8.1 网站和网页的设计原则

1. 明确内容

如果你想成为一个网站设计者,且想建一个网站的话,首先应该考虑网站的内容,包括网站功能和你的用户需要什么。你的整个设计都应该围绕这些方面来进行。

2. 抓住用户

如果用户不能够迅速地进入你的网站,或操作不便捷,网站设计就是失败的。不要让用户失望而转向你的对手的网站。

3. 优化内容

内容是核心。要优化网站内容,使网站更易于被用户接受。

4. 快速下载

没有什么比要花很长时间下载页面更糟糕的了。一个标准的网页应不大于 60 KB，通过 56 KB 调制解调器加载花 30 秒的时间。有的设计者说网页加载应在 15 秒内。

5. 网站升级

时刻注意网站的运行状况。性能很好的主机随着访问人数的增加,可能会运行缓慢。但是,如果你不想失去访问者的话,一定要仔细计划好你的升级计划。

6. 网站发布和维护

网站发布就是把网站中的内容传到 Web 服务器上。要发布站点,应先申请好域名和网页空间,再设置好网站服务器,把制作好的本地网站文件上传到网页空间。

7. 新建或编辑站点服务器

执行【站点】→【管理站点】菜单命令,弹出【管理站点】对话框。在【管理站点】对话框中,选择要上传的站点,单击【编辑】按钮,弹出【站点设置对象】对话框。

(1)在【站点设置对象】对话框左侧的列表中选择【服务器】选项,单击右侧服务器列表左下角的【添加新服务器】按钮添加一个新服务器,或者点击【编辑】按钮对已经存在的服务器进行编辑。

(2)在【基本】面板中设置服务器的基本信息。

(3)服务器名称:输入新服务器名称。

(4)连接方法:通过下拉列表选择与服务器的连接方式,如 FTP 方式。

(5)FTP 地址:输入要上传到 FTP 主机的 URL。

(6)用户名:输入用于连接到 FTP 服务器的用户名。

(7)密码:输入用于连接到 FTP 服务器的密码。

单击【测试】按钮,可以测试 FTP 地址、用户名和密码。如果选择【保存】复选框,Dreamweaver会保存密码。

(8)根目录:输入在远程站点上存储公开显示的文档的目录(文件夹)。

(9)Web URL:输入 Web 站点的 URL。

(10)在【高级】面板中设置与远程服务器的同步等信息。

单击【保存】按钮,在【服务器】列表中,通过【远程】复选框和【测试】复选框指定刚添加或编辑的服务器为远程服务器、测试服务器还是同时为这两种服务器。

8.2.8.2 上传文件

上传文件前确保文档处于活动状态,上传操作为:执行【站点】→【上传】命令;或者点击【文档】窗口工具栏中的【文件管理】图标,然后从菜单中选择【上传】。

注意:如果当前文件不属于【文件】面板中的当前站点,则 Dreamweaver 将尝试确定当前文件属于哪一个本地定义的站点。如果当前文件仅仅属于一个本地站点,Dreamweaver 将打开该站点,然后执行【上传】操作。

习　题

1. 使用“记事本”编写一个 HTML 文件,内容是本学期的课程表,要求文本为红色,页面背景为蓝色。

2. 网页视图允许用户在哪几种方式下查看页面内容？这几种方式各有什么特点？

3. 使用 Dreamweaver 创建站点时，是否需要安装 Web 服务器以及设置本地计算机的 TCP/IP 通信协议？

4. 制作交互式按钮时，可以使用 JPEG 图像格式或者 GIF 图像格式，它们各有什么优缺点？

5. 如何设置超链接？

6. 框架的名称和框架所指向网页的名称是不是相同的概念？

7. 用 Dreamweaver 创建包含 index. htm（主页）、news. htm（新闻）和 product. htm（产品）三个网页的企业网站。

8. 创建一个使用框架的个人网站，内容包括个人介绍、个人爱好、个人相册等。在 Internet上申请一个免费空间，将自己的网站上传并浏览。

第 9 章 计算机多媒体应用

随着计算机技术的日益普及,多媒体已被人们广泛接受,特别是多媒体技术的应用,已成为我们工作、学习和生活中不可缺少的一部分。

本章主要介绍多媒体技术有关的基本概念、常用的媒体类型和基本应用,使读者掌握多媒体技术的基本内涵和实际应用。

9.1 多媒体技术概述

9.1.1 媒体的分类

媒体作为信息表示和传输的载体,其概念范围相当广泛,按照国际电话电报咨询委员会(CCITT)的定义,媒体可作以下归类。

9.1.1.1 感觉媒体

直接作用于人的感觉器官,使人产生直接感觉(视、听、嗅、味、触觉)的媒体,如因其视觉反应的图像,因其听觉反应的声音等。

9.1.1.2 表示媒体

为了传送感觉媒体而人为研究出来的媒体。借助这一媒体可以更加有效地存储感觉媒体,或者是将感觉媒体从一个地方传送到另外一个地方,这种媒体称为表示媒体,如语言编码、电报码、条形码、静止和活动图像编码以及文本编码等。

9.1.1.3 表现媒体

进行信息输入和输出的媒体,如键盘、鼠标、扫描仪、话筒、摄像机等为输入媒体,显示器、打印机、喇叭等为输出媒体。

9.1.1.4 存储媒体

用于存储表示媒体,也即存放感觉媒体数字化后的代码的媒体,例如硬盘、软盘、光盘、可移动硬盘等。简而言之,是指存放某种媒体的载体。

9.1.1.5 传输媒体

传输信号的物理载体,例如同轴电缆、光纤、双绞线以及电磁波等。

人们常说的媒体包含两种含义:一是指存储信息的实体,如磁盘、光盘、磁带、半导体存储器等,即 CCITT 定义中的存储媒体;二是指传递信息的载体,例如数字、文字、声音、图形等,即 CCITT 定义中的表示媒体。目前,主要的载体有 CD - ROM、VCD、DVD、网页等。

9.1.2 多媒体技术

“多媒体”一词译自英文“Multimedia”,该词是由 Multiple 和 media 复合而成的,所以在狭义上可以理解为多种媒体的综合。在计算机领域中，“多媒体”常常被当作“多媒体技术”的同义词，然而，这里的多媒体不能简单地理解为各种信息媒体的复合，它是一种把文本、图形、图像、动画和声音等形式的信息结合在一起，并通过计算机进行综合处理和控制，使多种媒体信息建立逻辑连接，能支持完成一系列交互式操作的信息技术。多媒体技术所处理的文字、声音、图像、图形等媒体是一个有机的整体，而非单个分离的信息类型的简单堆积，多种媒体间无论是在时间上还是在空间上都存在着联系。因此，多媒体技术的关键特性如下。

9.1.2.1　多样性

多样性指可综合处理和利用多媒体信息，实质上，多媒体是将不同形式的媒体集成到一个数字化环境中而实现的一种信息综合媒体，包括文本、图形、图像、动画、音频和视频等。如计算机上播放电影，就实现了声音、图像、动画等多种媒体的综合。

9.1.2.2　集成性

集成性包括两方面含义：一是指多媒体信息的集成，即文本、图像、动画、声音、视频等的集成；二是指操作这些媒体信息的设备和软件的集成。对于前者而言，各种信息媒体按照一定的数据模型和组织结构集成，在多任务系统下能够很好地协同工作，组合成为一个完整的多媒体信息，有较好的同步关系。后者强调了与多媒体相关的各种硬件和软件的集成，为多媒体系统的开发和实现建立一个理想的集成环境，提高了多媒体软件的生产力。

9.1.2.3　实时性

实时性是指在人的感官系统允许的情况下进行的多媒体的处理和交互。当人们给出操作命令时，相应的媒体能够得到实时控制。各种媒体有机组合，在时空上紧密联系，同步、协调而成为一个整体。例如声音及活动图像是实时的，多媒体系统提供同步和实时处理的能力，这样在人的感官系统允许的情况下进行多媒体交互，就好像面对面一样，图像和声音都是连续的。实时多媒体分布系统是把计算机的交互性、通信的分布性和电视的真实性有机地结合在一起。

9.1.2.4　交互性

交互性是指在多媒体信息传播过程中可实现人对信息的主动选择、使用、加工和控制，不再像传统信息交流媒体那样单向地、被动地传播信息。交互性是多媒体技术有别于传统信息媒体的主要特性。多媒体技术的交互性为用户选择和获取信息提供了灵活的手段和方式。如传统电视系统的媒体信息是单向流通的，电视台播放什么内容，用户就只能接收什么内容；而交互电视的出现大大增加了用户的主动性，用户不仅可以坐在家里通过遥控器、机顶盒和屏幕上的菜单来收看自己点播的节目，而且能利用它来购物、学习、经商和享受各种信息服务，进一步引导我们走向“足不出户可做天下事”的更为理想的境界。

9.1.3　多媒体技术的未来发展方向

随着计算机技术的不断发展、低成本高速处理器芯片的应用、高效的多媒体数据压缩与解压缩产品的问世、高质量多媒体数据输入与输出产品的推出，多媒体计算机技术必将进入一个崭新的发展阶段。目前，多媒体技术已进入了高速发展阶段，并将逐步走进千家

万户。从现阶段的发展来看,多媒体技术的研究和应用主要体现在以下两个方面:

(1)家庭教育和个人娱乐是目前多媒体技术发展的主流。代表性产品之一是功能强大的游戏机,集文字、声音、图像于一体;另一种产品是交互式电视系统,用户可以按自己的需求选择电视节目。

(2)多媒体通信和分布式多媒体系统是多媒体技术今后发展的方向。目前,多媒体技术应用正从基于 CD - ROM 的单机系统向以网络为中心的多媒体应用过渡。随着高速网络成本的下降、多媒体通信关键技术的突破,在多媒体通信网上提供的多种媒体服务业务会对信息社会带来重大的影响。同时,多台异地互联的多媒体计算机协同工作,可更好地实现信息共享,提高了工作效率,这种环境代表了多媒体应用的发展趋势。从长远发展的观点来看,进一步提高多媒体计算机系统的智能性是不变的主题。发展智能多媒体技术包括各个方面,如文字的识别和输入、汉语语音识别和输入、自然语言的理解和机器翻译、知识工程和人工智能等,这些方面的任何一点新的突破都可能对多媒体技术的发展产生很大的影响。

9.2 多媒体计算机系统

多媒体个人计算机(Multimedia Personal Computer,简称 MPC),一般是指能够综合处理文本、图形、图像、声音、音频和视频等多种媒体信息的计算机。传统的 PC 机处理的信息仅限于文字和数字,人机交互只通过键盘和显示器,多媒体个人计算机是对常规 PC 机性能的升级。完整的多媒体计算机系统由多媒体个人计算机硬件和多媒体个人计算机软件组成。

9.2.1 多媒体个人计算机硬件

多媒体个人计算机硬件结构与 PC 机并无太大区别,可看做是在 PC 机上进行了硬件的扩充,除常规的 PC 机的主机、硬盘驱动器、显示器、打印机等硬件外,还有音频信息处理硬件、视频处理硬件及光盘驱动器等。目前用户所购买的个人电脑绝大多数都具有了多媒体应用功能。

9.2.1.1 光盘驱动器

光盘驱动器可分为只读光盘驱动器(CD - ROM)、可读写光盘驱动器(CD - R、CD - RW)、DVD - ROM、DVD - R、DVD - RW 盘片。DVD 的存储量双面可达 17 GB,是对 VCD 产品升级换代的理想产品。

9.2.1.2 音频卡

音频卡又称声卡,音频卡具有模/数转换和数/模转换功能,可以合成音乐、混合多种声源,还可以外接 MIDI 电子音乐设备。

9.2.1.3 视频卡

视频卡是通过插入主板扩展槽中与主机相连的。卡上的输入/输出接口可以与模拟摄像机、录像机、影碟机以及电视机等设备相连。视频卡采集来自输入设备的模拟视频信号,转换成计算机可辨别的数字信号,存储在计算机中,成为可编辑处理的视频数据文件。

9.2.1.4 交互控制接口

交互控制接口是用来连接触摸屏、鼠标、光笔等人机交互设备的,这些设备将大大方便用户对多媒体个人计算机的使用。

9.2.2 多媒体个人计算机软件

多媒体软件系统包括多媒体操作系统、多媒体创作工具、多媒体素材编辑软件、多媒体应用软件。

9.2.2.1 多媒体操作系统

软件运行于操作系统平台上,而具有多媒体设备、数据的管理和控制功能的操作系统是多媒体系统的核心。它能实现多媒体环境下多任务调度,保证音频、视频同步控制及信息处理的实时性,提供多媒体信息的各种基本操作和管理,具有对设备的相对独立性和可操作性。操作系统还具有独立于硬件设备的功能和较强的可扩展性。

现在常用的 Windows、Mac OS X、Linux 操作系统都是多媒体操作系统。

9.2.2.2 多媒体创作工具

多媒体创作工具是帮助开发者制作多媒体应用软件的工具,可以将各种多媒体按照文本节点和链结构形式进行组织,连接成完整的多媒体应用软件,帮助开发人员提高工作效率。多媒体创作工具软件按照媒体组织方式和数据管理可分为以下几类:

(1)基于图标或流程线的创作工具。创作工具提供一条流水线,供放置不同类型的图标使用。多媒体素材的展现是以流程为依据的,在流程图上可以对任一图标进行编辑,典型的如 Authorware。

(2)基于描述语言或描述符号的创造工具。这种创作工具提供一套脚本描述语言或描述符号,用这种语句或符号像写程序那样组织、控制各种元素的呈现、播放。

(3)基于时间序列的创作工具。在这种创作工具中,各种成分和事件按时间路线组织,典型的如 Flash、Director。

9.2.2.3 多媒体素材编辑软件

对多媒体素材进行编辑和制作的软件称为多媒体素材编辑软件。多媒体编辑工具包括字处理软件、绘图软件、图像处理软件、声音编辑软件以及视频编辑软件等。

9.2.2.4 多媒体应用软件

多媒体应用软件是由各种应用领域的专家或开发人员利用多媒体创作工具或计算机语言,组织编排大量的多媒体数据而成为最终多媒体产品,直接面向用户的,如多媒体课件、多媒体演示系统、多媒体模拟系统和多媒体导游系统等。

9.3 多媒体应用系统中的媒体元素

多媒体元素是指多媒体应用中可提供给用户的媒体组成。目前主要包含文本、图形、图像、动画、音频、视频等媒体元素。

9.3.1 文本

文本(Text)就是指各种文字信息,包括文本的字体、字号、格式以及色彩等信息。文本是计算机文字处理程序的处理对象,也是多媒体应用程序的基础。通过对文本显示方式的组织,多媒体应用系统可以更好地把信息传递给用户。

9.3.2　图形和图像

图形一般是指通过绘图软件绘制的由直线、圆、圆弧、任意曲线等组成的画面,图形文件中存放的是描述生成图形的指令(图形的大小、形状及位置等),以矢量图形文件形式存储。

矢量图又称为向量图形,是由线条和图块组成的,当对矢量图进行放大后,图像仍能保持原来的清晰度,且色彩不失真。矢量图的文件大小与图像大小无关,只与图像的复杂程度有关,因此简单的图像所占的存储空间小。

图像是多媒体软件中最重要的信息表现形式之一,它是决定一个多媒体软件视觉效果的关键因素。图像是通过扫描仪、数字照相机、摄像机等输入设备捕捉的真实场景的画面,数字化后以位图格式存储。

位图也叫做栅格图像,是由多个像素组成的。位图图像放大到一定倍数后,可以看到一个个方形的色块,整体图像也会变得模糊。位图的清晰度与像素的多少有关,单位面积内像素数目越多则图像越清晰,反之图像越模糊;对于高分辨率的彩色图像,用位图存储所需的存储空间较大。

像素和分辨率是决定图像文件大小和图像质量的两个概念。

像素(Pixels)是构成图像的最小单位,很多个像素组合在一起就构成了图像,但组合成图像的每一个像素只显示一种颜色。

分辨率(Resolution)是指用于描述图像文件信息量的术语,表示单位长度内点、像素或墨点的数量,通常用像素/英寸或像素/厘米等表示。分辨率的高低直接影响到图像的效果。使用过低的分辨率会导致图像粗糙,在排版打印时图片变得非常模糊;使用较高分辨率的图像细腻且清楚,但会改变文件的大小,并降低图像的打印速度。

位深度主要用来度量在图像中使用多少颜色信息来显示或打印像素。位深度越大,图像中的颜色表示就越多,也越精确。

9.3.3　音频

音频(Audio)除包含音乐、语音外,还包括各种声音效果。将音频信号集成到多媒体中可以提供其他任何媒体不能取代的效果,不仅烘托气氛,而且增加活力。音频信息增强了对其他类型媒体所表达的信息的理解。

9.3.4　动画

动画(Animation)与运动着的图像有关,动画在实质上就是一幅幅静态图像的连续播放,因此特别适合描述与运动有关的过程,便于直接有效地理解。动画因此成为重要的媒体元素之一。电脑动画就动画性质而言,可分成帧动画和矢量动画。如果按照动画的表现形式分类,则可分为二维动画、三维动画和变形动画。

9.3.5　视频

视频(Video)是图像数据的一种,若干有联系的图像数据连续播放就形成了视频。计算机视频是数字信号,视频图像可以来自录像带、摄像机等视频信号源的影像,这些视频图像使多媒体应用系统功能更强、更精彩。然而,这些都是模拟视频信号,计算机要处理、显示、存储这些信号,必须经过数字化处理。模拟视频信号数字化一般采取如下形式:

(1)复合数字化。先从复合彩色电视图像中分离出彩色分量,然后数字化。

(2)分别数字化。先把复合视频信号中的亮度和色度分离,得到 YUV 或 YIQ 分量,然后用单个模/数转换器对各分量分别进行数字化,最后再转换成 RGB 空间。

9.4　常用多媒体文件

9.4.1　音频文件

9.4.1.1　WAV 格式

WAV 是 Microsoft Windows 本身提供的音频格式,由于 Windows 本身的影响力,这个格式已经成为了事实上的通用音频格式。目前,所有的音频播放软件和编辑软件都支持这一格式,并将该格式作为默认文件保存格式之一。

9.4.1.2　MP3 格式

MP3 是 Fraunhofer IIS 研究所的研究成果。MP3 是第一个实用的有损音频压缩编码。在 MP3 出现之前,一般的音频编码即使以有损方式进行压缩,能达到4:1的压缩比例已经非常不错了。但是,MP3 可以实现 1:10 甚至 1:12 的压缩率,这使得 MP3 迅速地流行起来。MP3 之所以能够达到如此高的压缩比例,同时能保持相当不错的音质,是因为利用了知觉音频编码技术,也就是利用了人耳的特性,削减音乐中人耳听不到的成分,同时尝试尽可能地维持原来的声音质量。几乎所有的音频编辑工具都支持打开和保存 MP3 文件。

9.4.1.3　Real Media

随着因特网的发展,Real Media 出现了,这种文件格式几乎成了网络流媒体的代名词。RA、RMA 这两种文件类型就是 Real Media 中用于存储音频的两种文件格式。它是由 Real Networks 公司发明的,特点是可以在非常低的带宽下提供足够好的音质,让用户能在线聆听。由于 Real Media 是从极差的网络环境下发展过来的,所以 Real Media 的音质较差,包括在高比特率的时候,甚至比 MP3 差。由于 Real Media 的用途是在线聆听,并不适于编辑,所以相应的处理软件并不多。

9.4.1.4　Windows Media

Windows Media 也是一种网络流媒体技术,本质上跟 Real Media 是相同的,但 Real Media 是有限开放的技术,而 Windows Media 则没有公开任何技术细节。由于微软公司的影响力,支持 Windows Media 的软件非常多。虽然 Windows Media 也是用于聆听用途,不能编辑,但几乎所有的 Windows 平台的音频编辑工具都对它提供了读/写支持。

9.4.1.5　MIDI 格式

MIDI 技术最初并不是为计算机发明的,该技术最初应用在电子乐器上,用来记录乐手的弹奏,以便以后重播。不过随着在计算机里面引入了支持 MIDI 合成的声卡之后,MIDI 正式地成为了一种音频格式。由于 MIDI 具有的优点和特殊性,可以相信这是一种在相当长的时间里都会继续存在的技术。许多播放器都支持普通的 MIDI 文件,但要达到好的效果就必须安装软波表。

9.4.1.6　AAC 格式

AAC 就是高级音频编码的缩写,是由 Fraunhofer IIS、杜比和 AT&T 共同开发的一种音频格式,它是 MPEG-2 规范的一部分。AAC 所采用的运算法则与 MP3 的运算法则有所不同,AAC 通过结合其他的功能来提高编码效率。AAC 的音频算法在压缩能力上远远超过了以前的一些压缩算法(如 MP3 等)。它同时支持多达 48 个音轨、15 个低频音轨、更多种采样率和比特率,具有多种语言的兼容能力、更高的解码效率。总之,AAC 可以在比 MP3 文件缩小 30% 的前提下提供更好的音质。

9.4.1.7　AIFF 格式

AIFF 格式是 Apple(苹果)电脑上面的标准音频格式,属于 QuickTime 技术的一部分。这一格式的特点就是格式本身与数据的意义无关,因此受到了微软公司的青睐,并以此开发了 WAV 格式。AIFF 虽然是一种很优秀的文件格式,但由于它是 Apple 电脑上的格式,因此在 PC 平台上并没有得到很大的流行。由于 Apple 电脑多用于多媒体制作出版行业,因此几乎所有的音频编辑软件和播放软件都或多或少地支持 AIFF 格式。

9.4.2　图形图像文件格式

9.4.2.1　BMP 格式

BMP 格式是 Windows 系统下的标准位图格式,使用很普遍,其结构简单,未经过压缩,一般图像文件会比较大。

9.4.2.2　JPEG 格式

JPEG 格式是所有压缩格式中最卓越的。虽然它是一种有损失的压缩格式,但是在图像文件压缩时将不易被人眼察觉的图像颜色删除,这样有效地控制了 JPEG 在压缩时的损失数据量,从而达到较大的压缩比。

9.4.2.3　PSD 格式

这是 Photoshop 软件的专用格式,它能保存图像数据的每一个小细节,可以存储成 RGB 或 CMYK 色彩模式,也能自定义颜色数目进行存储。它可以保存图像中各图层的效果和相互关系,各层之间相互独立,以便于对单独的层进行修改和制作各种特效。其唯一的缺点是存储的图像文件特别大。

9.4.2.4　PCX 格式

PCX 格式是 ZSOFT 公司在开发图像处理软件 Paintbrush 时开发的一种格式,存储格式从 1 位到 24 位。它是经过压缩的格式,占用磁盘空间较少,并具有压缩及全彩色的优点。

9.4.2.5 CDR格式

CDR格式是图形设计软件CorelDRAW的专用格式,属于矢量图像,最大的优点是"体重"很轻,便于再处理。

9.4.2.6 DXF格式

DXF格式是三维模型设计软件AutoCAD的专用格式,文件小,所绘制的图形尺寸、角度等数据十分准确,是建筑设计的首选。

9.4.2.7 TIFF格式

TIFF格式是最常用的图像文件格式。它既能用于MAC(苹果电脑)也能用于PC(装有微软Windows系统的电脑)。这种格式的文件是以RGB的全彩色模式存储的,并且支持通道。

9.4.2.8 EPS格式

EPS格式是由Adobe公司专门为存储矢量图形而设计的,用于在PostScript输出设备上打印。它可以在各软件之间使文件进行相互转换。

9.4.2.9 GIF格式

GIF格式的文件是8位图像文件,几乎所有的软件都支持该格式。它能存储成背景透明化的图像形式,所以这种格式的文件大多用于网络传输上,并且可以将多张图像存成一个档案,形成动画效果。但其最大的缺点是,它只能处理256种色彩。

9.4.2.10 AI格式

AI格式是一种矢量图形格式,在Illustrator中经常用到。它可以把Photoshop软件中的路径转化为"*.AI"格式,然后在Illustrator、CorelDRAW中打开,对其进行颜色和形状的调整。

9.4.2.11 PNG格式

PNG格式可以使用无损压缩方式压缩文件。支持带一个Alpha通道的RGB颜色模式、灰度模式及不带Alpha通道的位图、索引颜色模式。它产生的透明背景没有锯齿边缘,但是一些较早版本的Web浏览器不支持PNG格式。

9.4.3 视频文件格式

9.4.3.1 AVI格式

AVI(Audio Video Interleave)的专业名字叫做音/视频交错格式,AVI格式一般用于保存电影、电视等各种影像信息,有时也应用于因特网中,主要用于播放新影片的精彩片段。

AVI格式允许视频和音频交错在一起同步播放,但由于AVI文件没有限定压缩标准,由此就造成了AVI文件格式不具有兼容性。

9.4.3.2 MOV格式

MOV格式是苹果公司创立的一种视频格式,用来保存音频和视频信息。MOV格式支持25位彩色,支持领先的集成压缩技术,提供150多种视频效果,并配有提供了200多种MIDI兼容音响和设备的声音装置。在很长的一段时期里,它都只在苹果公司的MAC上存在,后来才发展到支持Windows平台的计算机上。MOV格式因具有跨平台、存储空间要求小等技术特点,得到业界的广泛认可,事实上,它已成为目前数字媒体软件技术领域的工业标准。

9.4.3.3 MPEG 格式

MPEG 是运动图像压缩算法的国际标准,现已被几乎所有的 PC 平台共同支持。MPEG 采用有损压缩算法,在保证影像质量的基础上减少运动图像中的冗余信息,从而达到高压缩比的目的。MPEG 压缩标准是针对运动图像而设计的,其基本方法是:在单位时间内采集并保存第一帧信息,然后只存储其余帧相对第一帧发生变化的部分,从而达到压缩的目的。MPEG 压缩效率很高,同时图像和音响的质量也非常好,并且在计算机上有统一的标准格式,兼容性相当好。

9.4.3.4 RM 格式

RM(Real Media)格式是由 Real Networks 公司开发的一种能够在低速率的网上,实时传输音频和视频信息的流式文件格式,可以根据网络数据传输速率的不同制定不同的压缩比,从而实现在低速率的广域网上,进行影像数据的实时传送和实时播放,是目前因特网上最流行的跨平台的客户/服务器结构流媒体应用格式。RM 格式共有 Real Audio、Real Video 和 Real Flash 三类文件。Real Audio 用来传输接近 CD 音质的音频数据的文件,Real Video 用来传输连续视频数据的文件,Real Flash 则是 Real Networks 公司与 Macromedia 公司新近合作推出的一种高压缩比的动画格式。

9.4.3.5 ASF 格式

高级流格式(Advanced Streaming Format,ASF)是微软公司推出的,也是一个在因特网上实时传播多媒体的技术标准,可以直接在网上观看视频节目的视频文件压缩格式。它的视频部分采用了 MPEG-4 压缩算法,音频部分采用了微软新发表的压缩格式 WMA。ASF 的主要优点包括:本地或网络回放、可扩充的媒体类型、部件下载以及扩展性等。

9.4.3.6 DivX 格式

DivX 是目前 MPEG 的最新视频压缩、解压技术。DivX 是一种对 DVD 造成最大威胁的新生的视频压缩格式。这是因为,DivX 是为了打破 ASF 的种种协定而发展出来的,由 Microsoft MPEG-4V3 改进而来,同样使用了 MPEG-4 的压缩算法。播放这种编码,对机器的要求不高。

9.4.3.7 NAVI 格式

NAVI 是 NewAVI 的缩写,是一个名为 ShadowRealm 的地下组织开发出来的一种新的视频格式。它是由 Microsoft ASF 压缩算法修改而来的。视频格式追求的是压缩率和图像质量,所以 NAVI 为了追求这个目标,改善了原始的 ASF 格式中的一些不足,以牺牲 ASF 的视频流特性作为代价,让 NAVI 可以拥有更高的帧率。

9.5 多媒体软件应用实例

9.5.1 声音素材制作

GoldWave 是一个功能强大的数字音乐编辑器,它可以对音频内容进行播放、录制、编辑以及转换格式等处理。它支持 WAV、OGG、VOC、IFF、AIF、AFC、AU、SND、MP3、MAT、DWD、

SMP、VOX、SDS、AVI、MOV、APE 等音频文件格式，还可以从 CD 或 VCD 或 DVD 或其他视频文件中提取声音。下面通过一个实例来讲解 GoldWave 软件处理声音文件的方法。

使用 GoldWave 软件处理一个声音文件，操作步骤如下：

(1) 打开 GoldWave 声音处理软件，界面如图 9-1 所示。

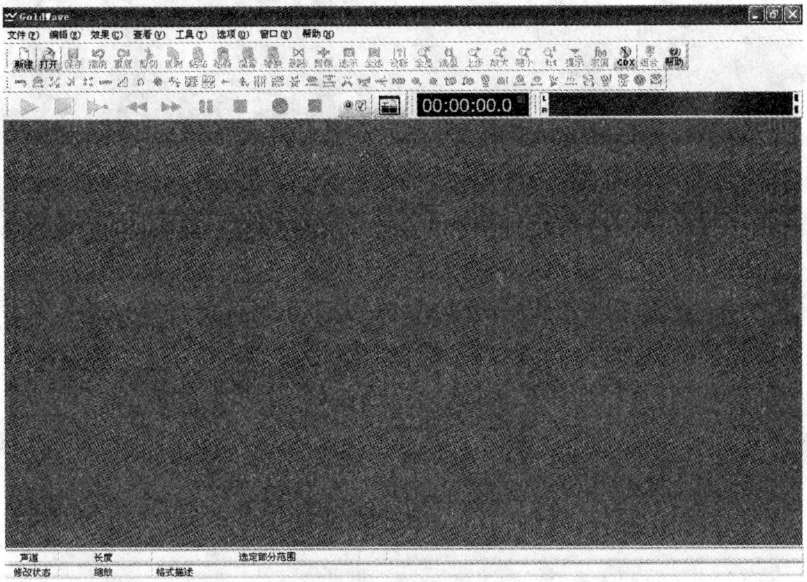

图 9-1　GoldWave 界面

(2) 单击【文件】→【打开】命令或工具栏上的【打开】按钮，打开一个声音文件，GoldWave 的窗口中显示出打开的声音文件的波形，如图 9-2 所示。

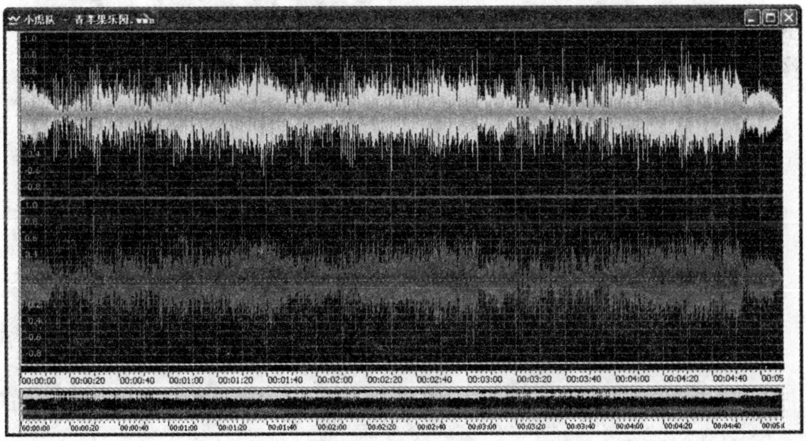

图 9-2　打开一个声音文件

(3) 单击软件右侧的控制器上的【播放】按钮即可播放声音文件，如图 9-3 所示。在播放的同时我们会看到一条白色的指示线，如图 9-4 所示，表示当前声音文件所播放的位置。同时，能对声音文件的音量、平衡、速度进行设置。

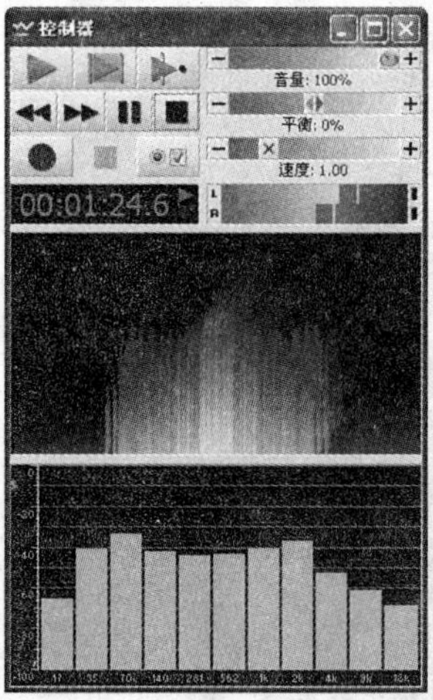

图 9-3　播放控制器

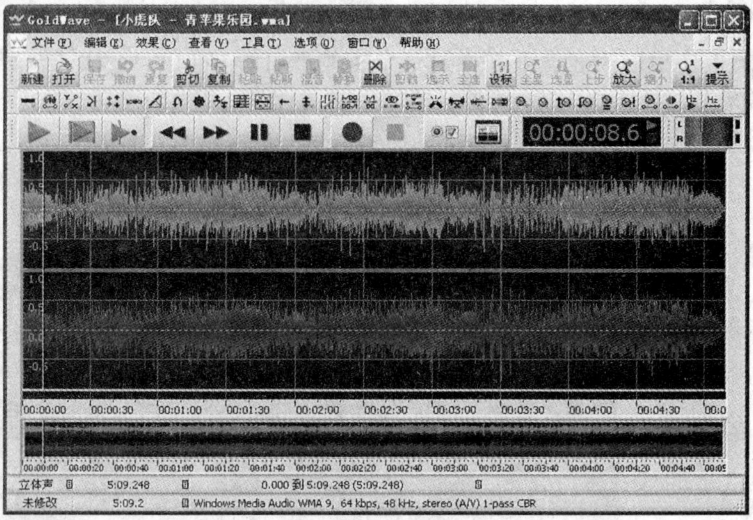

图 9-4　声音波形

(4)如果要在波形图上设置音乐的开始点,可在波形图上单击鼠标左键,确定所选波形图的开始点,如图 9-5 所示。

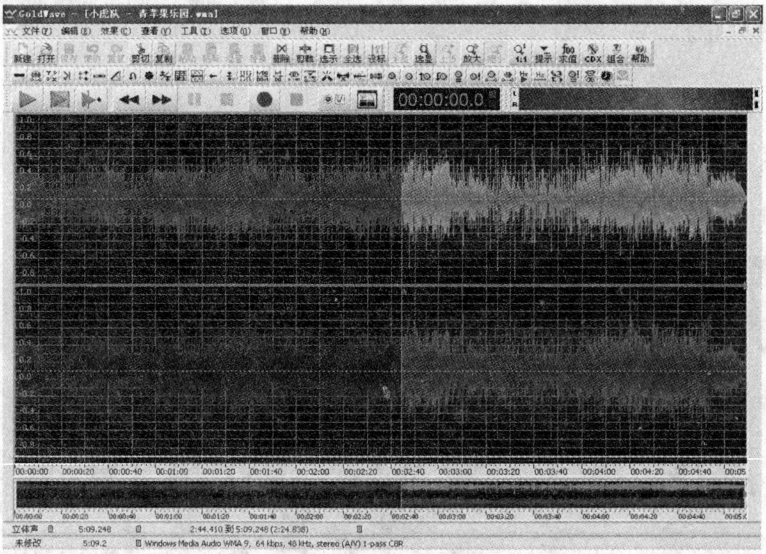

图 9-5　设置开始点

(5)在波形图上面单击鼠标右键,在弹出的菜单上选择【设置开始标记】命令,即可设置开始标记,如图 9-6 所示。

(6)在需要结束的地方单击鼠标右键,在弹出的菜单中选择【设置结束标记】命令,这样就设定了一段音乐的波形文件,如图 9-7 所示。

(7)单击文件菜单的【另存为】命令,保存经过处理的波形文件,选择合适的保存文件类型,然后单击【确定】按钮,完成一段声音素材的制作。

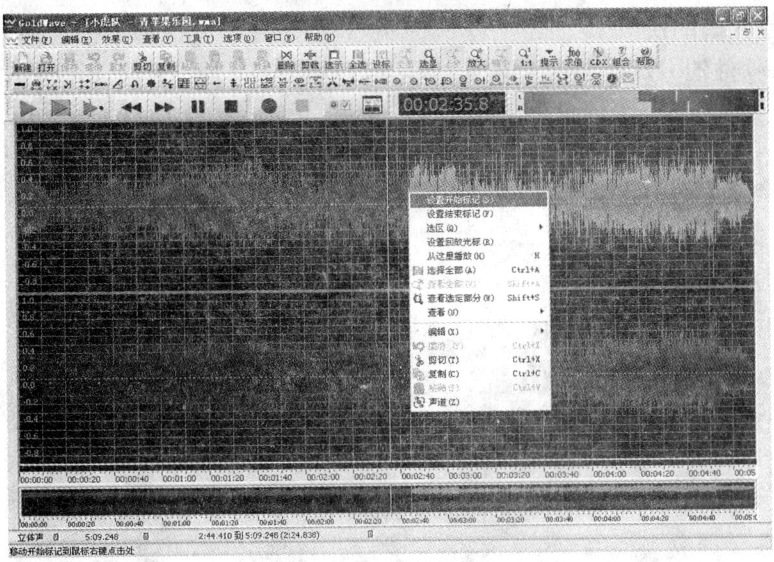

图 9-6　设置开始标记

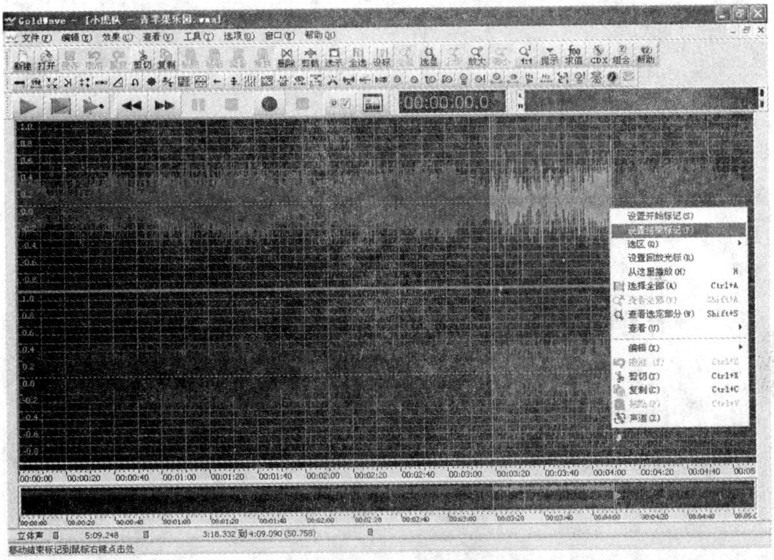

图 9-7　设置结束标记

9.5.2　利用“ACDSee”软件的“相册生成器”制作 HTML 相册

ACDSee 是目前非常流行的看图工具之一。它提供了良好的操作界面、简单人性化的操作方式、优质的快速图形解码方式，支持丰富的图形格式，具有强大的图形文件管理功能等。ACDSee 是使用最为广泛的看图工具软件，大多数电脑爱好者都使用它来浏览图片，它的特点是支持性强，它能打开包括 ICO、PNG、XBM 在内的 20 余种图像格式，并且能够高品质地快速显示它们，甚至近年在互联网上十分流行的动画图像档案都可以利用 ACDSee 来欣赏。它还有一个特点是快，与其他图像观赏器比较，ACDSee 打开图像档案的速度无疑是相当的快。

ACDSee 软件的 HTML 相册功能是一项比较实用的功能。它的使用方法是:

(1)双击"ACDSee"图标,打开"ACDSee"软件,单击【文件】→【打开】按钮,打开需要制作相册的图像文件夹,如图 9-8 所示。

图 9-8　ACDSee 软件界面

(2)在"ACDSee"软件窗口右边选择所需要的图像文件,如图 9-9 所示。单击【查看】按钮,可对相片缩略图的格式进行调整,其中包括图片质量、压缩比等。

图 9-9　选择图像

(3)单击【动作】→【创建】→【HTML】命令，如图9-10所示。

(4)打开【HTML相册生成器】对话框，如图9-11所示。分别对对话框里的各项参数进行设置，然后单击【确定】按钮。一个可供浏览的"HTML相册"就建好了，如图9-12所示，我们还可利用这一功能将普通图片制作成适合网页使用的缩略图。

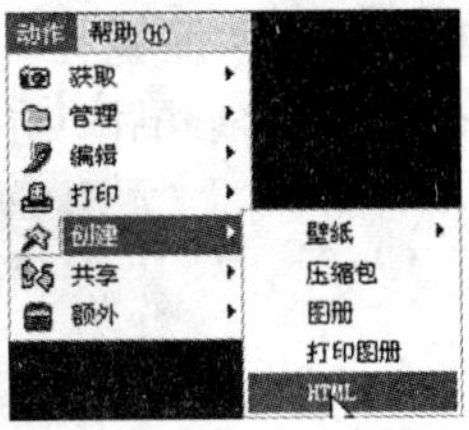

图9-10　选择【HTML】命令

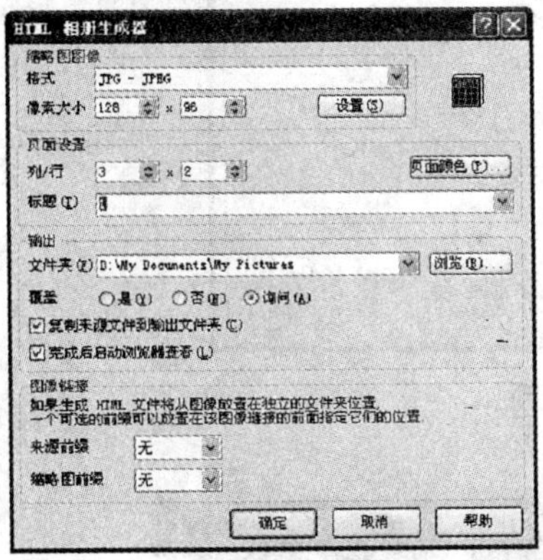

图9-11　【HTML相册生成器】对话框

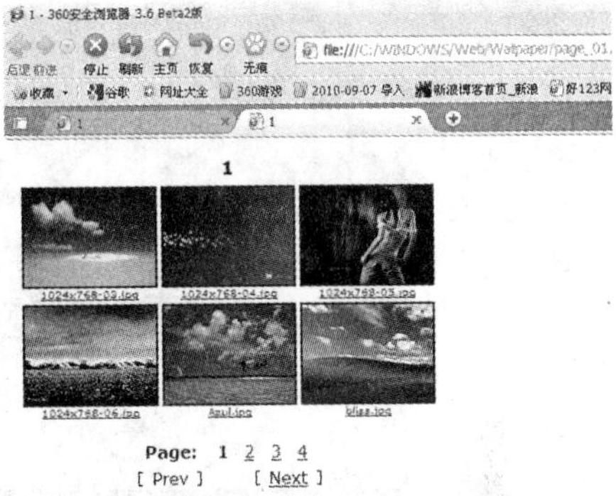

图9-12　HTML相册

9.5.3　利用狸窝全能视频转换器制作一段视频

狸窝全能视频转换器是一款功能强大、界面友好的全能型音/视频转换及编辑工具。狸窝全能视频转换器可以在大多数的流行的视频格式之间，任意相互转换。如将RM、RMVB、VOB、DAT、VCD、SVCD、ASF、MOV、QT、MPEG、WMV、FLV、MKV、MP4、3GP、DivX、XviD、AVI等视频文件，编辑转换为手机、MP4机等移动设备支持的音/视频格式。

具体操作步骤如下：

(1)双击桌面上的"狸窝全能视频转换器"，界面如图9-13所示。

图9-13　【狸窝全能视频转换器】界面

(2)单击【添加视频】按钮,打开相应对话框,如图 9-14 所示。在对话框中查找视频文件存放的路径,单击【打开】按钮,如图 9-15 所示。

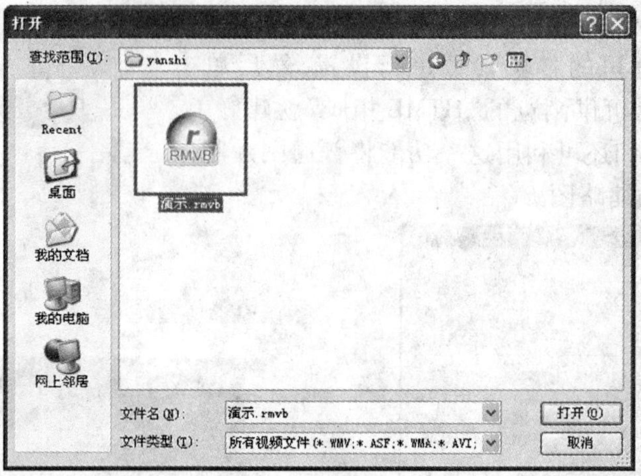

图 9-14　添加视频

图 9-15　打开视频文件

(3)选择【视频编辑】按钮,打开【视频编辑】对话框,选择要编辑视频的开始和结束地方,或在下方的【开始时间】和【结束时间】里进行设置,还可对视频进行剪切、效果、水印设置,如图 9-16 所示。单击【确定】按钮,返回图 9-15 打开视频文件界面。

(4)在打开视频文件界面单击【预置方案】下拉按钮,如图 9-17 所示,选择合适的转换文件格式,单击【转换】按钮,开始进行视频转换。

利用狸窝全能视频转换器不仅可以进行视频转换和编辑,还可以对不同视频合并成一个文件输出。

9.5.4　文件压缩工具 WinZip 7.0

有时为了节省磁盘文件的存放空间,我们可以利用文件压缩工具把一些文件或文件

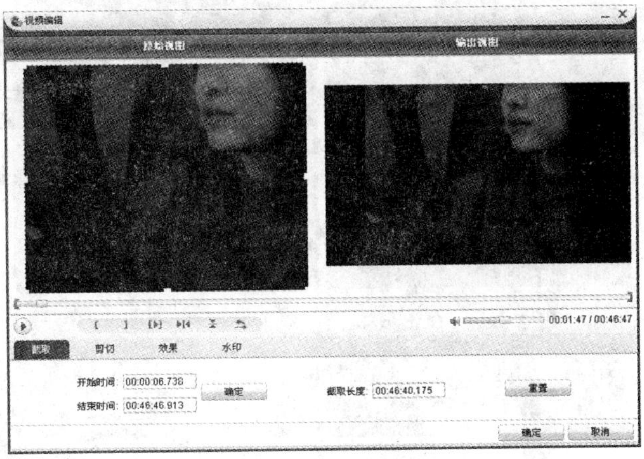

图 9-16　视频编辑

图 9-17　预置方案

夹压缩成“. zip”压缩文件。另外，当我们从网上下载软件的时候，这些文件往往是已压缩过的“. zip”文件，就需要把这些所下载的文件解压后才能使用。下面我们以目前较为常用的压缩工具 WinZip 7.0 为例进行说明(假设已安装该软件)。

9.5.4.1　压缩文件

我们可以把一些文件或文件夹压缩成一个“. zip”文件。其操作步骤如下：

(1)按住鼠标，选定需要压缩的一个或多个文件、文件夹。

(2)单击鼠标右键，出现如图 9-18 所示的快捷菜单。

(3)选择【加到 Zip 压缩文件】菜单项，出现如图 9-19 所示的画面。

(4)单击【我同意】按钮，出现如图 9-20 所示的对话框。

(5)单击【加入】按钮，选定的文件或文件夹正在进行压缩。在压缩过程中，会出现如图 9-21 所示的状态提示框。

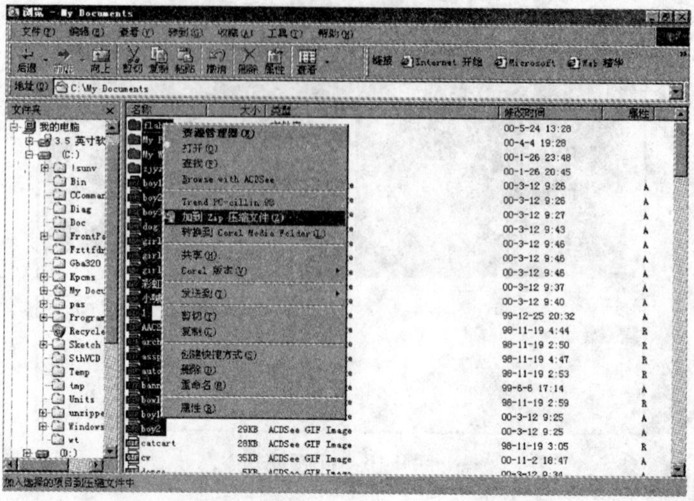

图 9-18　需要压缩的文件及快捷菜单

图 9-19　WinZip 压缩文件的操作界面

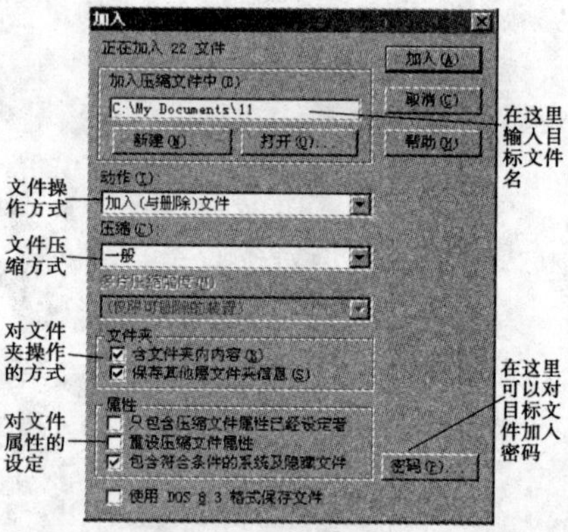

图 9-20　【加入】对话框

(6)在压缩完成后,我们会在磁盘目录(如本例中的 C:\My Documents\)上找到压缩文件 11(即 11. zip),如图 9-22 所示。

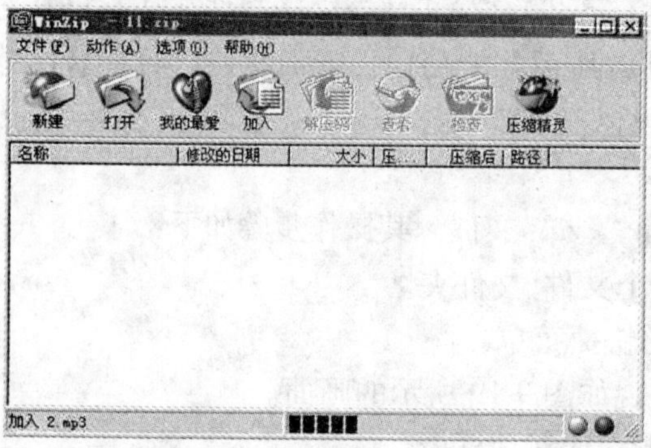

图 9-21　压缩过程状态框

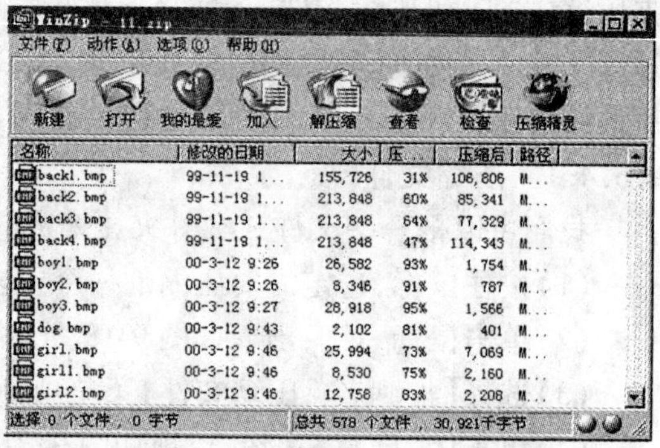

图 9-22　压缩完成的目标文件内容

9.5.4.2　解压缩文件

(1)从磁盘中查找到.zip 文件,用鼠标单击选定该文件。

(2)单击鼠标右键,将出现一个快捷菜单,如图 9-23 所示。

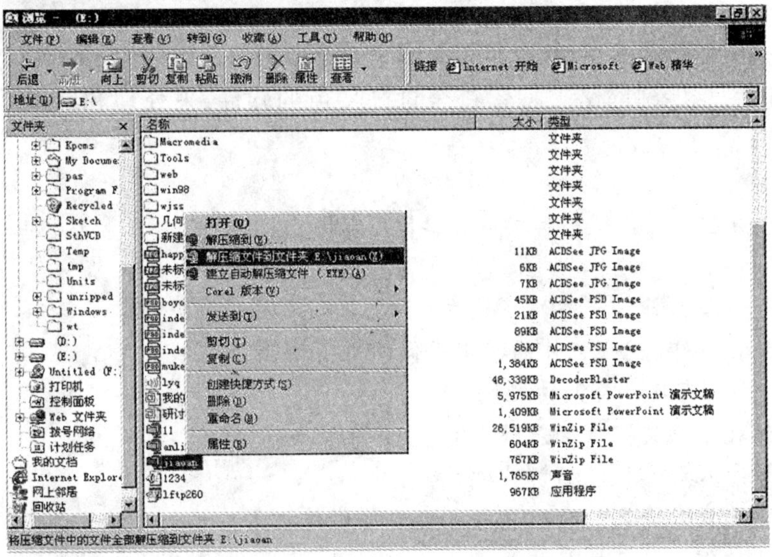

图 9-23　解压缩文件的快捷菜单

(3)从快捷菜单中,单击【解压缩文件到文件夹】菜单项,所选定的压缩文件将被解压缩到指定的文件夹(本例中为 E:\jianan)。

(4)解压缩完成后,我们可以到指定的文件夹中找到解压缩后的文件,如图 9-24 所示(本例中,压缩文件 jianan.zip 实际上是一组图片文件)。

图 9-24　解压缩文件的具体内容

对解压缩文件的两个提示:

a. 在第(1)步时也可以直接双击所选定的压缩文件,按照操作提示也可以解压缩文件;

b. 在第(3)步时也可以选择【解压缩到】菜单项,还可以解压缩文件到自己所指定的文件夹。

多媒体编辑软件还有很多,这里仅介绍了几个典型的多媒体编辑软件。用户如需要,可以根据自己的喜好到网络上搜索符合自己特色的软件,来处理和编辑图片、音乐、视频等。

习 题

1. 什么是媒体?什么是多媒体技术?
2. 在 Windows 中,视频文件的常用存储格式有哪些?
3. RM 格式共有几种类型的文件?
4. 多媒体技术的关键特性是什么?
5. 多媒体个人计算机包括哪些硬件?
6. 多媒体元素是什么?目前主要包含哪些媒体元素?
7. 多媒体软件系统包括哪些?
8. 多媒体技术发展的基础是什么?
9. 多媒体计算机系统的两大组成部分是什么?
10. 多媒体计算机中的媒体信息是指什么?
11. 多媒体技术未来的发展方向是什么?
12. 常用的声音文件格式有哪些?
13. 用来播放多媒体的软件有哪些?
14. 简述视频的形成方式,对模拟视频信号数字化一般采取哪些方式?
15. 简述使用 GoldWave 软件如何制作一个 MP3 声音文件。
16. 简述使用狸窝全能视频转换器如何制作一个手机视频。

附 录

中华人民共和国计算机信息系统安全保护条例

(1994 年 2 月 18 日中华人民共和国国务院令第 147 号发布)

第一章 总 则

第一条 为了保护计算机信息系统的安全,促进计算机的应用和发展,保障社会主义现代化建设的顺利进行,制定本条例。

第二条 本条例所称的计算机信息系统,是指由计算机及其相关的和配套的设备、设施(含网络)构成的,按照一定的应用目标和规则对信息进行采集、加工、存储、传输、检索等处理的人机系统。

第三条 计算机信息系统的安全保护,应当保障计算机及其相关的和配套的设备、设施(含网络)的安全,运行环境的安全,保障信息的安全,保障计算机功能的正常发挥,以维护计算机信息系统的安全运行。

第四条 计算机信息系统的安全保护工作,重点维护国家事务、经济建设、国防建设、尖端科学技术等重要领域的计算机信息系统的安全。

第五条 中华人民共和国境内的计算机信息系统的安全保护,适用本条例。未联网的微型计算机的安全保护办法,另行制定。

第六条 公安部主管全国计算机信息系统安全保护工作。国家安全部、国家保密局和国务院其他有关部门,在国务院规定的职责范围内做好计算机信息系统安全保护的有关工作。

第七条 任何组织或者个人,不得利用计算机信息系统从事危害国家利益、集体利益和公民合法利益的活动,不得危害计算机信息系统的安全。

第二章 安全保护制度

第八条 计算机信息系统的建设和应用,应当遵守法律、行政法规和国家其他有关规定。

第九条 计算机信息系统实行安全等级保护。安全等级的划分标准和安全等级保护的具体办法,由公安部会同有关部门制定。

第十条 计算机机房应当符合国家标准和国家有关规定。在计算机机房附近施工,不得危害计算机信息系统的安全。

第十一条 进行国际联网的计算机信息系统,由计算机信息系统的使用单位报省级以上人民政府公安机关备案。

第十二条 运输、携带、邮寄计算机信息媒体进出境的,应当如实向海关申报。

第十三条 计算机信息系统的使用单位应当建立健全安全管理制度,负责本单位计算机信息系统的安全保护工作。

第十四条 对计算机信息系统中发生的案件,有关使用单位应当在二十四小时内向当地县级以上人民政府公安机关报告。

第十五条 对计算机病毒和危害社会公共安全的其他有害数据的防治研究工作,由公安部归口管理。

第十六条 国家对计算机信息系统安全专用产品的销售实行许可证制度。具体办法由公安部会同有关部门制定。

第三章 安全监督

第十七条 公安机关对计算机信息系统安全保护工作行使下列监督职权:

(一)监督、检查、指导计算机信息系统安全保护工作;

(二)查处危害计算机信息系统安全的违法犯罪案件;

(三)履行计算机信息系统安全保护工作的其他监督职责。

第十八条 公安机关发现影响计算机信息系统安全的隐患时,应当及时通知使用单位采取安全保护措施。

第十九条 公安部在紧急情况下,可以就涉及计算机信息系统安全的特定事项发布专项通令。

第四章 法律责任

第二十条 违反本条例的规定,有下列行为之一的,由公安机关处以警告或者停机整顿:

(一)违反计算机信息系统安全等级保护制度,危害计算机信息系统安全的;

(二)违反计算机信息系统国际联网备案制度的;

(三)不按照规定时间报告计算机信息系统中发生的案件的;

(四)接到公安机关要求改进安全状况的通知后,在限期内拒不改进的;

(五)有危害计算机信息系统安全的其他行为的。

第二十一条 计算机机房不符合国家标准和国家其他有关规定的,或者在计算机机房附近施工危害计算机信息系统安全的,由公安机关会同有关单位进行处理。

第二十二条 运输、携带、邮寄计算机信息媒体进出境,不如实向海关申报的,由海关依照《中华人民共和国海关法》和本条例及其他有关法律、法规的规定处理。

第二十三条 故意输入计算机病毒及其他有害数据危害计算机信息系统安全的,或者未经许可出售计算机信息系统安全专用产品的,由公安机关处以警告或者对个人处以5000元以下的罚款、对单位处以15000元以下的罚款;有违法所得的,除予以没收外,可以处以违法所得1~3倍的罚款。

第二十四条 违反本条例的规定,构成违反治安管理行为的,依照《中华人民共和国治安管理处罚法》的有关规定处罚;构成犯罪的,依法追究刑事责任。

第二十五条　任何组织或者个人违反本条例的规定，给国家、集体或者他人财产造成损失的，应当依法承担民事责任。

第二十六条　当事人对公安机关依照本条例所作出的具体行政行为不服的，可以依法申请行政复议或者提起行政诉讼。

第二十七条　执行本条例的国家公务员利用职权，索取、收受贿赂或者有其他违法、失职行为，构成犯罪的，依法追究刑事责任；尚不构成犯罪的，给予行政处分。

第五章　附　则

第二十八条　本条例下列用语的含义为：

计算机病毒，是指编制或者在计算机程序中插入的破坏计算机功能或者毁坏数据，影响计算机使用，并能自我复制的一组计算机指令或者程序代码。

计算机信息系统安全专用产品，是指用于保护计算机信息系统安全的专用硬件和软件产品。

第二十九条　军队的计算机信息系统安全保护工作，按照军队的有关法规执行。

第三十条　公安部可以根据本条例制定实施办法。

第三十一条　本条例自发布之日起施行。

参考文献

[1] 杨辉,高晓黎. 计算机文化基础[M]. 郑州:黄河水利出版社,2011.

[2] 解福.计算机文化基础[M].青岛:中国石油大学出版社,2014.

[3] 龙天才.计算机文化基础[M].北京:高等教育出版社,2014.

[4] 陈伟. 计算机文化基础[M].北京:清华大学出版社,2012.

[5] 鲁燃. 计算机文化基础实验教程[M].青岛:中国石油大学出版社,2014.

[6] 王长友.王中生. 大学计算机基础[M].北京:清华大学出版社,2006.

[7] 丁爱萍. 计算机应用基础[M].郑州:黄河水利出版社,2007.

[8] 张瑞源. 新编计算机应用基础教程[M].郑州:黄河水利出版社,2009.

[9] 宋长龙. 大学计算机基础[M].北京:高等教育出版社,2008.

[10] 张玲,潘爱先,张翰韬. 计算机基础知识与基本操作[M]. 北京:清华大学出版社,2008.

[11] 黄永才. 大学计算机基础[M].北京:清华大学出版社,2010.

[12] 丛晓红,郭江鸿. 大学计算机基础[M].北京:清华大学出版社,2010.

[13] 周学君. 计算机基础教程[M].武汉:华中科技大学出版社,2009.

[14] 牟绍波,刘义常. 计算机应用基础[M].北京:清华大学出版社,2010.

[15] 张莉. 大学计算机基础教程[M].北京:清华大学出版社,2009.

[16] 刘春燕,吴黎兵,黄华. 计算机基础应用教程[M]. 北京:机械工业出版社,2010.

[17] 李秀. 计算机文化基础[M].北京:清华大学出版社,2005.

[18] 徐立新. 计算机文化基础[M].北京:电子工业出版社,2010.

[19] 蒋加伏,沈岳. 大学计算机基础[M].北京:邮电大学出版社,2008.

[20] 蒋加伏,杨鼎强,欧阳利军. 计算机应用基础[M]. 北京:邮电大学出版社,2006.

[21] 焦东方. 计算机应用基础[M].郑州:黄河水利出版社,2011.